Konflikte im Steuerrecht

Studien zur Wirtschaftspolitik

Herausgegeben vom
Forschungsinstitut für Wirtschaftspolitik
an der Universität Mainz e.V.

Band 77

PETER LANG
Frankfurt am Main · Berlin · Bern · Bruxelles · New York · Oxford · Wien

Bernhard G. Funck

Konflikte im Steuerrecht

Empirische Analyse von Streitpotenzialen
im Einkommen-, Körperschaft-
und Gewerbesteuerrecht mit Vorschlägen
zur Konfliktreduzierung

PETER LANG
Europäischer Verlag der Wissenschaften

Bibliografische Information Der Deutschen Bibliothek
Die Deutsche Bibliothek verzeichnet diese Publikation in der Deutschen Nationalbibliografie; detaillierte bibliografische Daten sind im Internet über <http://dnb.ddb.de> abrufbar.

Zugl.: Mainz, Univ., Diss., 2003

D 77
ISSN 1438-7433
ISBN 3-631-52301-7

www.peterlang.de

Vorwort

Die vorliegende Arbeit entstand auf der Grundlage eines Gutachtens, das im Auftrag des Bundesministeriums der Finanzen am Forschungsinstitut für Wirtschaftspolitik an der Universität Mainz e.V. (FfW Mainz) erstellt wurde. Die Studie wurde im Juli 2003 fertig gestellt und im September 2003 vom Fachbereich Rechts- und Wirtschaftswissenschaften der Johannes Gutenberg-Universität Mainz als Dissertation angenommen.

Viele Personen haben direkt oder indirekt zum Gelingen der Arbeit beigetragen, denen ich an dieser Stelle danken möchte. Besonderer Dank gilt meinem Doktorvater, Herrn Universitätsprofessor Dr. Werner Zohlnhöfer für die engagierte Betreuung und die vielen wertvollen Denkanstöße. Bedanken möchte ich mich auch bei Herrn Universitätsprofessor Dr. Hartwig Bartling, dem Zweitgutachter der Dissertation für seine Anregungen und Verbesserungsvorschläge. Auch die Anmerkungen der Herren Professoren Dr. Helmut Diederich und Dr. Walter Hamm waren sehr hilfreich. Zu ganz besonderem Dank bin ich Herrn Dr. Frank Fichert, dem Geschäftsführer des FfW Mainz verpflichtet, der mich mit seiner großen Fachkompetenz und seiner Diskussionsfreude immer wieder auf neue fruchtbare Gedanken gebracht hat; daneben trugen seine menschlichen Qualitäten wesentlich zu dem sehr guten Arbeitsklima am Forschungsinstitut bei. Dank gebührt auch den Interviewpartnern in den Finanzbehörden für ihre Bereitschaft, ihr Expertenwissen in die Untersuchung mit einfließen zu lassen.

Herzlich danken möchte ich zudem meinen ehemaligen Arbeitskollegen am FfW Mainz für die menschliche und fachliche Unterstützung. Großen Dank schulde ich außerdem all denen, die mir im privaten Bereich Kraft gegeben haben. Zu diesen Menschen zählt in erster Linie meine Freundin, Frau Maren Proksch, die mich immer nach vollsten Kräften unterstützt hat. Zu guter Letzt danke ich von ganzem Herzen meinen Eltern, Frau Sonja und Herrn Werner Funck, die mir nicht nur meine schulische und berufliche Ausbildung, sondern auch mein Studium und somit meine Promotion ermöglicht haben. Vor allem aber haben mich meine Eltern in menschlicher Hinsicht geprägt – ohne sie stünde ich nicht dort, wo ich heute stehe.

Mainz, im Dezember 2003

Bernhard G. Funck

„Die Kunst der Besteuerung besteht ganz einfach darin,
die Gans so zu rupfen, dass man möglichst viele Federn
bei möglichst wenig Geschrei erhält."

Jean-Baptiste Colbert

„Am schwersten auf der Welt zu verstehen ist die Einkommensteuer."

Albert Einstein

Inhaltsverzeichnis

Abbildungsverzeichnis

Tabellenverzeichnis

Abkürzungsverzeichnis

§, §§	Paragraph, Paragraphen
a. F.	alte Fassung
Abb.	Abbildung
Abs.	Absatz
AfA	Absetzung für Abnutzung
Anm. d. Verf.	Anmerkung des Verfassers
AO	Abgabenordnung
Art.	Artikel
BFH	Bundesfinanzhof
BGB	Bürgerliches Gesetzbuch
BGBl.	Bundesgesetzblatt
BMF	Bundesministerium der Finanzen
BPW	Bruttoproduktionswert
BStBl.	Bundessteuerblatt
BVerfG	Bundesverfassungsgericht
BVerfGE	Entscheidungen des Bundesverfassungsgerichts
bzw.	beziehungsweise
ca.	cirka
d. h.	das heißt
ders., dies.	derselbe, dieselbe
DM	Deutsche Mark
ebd.	ebenda
EFG	Entscheidungen der Finanzgerichte
EGV	EG-Vertrag

EigZulG	Eigenheimzulagengesetz
engl.	englisch
EStG	Einkommensteuergesetz
EU	Europäische Union
EuGH	Europäischer Gerichtshof
evtl.	eventuell
F. A. Z.	Frankfurter Allgemeine Zeitung
f., ff.	folgende, fortfolgende
FG	Finanzgericht/e/s
FGO	Finanzgerichtsordnung
FVG	Finanzverwaltungsgesetz
GewStG	Gewerbesteuergesetz
GG	Grundgesetz
GoB	(handelsrechtliche) Grundsätze ordnungsmäßiger Buchführung
HGB	Handelsgesetzbuch
Hrsg.	Herausgeber
i. e. S.	im engeren Sinn
i. S. d.	im Sinne des/der
i. V. m.	in Verbindung mit
inkl.	inklusive
km	Kilometer
KStG	Körperschaftsteuergesetz
LohnSt	Lohnsteuer
Mio.	Millionen
Mrd.	Milliarden
MWSt	Mehrwertsteuer

Nr.	Nummer
NZB	Nichtzulassungsbeschwerde
o. g.	oben genannt/e/er/en
p. a.	per annum (pro Jahr)
PKH	Prozesskostenhilfe
Pkw	Personenkraftwagen
S.	Satz/Seite
teilw.	teilweise
u.	und
u. a.	unter anderem
v. H.	von Hundert
vgl.	vergleiche
VwGO	Verwaltungsgerichtsordnung
z. B.	zum Beispiel
ZPO	Zivilprozessordnung

Erster Teil: Einleitung

Die ökonomische Bedeutung von Steuern ist für entwickelte Volkswirtschaften erheblich. Als ergiebigste staatliche Einnahmequelle tragen sie wesentlich zur Finanzierung der öffentlichen Haushalte bei („fiskalische Funktion"). Darüber hinaus dienen Steuern zur Umsetzung von allokations-, distributions- sowie stabilitätspolitischen Zielen („nichtfiskalische Funktionen" nach MUSGRAVE)[1].

Im Bundeshaushalt 2001 beliefen sich die Steuereinnahmen auf ca. 88 % der Gesamteinnahmen[2]. Der Anteil der Steuern an den Einnahmen der Gebietskörperschaften (inkl. Sondervermögen des Bundes) betrug im gleichen Jahr etwa 80 %[3]. In unterschiedlichem Ausmaß sind alle ökonomischen Aktivitäten, d. h. Produktion, Einkommenserzielung, Einkommensverwendung und Vermögensbildung, von steuerrechtlichen Regelungen betroffen. Nahezu alle Wirtschaftssubjekte sehen sich in irgendeiner Weise mit Besteuerungsmaßnahmen konfrontiert; beispielsweise ist fast ein Drittel der Gesamtbevölkerung der Bundesrepublik Deutschland lohnsteuerpflichtig[4]. Im Ergebnis führt die Steuerbelastung zu vielfältigen – teils intendierten, teils nicht-intendierten – Anpassungsaktivitäten der privaten Wirtschaftssubjekte.

Dieser große Einfluss der Besteuerung auf einzelwirtschaftliche Entscheidungen erfordert in einem Rechtsstaat die Schaffung allgemeingültiger und verbindlicher Steuererhebungsnormen. Diese müssen dem Prinzip der Besteuerungsgleichheit sowie dem Grundsatz der Rechtssicherheit genügen[5]. Gleichwohl entfacht das wirtschaftliche und soziale Gewicht des Steuersystems erhebliche Konfliktpotenziale: Der Bundesfinanzhof verzeichnete im Durchschnitt der letzten fünf Jahre rund 3.400 Verfahrenseingänge pro Jahr[6] und die Zahl der unerledigten Fälle bei den Finanzgerichten betrug Ende des Jahres 2000 über 100.000[7]. Diese immense Arbeitsbelastung der Finanzgerichtsbarkeit wirkt sich auf die Dauer steuerrechtlicher Verfahren aus. So betrug die durchschnittliche Verfah-

---

1 Vgl. MUSGRAVE (1994), S. 5 ff. sowie ferner ROSE (2001), S. 17. Zur Unterscheidung der fiskalischen und der nichtfiskalischen Zielsetzung der Besteuerung vgl. etwa PEFFEKOVEN (1996), S. 64 ff.

2 Vgl. BUNDESMINISTERIUM DER FINANZEN (2002a), S. 7, Tabelle 1.

3 Eigene Berechnung, Datenquelle: BUNDESMINISTERIUM DER FINANZEN (2002a), S. 35, Tabelle 19 u. S. 18, Tabelle 6.

4 Eigene Berechnung, Datenquelle: STATISTISCHES BUNDESAMT (2002), S. 44 u. S. 530.

5 Vgl. TIPKE/LANG (2002), S. 1 ff.

6 Vgl. BUNDESFINANZHOF (2003), S. 8.

7 Vgl. FINANZGERICHTE (2001), S. 1095.

rensdauer im Jahr 2000 bei den Finanzgerichten 17 Monate[8] und beim Bundesfinanzhof im Jahr 2001 etwa 24 Monate[9]. Da es sich hierbei um Durchschnittswerte handelt und zudem der außergerichtliche Rechtsweg (Finanzbehörden) berücksichtigt werden muss, können in Einzelfällen Verfahrensdauern von bis zu zehn Jahren auftreten. Sowohl die materielle Wahrung der Rechtsstaatlichkeit als auch die Gewährleistung von Rechtssicherheit für Gebietskörperschaften und Steuerpflichtige ist vor diesem Hintergrund schwer realisierbar. Als Folge dessen werden die Einnahmenplanung der öffentlichen Haushalte sowie die Ausgabendisposition der Wirtschaftssubjekte beeinträchtigt. Zudem erhöhen viele und lang andauernde steuerrechtliche Verfahren die direkten (z. B. nicht gedeckte Gerichtskosten) und die indirekten (z. B. Außenstände des Fiskus aufgrund schwebender Verfahren) Folgekosten der Besteuerung. Unter ökonomischen Gesichtspunkten stören sowohl die Überlastung der Finanzgerichtsbarkeit als auch die Folgekosten der Steuererhebung die Effizienz der Ressourcenallokation[10].

In der vorliegenden Untersuchung geht es um die Analyse streitanfälliger Normen des deutschen Ertragsteuerrechts. Ziel hierbei ist die Ableitung ursachenadäquater finanzpolitischer Handlungsempfehlungen, durch deren Umsetzung ertragsteuerrechtliche Konflikte vermieden oder zumindest signifikant verringert werden könnten. Nach der gängigen Definition von Ertragsteuern als Abgaben, die direkt am ökonomischen Erfolg des Steuersubjekts anknüpfen, lassen sich im deutschen Steuersystem die *Einkommensteuer*, die *Körperschaftsteuer* und die *Gewerbesteuer* unter diesen Begriff subsumieren. Die Regelungen der entsprechenden Normenwerke (EStG, KStG, GewStG) werden anhand eines **dreistufigen Analyseverfahrens** auf konfliktträchtige Bereiche hin untersucht.

Der **erste Analyseschritt** dient der *Identifikation ertragsteuerlicher Regelungen mit erheblichem Konfliktpotenzial*. Hierzu wird die Steuerrechtsprechung des Bundesfinanzhofs (BFH) und der Finanzgerichte sowie die Rechtsanwendung durch die Finanzbehörden betrachtet. Als grundlegender Indikator fungiert dabei die jüngere Rechtsprechung des BFH. Diese wird, vor dem Hintergrund fiskalischer sowie steuersystematischer Zusammenhänge, auf wesentliche Streitpotenziale im Ertragsteuerrecht hin untersucht. Daneben wird die Rechtsprechung der Finanzgerichte zu berücksichtigen sein. Zum einen können hierdurch zusätzliche Erkenntnisse über die Streitbefangenheit ertragsteuerlicher Regelungen gewonnen werden, zum anderen wird die Überprüfung der Analyseergebnisse zur BFH-Rechtsprechung ermöglicht. Auf der Ebene der Finanzbehörden werden ergän-

---

8 Klagen, die durch Urteil oder Gerichtsbescheid entschieden wurden, ohne unzulässig zu sein [vgl. FINANZGERICHTE (2001), S. 1096].

9 Revisionen mit Sachentscheidung [vgl. BUNDESFINANZHOF (2003), S. 4 u. S. 19].

10 Vgl. STEGMAIER (1992), S. 12 ff.

zende Expertenbefragungen durchgeführt, um somit entsprechende Erfahrungen bei der Rechtsanwendung berücksichtigen zu können.

Im **zweiten Analyseschritt** werden die ermittelten konfliktträchtigen Regelungen zunächst einer *qualitativen Betrachtung* unterzogen. Hierbei sind insbesondere die fiskalische Bedeutung der entsprechenden Vorschriften sowie steuersystematische Gesichtspunkte zu berücksichtigen. Auf der Grundlage der gewonnenen Ergebnisse wird diskutiert, inwieweit eine vertiefende Analyse der als streitanfällig identifizierten Normen vorteilhaft und sinnvoll erscheint.

Der **dritte Analyseschritt** besteht aus einer *detaillierten Untersuchung der einzelnen ertragsteuerlichen Regelungen*. Unter Einbeziehung der ökonomischen und juristischen Fachliteratur wird hierbei insbesondere die Auswertung entsprechender Urteile und Urteilsbegründungen von zentraler Bedeutung sein. Hierauf aufbauend erfolgt die *Diskussion finanzpolitischer Handlungsoptionen*. Dabei geht es insbesondere darum, Ausgestaltungen vorzuschlagen, die zu einer erheblichen Verminderung der Streitpotenziale beitragen könnten. Durch deren Umsetzung ließen sich die Rechtssicherheit für die Gebietskörperschaften und die Steuerzahler erhöhen, die Arbeitsbelastung der Finanzbehörden und der Finanzgerichtsbarkeit reduzieren sowie die daraus resultierenden Kosten senken.

Die einzelnen Abschnitte der Untersuchung gliedern sich wie folgt: Im zweiten Teil werden einführend einige Grundlagen des Steuerverfahrensrechts erläutert. Zunächst wird hierbei auf die Organisation und die Zuständigkeit der Finanzverwaltung eingegangen. Daran schließt sich eine kurze Beschreibung des außergerichtlichen Einspruchsverfahrens bei den Finanzbehörden sowie eine Darstellung des gerichtlichen Rechtsbehelfsverfahrens bei den Finanzgerichten und dem Bundesfinanzhof an. Im dritten Teil erfolgen eine detaillierte Charakterisierung des Untersuchungsgegenstandes der Arbeit sowie die Darlegung der methodischen Vorgehensweise. Im vierten Teil der Studie werden die Ergebnisse der Rechtsprechungsanalyse und der Befragung der Finanzbehörden dargestellt. Hierbei können fundierte Einsichten über die Streitbefangenheit ertragsteuerlicher Regelungen gewonnen werden. Der fünfte Teil der Arbeit enthält die o. g. qualitative Betrachtung der identifizierten Regelungen mit erheblichem Konfliktpotenzial. Im sechsten Teil sind die einzelnen Konfliktbereiche einer detaillierten Analyse aus ökonomischer, verfassungsrechtlicher sowie fiskalischer Perspektive zu unterziehen. Dies ermöglicht die Ableitung finanzpolitischer Handlungsempfehlungen, durch deren Umsetzung eine Beseitigung oder zumindest eine Reduzierung der entsprechenden Konfliktursachen erreicht werden könnte. Die zentralen Erkenntnisse der Untersuchung werden im siebenten Teil zusammengefasst.

Zweiter Teil: Grundzüge des Steuerverfahrensrechts

A. Organisation und Kompetenzen der Finanzbehörden

1 Aufbau der Finanzverwaltung

Aufgrund der föderalen Staatsstruktur existiert in der Bundesrepublik Deutschland keine einheitliche Finanzverwaltung. Aus Art. 108 GG leitet sich vielmehr ein **zweigleisiger Administrationsaufbau** ab[11]. Hierbei ist zwischen Bundes- und Landesfinanzbehörden zu unterscheiden. Die Verwaltungshoheit des Bundes erstreckt sich auf die Zölle, die bundesgesetzlich geregelten Verbrauchsteuern[12] (einschließlich der Einfuhrumsatzsteuer), die Finanzmonopole[13] sowie auf Abgaben im Rahmen der Europäischen Union. Die Länder verwalten alle übrigen Steuern. Soweit es sich dabei um Steuern handelt, deren Erträge ganz oder teilweise dem Bund zustehen, erfolgt die Verwaltung im Auftrag des Bundes („Auftragsverwaltung“ nach Art. 85 GG) [14].

Die **Hierarchie der Finanzbehörden** wird durch das Finanzverwaltungsgesetz (FVG) bestimmt. Sowohl auf Bundes- als auch auf Landesebene ist der Aufbau der Finanzverwaltung grundsätzlich **dreistufig**[15]. Oberste Bundesfinanzbehörde ist das Bundesministerium der Finanzen. Als Mittelbehörden fungieren prinzipiell die Oberfinanzdirektionen. Die sog. örtlichen Behörden sind im Wesentlichen die Hauptzollämter (einschließlich ihrer Dienststellen) sowie die Zollfahndungsämter. Auf der Ebene der Länder agiert als oberste Finanzbehörde das jeweilige Landesfinanzministerium. Die Oberfinanzdirektionen sind hier ebenfalls Mittelbehörden und als örtliche Behörden treten die Finanzämter auf. Wie ersichtlich, nehmen die Oberfinanzdirektionen nicht nur auf Bundes-, sondern auch auf Landesebene grundsätzlich die Position der Mittelbehörden ein. Sie unterhalten sowohl Abteilungen der Bundes- als auch der Landesfinanz-

---

[11] Vgl. hierzu sowie zu den folgenden Ausführungen TIKPE/LANG (2002), S. 741 f., DAUMKE (2000), S. 329 f. oder BIRK (2001), S. 39 f.

[12] Biersteuer, Kaffeesteuer, Kraftfahrzeugsteuer, Mineralölsteuer, Schaumweinsteuer, Stromsteuer, Tabaksteuer, Zwischenerzeugnissteuer [vgl. BUNDESMINISTERIUM DER FINANZEN (2000a), S. 22 f.].

[13] Zurzeit existiert in Deutschland lediglich das sog. Branntweinmonopol [vgl. ebd., S. 34 ff.].

[14] Hiervon betroffen sind die Einkommensteuer (inkl. Lohn- und Kapitalertragsteuer), die Körperschaftsteuer, die Umsatzsteuer sowie die Versicherungsteuer [vgl. BUNDESMINISTERIUM DER FINANZEN (2000a), S. 22 ff.].

[15] Im Zuge der Änderung von Art. 108 GG sowie diversen Vorschriften des Finanzverwaltungsgesetzes im Jahr 2001 ist ein dreistufiger Verwaltungsaufbau sowohl auf Bundes- als auch auf Landesebene nicht mehr obligatorisch [vgl. BUNDESTAGSDRUCKSACHE 14/6144 (2001), S. 1 ff., BUNDESTAGSDRUCKSACHE 14/6140 (2001), S. 2 ff. sowie BUNDESTAGSDRUCKSACHE 14/6470 (2001), S. 1 ff.].

verwaltung, weshalb man von einer „Mischverwaltung“[16] sprechen kann. Hierdurch soll insbesondere eine Vereinfachung und Vereinheitlichung der Steuerverwaltung sowie des Steuervollzugs ermöglicht werden.

Abb. 1: Grundsätzlicher Aufbau der Finanzverwaltung

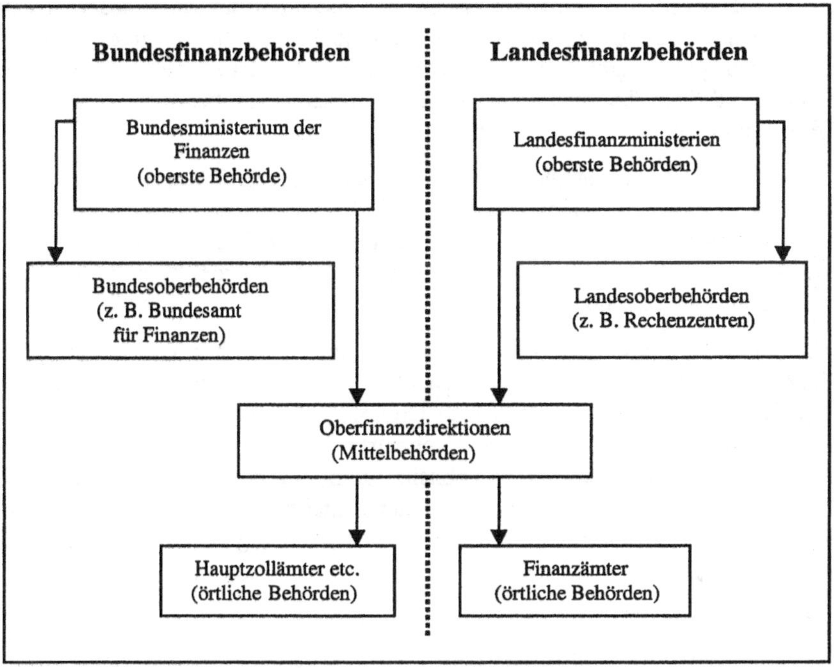

Eigene Darstellung

Unterhalb des Bundesfinanzministeriums sind eine Reihe sog. Bundesoberbehörden angesiedelt (z. B. Bundesamt für Finanzen). Diese nehmen ausschließlich eigenständige Aufgaben wahr. Sie sind nicht den Mittelbehörden vorgeschaltet und daher aus dem grundsätzlich dreistufigen Verwaltungsaufbau ausgegliedert. Die Bundesoberbehörden verfügen über keinen eigenen Verwaltungsunterbau; sie sind organisatorisch selbständig und lediglich an Weisungen des Bundesfinanzministeriums gebunden. Als Landesoberbehörden fungieren auf der Ebene der Bundesländer etwa einige Rechenzentren.

---

16 BIRK (2001), S. 39.

2 Zuständigkeit der Finanzbehörden

Die Kompetenzen der Finanzbehörden ergeben sich aus ihrer sachlichen sowie aus ihrer örtlichen Zuständigkeit[17]. Die **sachliche Zuständigkeit** ist im Finanzverwaltungsgesetz (FVG) geregelt und grenzt die jeweiligen Aufgabenbereiche der Finanzbehörden voneinander ab. So sind die Finanzämter grundsätzlich für die Steuerverwaltung zuständig, die Familienkassen führen den Familienleistungsausgleich durch[18], die Gemeinden setzen die Hebesätze der Realsteuern (Grund- und Gewerbesteuer) fest und die Ober- und Mittelbehörden übernehmen die wesentlichen Leitungsaufgaben.

Eine Unterform der sachlichen Zuständigkeit ist die **funktionelle** oder **instanzielle Zuständigkeit**. Dabei geht es um die Frage, welche behördlichen Funktionen die Instanzen in ein und derselben Angelegenheit zu übernehmen haben. Beispielsweise erlassen die Finanzämter die Steuerbescheide, während die Oberfinanzdirektionen die hierbei erforderliche Dienst- und Fachaufsicht führen.

Die **örtliche Zuständigkeit** ergibt sich aus dem räumlichen Wirkungskreis der Finanzbehörden. Sie determiniert daher die sachliche Zuständigkeit mehrerer gleichrangiger Behörden. Gesetzliche Grundlage hierfür sind die §§ 17 bis 29 der Abgabenordnung (AO). Je nach Steuerart richtet sich die örtliche Zuständigkeit nach Merkmalen wie dem Wohnsitz, dem Sitz der Geschäftsleitung oder dem Ort der Betriebsstätte. Eine Frage der örtlichen Zuständigkeit ist es etwa, welches Finanzamt für einen Steuerpflichtigen zuständig ist, wenn dieser seinen Wohnort wechselt.

B. Rechtsbehelfe in Steuerangelegenheiten

1 Grundgesetzliche Rechtsschutzgarantie

„Wird jemand durch die öffentliche Gewalt in seinen Rechten verletzt, so steht ihm der Rechtsweg offen". Dieser in Art. 19 Abs. 4 S. 1 GG enthaltene „Individualrechtsschutz" stellt die Grundlage des **gerichtlichen Rechtsbehelfsverfahrens** dar[19]. Hierzu zählt einerseits die tatsachenrechtliche Würdigung steuerlicher 187Verwaltungsakte durch die Finanzgerichte sowie andererseits die formaljuristische Überprüfung von Finanzgerichtsurteilen durch den Bundesfinanzhof. Das **außergerichtliche Rechtsbehelfsverfahren** bezieht sich demgegenüber auf die Ebene der Finanzverwaltung. Es ermöglicht den Finanzbehörden die selbständi-

---

[17] Vgl. hierzu sowie zum Folgenden TIKPE/LANG (2002), S. 743 ff. u. DAUMKE (2000), S. 330.

[18] Allerdings in Zusammenarbeit mit den Finanzämtern (vgl. hierzu auch S. 187 dieser Arbeit, Fußnote 365).

[19] Vgl. JESSE (2002), S. 1 sowie TIPKE/LANG (2002), S. 845 f.

ge Prüfung streitbefangener Verwaltungsakte, bevor über diese der Rechtsweg eröffnet werden kann.

Nach herrschender Meinung leitet sich aus dem verfassungsrechtlichen Individualrechtsschutz nicht nur eine formelle Rechtsschutzgarantie ab, sondern er begründet zudem ein Anrecht auf wirksamen, materiellen Rechtsschutz[20]. Vor dem Hintergrund der im ersten Teil umrissenen Arbeitsbelastung der Finanzgerichtsbarkeit kann das Ziel einer effektiven Rechtsschutzgewährleistung als zumindest gefährdet angesehen werden, was die Reduzierung steuerlicher Konfliktpotenziale umso dringlicher erscheinen lässt.

2 Außergerichtliches Rechtsbehelfsverfahren

2.1 Wesen und Rechtsfunktion

Das außergerichtliche Rechtsbehelfsverfahren stellt die obligatorische Vorstufe zum finanzgerichtlichen Klageweg dar. Im Grunde handelt es sich um ein „verlängertes Verwaltungsverfahren“[21], das die nachträgliche Überprüfung strittiger Verwaltungsakte durch die Finanzbehörden selbst zum Inhalt hat. Anstoßfunktion übernimmt hierbei grundsätzlich der förmliche Rechtsbehelf des **Einspruchs** nach §§ 347 ff. AO[22]. Dieser ist vom Steuerpflichtigen einzulegen und kann sich auf landes- wie bundesbehördlich erlassene Steuerverwaltungsakte beziehen (z. B. Einkommensteuerbescheide, Gewerbesteuermessbescheide). Gegen Kommunalabgabenbescheide (z. B. Grundsteuerbescheide) ist hingegen Widerspruch gemäß §§ 68 ff. Verwaltungsgerichtsordnung (VwGO) einzulegen[23].

Neben dem Individualrechtsschutz erfüllt das außergerichtliche Rechtsbehelfsverfahren zwei weitere Zwecke[24]. Zum einen ermöglicht es der Finanzverwaltung eine gewisse Selbstkontrolle, da die angefochtenen Verwaltungsakte in vollem Umfang überprüft werden. Demzufolge ist eine sog. „Verböserung“, d. h. eine steuerliche Schlechterstellung des Einspruchsführers, nicht ausgeschlossen. Zum anderen wird durch den außergerichtlichen Verfahrensweg eine Entlastung der Finanzgerichtsbarkeit erreicht. So können etwa Berechnungs- oder Zu-

---

[20] Vgl. TIKPE/LANG (2002), S. 845 f., insbesondere Fußnote 5 (ständige Rechtsprechung des Bundesverfassungsgerichts).

[21] JESSE (2002), S. 57.

[22] Zur Unterscheidung zwischen förmlichen und nichtförmlichen Rechtsbehelfen sowie zu weiteren Rechtsschutzmöglichkeiten neben dem Einspruch vgl. JESSE (2002), S. 3 ff. und SCHMIDT-TROJE/SCHAUMBURG (2001), S. 27 ff.

[23] Vgl. TIKPE/LANG (2002), S. 848.

[24] Vgl. ebd., S. 849 f. sowie BIRK (2001), S. 150 f.

ordnungsfehler seitens der Finanzbehörden bereits auf Verwaltungsebene korrigiert werden. Ferner ist davon auszugehen, dass zumindest ein Teil der zurückgewiesenen Ein- bzw. Widersprüche keine Klage nach sich ziehen wird (z. B. aufgrund mangelnder Erfolgsaussichten). Die von TIPKE und LANG[25] durchgeführte Berechnung, wonach gerade einmal 3 % der eingelegten Einsprüche zu Klagen führen, illustriert die „Filterfunktion"[26] des außergerichtlichen Rechtsschutzverfahrens sehr deutlich.

2.2 Ablauf des Einspruchsverfahrens

Legt ein Steuerpflichtiger Einspruch gegen einen Verwaltungsakt ein, so hat die zuständige Finanzbehörde zunächst die **Zulässigkeit** des Rechtsbehelfs zu prüfen (§§ 347 ff. AO). Für die Zulässigkeit eines Einspruchs ist eine Reihe von Voraussetzungen zu erfüllen. So müssen u. a. der Finanzverwaltungsweg zulässig, der Einspruch statthaft und der Steuerpflichtige einspruchsbefugt sein. Daneben hat der Einspruchsführer die Schriftform zu wahren sowie die Einspruchsfrist von grundsätzlich einem Monat nach Bekanntgabe des Verwaltungsaktes einzuhalten[27]. Für die Zulässigkeit des Rechtsbehelfs ist es hingegen nicht erforderlich, dass dieser eine Begründung enthält. Ebenso wenig muss ein Antrag gestellt werden, in dem der vom Einspruch betroffene Tatbestand genau bezeichnet ist[28].

Die Einlegung eines Einspruchs bewirkt automatisch die Hemmung der formellen Bestandskraft des angefochtenen Verwaltungsaktes. Eine Aussetzung der Vollziehung hat der Einspruch jedoch nicht ohne weiteres zur Folge. Dies liegt grundsätzlich im Ermessen der Finanzbehörde. Unter bestimmten Bedingungen allerdings kommt ein entsprechender Antrag des Einspruchsführers einer Aussetzungspflicht sehr nahe[29]. Ferner kann die Finanzverwaltung das Einspruchsverfahren aussetzen (§ 363 Abs. 1 AO) oder ruhen lassen (§ 363 Abs. 2 AO). Eine Verfahrensaussetzung kommt etwa dann in Betracht, wenn ein entschei-

---

25 Vgl. TIKPE/LANG (2002), S. 850.

26 JESSE (2002), S. 1.

27 Eine vollständige Aufstellung der Zulässigkeitsvoraussetzungen findet sich bei BIRK (2001), S. 151 ff., SCHMIDT-TROJE/SCHAUMBURG (2001), S. 34 ff., TIPKE/LANG (2002), S. 850 ff. sowie JESSE (2002), S. 62 ff.

28 Allerdings sollte zumindest erkennbar sein, welcher Teil des Verwaltungsaktes von dem Rechtsbehelf betroffen ist [vgl. hierzu sowie zu möglichen Missverständlichkeiten TIKPE/LANG (2002), S. 852].

29 So etwa, falls „ernstliche Zweifel an der Rechtmäßigkeit des angefochtenen Verwaltungsaktes bestehen" oder wenn die Vollziehung unbillige Härten für den Betroffenen zur Folge hätte [vgl. § 361 Abs. 2 S. 2 AO].

dungserhebliches Verfahren anderweitig anhängig ist. Das Ruhen des Verfahrens kann insbesondere durch eine ausstehende Entscheidung in einem Musterverfahren vor dem Bundesverfassungsgericht, dem Europäischen Gerichtshof oder einem obersten Bundesgericht (z. B. BGH) begründet sein[30].

Nimmt der Steuerpflichtige den Einspruch nicht zurück und treten keine weiteren Ereignisse hinzu, die eine Entscheidung überflüssig machen[31], so kommen folgende Entscheidungsmöglichkeiten der Finanzbehörde in Betracht[32]:

(1) Verwerfung des Einspruchs als **unzulässig** (Verletzung der Zulässigkeitsvoraussetzungen).

(2) Zurückweisung des Rechtsbehelfs als **unbegründet** (Verwaltungsakt ist nicht rechtswidrig).

(3) Stattgabe des Einspruchs als **begründet**. Die Finanzbehörde kann dem Einspruch entweder

    (a) **in vollem Umfang** als begründet stattgeben (Rechtsfolge: Zurücknahme, Änderung oder Erlass des Verwaltungsaktes durch die Finanzbehörde) oder

    (b) dem Einspruch als **teilweise** begründet stattgeben (Rechtsfolge: teilweise Korrektur oder teilweiser Erlass des Verwaltungsaktes durch die Finanzbehörde).

Neben der Möglichkeit der Einspruchstattgabe kann die Finanzbehörde dem Verwaltungsakt auch durch Bescheid abhelfen (§ 367 Abs. 2 S. 2 AO). Aus Gründen der Verfahrensökonomie machen die Finanzbehörden hiervon recht häufig Gebrauch[33].

3 Gerichtliches Rechtsbehelfsverfahren

3.1 Finanzgerichtliches Klageverfahren

Der Aufbau der Finanzgerichtsbarkeit gestaltet sich in der Bundesrepublik Deutschland traditionell zweistufig. Auf der Ebene der Bundesländer sind die **Finanzgerichte** als **Tatsacheninstanz** für den ersten Rechtszug verantwortlich,

---

30 Vgl. TIPKE/LANG (2002), S. 857, JESSE (2002), S. 123 ff. u. SCHMIDT-TROJE/SCHAUMBURG (2001), S. 57 ff.

31 Sog. „Erledigung der Hauptsache" [vgl. JESSE (2002), S. 151 f.].

32 Vgl. etwa JESSE (2002), S. 153 ff.

33 Zu den rechtlichen Unterschieden zwischen Einspruchsentscheidung und Abhilfebescheid vgl. JESSE (2002), S. 152 f.

während der **Bundesfinanzhof** (BFH) auf Ebene des Bundes als nachgeschaltete **Rechtsmittelinstanz** fungiert. Seit Inkrafttreten des „Gesetzes zur Änderung der Finanzgerichtsordnung und anderer Gesetze" (FGO-Änderungsgesetz) am 1. Januar 1993 ist ein sofortiger Rechtsmitteleinsatz vor dem BFH nicht mehr möglich.

Für den finanzgerichtlichen Rechtsweg nennt das Klagesystem der Finanzgerichtsordnung (FGO) vier Klagearten[34]: die „Anfechtungsklage" (Aufhebung oder Änderung eines Verwaltungsaktes), die „Verpflichtungsklage" (Erlass eines abgelehnten oder unterlassenen Verwaltungsaktes), „sonstige allgemeine Leistungsklagen" (z. B. Gewährung von Akteneinsicht) sowie die „Feststellungsklage" (z. B. auf Nichtigkeit eines Verwaltungsaktes). Erhebt der Steuerpflichtige Klage gegen eine Entscheidung der Finanzbehörde, so hat das zuständige Finanzgericht – in Analogie zum finanzbehördlichen Verfahren – zunächst über die **Zulässigkeit** der Klage zu befinden. Hierbei gelten ähnliche Voraussetzungen wie bei der entsprechenden Prüfung der Finanzverwaltung. Daher wird auf eine detaillierte Darstellung verzichtet[35].

Nach erfolgter Sachaufklärung kommen folgende Urteilsmöglichkeiten des Finanzgerichts in Betracht:

(1) Verwerfung der Klage als **unzulässig** (Verletzung der Zulässigkeitsvoraussetzungen).

(2) Abweisung der Klage als **unbegründet** (Verwaltungsakt ist nicht rechtswidrig).

(3) Stattgabe der Klage als voll respektive teilweise **begründet**. In Abhängigkeit von der Klageart[36] kommen folgende Konsequenzen in Betracht:

   (a) **Vollständige oder teilweise Aufhebung** des angefochtenen Verwaltungsaktes (sog. „Kassation"; die Finanzbehörde ist bei der Erstellung eines neuen Verwaltungsaktes an die Feststellungen des Finanzgerichts gebunden).

   (b) **Selbständige Änderung** des im Verwaltungsakt festgesetzten **Geldbetrags** (sog. „Reformation"; das Finanzgericht kann den Rechenvorgang in bestimmten Fällen der Finanzbehörde überlassen und lediglich die Bemessungsgrundlage übermitteln).

---

[34] Vgl. SCHWARZ (2001), S. 70 ff. sowie SCHMIDT-TROJE/SCHAUMBURG (2001), S. 91 ff.

[35] Zu Unterschieden bei den Zulassungsvoraussetzungen vgl. etwa TIKPE/LANG (2002), S. 850 ff. u. S. 866 ff.

[36] Vgl. hierzu TIKPE/LANG (2002), S. 887 f.

Sollte die Entscheidung von dem Ausgang eines anderweitig anhängigen Rechtsstreits abhängen, so können die Finanzgerichte die **Aussetzung des Verfahrens** beschließen (§ 74 FGO). Einschlägigstes Beispiel hierfür ist ein beim Bundesverfassungsgericht anhängiges Musterverfahren[37]. Unter bestimmten Bedingungen sind die Finanzgerichte auch zur **Aussetzung der Vollziehung** des zugrunde liegenden Verwaltungsaktes befugt (§ 69 FGO). Neben den o. g. Urteilsalternativen können finanzgerichtliche Entscheidungen auch in Form von Gerichtsbescheiden und Beschlüssen ergehen[38].

3.2 Einlegung von Rechtsmitteln beim Bundesfinanzhof

3.2.1 Revision

Gegen Entscheidungen der Finanzgerichte können sowohl Steuerpflichtige als auch Finanzbehörden Rechtsmittel beim Bundesfinanzhof einlegen. Hierfür kommen die „**Revision**" (gegen Urteile und Gerichtsbescheide der Finanzgerichte) und die „**Beschwerde**" (gegen Beschlüsse der Vorinstanz) in Betracht. Wie bereits erwähnt, ist der Bundesfinanzhof Rechtsmittel- und nicht Tatsacheninstanz. Der BFH ist daher an die Tatsachenfeststellungen der Finanzgerichte gebunden. Eine darüber hinaus gehende Beweismittelaufnahme durch den BFH selbst ist nicht zulässig.

Die **Revision** dient neben dem Individualrechtsschutz der Steuerpflichtigen der Rechtsfortbildung sowie der Kontrolle der Finanzgerichte durch den BFH. Sie bedarf der ausdrücklichen Zulassung durch das jeweilige Finanzgericht. Hierzu muss zumindest einer der folgenden **Zulassungsgründe** erfüllt sein[39]:

(1) Dem Verfahren liegt eine **Rechtsfrage** zugrunde, die entweder

  (a) von **grundsätzlicher Bedeutung** ist und vom BFH noch nicht geklärt wurde („Grundsatzrevision"),

  (b) eine Entscheidung des Bundesfinanzhofs aufgrund der **Fortbildung des Rechts** erforderlich macht („Rechtsfortbildungsrevision" als Spezialfall der Grundsatzrevision) oder

  (c) eine Entscheidung des BFH aus Gründen der **Einheitlichkeit der Rechtsprechung** erfordert („Rechtsprechungs-Vereinheitlichungs-Revision").

---

[37] Beim Vorliegen anderer Gründe kann das Verfahren auch ruhen oder unterbrochen werden. Näheres hierzu findet sich etwa bei SCHMIDT-TROJE/SCHAUMBURG (2001), S. 201 f.

[38] Vgl. hierzu sowie zu den rechtlichen Unterschieden JESSE (2002), S. 302 ff.

[39] Vgl. TIKPE/LANG (2002), S. 897 f. sowie SCHWARZ (2001), S. 270 ff.

(2) Bei der Entscheidung des Finanzgerichts ist ein **Verfahrensfehler** aufgetreten („Verfahrensrevision").

Über eine vom Finanzgericht zugelassene Revision hat der jeweils zuständige Senat des Bundesfinanzhofs zu entscheiden[40]. Dieser besitzt folgende **Entscheidungsoptionen**[41]:

(1) Die Revision kann nach § 124 FGO durch Beschluss als **unzulässig** verworfen werden (das Rechtsmittel ist aufgrund einer falschen Klageart nicht statthaft, die gesetzliche Form wurde nicht eingehalten oder es liegt eine Fristverletzung i. S. d. § 120 FGO vor).

(2) Die Revision kann als **unbegründet** zurückgewiesen werden (das Urteil des Finanzgerichts enthält weder einen materiellen Rechtsfehler noch einen Verfahrensmangel).

(3) Die Revision kann als ganz oder als teilweise **begründet** entschieden werden. Dies führt entweder

(a) zur **Entscheidung in der Sache selbst** (in diesem Fall ist die Rechtssache spruchreif) oder

(b) zur **Aufhebung** der finanzgerichtlichen Entscheidung und zur **Zurückverweisung** an die Vorinstanz. Eine anderweitige Verhandlung kann vor allem deshalb notwendig sein, weil das Finanzgericht entscheidungserhebliche Tatsachen nicht festgestellt hat. Im zweiten Rechtsgang ist das Finanzgericht an die rechtliche Beurteilung des Falles durch den BFH gebunden.

Eine Sonderstellung unter den Senaten des Bundesfinanzhofs nimmt der sog. **„Große Senat"** ein. Er erfüllt im Wesentlichen zwei Funktionen[42]: Zum einen fungiert er als Entscheidungsinstanz, falls ein Senat in einer Rechtsfrage von der Auffassung eines anderen Senats abweichen will („Divergenzanrufung"). Zum anderen besteht die Möglichkeit der sog. „Grundsatzanrufung", falls dies nach Meinung des anrufenden Senats zur Rechtsfortbildung oder zur Wahrung der Rechtsprechungseinheitlichkeit erforderlich ist.

---

[40] Beim Bundesfinanzhof bestehen derzeit elf Senate, deren Zuständigkeiten durch einen Geschäftsverteilungsplan festgelegt sind, [vgl. HTTP://WWW.BUNDESFINANZHOF.DE (aufgerufen am 10.10.2002)].

[41] Vgl. JESSE (2002), S. 362 ff. sowie TIPKE/LANG (2002), S. 900 f.

[42] Vgl. TIKPE/LANG (2002), S. 901.

3.2.2 Nichtzulassungsbeschwerde und sonstige Beschwerden

Gegen eine Reihe von Beschlüssen der Finanzgerichte können Steuerpflichtige wie Finanzbehörden Beschwerde beim Bundesfinanzhof einlegen[43]. Gemessen an den im Jahr 2002 beim BFH eingegangenen Beschwerden stellt die sog. „**Nichtzulassungsbeschwerde**" (NZB) die bedeutsamste Beschwerdeart dar[44].

Wie bereits oben ausgeführt, entscheiden die Finanzgerichte über die Zulässigkeit einer Revision. Wird die Revision im entsprechenden Urteil oder in dessen Begründung nicht ausdrücklich zugelassen, so besteht die Möglichkeit, die Nichtzulassung durch Beschwerde beim Bundesfinanzhof anzufechten (§ 116 FGO). Im anschließenden Verfahren prüft der zuständige Senat des BFH die Zulässigkeit der Nichtzulassungsbeschwerde anhand der bereits o. g. Zulassungsgründe. Lehnt der Senat die NZB ab, so wird das Urteil des Finanzgerichts rechtskräftig; andernfalls wandelt sich das Beschwerdeverfahren automatisch in ein Revisionsverfahren[45].

Neben der NZB können beim Bundesfinanzhof diverse **sonstige Beschwerden** eingelegt werden. Dies gilt etwa für finanzgerichtliche Beschlüsse zur Aussetzung des Verfahrens, für Entscheidungen über die (Nicht-)Beiladung von Beteiligten oder bei der Verhängung von Ordnungsgeldern[46]. Aufgrund ihrer geringen Bedeutung für die weitere Analyse wird nicht näher auf diese Beschwerdearten eingegangen.

3.3 Prozesskostenhilfe

Verfahren vor den Finanzgerichten und dem Bundesfinanzhof verursachen Kosten. Nach den Grundsätzen der §§ 135 ff. FGO werden die dabei anfallenden Gerichtskosten prinzipiell demjenigen der Prozessbeteiligten auferlegt, welcher im Ergebnis des Verfahrens unterliegt. Bei partiellem Erfolg werden die Kosten entweder verhältnismäßig geteilt oder gegeneinander aufgerechnet[47]. Kommt eine Kostentragung durch den Kläger aufgrund seiner persönlichen und wirt-

---

43 Das Rechtsmittel der Beschwerde kann nur gegen Beschlüsse, nicht jedoch gegen Urteile und Gerichtsbescheide eingelegt werden [vgl. SCHMIDT-TROJE/SCHAUMBURG (2001), S. 308].

44 Ca. 62,6 % aller beim BFH im Jahr 2002 eingegangenen Fälle waren Nichtzulassungsbeschwerden. Damit machten sie einen größeren Anteil als die Revisionseingänge aus (ca. 21,5 %) [eigene Berechnung, vgl. BUNDESFINANZHOF (2003), S. 8].

45 Eine Ausnahme hiervon stellen erfolgreiche Nichtzulassungsbeschwerden dar, mit denen ein Verfahrensmangel gerügt wird. Diese können zur anderweitigen Verhandlung an das Finanzgericht zurückverwiesen werden [vgl. SCHMIDT-TROJE/SCHAUMBURG (2001), S. 286].

46 Vgl. etwa JESSE (2002), S. 371 f. sowie SCHMIDT-TROJE/SCHAUMBURG (2001), S. 308.

47 Näheres hierzu findet sich etwa bei SCHMIDT-TROJE/SCHAUMBURG (2001), S. 316 ff.

schaftlichen Verhältnisse nicht in Betracht, so kann nach § 142 FGO **Prozesskostenhilfe** (PKH) beantragt werden.

Die PKH kann sowohl für finanzgerichtliche Verfahren als auch für Revisionen und Beschwerden (inkl. NZB) vor dem Bundesfinanzhof beantragt werden. Damit ein Antrag auf Prozesskostenhilfe bewilligt wird, muss die summarische Prüfung des Rechtsbehelfs eine hinreichende Aussicht auf Erfolg ergeben (§ 114 Zivilprozessordnung [ZPO]). Daneben muss sichergestellt sein, dass der Betroffene die Verfahrenskosten weder aus seinem Einkommen noch aus seinem Vermögen bestreiten kann (Offenlegung und Prüfung der persönlichen und wirtschaftlichen Verhältnisse nach § 115 ZPO). Sind beide Voraussetzungen erfüllt, so ist der Kläger zunächst von der Zahlung entstehender Gerichtskosten befreit. Außerdem kann dem Steuerpflichtigen ein Rechtsbeistand gewährt werden. Die anfallenden Kosten übernimmt die Staatskasse[48].

4 Verfassungsrechtlicher und europäischer Rechtsschutz

Fühlt sich ein Steuerpflichtiger durch die öffentliche Gewalt in einem seiner Grundrechte oder in einem der in Art. 101, 103, 104 GG enthaltenen Rechte verletzt, so steht ihm das Mittel der **Verfassungsbeschwerde** zur Verfügung[49]. Nach dem „Grundsatz der Subsidiarität" muss jedoch zunächst der steuerrechtliche Gerichtsweg erschöpft sein (Finanzgerichte und BFH), bevor eine Anrufung des Bundesverfassungsgerichts (BVerfG) möglich ist. Die Finanzgerichtsbarkeit kann ihrerseits sog. „**konkrete Normenkontrollanträge**" beim BVerfG stellen. Diese kommen in Betracht, falls ein Gericht eine entscheidungserhebliche Gesetzesregelung für verfassungswidrig hält. Das zugrunde liegende Verfahren ist in der Zwischenzeit auszusetzen.

Auf **europäischer Ebene** obliegt dem Europäischen Gerichtshof (EuGH) die Sicherung der einheitlichen Anwendung des Gemeinschaftsrechts in den Mitgliedstaaten[50]. Da dem Gemeinschaftsrecht ein grundsätzlicher Anwendungsvorrang gegenüber dem Bundesrecht zukommt, können Steuerpflichtige entsprechende Verstöße seitens der Finanzgerichtsbarkeit vor dem EuGH anfechten. Die Finanzgerichte können dem EuGH ungeklärte Fragen des Gemeinschaftsrechts vorlegen (sog. „Vorabentscheidungsverfahren"). Bei Entscheidungserheblichkeit

---

[48] Vgl. SCHMIDT-TROJE/SCHAUMBURG (2001), S. 321 ff. sowie SCHWARZ (2001), S. 165.

[49] Vgl. hierzu sowie zum Folgenden TIPKE/LANG (2002), S. 905 ff., JESSE (2002), S. 6 ff. und SCHMIDT-TROJE/SCHAUMBURG (2001), S. 324 ff.

[50] Vgl. TIPKE/LANG (2002), S. 912.

Abb. 2: Vereinfachtes Schema des steuerlichen Rechtsbehelfsverfahrens

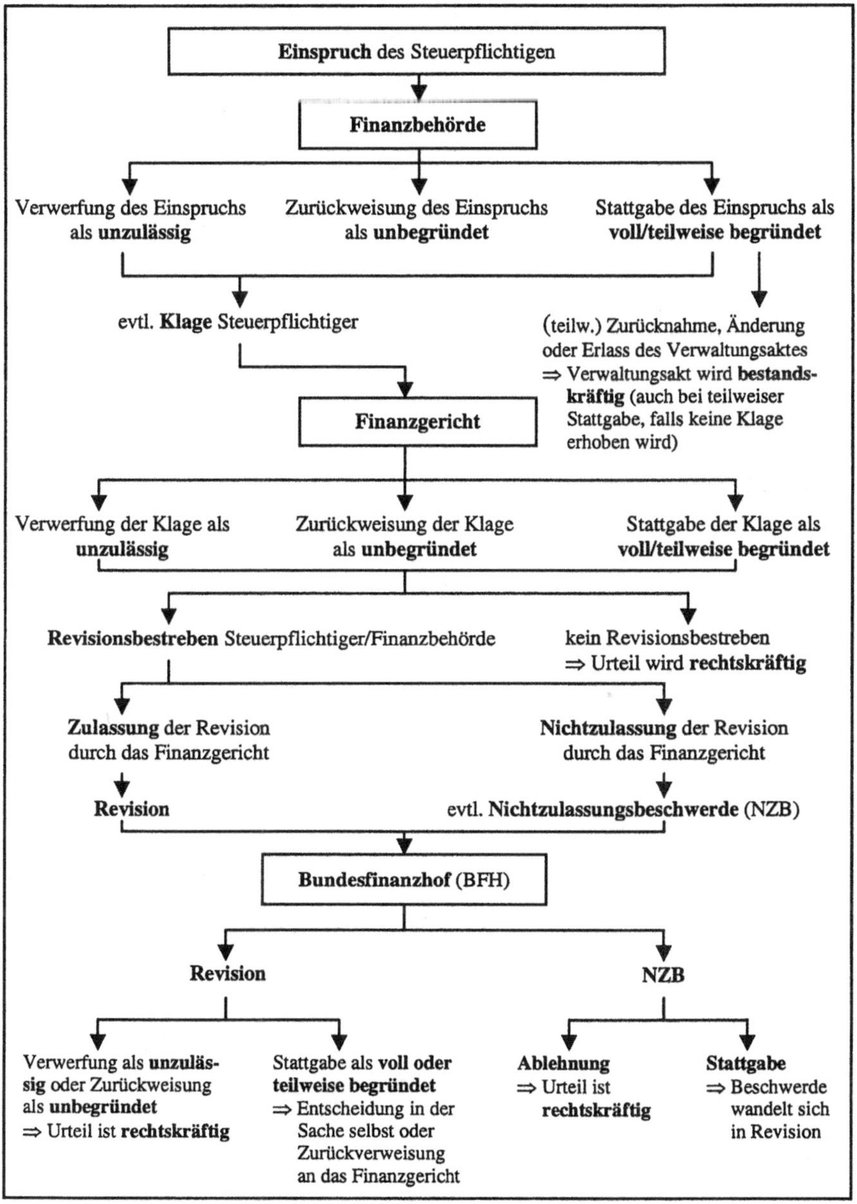

Eigene Darstellung

einer Rechtsfrage ist der Bundesfinanzhof zu einer derartigen Vorlage sogar verpflichtet[51].

---

[51] Vgl. TIPKE/LANG (2002), S. 913.

Dritter Teil:
Gegenstand und Methodik der Untersuchung

A. Untersuchungsbereich der Arbeit

Wie bereits im Einleitungsteil ausgeführt, werden mit der vorliegenden Untersuchung zwei grundlegende Forschungsziele verfolgt:

- Zunächst geht es um die *Identifizierung erheblicher Konfliktpotenziale im deutschen Ertragsteuerrecht*; darauf aufbauend sollen
- *ursachenadäquate finanzpolitische Maßnahmen* zur Beseitigung oder Verminderung jener Streitpotenziale abgeleitet werden.

Der Untersuchungsgegenstand der Arbeit umfasst demnach das (deutsche) „**Ertragsteuerrecht**". Da dieser Begriff in der wissenschaftlichen Literatur nicht einheitlich definiert wird, ist eine Begriffsbestimmung erforderlich. Als Ertragsteuern werden im Rahmen dieser Studie folgende Steuerarten verstanden:

- Steuern auf das Einkommen natürlicher Personen:
  Einkommensteuer (inkl. Lohn- und Kapitalertragsteuer).
- Steuern auf das Einkommen juristischer Personen:
  Körperschaftsteuer.
- Steuern auf das Ergebnis gewerblicher Unternehmen i. S. d. § 15 EStG:
  Gewerbeertragsteuer.

Dieses Begriffsverständnis entspricht im Wesentlichen der juristischen und der betriebswirtschaftlichen Definition von Ertragsteuern. Demgegenüber umfasst der finanzwissenschaftliche Ertragsteuerbegriff – der dieser Arbeit nicht zugrunde liegt – lediglich die Realsteuern (Grund- und Gewerbesteuer), bisweilen auch die Vermögensteuer[52].

Bevor das in der vorliegenden Untersuchung verwendete Analyseverfahren beschrieben wird, soll im Folgenden zunächst gezeigt werden, dass das Ziel einer Reduzierung steuerrechtlicher Streitpotenziale im Ertragsteuerrecht besonders dringlich ist. Hierzu werden die fiskalische Bedeutung der Ertragsbesteuerung, die Anzahl der Steuerpflichtigen sowie die Anzahl der beim Bundesfinanzhof anhängigen Verfahren betrachtet.

---

[52] Vgl. etwa BRÜMMERHOF (2001), S. 514 ff.

Tabelle 1: Steueraufkommen und Steuerstruktur in Deutschland

Steuerart	**Aufkommen im Jahr 2000**	
	Mrd. Euro	**v. H.**
Gesamt	*467,3*	*100,0*
Einkommensteuer [1)]	180.6	38.6
Umsatzsteuer	140,9	30,2
Mineralölsteuer	7,8	8,1
Gewerbesteuer	27.0	5.8
Körperschaftsteuer	23.6	5.1
Tabaksteuer	11,4	2,4
Grundsteuer	8,8	1,9
Versicherungsteuer	7,2	1,5
Kraftfahrzeugsteuer	7,0	1,5
Stromsteuer	3,4	0,7
Vermögensteuer [2)]	0,4	0,1
Sonstige Steuern	19,0	4,1

[1)] Inkl. Lohnsteuer, Zinsabschlag und Solidaritätszuschlag.
[2)] Die Vermögensteuer wird seit dem 1. Januar 1997 nicht mehr erhoben; das Steueraufkommen resultiert aus Veranlagungen früherer Jahre.

Eigene Darstellung
[in Anlehnung an BUNDESMINISTERIUM DER FINANZEN (2002a), S. 36, Tabelle 20]

Die **fiskalische Bedeutung der Ertragsteuern** in Deutschland ist hoch. So zeigt eine exemplarische Betrachtung der Steuerstruktur des Jahres 2000, dass die Ertragsteuern etwa 50 % des gesamten Steueraufkommens ausmachten[53]. Den größten Anteil trug hierzu die Einkommensteuer bei (38,6 % der gesamten Steuereinnahmen). Die Aufkommen aus der Gewerbesteuer und der Körperschaftsteuer fielen im Vergleich dazu deutlich geringer aus (zusammen etwa 10,9 % der gesamten Steuereinnahmen). Allerdings ist in diesem Zusammenhang auf die hohe fiskalische Bedeutung der Gewerbesteuer für die Kommunen hin-

[53] Zwar liegen bereits Daten für das Jahr 2001 vor. Allerdings sind in diesem Jahr diverse Sonderfaktoren zu berücksichtigen, die in ihrer Gesamtheit zu einem negativen Körperschaftsteueraufkommen führten [vgl. SACHVERSTÄNDIGENRAT (2001), S. 122 f.]. Daher erscheint es zweckmäßig, auf die Daten des Jahres 2000 zurückzugreifen.

zuweisen. Im Betrachtungsjahr betrug ihr Anteil an den gesamten Steuereinnahmen der Gemeinden über ein Drittel (ca. 37,6 %)[54]. Mit Blick auf die gesamtstaatliche Steuerstruktur umfasst die Ertragsbesteuerung drei der fünf ergiebigsten Steuern in Deutschland, wie Tabelle 1 veranschaulicht.

Betrachtet man die Anteile der einzelnen Steuerarten am Gesamtsteueraufkommen etwa seit dem Jahr 1995, so werden die o. g. Ergebnisse im Wesentlichen bestätigt[55]. Über den gesamten Zeitraum betrug der Anteil der Ertragsteuern durchschnittlich ca. 49 % des gesamten Steueraufkommens (vgl. Tabelle 2).

Tabelle 2: Anteile der Steuerarten am gesamten Steueraufkommen seit 1995

Steuerart	**Anteil am Gesamtsteueraufkommen in v. H.**							
	1995	**1996**	**1997**	**1998**	**1999**	**2000**	**2001**	**Ø**[1)]
Einkommensteuer	43,3	39,3	38,4	39,0	38,3	38,7	40,9	*39,7*
Umsatzsteuer	28,8	29,7	30,2	30,0	30,2	30,2	31,1	*30,0*
Mineralölsteuer	8,0	8,5	8,3	8,0	8,0	8,1	9,1	*8,3*
Gewerbesteuer	5,2	5,7	6,1	6,1	6,0	5,8	5,5	*5,8*
Körperschaftsteuer	2,2	3,7	4,1	4,4	5,0	5,1	-0,1[2)]	*3,5*

[1)] Sieben-Jahres-Durchschnitt.

[2)] Das negative Körperschaftsteueraufkommen im Jahr 2001 ist u. a. auf die Erstattung von Körperschaftsteuerguthaben infolge des Wechsels vom Anrechnungs- zum Halbeinkünfteverfahren zurückzuführen [vgl. hierzu sowie zu weiteren Ursachen SACHVERSTÄNDIGENRAT (2001), S. 122 f.].

Eigene Darstellung
[Datengrundlage: BUNDESMINISTERIUM DER FINANZEN (2002b), S. 265 f., Tabelle 12]

Neben der fiskalischen Relevanz empfiehlt es sich, die **Anzahl der Steuerpflichtigen** zu betrachten. Für die Identifizierung ertragsteuerlicher Streitpotenziale könnte sich dieses Merkmal als äußerst bedeutsam erweisen, wenn von einem positiven Zusammenhang zwischen der Anzahl der Veranlagungsfälle und dem Auftreten steuerrechtlicher Konflikte ausgegangen wird.

Die weitaus größte Zahl von Steuerpflichtigen weist die Einkommensteuer auf. Über 27 Mio. Bürgerinnen und Bürger unterliegen in Deutschland der Lohn- und

---

[54] Nach Abzug der Gewerbesteuerumlage. Eigene Berechnung [vgl. BUNDESMINISTERIUM DER FINANZEN (2002b), S. 278, Tabelle 13).

[55] Die nicht unerheblichen Aufkommensschwankungen der Körperschaftsteuer sind vor allem auf ihre äußerst starke Konjunkturreagibilität zurückzuführen.

Einkommensbesteuerung[56]. Dies entspricht in etwa einem Drittel der Gesamtbevölkerung. Im Verhältnis dazu stellt sich die Anzahl der Steuerpflichtigen im Bereich der Umsatzsteuer – der zweitergiebigsten deutschen Steuer – mit ca. 2,9 Mio. vergleichsweise gering dar[57]. Der überwiegende Anteil der Lohn- und Einkommensteuerpflichtigen bezieht in erster Linie Einkünfte aus nichtselbständiger Arbeit (ca. 23,8 Mio.). Mit großem Abstand folgen die Bezieher gewerblicher (ca. 1,4 Mio.) und sonstiger Einkünfte (ca. 1,2 Mio.). Eine detaillierte Darstellung liefert Tabelle 3.

Tabelle 3: Überwiegende Einkunftsarten bei Einkommensteuerpflichtigen

Steuerart	**Steuerpflichtige im Jahr 1995**	
	Anzahl	**v. H.**
Lohn- und Einkommensteuer insgesamt davon überwiegend mit...	*27.683.079*	*100,0*
Einkünften aus nichtselbständiger Arbeit	23.793.807	85,9
Einkünften aus Gewerbebetrieb	1.371.288	4,9
sonstigen Einkünften	1.185.157	4,3
Einkünften aus selbständiger Arbeit	513.266	1,9
Einkünften aus Vermietung und Verpachtung	379.218	1,4
Einkünften aus Kapitalvermögen	237.751	0,9
Einkünften aus Land- und Forstwirtschaft	202.592	0,7

Quelle: STATISTISCHES BUNDESAMT (2002), S. 531

Im Jahr 1995 waren etwa 373.000 juristische Personen körperschaftsteuerpflichtig. Daneben unterlagen ca. 951.000 Betriebe der Gewerbesteuer[58]. Die Steuereinnahmen je Steuerpflichtigen betrugen bei diesen Abgaben jedoch ein Vielfaches des Pro-Kopf-Aufkommens der Einkommensteuer: So beliefen sich die Einnahmen aus der Körperschaftsteuer auf etwa 24.900 Euro je Steuerpflichtigen; das durchschnittliche Gewerbesteueraufkommen betrug ca. 22.660 Euro. Bei der Einkommensteuer lag dieser Wert bei etwa 6.500 Euro. Unterschiede in der durchschnittlichen Steuerbelastung können sich insbesondere auf die Ein-

56 Erhebungsjahr: 1995 [vgl. STATISTISCHES BUNDESAMT (2002), S. 530].

57 Erhebungsjahr: 2000 [vgl. STATISTISCHES BUNDESAMT (2002), S. 530].

58 Vgl. STATISTISCHES BUNDESAMT (2002), S. 530.

spruchs- und Klageanreize, die Neigung zum Einlegen von Rechtsmitteln sowie auf die Höhe der entsprechenden Streitwerte auswirken.

Gemessen an der Zahl der Steuerpflichtigen kann die Ertragsbesteuerung jedenfalls als sehr bedeutsam charakterisiert werden – wenn auch hauptsächlich aufgrund der hohen Anzahl von Lohn- und Einkommensteuerveranlagungen.

Abb. 3: Struktur der beim Bundesfinanzhof anhängigen Revisionen[1)]

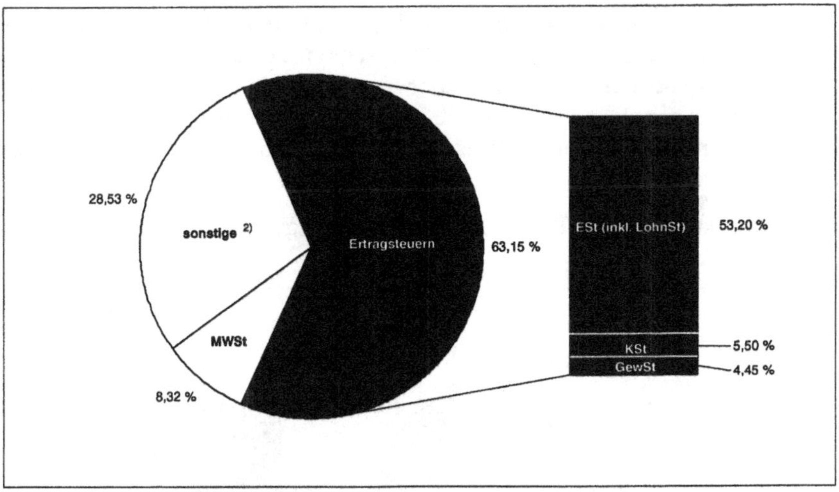

[1)] Stichtag der Zählung: 31.12.2002.
[2)] Eine Aufgliederung der sonstigen Revisionen kann nicht vorgenommen werden, da der Großteil dieser Verfahren in der Statistik des BFH keiner Steuerart zugeordnet ist [vgl. BUNDESFINANZHOF (2003), S. 9].

Eigene Darstellung [Datengrundlage: BUNDESFINANZHOF (2003), S. 9]

Die hohe Relevanz des Ziels der Verringerung steuerrechtlicher Streitpotenziale im Ertragsteuerbereich wird besonders deutlich, wenn neben der fiskalischen Bedeutung der Ertragsbesteuerung und der Anzahl von Steuerpflichtigen die **Anzahl der anhängigen Verfahren beim Bundesfinanzhof** betrachtet wird. Analysiert man die Zusammensetzung der zum 31.12.2002 unerledigten **Revisionen** beim BFH, so ergibt sich ein Anteil ertragsteuerrechtlicher Verfahren von etwa 63,2 %[59]. Ein ähnliches Bild liefert eine Betrachtung der zur Entscheidung anstehenden **Nichtzulassungsbeschwerden**: Ca. 54,4 % aller NZBn betreffen ertragsteuerliche Normen. In beiden Fällen machen solche Verfahren den Großteil aus, die sich mit einkommen- und lohnsteuerrechtlichen Regelungen befas-

[59] Vgl. hierzu sowie zum folgenden Datenmaterial BUNDESFINANZHOF (2003), S. 9.

sen (53,2 % aller Revisionen und ca. 45,6 % aller Nichtzulassungsbeschwerden). Körperschaftsteuerrechtliche Normen betreffen 5,5 % aller Revisionen sowie ca. 4,9 % aller NZBn. Mit gewerbesteuerrechtlichen Streitfragen setzen sich etwa 4,5 % aller Revisionen und ca. 3,8 % aller Nichtzulassungsbeschwerden auseinander. Demzufolge ist eine klare Konzentration anhängiger BFH-Verfahren auf ertragsteuerliche Regelungen festzustellen[60]. Die Abbildungen 3 und 4 illustrieren die Dominanz der Ertragsteuern.

Neben den diskutierten Faktoren sind eine Reihe weiterer Argumente für die hohe steuerrechtliche Bedeutung der Ertragsteuern zu nennen, etwa der **hohe Komplexitätsgrad der Ertragsbesteuerung.** Dies trifft insbesondere auf das Einkommensteuerrecht zu. Ursächlich hierfür sind sowohl die hohe Normenanzahl des Einkommensteuergesetzes als auch die Vielzahl an steuerlichen Ausnahmetatbeständen[61].

Abb. 4: Struktur der beim Bundesfinanzhof anhängigen Nichtzulassungsbeschwerden[1)]

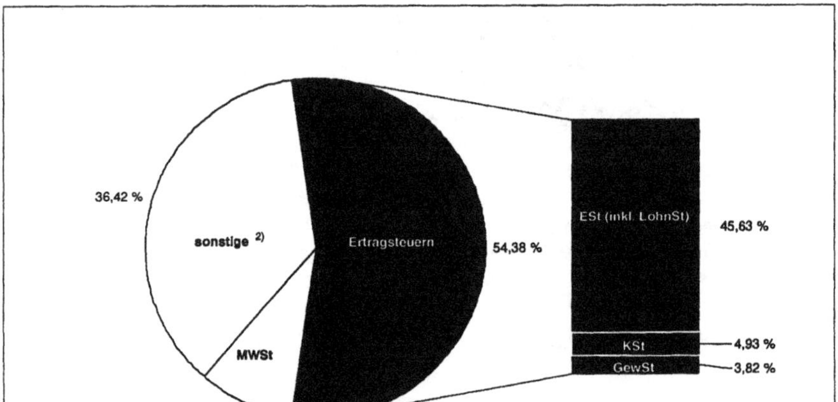

1) Stichtag der Zählung: 31.12.2002.

2) Eine Aufgliederung der sonstigen NZBn kann nicht vorgenommen werden, da der Großteil dieser Verfahren in der Statistik des BFH keiner Steuerart zugeordnet ist [vgl. BUNDESFINANZHOF (2003), S. 9].

Eigene Darstellung [Datengrundlage: BUNDESFINANZHOF (2003), S. 9]

---

60 Zu ähnlichen Ergebnissen gelangt man anhand einer Analyse der im Jahr 2002 beim BFH *eingegangenen* Revisionen und Nichtzulassungsbeschwerden [vgl. BUNDESFINANZHOF (2003), S. 9].

61 Vgl. hierzu etwa KLEIN (1996), S. 2 ff.

B. Methodische Vorgehensweise

Das Analyseverfahren der vorliegenden Untersuchung besteht aus den folgenden drei Schritten:

(1) Ermittlung ertragsteuerlicher Streitpotenziale in quantitativer Hinsicht.

(2) Qualitative Betrachtung der ermittelten Konfliktbereiche.

(3) Analyse streitbefangener Regelungen und Diskussion finanzpolitischer Handlungsoptionen.

Die einzelnen Schritte werden im Folgenden näher erläutert.

Im **ersten Schritt** der Analyse erfolgt die **Ermittlung ertragsteuerlicher Streitpotenziale**. Hierzu bietet sich eine eigene Datenerhebung an, da eine empirische Grundlage – insbesondere für die Ableitung finanzpolitischer Handlungsempfehlungen – als unabdingbar erachtet wird. Als grundlegender Indikator fungiert die *Rechtsprechung des Bundesfinanzhofs*. Neben der bereits angesprochenen *Filterfunktion des finanzbehördlichen Einspruchsverfahrens* ermöglicht es die *Auslesewirkung des finanzgerichtlichen Revisionszulassungsverfahrens*, dass das Hauptaugenmerk der Analyse auf die grundlegenden Konfliktbereiche gelegt wird. Für die Datenerfassung wurden zwei Quellen genutzt: zum einen die wohl am häufigsten verwendete und zitierte Sammlung von BFH-Entscheidungen (Bundessteuerblatt, Teil II), zum anderen die „Sammlung der Entscheidungen des Bundesfinanzhofs" (BFH NV).

Die Bezugnahme auf die Inhalte des Bundessteuerblatts hat insbesondere zwei Vorzüge. Zum einen wird hierdurch gewährleistet, dass das Hauptaugenmerk der Analyse auf Rechtsnormen mit *grundlegendem* Streitpotenzial gelegt wird – insbesondere deswegen, weil die im Bundessteuerblatt amtlich veröffentlichten Entscheidungen einen besonderen Grad der Verbindlichkeit für die Finanzverwaltung aufweisen[62]. Zum anderen ermöglicht es die Verfahrensvorauswahl seitens des BFH, eine mehrjährige Erhebung vorzunehmen. Aufgrund der sehr hohen Anzahl von jährlich ergehenden BFH-Entscheidungen wäre eine mehrjährige Betrachtung unter Einbeziehung der nicht-amtlich veröffentlichten Verfahren mit einem so großen Zeit- und Ressourcenaufwand verbunden, dass dies unangemessen erscheint[63]. Durch die Erfassung und Auswertung mehrerer Jahre

---

[62] Das Bundessteuerblatt wird vom BUNDESMINISTERIUM DER FINANZEN (BMF) veröffentlicht. Die publizierten Entscheidungen sind für den Rechtsanwender (Finanzverwaltung) grundsätzlich bindend.

[63] Im Durchschnitt der letzten fünf Jahre traf der BFH etwa 3.400 Entscheidungen pro Jahr [eigene Berechnung, Datenquelle: BUNDESFINANZHOF (2003), S. 8].

lassen sich insbesondere Erkenntnisse über die Veränderung von Konfliktpotenzialen im Zeitablauf gewinnen.

Problematisch an dieser Vorgehensweise könnte der Ausschluss bestimmter Verfahren sein, durch den gegebenenfalls ein Informationsverlust entstünde. Aus diesem Grund wurde als zweite Datenquelle die Zeitschrift BFH NV gewählt. Diese beinhaltet neben den amtlich veröffentlichten Verfahren auch nichtamtlich veröffentlichte Entscheidungen des Bundesfinanzhofs. Der zweite Erfassungsvorgang dient demnach der Ergebnis-Überprüfung der erstgenannten Analyse. Daneben ermöglicht es die Untersuchung aller veröffentlichten Entscheidungen, Aussagen über die Verteilung unterschiedlicher Verfahrensarten (Revisionen, Nichtzulassungsbeschwerden, sonstige Beschwerden und Anträge auf Prozesskostenhilfe) auf einzelne ertragsteuerliche Regelungen zu treffen.

Für die Ermittlung der grundlegenden Streitpotenziale, also für die Erfassung der im Bundessteuerblatt amtlich veröffentlichten Verfahren, wurde eine Methode gewählt, die einerseits die Erhebung aller von BFH-Verfahren betroffenen Rechtsnormen ermöglicht sowie andererseits die Berücksichtigung der den Verfahren zugrunde liegenden materiellen Sachverhalte gewährleistet. Die Erfassungsmethodik richtet sich dabei nach den relevanten Informationen: Die im Bundessteuerblatt veröffentlichen Verfahren enthalten sog. „Leitsätze“[64], einen Auszug der Urteilsbegründung sowie eine Auflistung der jeweils betroffenen Normen. Allerdings ist hierbei zu berücksichtigen, dass einzelne Paragraphen bisweilen auch dann angeführt werden, wenn sie nicht die eigentliche Konfliktursache darstellen. Ein Fallbeispiel soll dies illustrieren[65]:

> *Bei einer GmbH wird im Rahmen einer Betriebsprüfung eine sog. „verdeckte Gewinnausschüttung“ festgestellt. Dieser Tatbestand ist zwischen den Beteiligten nicht strittig. Der geschäftsführende Gesellschafter ist aufgrund einer Vereinbarung im Gesellschaftsvertrag zur Rückzahlung des entsprechenden Betrages nebst Zinsen verpflichtet. Aus diesem Grund möchte der Kläger die gezahlten Zinsen als Werbungskosten bei Einkünften aus Kapitalvermögen berücksichtigt wissen. Das Finanzamt lehnt dies ebenso wie das Finanzgericht ab.*
>
> *Als betroffene Normen sind § 9 Abs. 1 S. 3 Nr. 1 EStG (Werbungskostencharakter von Schuldzinsen u. a.) und § 20 Abs. 1 Nr. 1 S. 2 EStG (verdeckte Gewinnausschüttungen im Zusammenhang mit Einkünften aus Kapitalvermögen) genannt. Als konfliktverursachend kann in diesem Fall aber nur die erstgenannte Norm bezeichnet werden: Dass die Zuwendun-*

---

64 Die Leitsätze beinhalten die zentralen Verfahrensergebnisse in sehr kurzer Form.

65 Vgl. BUNDESSTEUERBLATT, TEIL II (2001), S. 226 ff.

gen der GmbH an den Geschäftsführer als verdeckte Gewinnausschüttung zu beurteilen waren, ist nicht strittig und hat keine Auswirkungen auf die Entscheidung des BFH. Ausschlaggebend für die Stattgabe der Revision ist lediglich, dass der Bundesfinanzhof einen Zusammenhang zwischen den geleisteten Schuldzinsen und der Beteiligung des Klägers an der GmbH konstatiert. Der BFH erkennt im Ergebnis den Werbungskostencharakter der Zinsen an und bezieht sich dabei auf die erste der o. g. Normen.

Dieses Beispiel verdeutlicht, dass die Ermittlung ertragsteuerlicher Streitpotenziale nicht alleine vor dem Hintergrund der jeweils *betroffenen* Normen erfolgen sollte. Darüber hinaus empfiehlt sich eine Analyse der entsprechenden Urteilsbegründungen. Hierdurch können die den Verfahren zugrunde liegenden Tatbestände ermittelt und anhand dessen die tatsächlich *konfliktverursachenden* Normen identifiziert werden.

Ein derart detailliertes Vorgehen ist aber auch mit Problemen behaftet. Zum einen stellt es ein sehr zeitintensives Verfahren dar, da für jede Entscheidung mehrseitige Urteilsbegründungen analysiert werden müssen. Zum anderen beinhaltet die Methode gewisse subjektive Elemente. Wie das obige Beispiel zeigt, besteht bereits bei der Auswahl der im Bundessteuerblatt angeführten Normen ein gewisser Ermessensspielraum. Daneben ist eine eindeutige Bestimmung der jeweils konfliktverursachenden Regelung nicht immer möglich. Beispielsweise erschwert es die enge Verzahnung der Gewinnermittlungsarten nach § 5 EStG (Gewinn bei Vollkaufleuten und bestimmten anderen Gewerbetreibenden) und § 4 Abs. 1 EStG (Betriebsvermögensvergleich) in einigen Fällen, die Zuordnung geeignet vorzunehmen[66]. Bei einer Reihe von entsprechenden BFH-Verfahren werden daher beide Normen angegeben und eine Entscheidung, welche der beiden Regelungen als konfliktverursachend charakterisiert werden kann, ist nicht immer eindeutig zu fällen.

Vor diesem Hintergrund erscheint es zielführend, eine **duale Erhebungsmethode** zu wählen. Für die Erfassung der jeweils als *betroffen* bezeichneten Normen (d. h. unabhängig von ihrer Konfliktursächlichkeit) werden die Verfahren aus elf Jahrgängen des Bundessteuerblatts verwendet (Erhebungszeitraum: 1991 bis 2001). Hierbei werden die jeweils als entscheidungsrelevant angeführten Paragraphen erfasst, ohne die zugrunde liegenden Sachverhalte vertieft zu analysieren. Diese Methode ermöglicht die Erhebung über einen längeren Zeitraum, da die zeitaufwendige Auswertung von Urteilsbegründungen entfällt. Ergänzt wird diese Erhebungsweise durch die Ermittlung der jeweils *konfliktverursachenden* Regelungen. Dies erfolgt anhand der Analyse der den Verfahren

---

[66] Vgl. hierzu etwa KIRCHHOF (2001), S. 268 ff.

zugrunde liegenden Sachverhalte. Da dieses Vorgehen wesentlich mehr Zeit in Anspruch nimmt, erscheint es zweckmäßig, die Betrachtung auf fünf Jahresausgaben des Bundessteuerblatts zu begrenzen (Erhebungszeitraum: 1997 bis 2001). Hierbei wurden etwa 900 Urteilsbegründungen von BFH-Verfahren ausgewertet. Somit liegen der Ermittlung ertragsteuerlicher Streitpotenziale sowohl eine **normenorientierte** als auch eine **sachverhaltsbezogene** Betrachtungsweise zugrunde.

Die Analyse der Rechtsprechung des Bundesfinanzhofes wird durch eine Betrachtung auf der Ebene der Finanzgerichte ergänzt. Auch hierzu wurde eine eigene Datenerhebung durchgeführt. Da die Einbeziehung der finanzgerichtlichen Jurisdiktion in erster Linie der Ergebnis-Überprüfung der BFH-Rechtsprechungsanalyse dient, wurde hier lediglich die normenorientierte Erhebungsmethode verwendet. Als Datenquelle fungierten fünf Jahrgänge der Zeitschrift „Entscheidungen der Finanzgerichte" (EFG, Erhebungszeitraum: 1997 bis 2001).

Auf der Ebene der Finanzbehörden wurden ergänzende „Expertengespräche" durchgeführt. Hierdurch war es insbesondere möglich, konkrete Konfliktursachen, die im Zuge der Rechtsanwendung durch die Finanzverwaltung auftreten, in die Untersuchung mit einfließen zu lassen.

Die Ergebnisse dieses dreistufigen Verfahrens stellen eine fundierte Grundlage für die darauf folgenden Untersuchungsschritte dar.

Der **zweite Untersuchungsschritt** besteht aus einer **qualitativen Betrachtung der ermittelten Konfliktbereiche**. Darauf aufbauend kann diskutiert werden, inwieweit eine detaillierte Analyse der jeweiligen Ertragsteuernormen zweckdienlich erscheint. Diese Entscheidung erfolgt mit Hilfe von drei Kriterien:

(a) Ausmaß der ertragsteuerlichen Streitpotenziale in quantitativer Hinsicht (Ergebnisse des ersten Untersuchungsschritts).

(b) Fiskalische Bedeutung der entsprechenden Steuervorschriften.

(c) Steuersystematische Relevanz der jeweiligen Bestimmungen.

Hohe ***Konfliktpotenziale in quantitativer Hinsicht*** bewirken eine unmittelbare Belastung der Finanzgerichtsbarkeit und verursachen zudem direkte wie indirekte Folgekosten der Besteuerung[67]. Für eine effiziente volkswirtschaftliche Ressourcenallokation sind sie daher von zentraler Bedeutung. Die ***fiskalische Bedeutsamkeit*** konfliktträchtiger Regelungen ist u. a. für die Einnahmenplanung

---

[67] Vgl. hierzu auch S. 2 dieser Arbeit.

der öffentlichen Haushalte relevant: Je größer das Aufkommen einer streitbefangenen Ertragsteuernorm ist, desto kritischer ist die Existenz vorhandener Streitpotenziale zu beurteilen. Auf die Einnahmendisposition der Gebietskörperschaften wirkt sich dies etwa in Form von Außenständen aufgrund schwebender Verfahren aus. Daneben besteht das Risiko von Steuerausfällen infolge verlorener Rechtsverfahren. Daher empfiehlt sich die Beseitigung oder zumindest die Abschwächung der jeweiligen Konfliktursachen. In diesem Zusammenhang ist jedoch zu prüfen, inwieweit ***steuersystematische Gesichtspunkte*** einer Reform konfliktträchtiger Regelungen entgegenstehen. Hierbei sind insbesondere verfassungsrechtliche Vorgaben, wie der allgemeine Gleichheitssatz des Art. 3 Abs. 1 GG, zu beachten. Aus ökonomischer Perspektive sind in erster Linie das „Leistungsfähigkeitsprinzip" sowie ferner das „Äquivalenzprinzip" relevant[68].

Im Anschluss hieran erfolgt im **dritten Untersuchungsschritt** die **ökonomische und steuerrechtliche Analyse** der konfliktträchtigen Regelungen. Darauf aufbauend sind **finanzpolitische Handlungsoptionen** zu diskutieren, die zu einer Beseitigung bzw. zu einer signifikanten Verringerung ertragsteuerlicher Konfliktpotenziale beitragen können. Auch in diesem Zusammenhang sind sowohl steuersystematische als auch verfassungsrechtliche Rahmenbedingungen zu beachten. Zudem dürfen durch die Reformvorschläge weder die Erreichung des fiskalischen Ziels – d. h. die Generierung von Steuereinnahmen – gefährdet, noch die Steuer- und Abgabenbelastung der Steuerpflichtigen dermaßen erhöht werden, dass hierdurch negative gesamtwirtschaftliche Effekte auftreten[69].

---

[68] Zu diesen Besteuerungsgrundsätzen vgl. etwa ANDEL (1998), S. 290 ff. Nach herrschender Meinung ist die Ausgestaltung einkommen- und körperschaftsteuerrechtlicher Regelungen nach Gesichtspunkten der steuerlichen Leistungsfähigkeit vorzunehmen. Die Gewerbesteuer wird überwiegend äquivalenztheoretisch begründet, was allerdings nicht unumstritten ist [vgl. insbesondere WISSENSCHAFTLICHER BEIRAT BEIM BUNDESMINISTERIUM DER FINANZEN (1982), S. 32 ff.].

[69] Vgl. hierzu auch S. 80 ff. u. S. 99 f. dieser Arbeit.

Vierter Teil:
Identifizierung ertragsteuerlicher Streitpotenziale

A. Analyse der Rechtsprechung des Bundesfinanzhofs

1 Beschreibung des Datenmaterials

Bevor die Ergebnisse der Analyse ertragsteuerlicher Streitpotenziale dargestellt werden, erfolgt eine kurze Beschreibung des ausgewerteten Datenmaterials. Die Darstellung gliedert sich nach den bereits oben genannten Erhebungsmethoden:

(1) *Normenorientierte Erhebungsmethode*: Erfassung der von BFH-Verfahren *betroffenen* Normen (Erfassungsquelle: Bundessteuerblatt, Erhebungszeitraum: 1991 bis 2001).

(2) *Sachverhaltsbezogene Erhebungsmethode*:

(a) *Primärerhebung*: Erfassung der *konfliktverursachenden* Normen und Tatbestände anhand der Auswertung von Urteilsbegründungen (Erfassungsquelle: Bundessteuerblatt, Erhebungszeitraum: 1997 bis 2001).

(b) *Kontrollerhebung*: Erfassung der *konfliktverursachenden* Normen und Tatbestände durch Auswertung der jeweiligen Urteilsbegründungen (Erfassungsquelle: BFH NV, Erhebungszeitraum: 2001).

Im Rahmen der **normenorientierten Erhebungsmethode** erfolgte die Datenerfassung unter Berücksichtigung von elf Jahrgängen des Bundessteuerblatts. Hierbei wurden lediglich die von den entsprechenden Verfahren betroffenen Normen vermerkt, ohne eine Auswertung der jeweiligen Urteilsbegründung vorzunehmen. Durch die Auswertung von 2.202 BFH-Verfahren konnten insgesamt 5.091 betroffene Normen erhoben werden.

Betrachtet man die Verteilung der erfassten Paragraphen auf das Einkommensteuer-, das Körperschaftsteuer- und das Gewerbesteuergesetz, so ergibt sich das in Tabelle 4 wiedergegebene Bild. Dies verdeutlicht die hohe Anzahl einkommensteuerrechtlicher Normen, die von BFH-Verfahren betroffen sind (86,6 %). Auf das Körperschaftsteuer- und das Gewerbesteuergesetz entfallen zusammen etwa 13,4 % der erhobenen Regelungen, wobei der Anteil körperschaftsteuerrechtlicher Bestimmungen etwas größer ist.

Tabelle 4: Verteilung der von BFH-Verfahren betroffenen Normen auf die Ertragsteuergesetze (1991 bis 2001)

Gesetz	**Betroffene Normen**	
	Anzahl	**v. H.**
EStG	4.409	86,6
KStG	408	8,0
GewStG	274	5,4
Gesamt	*5.091*	*100,0*

Eigene Darstellung [Datengrundlage: BUNDESSTEUERBLATT, Jahrgänge 1991 bis 2001]

Für das große Übergewicht einkommensteuerrechtlicher Normen könnten vor allem zwei Gründe ausschlaggebend sein. Zum einen weist die Einkommensteuer – wie oben dargestellt – eine wesentlich höhere Anzahl von Steuerpflichtigen als die beiden anderen Ertragsteuern auf. Je mehr Wirtschaftssubjekte von einem Steuergesetz betroffen sind, desto wahrscheinlicher dürfte es sein, dass es hierbei zu Rechtsstreitigkeiten kommt. Zum anderen besteht das Einkommensteuergesetz aus einer weitaus höheren Anzahl von Regelungen als das KStG und das GewStG. Wie sich weiter unten zeigen wird, kann die Konfliktträchtigkeit des Einkommensteuergesetzes jedoch nur bedingt durch die hohe Normenanzahl erklärt werden. Wäre dem so, so müssten sich die Konflikte relativ gleichmäßig über die einzelnen Regelungen des Einkommensteuergesetzes verteilen. Eine Konzentration von Rechtsstreitigkeiten auf bestimmte Normen legt hingegen die Vermutung nahe, dass die Regelungsdichte für das Auftreten von Konfliktpotenzialen eine tendenziell untergeordnete Rolle spielt.

Eine Betrachtung einzelner Jahre zeigt, dass die Verteilung der betroffenen Normen über die jeweiligen Ertragsteuergesetze recht konstant bleibt. Wie Abbildung 5 illustriert, ergeben sich zumindest keine gravierenden Unterschiede[70].

[70] Eine Ausnahme stellt lediglich das Jahr 1994 dar, in dem das Gewerbesteuergesetz eine höhere Anzahl betroffener Normen aufweist als das Körperschaftsteuergesetz. Wie ein Vergleich mit den Ergebnissen der sachverhaltsbezogenen Erhebungsmethode zeigt (vgl. S. 32 dieser Arbeit, Abbildung 7), könnte dies vor allem auf Unterschiede zwischen den jeweils als betroffen bezeichneten Normen und den als konfliktverursachend identifizierten Regelungen zurückzuführen sein.

Abb. 5: Verteilung der betroffenen Normen auf die Ertragsteuergesetze (1991 bis 2001), differenziert nach Veröffentlichungsjahren (Bundessteuerblatt)

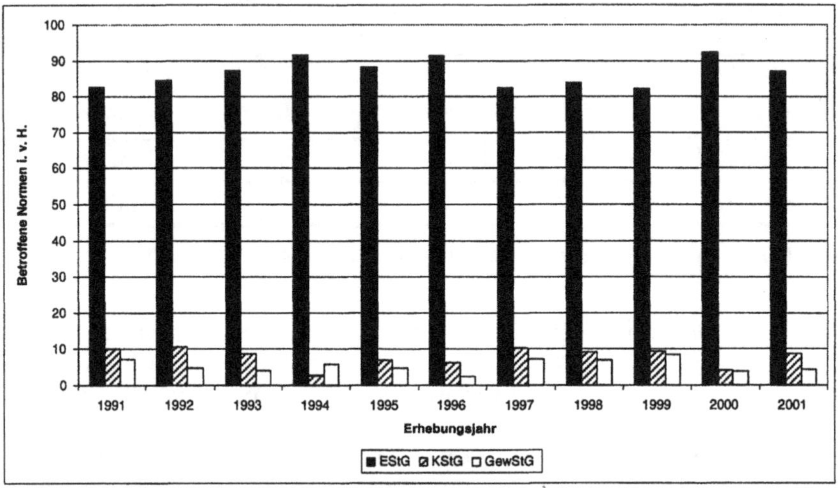

Eigene Darstellung [Datengrundlage: BUNDESSTEUERBLATT, Jahrgänge 1991 bis 2001]

Die **sachverhaltsbezogene Erhebungsmethode** basiert zum einen auf der Erfassung der amtlich veröffentlichten BFH-Verfahren. Hierzu wurden die Jahrgänge 1997 bis 2001 des Bundessteuerblatts ausgewertet. Zum anderen wurden die amtlich und die nicht-amtlich veröffentlichten BFH-Entscheidungen aus der Zeitschrift BFH NV analysiert, wobei der Jahrgang 2001 verwendet wurde. Bei beiden – voneinander getrennten – Erfassungsschritten erfolgte eine Auswertung der jeweiligen Urteilsbegründungen. Anhand dessen konnten die jeweils konfliktverursachenden Normen festgestellt und erfasst werden. Hierbei erschien es mitunter sachgemäß, einer Entscheidung mehrere Bestimmungen zuzuweisen, da für ein Verfahren grundsätzlich mehrere Normen konfliktverursachend sein können. Daneben wurden die den Verfahren zugrunde liegenden Sachverhalte, die Verfahrensart und die Entscheidung des Bundesfinanzhofs festgehalten. Ferner wurde vermerkt, ob eine Zurückverweisung an die Vorinstanz erfolgte. Eine vollständige Erfassung der Streitwerte war aufgrund häufig fehlender Angaben nicht möglich, sodass hier Lücken im Datenbestand vorliegen.

Im Rahmen der **Erhebung der amtlich veröffentlichen Entscheidungen aus dem Bundessteuerblatt** wurden exakt 900 ertragsteuerliche BFH-Verfahren erfasst. Abbildung 6 stellt die Verteilung der Entscheidungen auf die ertragsteuerrechtlichen Regelwerke dar.

Abb. 6: Verteilung der erfassten BFH-Verfahren in den Jahren 1997 bis 2001 auf die Ertragsteuergesetze (Bundessteuerblatt) [1)]

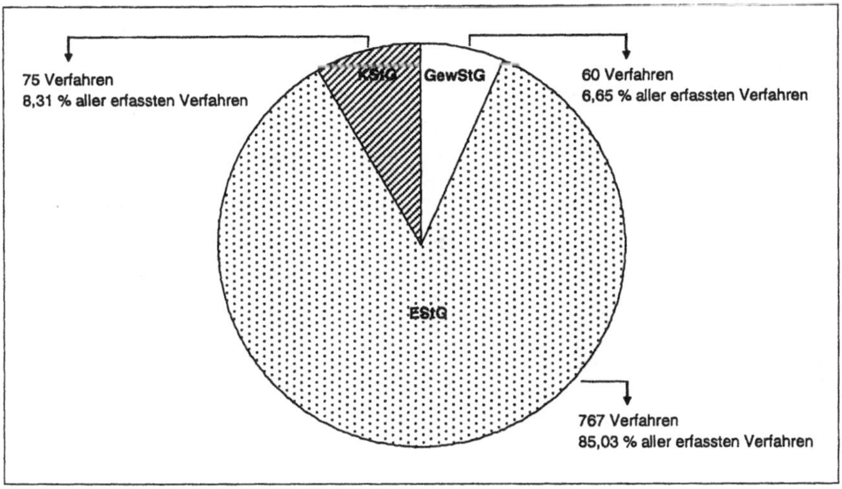

[1)] Aufgrund zweier BFH-Entscheidungen, die sich nicht einem einzigen Gesetzeswerk zuordnen ließen, steigt die Summe der Verfahren in dieser Darstellung auf 902 an.

Eigene Darstellung [Datengrundlage: BUNDESSTEUERBLATT, Jahrgänge 1997 bis 2001]

Von den 900 erfassten BFH-Entscheidungen betreffen etwa 85 % einkommensteuerrechtliche Regelungen. Mit Bestimmungen der Körperschaftsteuer setzen sich ca. 8,3 % der erhobenen Verfahren auseinander und gewerbesteuerliche Rechtsfragen behandeln rund 6,7 % der Entscheidungen. Die Ergebnisse entsprechen grundsätzlich den Resultaten der normenorientierten Erhebungsmethode[71]. Hier machen die betroffenen Paragraphen der Einkommensteuer einen etwas höheren Anteil aus (86,6 %); die Anteile körperschaftsteuerrechtlichen Normen (8,0 %) und der Gewerbesteuer (5,4 %) sind daher etwas geringer. Die grundlegenden Strukturen der Verteilung sind letztlich sehr ähnlich, was auch die Betrachtung der einzelnen Erhebungsjahre bestätigt (vgl. Abbildung 7). Die genannten Abweichungen resultieren aus der unterschiedlichen Erhebungsmethodik: Das erste Verfahren erfasst *alle betroffenen* Normen, ohne auf die Entscheidungserheblichkeit der Bestimmungen zu achten; das zweite Verfahren dient hingegen der Erhebung der *konfliktverursachenden* Regelungen[72].

---

[71] Vgl. S. 29 dieser Arbeit, Tabelle 4.

[72] Zur diesen methodischen Unterschieden vgl. ausführlich S. 23 ff. dieser Arbeit.

Abb. 7: Verteilung der erfassten BFH-Verfahren auf die Ertragsteuergesetze (1997 bis 2001), differenziert nach Veröffentlichungsjahren (Bundessteuerblatt)

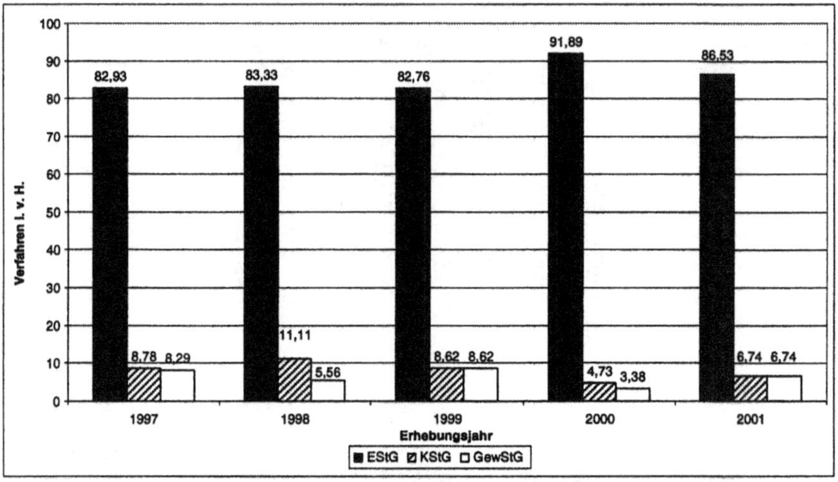

Eigene Darstellung [Datengrundlage: BUNDESSTEUERBLATT, Jahrgänge 1997 bis 2001]

Differenziert man die 900 erfassten Entscheidungen nach den **Verfahrensarten**, so ergibt sich folgendes Bild (vgl. Tabelle 5): Bei etwa 95,1 % der amtlich veröffentlichten Entscheidungen handelt es sich um Revisionen. Ca. 3,4 % der Verfahren stellen Nichtzulassungsbeschwerden und sonstige Beschwerden dar. Entscheidungen des Großen Senats wurden in acht Fällen amtlich veröffentlicht (ca. 0,9 % der Verfahren). Vier BFH-Verfahren betreffen Anträge auf Prozesskostenhilfe (ca. 0,4 % der Verfahren). In einem Fall wurde das Bundesministerium der Finanzen dazu aufgefordert, einem Verfahren vor dem Bundesverfassungsgericht beizutreten (in Tabelle 5 unter „sonstige" angeführt).

Die Dominanz der Revisionsverfahren ist leicht erklärbar: Für die amtliche Veröffentlichung von BFH-Verfahren im Bundessteuerblatt sind insbesondere die Bedeutung der Entscheidung für die Fortentwicklung der Rechtsprechung und – infolgedessen – die Relevanz der Urteile für die Rechtsanwendung durch die Finanzverwaltung ausschlaggebend. Dem Rechtsmittel der Revision kommt in diesem Zusammenhang eine herausgehobene Bedeutung bei, was besonders deutlich vor dem Hintergrund der Zulassungsvoraussetzungen wird (grundsätzliche Bedeutung der Rechtsfrage, Fortbildung oder Einheitlichkeit der Rechtsprechung, ferner Verfahrensfehler des Finanzgerichts)[73]. Dies erklärt den relativ niedrigen Anteil der restlichen Verfahrensarten an den amtlich veröffentlichten Entscheidungen.

Tabelle 5: Verfahrensstruktur der amtlich veröffentlichten Verfahren in den Jahren 1997 bis 2001 (Bundessteuerblatt)

Verfahrensart	**Anzahl**	**v. H.**
Revision	856	95,1
Beschwerde	20	2,2
Nichtzulassungsbeschwerde	11	1,2
Entscheidung des Großen Senats	8	0,9
Prozesskostenhilfe	4	0,4
sonstige	1	0,1
Gesamt	*900*	*100,0*

Eigene Darstellung [Datengrundlage: BUNDESSTEUERBLATT, Jahrgänge 1997 bis 2001]

Tabelle 6: Struktur der Verfahrensarten im Jahr 2001 (BFH NV) – ohne Unterscheidung zwischen amtlich veröffentlichten und nicht-amtlich veröffentlichten Entscheidungen

Verfahrensart	**Anzahl**	**v. H.**
Revision	333	64,2
Nichtzulassungsbeschwerde	135	26,0
Beschwerde	27	5,2
Prozesskostenhilfe	23	4,4
k. A.[1)]	1	0,2
Gesamt	*519*	*100,0*

1) Bei einem Verfahren war eine Zuweisung aufgrund einer nicht abgedruckten Urteilsbegründung nicht möglich.

Eigene Darstellung [Datengrundlage: BFH NV, Jahrgang 2001]

---

73 Zu diesen Zulassungsvoraussetzungen vgl. ausführlich TIKPE/LANG (2002), S. 897 f. u. SCHWARZ (2001), S. 270 ff. sowie S. 11 f. dieser Arbeit.

Um einen genaueren Überblick über die Zusammensetzung der BFH-Entscheidungen nach den einzelnen Verfahrensarten zu erhalten, wurden daher neben den amtlich veröffentlichten Entscheidungen die nicht-amtlich veröffentlichen Verfahren betrachtet. Hierzu wurden 519 Verfahren aus der Zeitschrift **BFH NV** erhoben. Dies ermöglicht die Gegenüberstellung von 302 nicht-amtlich veröffentlichten Entscheidungen und 217 amtlich veröffentlichten Verfahren eines Jahres.

Gliedert man die Entscheidungen nach den jeweiligen **Verfahrensarten**, so stellen sich gravierende Unterschiede im Vergleich zu den im Bundesteuerblatt enthaltenen Verfahren heraus (vgl. Tabelle 5 und 6). Zwar machen auch hier die Revisionen mit 64,2 % der Fälle den Hauptanteil der Entscheidungen aus. Bei über 31 % der Verfahren handelt es sich jedoch um Nichtzulassungsbeschwerden oder sonstige Beschwerden. Bei den Entscheidungen, die dem Bundessteuerblatt entnommen wurden, beträgt diese Quote nur 3,4 %. Auch die Anträge auf Prozesskostenhilfe treten nun mit 4,4 % häufiger auf, als dies bei den im Bundessteuerblatt veröffentlichten Verfahren der Fall ist (0,4 %).

Die Unterschiede in der Verfahrensstruktur werden noch deutlicher, wenn bei den Entscheidungen der Zeitschrift BFH NV zwischen amtlich veröffentlichten und nicht-amtlich veröffentlichten Verfahren differenziert wird. Betrachtet man lediglich die amtlich veröffentlichten Entscheidungen, so ergeben sich ähnliche Resultate, wie bei der Analyse der Entscheidungen aus dem Bundessteuerblatt (vgl. Tabelle 5). Anders hingegen fallen die Ergebnisse aus, wenn nur die nicht-amtlich veröffentlichten Entscheidungen betrachtet werden. Der Verfahrensanteil der Nichtzulassungsbeschwerden und der sonstigen Beschwerden beträgt hier über 50 %. Revisionen machen ca. 41,4 % der Verfahren aus. Im Vergleich dazu stellt sich der Anteil der Revisionen bei den amtlich veröffentlichten Entscheidungen mit ca. 96 % wesentlich höher dar. Ferner ist festzustellen, dass die Anträge auf Prozesskostenhilfe mit etwa 7,3 % ebenfalls einen höheren Anteil als bei Betrachtung der amtlich veröffentlichten Verfahren ausmachen (0,4 %). Die Resultate werden durch Tabelle 7 sowie durch Abbildung 8 illustriert.

Diese Unterschiede in der Verfahrensstruktur verdeutlichen, warum neben dem Bundessteuerblatt als zweite Erfassungsquelle die Zeitschrift BFH NV gewählt wurde. Durch die ausschließliche Verwendung des Bundessteuerblatts hätten bestimmte Entscheidungen nur zu einem geringen Anteil berücksichtigt werden können. Wie die Ergebnisse belegen, wären hiervon insbesondere die Nichtzulassungsbeschwerden betroffen gewesen.

Tabelle 7: Struktur der Verfahrensarten im Jahr 2001 (BFH NV) – mit Unterscheidung zwischen amtlich veröffentlichten und nicht-amtlich veröffentlichten Entscheidungen

Verfahrensart	amtlich veröffentlicht		nicht-amtlich veröffentlicht	
	Anzahl	v. H.	Anzahl	v. H.
Revision	208	95,9	125	41,4
Beschwerde	6	2,8	21	7,0
Nichtzulassungsbeschwerde	2	0,9	133	44,0
Prozesskostenhilfe	1	0,4	22	7,3
k. A.[1]	-	-	1	0,3
Gesamt	*217*	*100,0*	*302*	*100,0*

[1] Bei einem Verfahren war eine Zuweisung aufgrund einer nicht abgedruckten Urteilsbegründung nicht möglich.

Eigene Darstellung [Datengrundlage: BFH NV, Jahrgang 2001]

Abb. 8: Struktur der Verfahrensarten im Jahr 2001 (BFH NV) – mit Unterscheidung zwischen amtlich veröffentlichten und nicht-amtlich veröffentlichten Entscheidungen

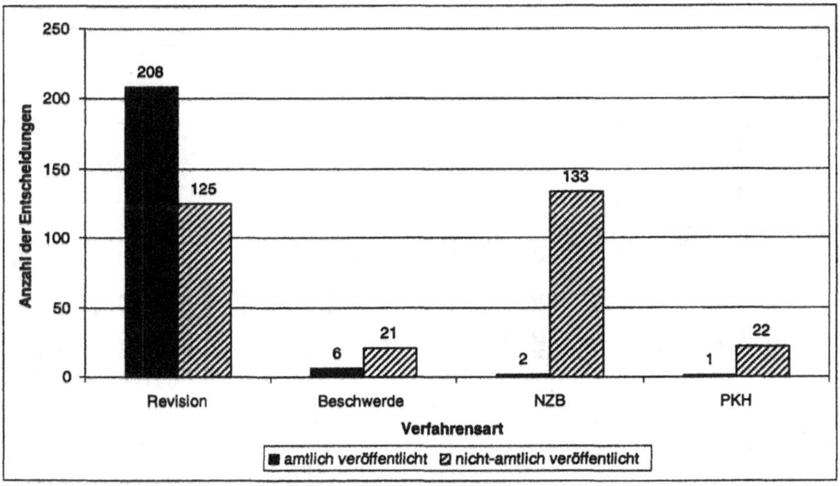

Eigene Darstellung [Datengrundlage: BFH NV, Jahrgang 2001]

2 Darstellung der Ergebnisse

2.1 Konfliktpotenziale im Einkommensteuergesetz

Im Folgenden werden die Ergebnisse der quantitativen Analyse ertragsteuerlicher Streitpotenziale dargestellt. Dabei wird zunächst auf das Einkommensteuergesetz Bezug genommen, bevor die Resultate für das Körperschaftsteuer- und das Gewerbesteuergesetz dargelegt werden. Analog zum vorhergehenden Abschnitt gliedert sich die Darstellung grundsätzlich nach den verwendeten Erhebungsmethoden.

Die im Rahmen der **normenorientierten Erhebungsmethode** erfassten Regelungen wurden dahingehend untersucht, welche Bestimmungen besonders häufig von steuerrechtlichen Verfahren betroffen sind. Ordnet man den Datenbestand zunächst nur nach Normen, ohne Rücksicht auf die jeweiligen Detailregelungen zu nehmen (Absätze, Ziffern etc.), so ergibt sich Folgendes: Wie Abbildung 9 zeigt, machen die §§ 4, 9 und 15 EStG zusammen fast ein Viertel aller erfassten Normen aus (23,9 %). Von allen 4.409 im Bundessteuerblatt ausgewiesenen einkommensteuerrechtlichen Regelungen werden diese drei Normen in 1.054 Fällen genannt.

Abb. 9: Relative Häufigkeiten betroffener Normen des Einkommensteuergesetzes in den Jahren 1991 bis 2001 (Bundessteuerblatt)[1)]

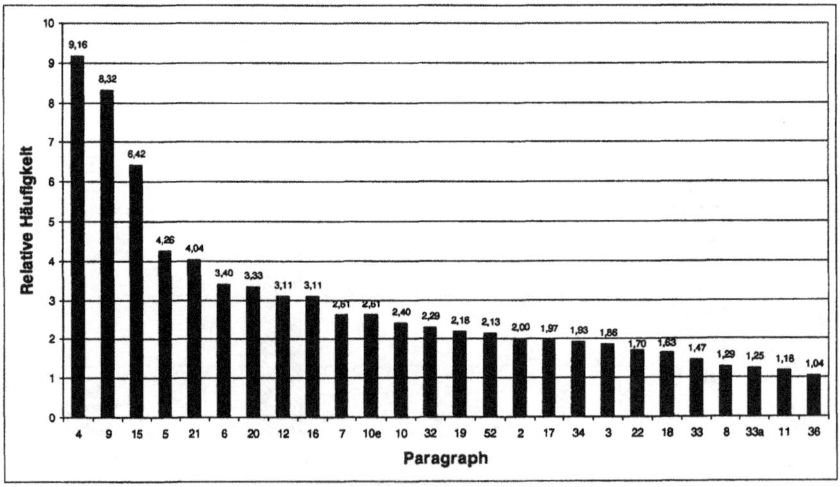

[1)] Die Darstellung enthält lediglich betroffene Normen, deren relative Häufigkeit sich auf mehr als 1 % beläuft.

Eigene Darstellung [Datengrundlage: BUNDESSTEUERBLATT, Jahrgänge 1991 bis 2001]

Wie dargelegt wurde, kann aus der Tatsache, dass eine Norm von einem BFH-Verfahren „betroffen“ ist, nicht ohne weiteres auf die Konfliktträchtigkeit jener Regelung geschlossen werden. Hierzu ist die detaillierte Analyse der zugrunde liegenden Sachverhalte durch Auswertung der jeweiligen Urteilsbegründungen erforderlich. Ein Vergleich anhand der **sachverhaltsbezogenen Erhebungsmethode** erscheint daher angebracht. Abbildung 10 illustriert die Resultate, die anhand der Auswertung von fünf Jahrgängen des Bundessteuerblatts gewonnen wurden.

Abb. 10: Relative Häufigkeiten konfliktverursachender Normen des Einkommensteuergesetzes in den Jahren 1997 bis 2001 (Bundessteuerblatt)[1]

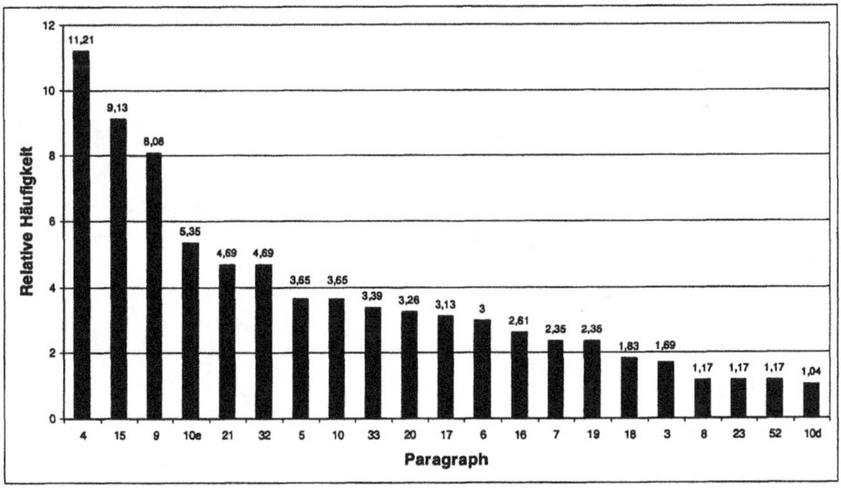

[1] Die Darstellung enthält lediglich konfliktverursachende Normen, deren relative Häufigkeit sich auf mehr als 1 % beläuft.

Eigene Darstellung [Datengrundlage: BUNDESSTEUERBLATT, Jahrgänge 1997 bis 2001]

Gemessen an der Verfahrensanzahl sind es wiederum die §§ 4, 9 und 15 EStG, die das höchste Streitpotenzial aufweisen. Zusammen beträgt ihr Anteil etwa 28,4 % aller konfliktverursachenden Normen. Allerdings sind Unterschiede in der Rangfolge festzustellen: Zwar macht § 4 EStG mit 11,21 % erneut den größten Anteil konfliktverursachender Normen aus; der Anteil von § 15 EStG beträgt nun jedoch 9,13 % und § 9 EStG weist eine relative Häufigkeit von 8,08 % auf. Auch die Verteilung der Verfahren auf die restlichen Paragraphen gestaltet sich im Vergleich zur vorherigen Betrachtungsweise anders. Vor dem Hintergrund der jeweiligen Erhebungsmethoden sind diese Verschiebungen jedoch erklärbar: Das normenorientierte Verfahren erfasst alle von BFH-Verfahren *betroffenen*

Regelungen; die konfliktverursachende Wirkung der Bestimmungen wird daher durch dieses Verfahren nicht berücksichtigt. Die sachverhaltsbezogene Methode stellt hingegen auf die *Konfliktursachen* der jeweiligen Verfahren ab; sie ordnet demnach die betroffenen Normen nach konfliktverursachenden und nicht-konfliktverursachenden Regelungen. Aufgrund dieses „Gewichtungsvorgangs“ basieren die im Rahmen der letztgenannten Erhebungsmethode gewonnenen Ergebnisse auf einer Teilmenge der durch das erstgenannte Erhebungsverfahren erfassten Normen. Dies kann zu tendenziell unterschiedlichen Ergebnissen führen[74].

Gegen beide Erfassungsmethoden könnte eingewendet werden, dass durch die Vorauswahl seitens des BFH (amtliche Veröffentlichung) ein Ausschluss gewisser Verfahren von der Analyse erfolgte und somit gegebenenfalls Verzerrungen entstünden. Daher werden die Ergebnisse anhand einer Auswertung aller Entscheidungen, also inklusive der nicht-amtlich veröffentlichten Verfahren, überprüft. Abbildung 11 stellt die Resultate der Auswertung eines Jahrganges der Zeitschrift BFH NV dar.

Abb. 11: Relative Häufigkeiten konfliktverursachender Normen des Einkommensteuergesetzes im Jahr 2001 (BFH NV)[1)]

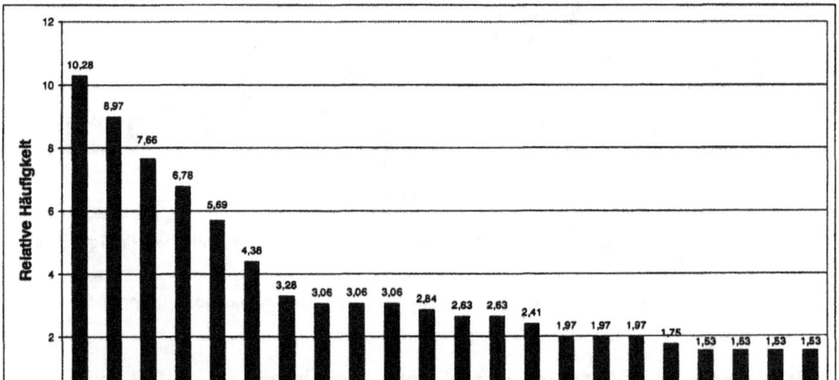

1) Die Darstellung enthält lediglich konfliktverursachende Normen, deren relative Häufigkeit sich auf mehr als 1 % beläuft.

Eigene Darstellung [Datengrundlage: BFH NV, Jahrgang 2001]

---

74 In diesem Zusammenhang ist auf die methodischen Darlegungen zu verweisen: Da beide Erhebungsmethoden Vorzüge und Nachteile haben, wurde nicht nur ein Verfahren, sondern eine parallele Vorgehensweise gewählt (vgl. S. 23 ff. dieser Arbeit).

Wiederum sind es die §§ 4, 9 und 15 EStG, die für einen Großteil der erfassten Verfahren als konfliktverursachend bezeichnet werden können. Ihr Anteil beträgt zusammen 26,9 % aller erhobenen Entscheidungen. Allerdings ändert sich ein weiteres Mal deren Rangfolge: § 9 EStG erscheint nun mit 10,28 % der Verfahren am konfliktträchtigsten, § 15 EStG betreffen 8,97 % der jeweiligen Entscheidungen und auf § 4 EStG beziehen sich 7,66 % aller Verfahren. Auch die Positionen der nachfolgenden Regelungen stimmen nicht ganz mit den zuvor dargestellten Verteilungen überein. Besonders fallen die §§ 62 und 64 EStG (Kindergeld) sowie der § 10d EStG (Verlustabzug) auf, die nun zum ersten Mal einen Verfahrensanteil von über einem Prozent aufweisen.

Der Verfahrensanteil von § 64 EStG kann vor dem Hintergrund der Erhebungsmethode erklärt werden. Wie erwähnt, enthält die Zeitschrift BFH NV neben den amtlich veröffentlichten Entscheidungen auch nicht-amtlich veröffentlichte Entscheidungen des Bundesfinanzhofs. Weiter oben wurde dargelegt, dass sich dies auf die Struktur der Verfahrensarten auswirkt. So enthält die Zeitschrift BFH NV eine weitaus größere Anzahl von Nichtzulassungsbeschwerden, sonstigen Beschwerden und Entscheidungen zur Prozesskostenhilfe. Bei zehn von zwölf Verfahren, die § 64 EStG betreffen, handelt es sich um letztgenannte Verfahrensarten, von denen keine amtlich veröffentlicht wurde.

Zumindest partiell können hierauf auch die Verfahrensanteile der §§ 10d und 62 EStG zurückgeführt werden. Von den Verfahren, die § 10d EStG betreffen, wurden sieben von neun Verfahren nicht amtlich veröffentlicht, bei § 62 EStG trifft dies auf fünf von acht Verfahren zu.

Daneben muss insbesondere darauf hingewiesen werden, dass die obige Verteilung lediglich eine Ein-Jahres-Erhebung widerspiegelt. Die Erfassungszeiträume der beiden anderen Auswertungen betragen elf bzw. fünf Jahre. Dass es auch bei diesen mehrjährigen Betrachtungen zu Abweichungen innerhalb einzelner Jahre kommen kann, verdeutlichen exemplarisch Tabelle 8 (sachverhaltsbezogene Erhebungsmethode) und Abbildung 12 (normenorientierte Erhebungsmethode).

Tabelle 8: Verteilung konfliktverursachender Normen des Einkommensteuergesetzes, Einzelbetrachtung der Jahre 1997 bis 2001 (Bundessteuerblatt)

1997		1998		1999		2000		2001	
§	v. H.	§	v. H.	§	v. H.	§	v. H.	§	v. H.
9	11,2	4	14,0	15	11,8	4	11,0	4	12,0
4	8,2	15	12,7	4	11,1	32	11,0	9	10,2
33	7,1	10e	7,3	17	9,0	15	8,8	15	7,2
15	5,9	21	6,0	20	5,6	9	8,1	6	6,6
21	5,9	9	5,3	21	5,6	10e	7,4	10e	6,6

Eigene Darstellung [Datengrundlage: BUNDESSTEUERBLATT, Jahrgänge 1997 bis 2001]

Neben der unterschiedlichen Zusammensetzung und Rangfolge konfliktverursachender Bestimmungen innerhalb der einzelnen Jahre verdeutlicht Tabelle 8 vor allem die Vorteilhaftigkeit einer mehrjährigen Analyse für die Ermittlung erheblicher ertragsteuerlicher Streitpotenziale. In allen betrachteten Jahren, mit Ausnahme des Jahres 1999, zählte jeder der §§ 4, 9 und 15 EStG zu den fünf am häufigsten auftretenden Normen. Wie die oben dargelegten Ergebnisse zeigen, sind das eben jene Normen, die auf lange Sicht gesehen ein besonders hohes Streitpotenzial aufweisen. Die Angaben belegen, dass hierfür nicht nur einzelne Jahre ausschlaggebend sind, sondern dass die Normen in allen betrachteten Jahren eine wesentliche Rolle gespielt haben.

Abbildung 12 stellt die Rangziffern der §§ 4, 9 und 15 EStG in den jeweiligen Verteilungen der Jahre von 1991 bis 2001 dar (normenorientierte Erhebungsmethode). Auch hierbei ergeben sich einige Schwankungen, wobei insbesondere auf die Jahre 1998 bis 2000 hinzuweisen ist. In diesem Zeitraum verlor § 9 EStG seine bis dahin dominierende Rolle als betroffene Norm. Zumindest teilweise könnte dies darauf zurückzuführen sein, dass der Bundesfinanzhof bei der Entscheidung von Verfahren nicht streng nach Eingangsdatum, sondern oftmals nach Sachverhaltsbezug vorgeht. Dass die Bestimmung im Jahr 2001 wieder einen hohen Anteil an den betroffenen Normen ausmachte, spricht jedenfalls gegen die Vermutung einer grundsätzlichen Verringerung des Streitpotenzials von § 9 EStG.

Abb. 12: Rangziffern der §§ 4, 9 und 15 EStG in den jeweiligen Verteilungen der Jahre 1991 bis 2001 (normenorientierte Erhebungsmethode)

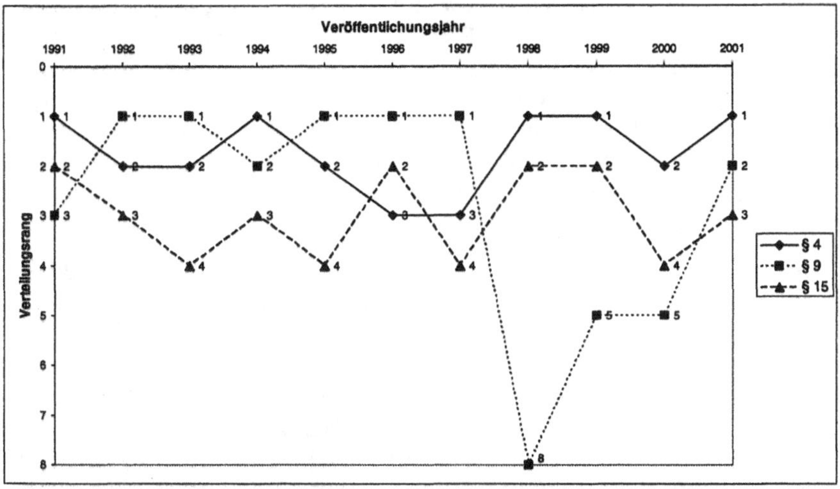

Eigene Darstellung [Datengrundlage: BUNDESSTEUERBLATT, Jahrgänge 1991 bis 2001]

Im Weiteren erscheint es sachgemäß zu prüfen, welche *Detailregelungen* für die Konfliktträchtigkeit der §§ 4, 9 und 15 EStG verantwortlich sind. Im Anschluss daran erfolgt eine Verdichtung der Resultate in der Weise, dass bestimmte, einkommensteuersystematisch zusammengehörende Regelungen zu Normenbereichen zusammengefasst werden.

Betrachtet man zunächst die **Detailregelungen des § 4 EStG**, so stellt sich heraus, dass insbesondere die Bestimmungen zum *Betriebsvermögensvergleich* nach § 4 Abs. 1 EStG sowie die Auslegung des Begriffs *Betriebsausgaben* in § 4 Abs. 4 EStG streitbefangen sind. Sowohl die normenorientierte als auch die sachverhaltsbezogene Erhebungsmethode liefern dieses Ergebnis. Wendet man erstere an, so erklärt § 4 Abs. 1 EStG etwa 41,3 % und § 4 Abs. 4 EStG ca. 30,9 % der Streitanfälligkeit von § 4 EStG. Unter Verwendung der sachverhaltsbezogenen Methode ist § 4 Abs. 1 EStG zu 37,2 % und § 4 Abs. 4 EStG für zu 26,7 % die Konfliktträchtigkeit des § 4 EStG ausschlaggebend.

Auch die Einbeziehung der nicht-amtlich veröffentlichten Verfahren aus der Zeitschrift BFH NV bestätigt die Resultate: 34,3 % der Entscheidungen, die § 4 EStG betreffen, behandeln Probleme der Gewinnermittlung nach Bilanzierung (§ 4 Abs. 1 EStG) und 28,6 % dieser Verfahren betreffen Rechtsfragen zu den Betriebsausgaben (§ 4 Abs. 4 EStG).

Die Analyse der Streitbefangenheit von **§ 9 EStG (Werbungskosten)** erbringt ähnlich eindeutige Ergebnisse, wobei hier etwas differenzierter vorgegangen werden muss. Zunächst deuten alle drei Erhebungsmethoden auf ein erhebliches Konfliktpotenzial von § 9 Abs. 1 EStG hin: 92,6 % der betroffenen Normen, 91,7 % der entsprechenden Verfahren aus dem Bundessteuerblatt und 85,1 % der Entscheidungen zu § 9 EStG aus der Zeitschrift BFH NV betreffen den ersten Absatz der Norm. Allerdings ist dessen Regelungsinhalt recht umfassend. Neben der allgemeinen Definition der Werbungskosten werden zahlreiche Beispiele für die Abzugsfähigkeit bestimmter Aufwendungen genannt. Dies erfordert eine detailliertere Analyse.

Das sog. Abzugsgebot nach § 9 Abs. 1 Satz 2 EStG, wonach Aufwendungen nur innerhalb der für sie ursächlichen Einkunftsart abgezogen werden dürfen, weist eine geringe Bedeutung für die Konfliktträchtigkeit der Werbungskostenregelung auf. Die Hauptkonfliktpotenziale liegen vielmehr im ersten (allgemeiner Werbungskostenbegriff) und im dritten Satz (Tatbestände für Werbungskosten) des § 9 Abs. 1 EStG: Zusammen machen sie 86,2 % der betroffenen Normen, 69,8 % (Bundessteuerblatt) bzw. 72,5 % (BFH NV) der BFH-Verfahren zu § 9 Abs. 1 EStG aus. Beide Regelungen sind dabei in etwa gleich hohem Ausmaß für die Konfliktträchtigkeit des § 9 Abs. 1 EStG verantwortlich.

Eine weitere Differenzierung kann erfolgen, indem die einzelnen Tatbestände für den Werbungskostenabzug nach § 9 Abs. 1 Satz 3 EStG betrachtet werden. Wie Tabelle 9 zeigt, sind es vor allem zwei Tatbestände, auf die sich die *betroffenen* Normen konzentrieren: die Abzugsfähigkeit von Schuldzinsen, Renten und dauernden Lasten (Ziffer 1) sowie die Berücksichtigung des Werteverzehrs im Bereich der Überschusseinkünfte (Ziffer 7). Eine Analyse der Streitgegenstände der im Bundessteuerblatt veröffentlichten Verfahren (sachverhaltsbezogene Methode) bestätigt die Dominanz dieser beiden Bereiche: 45,7 % der zu § 9 Abs. 1 S. 3 EStG erfassten Verfahren betreffen die Abzugsfähigkeit von Verpflichtungsleistungen (Ziffer 1) und etwa 40 % der Entscheidungen behandeln Probleme der AfA als Werbungskosten (Ziffer 7). Allerdings dürfen in diesem Zusammenhang die weiteren Tatbestände von § 9 Abs. 1 S. 3 EStG, mit Ausnahme von Ziffer 3, nicht vernachlässigt werden. Ihr gesamter Anteil beträgt immerhin 31,9 % der betroffenen Normen bzw. 19,4 % der entsprechenden Verfahren aus dem Bundessteuerblatt.

Tabelle 9: Streitbefangenheit von Werbungskosten-Tatbeständen in den Jahren 1991 bis 2001 (normenorientierte Erhebungsmethode)

§ 9 Abs. 1 S. 3 EStG		
Ziffer	**Regelungsinhalt**	**v. H.**[1)]
1	Schuldzinsen, Renten und dauernde Lasten	29,8
2	Öffentliche Abgaben und Versicherungsbeiträge	5,0
3	Beiträge zu Berufsverbänden	0,7
4	Fahrten zwischen Wohnung und Arbeitsstätte	9,9
5	Doppelte Haushaltsführung	9,2
6	Aufwendungen für Arbeitsmittel	7,1
7	AfA als Werbungskosten	38,3
Gesamt		*100,0*

1) Die relativen Häufigkeiten beziehen sich auf die Gesamtzahl der zu § 9 Abs. 1 S. 3 EStG erfassten Normen.

Eigene Darstellung [Datengrundlage: BUNDESSTEUERBLATT, Jahrgänge 1991 bis 2001]

Für die Werbungskosten-Regelung nach § 9 EStG kann somit festgehalten werden, dass die Streitanfälligkeit der Norm einerseits auf Schwierigkeiten bei der Auslegung des allgemeinen Werbungskostenbegriff nach § 9 Abs. 1 S. 1 EStG zurückzuführen ist. Andererseits können konkrete Tatbestände im Sinne der Ziffern 1 bis 7 des § 9 Abs. 1 S. 3 EStG als ursächlich für die Konfliktträchtigkeit des § 9 EStG identifiziert werden.

Verantwortlich für die Streitbefangenheit des **§ 15 EStG (Einkünfte aus Gewerbebetrieb)** sind vor allem zwei Bereiche der Bestimmung: zum einen die gewerblichen Einkünfte von Mitunternehmern (§ 15 Abs. 1 Nr. 2 i. V. m. § 15 Abs. 3 EStG), zum andern die Abgrenzung von Einkünften aus Gewerbebetrieb zu den anderen Einkunftsarten (§ 15 Abs. 1 Nr. 1 i. V. m. § 15 Abs. 2 EStG). Die erstgenannte Regelung qualifiziert die Gewinnanteile der Mitunternehmer[75] von Personengesellschaften und gleichgestellten Gemeinschaften[76] als Einkünfte aus Gewerbebetrieb. Unter Anwendung der normenorientierten Erhebungsmethode lassen sich auf diese Bestimmung 51,9 % der Streitpotenziale von § 15 EStG zurückführen. Weitere 30,7 % der Konfliktträchtigkeit können anhand der Abgrenzung gewerblicher Einkünfte zu den anderen

75 Der Begriff Mitunternehmer wird von der Rechtsprechung weiter ausgelegt als der Begriff Gesellschafter (vgl. hierzu etwa TIPKE/LANG (2002), S. 366 ff.).

76 Vgl. hierzu ebd., S. 360 u. S. 366 ff. sowie KIRCHHOF (2001), S. 882 ff.

Einkunftsarten erklärt werden. Durch die Analyse der jeweiligen Streitgegenstände (sachverhaltsbezogene Erhebungsmethode) lassen sich folgende Ergebnisse gewinnen: 40,6 % der erfassten Verfahren, die § 15 EStG betreffen, behandeln Probleme der gewerblichen Einkünfte von Mitunternehmern. 48,4 % der Verfahren lassen sich der Problematik der Einkunftsabgrenzung zuordnen. Zählt man hierzu noch diejenigen Verfahren, welche die „Abfärbungsproblematik“ des § 15 Abs. 3 Nr. 1 EStG sowie Fragen der „gewerblich geprägten Personengesellschaft“ nach § 15 Abs. 3 Nr. 2 EStG betreffen, so steigt der Anteil von BFH-Verfahren, die Rechtsfragen der Einkunftsabgrenzung behandeln, auf 59,3 %.

Der Unterschied im Vergleich zur normenorientierten Erhebungsmethode kann vor allem durch die verschiedenen Betrachtungsweisen erklärt werden. So befassen sich materiell-rechtlich eine Reihe der Verfahren, bei denen lediglich § 15 EStG als betroffene Norm angegeben wird, mit der Abgrenzungsproblematik von gewerblichen Einkünften zu den anderen Einkunftsarten. Daneben ist anzumerken, dass eine exakte Abgrenzung zwischen den einzelnen Problembereichen nicht immer möglich ist. Auch bei Verfahren, die Rechtsfragen zur Mitunternehmerschaft betreffen, geht es bisweilen um die Abgrenzung von Einkünften aus Gewerbebetrieb zu anderen Einkunftsarten. Beispielsweise ist die Unterscheidung von typischen und atypischen stillen Gesellschaftern vor allem ausschlaggebend dafür, ob Einkünfte aus Kapitalvermögen (typische stille Gesellschaft) oder Einkünfte aus Gewerbebetrieb (atypische stille Gesellschaft) vorliegen[77].

Die Abgrenzung von Einkünften aus Gewerbebetrieb zu den anderen Einkunftsarten ist vor allem für die Gewerbesteuerpflicht von Bedeutung, da der Gewerbeertragsteuer nur Steuerpflichtige unterliegen, die Einkünfte aus Gewerbebetrieb erzielen. Letztlich lassen sich fast alle Verfahren, welche die o. g. Abgrenzungsproblematik betreffen, auf das ökonomisch motivierte Ziel der Vermeidung von Gewerbesteuerzahlungen zurückführen. Insbesondere geht es dabei um die Abgrenzung von gewerblicher Betätigung zu privater Vermögensverwaltung (Vermietung und Verpachtung, Grundstücks- und Wertpapierhandel) sowie zur selbständigen Arbeit (insbesondere Freie Berufe).

Ergänzend zu der detaillierten Analyse konfliktträchtiger Regelungen des Einkommensteuergesetzes soll im Folgenden eine Betrachtung von **Normenbereichen** erfolgen. Dies dient vor allem der Verdichtung des umfangreichen Datenmaterials sowie der Kontrolle der zuvor gewonnen Resultate. Hierzu wurden die Regelungen des EStG unter einkommensteuersystematischen Gesichtspunkten in

---

77 Vgl. hierzu KIRCHHOF (2001), S. 886 ff.

einzelne Bereiche zusammengefasst. Diese können Tabelle 10 entnommen werden[78].

Die Ergebnisse, die sich bei Anwendung der normenorientierten Erhebungsmethode ergeben, verdeutlicht Abbildung 13. Gemessen an der jeweiligen Anzahl betroffener Normen enthält die Darstellung die zehn konfliktträchtigsten Bereiche des Einkommensteuergesetzes.

Abb. 13: Streitbefangenheit von Normenbereichen des Einkommensteuergesetzes in den Jahren 1991 bis 2001 (normenorientierte Erhebungsmethode – Bundessteuerblatt)

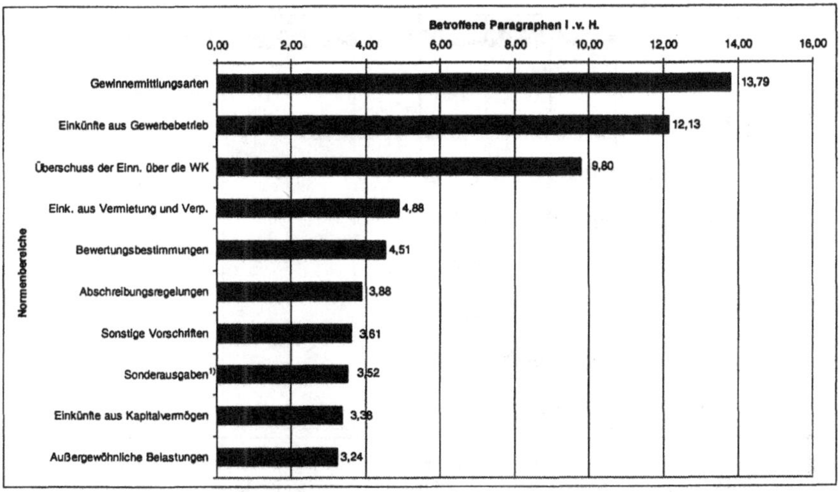

[1)] Bei den Sonderausgaben wurden die Regelungen der §§ 10e und 10h EStG nicht mehr berücksichtigt, da sie nur noch für eine Übergangszeit bei Altfällen von Bedeutung sind [vgl. hierzu etwa KIRCHHOF (2001), S. 694 ff. u. S. 710 f.)].

Eigene Darstellung [Datengrundlage: BUNDESSTEUERBLATT, Jahrgänge 1991 bis 2001]

Anhand dieses Vorgehens ergeben sich drei Konfliktbereiche, die zusammen etwa 35,7 % aller betroffenen Normen auf sich vereinen: der Regelungsbereich der Gewinnermittlungsarten (§§ 4 bis 5a EStG), die Bestimmungen zu den Einkünften aus Gewerbebetrieb (§§ 15, 15a, 16, 17 EStG) und der Normenbereich „Überschuss der Einnahmen über die Werbungskosten" (§§ 8, 9, 9a EStG). Für die Streitbefangenheit dieser Bereiche sind vor allem die oben betrachteten §§ 4,

[78] Vgl. S. 47 dieser Arbeit. Ein derartiges Vorgehen ist sicherlich mit einem gewissen Ermessensspielraum verbunden. Vor dem Hintergrund der Regelungsvielfalt des Einkommensteuergesetzes erscheint das Verfahren – zwecks Verdichtung des Datenmaterials – gleichwohl angebracht.

9 und 15 EStG verantwortlich. Durch § 4 EStG lassen sich etwa zwei Drittel (66,4 %) des Streitpotenzials der Gewinnermittlungsarten erklären, auf § 9 EStG entfallen 85,0 % der betroffenen Normen des Bereichs „Überschuss der Einnahmen über die Werbungskosten" und § 15 EStG ist mit etwa 52,9 % für die Konfliktträchtigkeit der Einkünfte aus Gewerbebetrieb ausschlaggebend.

Abb. 14: Streitbefangenheit von Normenbereichen des Einkommensteuergesetzes (1997 bis 2001, sachverhaltsbezogene Erhebungsmethode – Bundessteuerblatt)

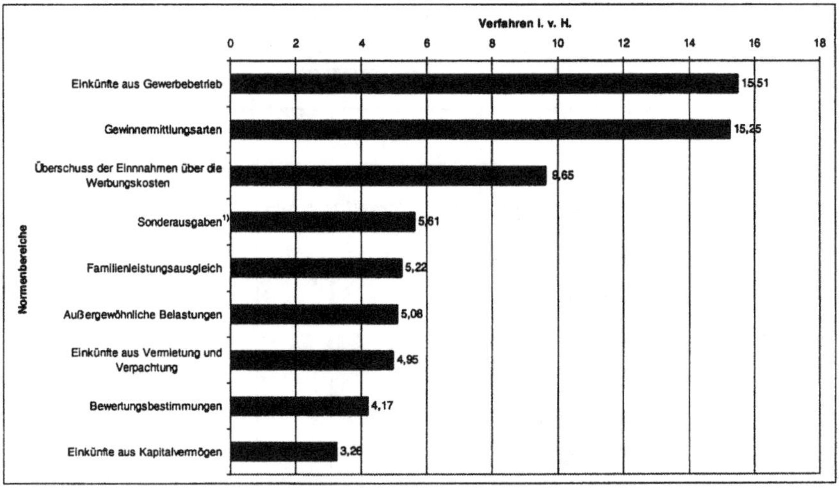

[1] Bei den Sonderausgaben wurden die Regelungen der §§ 10e und 10h EStG nicht mehr berücksichtigt, da sie nur noch für eine Übergangszeit bei Altfällen von Bedeutung sind [vgl. hierzu etwa KIRCHHOF (2001), S. 694 ff. u. S. 710 f.)].

Eigene Darstellung [Datengrundlage: BUNDESSTEUERBLATT, Jahrgänge 1997 bis 2001]

Bestätigt werden diese Resultate durch eine Betrachtung der zugrunde liegenden Streitgegenstände (vgl. Abbildung 14). Der Verfahrensanteil der drei konfliktträchtigsten Bereiche beträgt etwa 40,4 %. Zwar ändert sich innerhalb der Verteilung die Rangfolge der konfliktträchtigsten Bereiche (die Bereiche „Gewinnermittlungsarten" und „Einkünfte aus Gewerbebetrieb" tauschen ihre Positionen). Die Bestimmungsfaktoren für deren Streitbefangenheit bleiben jedoch unverändert: Im Bereich der Einkünfte aus Gewerbebetrieb betreffen 58,8 % der entsprechenden BFH-Entscheidungen § 15 EStG. Von den Verfahren, die sich mit den Gewinnermittlungsarten der §§ 4 bis 5a EStG befassen, beziehen sich 73,5 % auf § 4 EStG. Im Bereich „Überschuss der Einnahmen über die Werbungskosten" ist § 9 EStG für 83,8 % der jeweiligen Verfahren verantwortlich.

Tabelle 10: Gliederungssystematik der einkommensteuergesetzlichen Normenbereiche

Normenbereich	§§
Steuerpflicht	1, 1a
Sachliche Voraussetzungen für die Besteuerung	2, 2a, 2b
Steuerfreie Einnahmen	3, 3b, 3c
Gewinnermittlungsarten	4 bis 5a
Bewertungsbestimmungen	6a bis 6d
Abschreibungsregelungen (periodengerechte Zuordnung)	7 bis 7k
Überschuss der Einnahmen über die Werbungskosten	8, 9, 9a
Umsatzsteuerlicher Vorsteuerabzug	9b
Sonderausgaben	10 bis 10i
Vereinnahmung und Verausgabung	11, 11a, 11b
Nicht abzugsfähige Ausgaben	12
Einkünfte aus Land- und Forstwirtschaft	13, 13a, 14, 14a
Einkünfte aus Gewerbebetrieb	15, 15a, 16, 17
Einkünfte aus selbständiger Arbeit	18
Einkünfte aus nichtselbständiger Arbeit	19, 19a
Einkünfte aus Kapitalvermögen	20
Einkünfte aus Vermietung und Verpachtung	21
Sonstige Einkünfte	22, 23
Gemeinsame Vorschriften für bestimmte Einkünfte	24, 24a
Veranlagung (insbesondere von Ehegatten)	25 bis 28, 46
Bestimmungen zum Familienleistungsausgleich	31, 32
Regelungen zum Einkommensteuertarif	32a, 32b, 32c, 34, 34b
Außergewöhnliche Belastungen	33, 33a, 33b
Steuerermäßigungen	34c bis 35
Bestimmungen zur Erhebung der Einkommensteuer	36 bis 37a
Bestimmungen zur Lohnsteuer (Steuerabzug vom Arbeitslohn)	38 bis 42f
Bestimmungen zur Kapitalertragsteuer (Steuerabzug vom Kapitalertrag)	43 bis 45d
Besteuerung beschränkt Steuerpflichtiger	49 bis 50a
Sonst. Vorschriften, Bußgeld-, Ermächtigungs- und Schlussvorschriften	50b bis 58
Kindergeld	62 bis 78
Altersvorsorgezulage („Riester-Rente“)	79 bis 99

Eigene Darstellung

Auch die Betrachtung der Verfahren aus der Zeitschrift BFH NV bestätigt die Ergebnisse (vgl. Abbildung 15). Zwar belegt hier der Bereich der Gewinnermittlungsarten Rang drei der Verteilung. Jedoch erklären die §§ 4, 9 und 15 EStG wieder den Großteil der Konfliktträchtigkeit der jeweiligen Bereiche: Für 56,9 % der Verfahren, die den Bereich der Einkünfte aus Gewerbebetrieb betreffen, kann § 15 EStG als konfliktverursachend bezeichnet werden; 87,0 % der BFH-Entscheidungen zum Bereich „Überschuss der Einnahmen über die Werbungskosten" betreffen § 9 EStG und 70,0 % der Verfahren zu den Gewinnermittlungsarten beziehen sich in erster Linie auf § 4 EStG.

Abb. 15: Streitbefangenheit von Normenbereichen des Einkommensteuergesetzes im Jahr 2001 (sachverhaltsbezogene Erhebungsmethode – BFH NV)

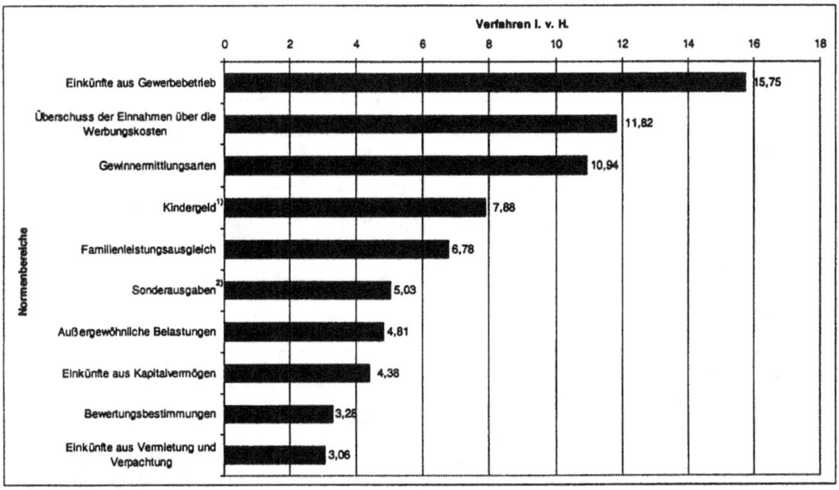

1) Die vergleichsweise hohe Anzahl von Verfahren, die Regelungen der §§ 62 bis 78 EStG (Kindergeld) betreffen, ist vor allem auf den hohen Anteil von Entscheidungen zur Prozesskostenhilfe zurückzuführen.

2) Bei den Sonderausgaben wurden die Regelungen der §§ 10e und 10h EStG nicht mehr berücksichtigt, da sie nur noch für eine Übergangszeit bei Altfällen von Bedeutung sind [vgl. hierzu etwa KIRCHHOF (2001), S. 694 ff. u. S. 710 f.)].

Eigene Darstellung [Datengrundlage: BFH NV, Jahrgang 2001]

2.2 Streitanfälligkeit körperschaftsteuerrechtlicher Bestimmungen

Die Analyse körperschaftsteuerrechtlicher Streitpotenziale liefert ein eindeutiges Ergebnis: Der bei weitem konfliktträchtigste Regelungstatbestand ist die verdeckte Gewinnausschüttung i. S. d. § 8 Abs. 3 S. 2 KStG.

Unter Verwendung der normenorientierten Erhebungsmethode beziehen sich etwa 29,7 % der erfassten Bestimmungen des Körperschaftsteuergesetzes auf § 8 KStG (vgl. Abbildung 16). Hiervon lassen sich wiederum 60,3 % durch die Regelung der verdeckten Gewinnausschüttung erklären. Bezogen auf alle betroffenen Normen des Körperschaftsteuergesetzes beträgt der Anteil von § 8 Abs. 3 S. 2 KStG 17,9 %.

Abb. 16: Relative Häufigkeiten betroffener Normen des Körperschaftsteuergesetzes in den Jahren 1991 bis 2001[1)]

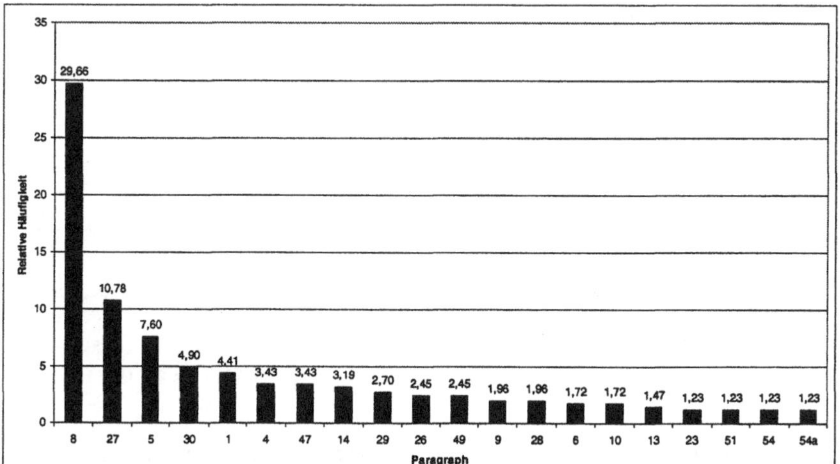

[1)] Die Darstellung enthält lediglich betroffene Normen, deren relative Häufigkeit sich auf mehr als 1 % beläuft.

Eigene Darstellung [Datengrundlage: BUNDESSTEUERBLATT, Jahrgänge 1991 bis 2001]

Noch eindeutiger ist die Dominanz der verdeckten Gewinnausschüttung, wenn nach der sachverhaltsbezogenen Erhebungsmethode vorgegangen wird (vgl. Abbildung 17). Bei Auswertung der im Bundessteuerblatt veröffentlichten BFH-Verfahren, die körperschaftsteuerrechtliche Regelungen betreffen, beträgt der Anteil der Entscheidungen zu § 8 KStG 52,0 %. Von diesen 39 Verfahren betreffen 32 Entscheidungen die verdeckte Gewinnausschüttung (82,1 % der Verfahren zu § 8 KStG). Unter Hinzuziehung der nicht-amtlich veröffentlichten Entscheidungen (BFH NV) erhöht sich ein weiteres Mal der Anteil der Verfahren zu § 8 Abs. 3 S. 2 KStG (vgl. Abbildung 18): Ca. 68,3 % aller BFH-Verfahren zum Körperschaftsteuergesetz betreffen § 8 KStG und wiederum 90,9 % dieser Entscheidungen behandeln den Tatbestand der verdeckten Gewinnausschüttung. Bezogen auf die Gesamtzahl aller betrachteten BFH-Verfahren zum Körperschaftsteuerrecht beträgt der Anteil der Entscheidungen zu verdeckten Gewinnausschüttungen 42,1 % (Bundessteuerblatt) bzw. 48,8 % (BFH NV).

Abb. 17: Relative Häufigkeiten konfliktverursachender Normen des Körperschaftsteuergesetzes in den Jahren 1997 bis 2001 (Bundessteuerblatt)

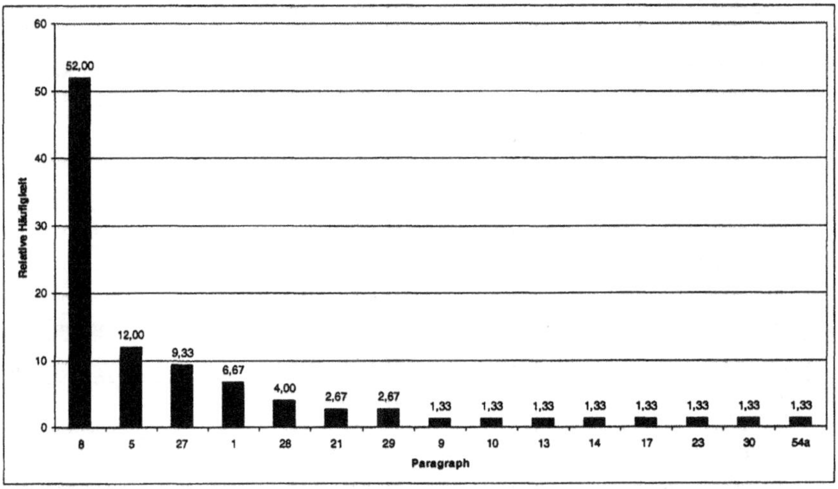

Eigene Darstellung [Datengrundlage: BUNDESSTEUERBLATT, Jahrgänge 1997 bis 2001]

Ursächlich für die hohe Bedeutung des Tatbestands der verdeckten Gewinnausschüttung ist die steuerrechtliche Trennung zwischen dem Einkommen von Kapitalgesellschaften und dem Einkommen ihrer Gesellschafter[79]. Im Prinzip handelt es sich um das Gegenstück zur *offenen* Gewinnausschüttung, welche die Gewinnanteile der Gesellschafter betrifft: Auf Ebene der Gesellschaft dürfen sie nicht den körperschaft- und gewerbesteuerpflichtigen Gewinn mindern. Für die Gesellschafter stellen die Gewinnanteile i. d. R. Einkünfte aus Kapitalvermögen dar (§ 20 Abs. 1 Nr. 1 EStG).

79 Grundlegendes zur verdeckten Gewinnausschüttung findet sich etwa bei ROSE (2001), S. 153 ff., WÖHE (1995), S. 68 ff. oder TIPKE/LANG (2002), S. 457 ff.

Abb. 18: Relative Häufigkeiten konfliktverursachender Normen des Körperschaftsteuergesetzes im Jahr 2001 (BFH NV)

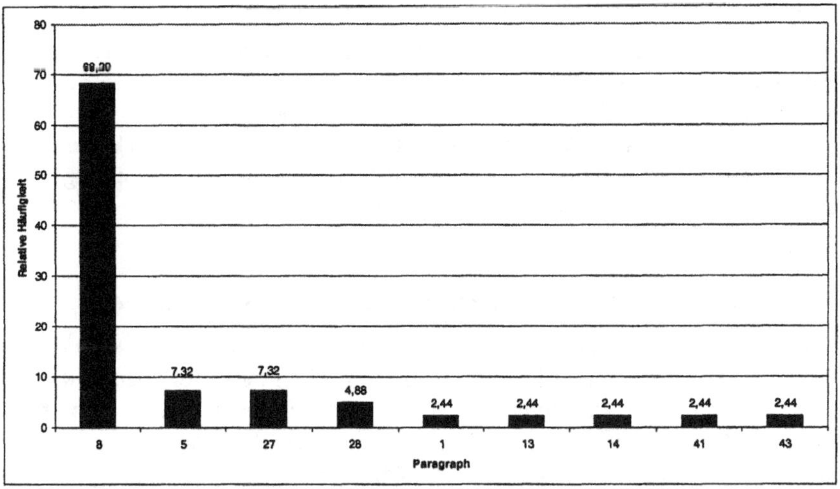

Eigene Darstellung [Datengrundlage: BFH NV, Jahrgang 2001]

Bei *verdeckten* Gewinnausschüttungen handelt es sich hingegen um Gewinnverwendungen, die das Steuerbilanzergebnis der Gesellschaft mindern und in erster Linie durch das Gesellschafts-Gesellschafter-Verhältnis bedingt sind. Zurückzuführen ist dies auf die bewusste Überhöhung von Leistungen der Kapitalgesellschaft an den oder die Gesellschafter. Nach außen hin sind die entsprechenden Vermögensvorteile nicht als Gewinnausschüttungen zu erkennen. Verdeckte Gewinnausschüttungen treten insbesondere auf in Form von

- *Dienstverhältnissen* (z. B. unangemessen hohes Gehalt eines Gesellschafter-Geschäftsführers),
- *Kreditverhältnissen* (z. B. Darlehensvergabe der Gesellschaft an den Gesellschafter i. V. m. einem marktunüblich niedrigen Zins),
- *Lieferverhältnissen* (z. B. ungewöhnlich hohe Preisnachlässe),
- *Miet- und Pachtverhältnissen* (z. B. unentgeltliche Nutzungsüberlassung von Vermögensgegenständen) oder
- *Beratungsverhältnissen* (zwischen dem Gesellschafter und seiner Gesellschaft i. V. m. einem marktunüblich hohen Honorar).

Da verdeckte Gewinnausschüttungen als Betriebsausgabe den körperschaft- und gewerbesteuerpflichtigen Gewinn der Gesellschaft mindern, müssen sie dem Steuerbilanzergebnis wieder hinzugerechnet werden.

Eine Analyse der dem Bundessteuerblatt entnommenen BFH-Verfahren zu verdeckten Gewinnausschüttungen zeigt, dass die zugrunde liegenden Sachverhalte recht unterschiedlich sind. Beispielsweise geht es in einigen Fällen um Pensionszusagen an geschäftsführende Gesellschafter und in diesem Zusammenhang vor allem um die Frage, ob die entsprechenden Pensionsrückstellungen auf der Ebene der Gesellschaft steuerlich anzuerkennen sind.

2.3 Konfliktträchtige Regelungen des Gewerbesteuergesetzes

Anhand der Analyse gewerbesteuerrechtlicher Bestimmungen lassen sich vor allem zwei Konfliktbereiche identifizieren: Zum einen treten sehr häufig Rechtsstreitigkeiten bei der Bestimmung des Steuergegenstandes der Gewerbesteuer i. S. d. § 2 GewStG auf. Hierbei geht es vor allem um die Frage, ob im Rahmen einer wirtschaftlichen Betätigung ein Gewerbebetrieb vorliegt oder nicht. Zum anderen sind die §§ 8 und 9 GewStG (Hinzurechnungen und Kürzungen bei der Ermittlung des Gewerbeertrags) als besonders konfliktträchtig zu bezeichnen.

Wie Abbildung 19 zeigt, wird bei gewerbesteuerrechtlichen Verfahren vor allem § 2 GewStG als betroffene Norm genannt. Dabei handelt es sich in 52,6 % der Fälle um § 2 Abs. 1 GewStG („Gewerbebetrieb kraft Betätigung" i. S. d. § 15 Abs. 2 EStG) und in 27,6 % der Fälle um § 2 Abs. 2 GewStG („Gewerbebetrieb kraft Rechtsform"). Die Regelungen mit dem zweit- und dem dritthöchsten Konfliktpotenzial, die §§ 8 und 9 GewStG, vereinen zusammengenommen etwa 25,9 % der betroffenen Normen auf sich. Gewerbesteuersystematisch sind diese Vorschriften eng verzahnt, da sie zentrale Bestimmungen bei der Ermittlung des Gewerbeertrags darstellen[80]. Betrachtet man die jeweiligen Detailregelungen, so stellt sich heraus, dass sich 59,1 % der zu § 8 GewStG erfassten Normen auf die Ziffer 1 (hälftige Hinzurechnung von Dauerschuldzinsen) und 20,5 % auf Ziffer 7 (hälftige Hinzurechnung von Miet- und Pachtzinsen) beziehen. Die Konfliktträchtigkeit von § 9 GewStG wird zu 59,3 % durch Ziffer 1 (Grundbesitzabzüge) und zu 22,2 % durch die Ziffern 2, 2a (Gewinnanteile) erklärt. Zusammengenommen lassen sich etwa 53,7 % der Konfliktträchtigkeit des Gewerbesteuergesetzes auf die §§ 2, 8 und 9 GewStG zurückführen.

---

[80] Zur Ermittlung des Gewerbeertrags vgl. etwa WÖHE (1995), S. 77 ff. sowie ROSE (2001), S. 171 ff.

Abb. 19: Relative Häufigkeiten betroffener Normen des Gewerbesteuergesetzes (1991 bis 2001)[1)]

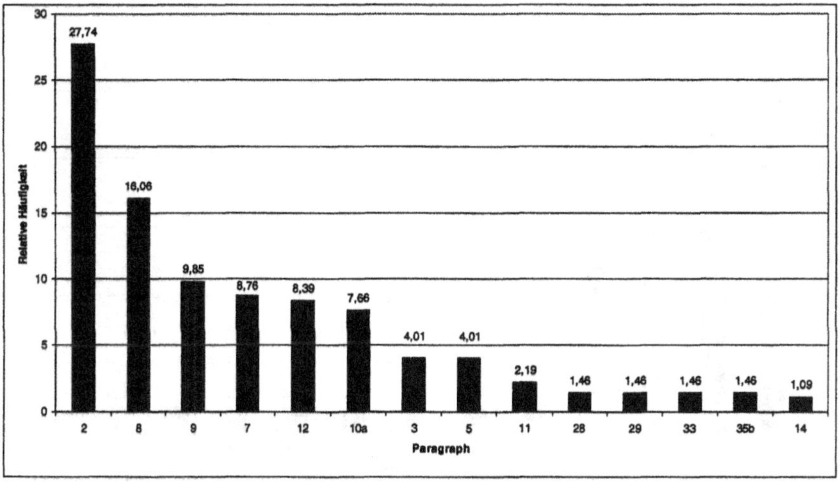

[1)] Die Darstellung enthält lediglich betroffene Normen, deren relative Häufigkeit sich auf mehr als 1 % beläuft.

Eigene Darstellung [Datengrundlage: BUNDESSTEUERBLATT, Jahrgänge 1991 bis 2000]

Abbildung 20 stellt die Ergebnisse der sachverhaltsbezogenen Erhebungsmethode dar. Auch bei Anwendung dieses Verfahrens machen die §§ 2, 8 und 9 GewStG einen Großteil (ca. 68,4 %) der erfassten BFH-Verfahren aus. Der Anteil von Entscheidungen zu Hinzurechnungs- und Kürzungsbestimmungen beträgt zusammengenommen ca. 45,6 %. Betrachtet man die streitbefangenen Tatbestände der einzelnen Bestimmungen, so ergeben sich ähnliche Resultate wie bei Verwendung der normenorientierten Methode. Für die Konfliktträchtigkeit von § 8 GewStG sind vor allem Rechtsfragen bei der (hälftigen) Hinzurechnung von Dauerschuldzinsen (Ziffer 1, 68,8 % der Verfahren zu § 8 GewStG) sowie Probleme bei der (hälftigen) Hinzurechung von Miet- und Pachtzinsen (Ziffer 7, 25,0 % der entsprechenden Verfahren) ausschlaggebend. Die Mehrzahl der BFH-Verfahren zu den Kürzungsbestimmungen (§ 9 GewStG) betreffen wiederum die Grundbesitzabzüge nach § 9 Nr. 1 GewStG (sechs von zehn erfassten Entscheidungen zu § 9 GewStG)[81].

---

[81] Im Jahrgang 2001 der Zeitschrift BFH NV wurden lediglich 22 Verfahren zum GewStG veröffentlicht. Angesichts der somit fehlenden Repräsentativität wird auf eine Darstellung der Ergebnisse verzichtet.

Abb. 20: Relative Häufigkeiten konfliktverursachender Normen des Gewerbesteuergesetzes in den Jahren 1997 bis 2001 (Bundessteuerblatt)

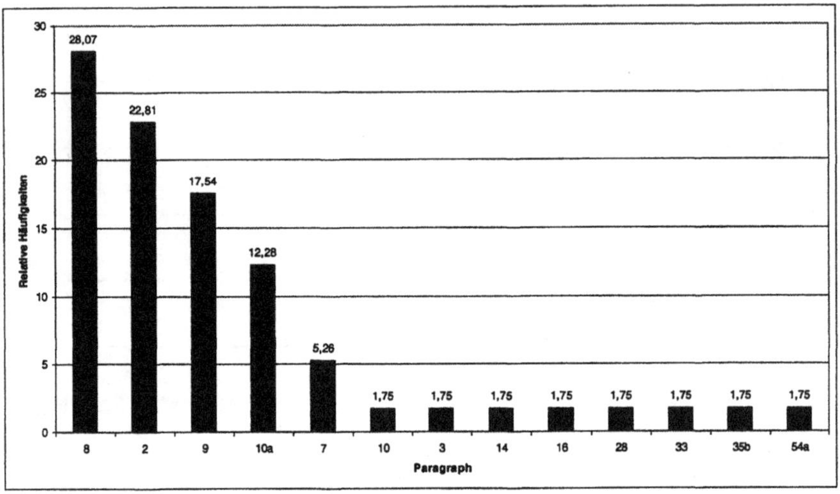

Eigene Darstellung [Datengrundlage: BUNDESSTEUERBLATT, Jahrgänge 1997 bis 2001]

Da es inhaltlich bei den Verfahren zu § 2 GewStG fast ausschließlich um Fragen der Gewerbesteuerpflicht geht, ist an dieser Stelle auf die Streitbefangenheit des § 15 EStG hinzuweisen. Wie dargelegt wurde, kann ein Großteil der Konfliktpotenziale durch Probleme bei der Abgrenzung von Einkünften aus Gewerbebetrieb zu den anderen Einkunftsarten erklärt werden, was vor allem Auswirkungen auf die Gewerbesteuerpflichtigkeit der jeweiligen Einkünfte hat[82].

3 Zusammenfassung der BFH-Rechtsprechungsanalyse

Durch die empirische Analyse von BFH-Verfahren konnten folgende besonders konfliktträchtige Regelungen im Ertragsteuerrecht identifiziert werden:

(1) Einkommensteuer:

(a) *Gewinnermittlung*, insbesondere

(i) § 4 Abs. 1 EStG (Betriebsvermögensvergleich) und

---

82 Zwischen beiden Normen besteht ein enger Zusammenhang, da § 2 Abs. 1 S. 2 GewStG zur Definition des Gewerbebetriebs auf das Einkommensteuergesetz verweist („Gewerbebetrieb kraft Betätigung" i. S. d. § 15 Abs. 2 EStG).

(ii) § 4 Abs. 4 EStG (Betriebsausgaben).

(b) *Überschuss der Einnahmen über die Werbungskosten*, insbesondere

(i) § 9 Abs. 1 S. 1 EStG (allgemeiner Werbungskostenbegriff) und

(ii) § 9 Abs. 1 S. 3 EStG (Tatbestände für Werbungskosten).

(c) *Einkünfte aus Gewerbebetrieb*, insbesondere

(i) § 15 Abs. 1 Nr. 1 i. V. m. § 15 Abs. 2 EStG (Abgrenzung der Einkünfte aus Gewerbebetrieb zu den anderen Einkunftsarten) und

(ii) § 15 Abs. 1 Nr. 2 i. V. m. § 15 Abs. 3 EStG (gewerbliche Einkünfte von Mitunternehmern).

(2) Körperschaftsteuer:

Verdeckte Gewinnausschüttung (§ 8 Abs. 3 S. 2 KStG).

(3) Gewerbesteuer:

(a) *Steuergegenstand*, insbesondere

(i) § 2 Abs. 1 GewStG („Gewerbebetrieb kraft Betätigung i. S. d. § 15 Abs. 2 EStG) und

(ii) § 2 Abs. 2 GewStG („Gewerbebetrieb kraft Rechtsform").

(b) *Hinzurechnungen*, insbesondere

(i) § 8 Nr. 1 GewStG (Dauerschuldzinsen) und

(ii) § 8 Nr. 7 GewStG (Miet- und Pachtzinsen).

(c) *Kürzungen*, insbesondere

§ 9 Nr. 1 GewStG (Grundbesitzabzüge).

Diese Resultate sind im Folgenden anhand einer Analyse der Finanzgerichtsrechtsprechung zu überprüfen und gegebenenfalls zu erweitern.

B. Untersuchung der Finanzgerichtsrechtsprechung

1 Beschreibung des Datenmaterials

Zur weiteren Erkenntnisgewinnung sowie zur Überprüfung der Resultate der BFH-Rechtsprechungsanalyse soll im Folgenden auf die Entscheidungen der Finanzgerichte eingegangen werden. Wie bereits im methodischen Teil der Untersuchung dargelegt, erfolgt die Analyse unter Anwendung der normenorientierten Erhebungsmethode. Hierbei wurden die von finanzgerichtlichen Verfahren betroffenen Normen aus fünf Jahrgängen der Zeitschrift „Entscheidungen der Finanzgerichte" (EFG) erfasst und ausgewertet (Erhebungszeitraum: 1997 bis 2001). Die Gesamtzahl der erhobenen Normen beträgt 7.310.

Tabelle 11: Verteilung der von finanzgerichtlichen Verfahren betroffenen Normen auf die Ertragsteuergesetze

Gesetz	Betroffene Normen	
	Anzahl	**v. H.**
EStG	6.366	87,1
KStG	588	8,0
GewStG	356	4,9
Gesamt	*7.310*	*100,0*

Eigene Darstellung
[Datengrundlage: ENTSCHEIDUNGEN DER FINANZGERICHTE, Jahrgänge 1997 bis 2001]

Abb. 21: Verteilung der betroffenen Normen auf die Ertragsteuergesetze, differenziert nach Veröffentlichungsjahren (EFG)

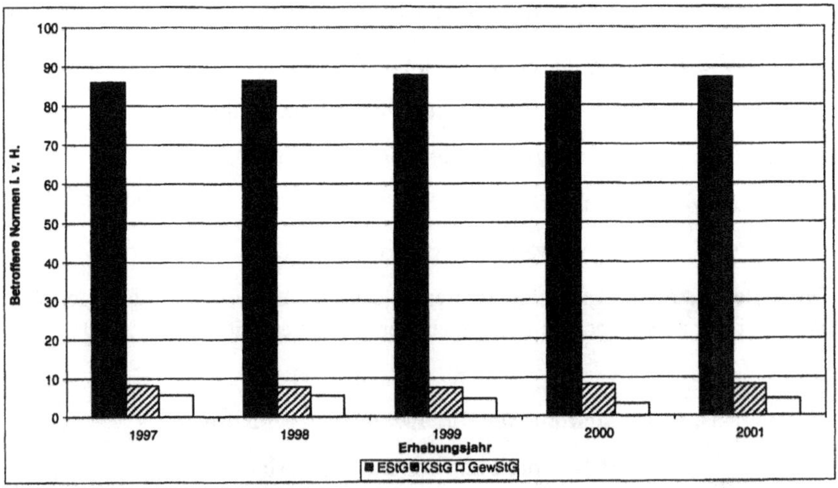

Eigene Darstellung
[Datengrundlage: ENTSCHEIDUNGEN DER FINANZGERICHTE, Jahrgänge 1997 bis 2001]

Tabelle 11 stellt die Verteilung der erfassten Normen auf die einzelnen Ertragsteuergesetze dar. Die Ergebnisse entsprechen im Wesentlichen den Resultaten der BFH-Rechtsprechungsanalyse[83]. Wiederum entfällt ein Großteil der betroffenen Normen auf das Einkommensteuergesetz. Etwa 12,9 % der betroffenen Paragraphen sind dem Körperschaftsteuer- und dem Gewerbesteuergesetz zuzuordnen. Abbildung 21 zeigt, dass die grundlegende Verteilungsstruktur bei Betrachtung der einzelnen Veröffentlichungsjahre gleich bleibt.

2 Darstellung der Ergebnisse

2.1 Streitpotenziale im Einkommensteuergesetz

Im Folgenden werden die Resultate der Rechtsprechungsanalyse auf Finanzgerichtsebene dargestellt. Analog zu den Ausführungen zur BFH-Rechtsprechung wird dabei zunächst auf das Einkommensteuergesetz Bezug genommen, bevor auf das Körperschaftsteuer- und das Gewerbesteuergesetz eingegangen wird.

Abb. 22: Relative Häufigkeiten betroffener Normen des Einkommensteuergesetzes (EFG)[1)]

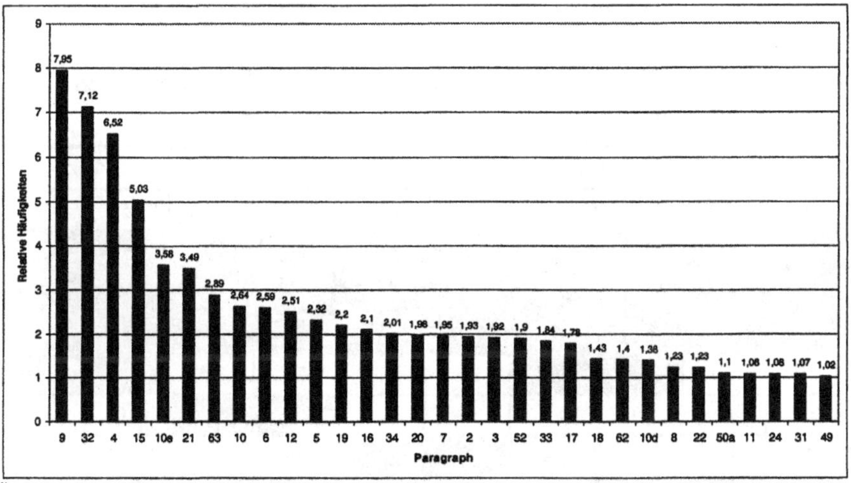

[1)] Die Darstellung enthält lediglich konfliktverursachende Normen, deren relative Häufigkeit sich auf mehr als 1 % beläuft.

Eigene Darstellung
[Datengrundlage: ENTSCHEIDUNGEN DER FINANZGERICHTE, Jahrgänge 1997 bis 2001]

---

[83] Vgl. Tabelle 4 auf S. 29 dieser Arbeit.

Ordnet man die im Betrachtungszeitraum durch finanzgerichtliche Verfahren betroffenen Regelungen zunächst nach den relativen Häufigkeiten der jeweiligen Hauptnorm (Paragraph), so ergibt sich die durch Abbildung 22 dargestellte Verteilung. Korrespondierend zu den Ergebnissen der BFH-Rechtsprechungsanalyse sind es wiederum die §§ 4, 9 und 15 EStG, die zu den konfliktträchtigsten Normen gehören. Zusammen machen sie etwa 19,5 % aller von finanzgerichtlichen Verfahren betroffenen Regelungen aus. Zu den konfliktreichsten Vorschriften zählt nun allerdings eine weitere Norm, die bei der Analyse der BFH-Rechtsprechung eine geringere Rolle spielte: § 32 EStG (Kinder, Freibeträge für Kinder, Haushaltsfreibetrag). Zusammen erklären die vier streitanfälligsten Bestimmungen mehr als ein Viertel (ca. 26,6 %) des gesamten einkommensteuerrechtlichen Konfliktpotenzials.

Eine **Betrachtung der einzelnen Erhebungsjahre** zeigt, dass sich das Streitpotenzial der genannten Normen nicht lediglich auf einzelne Jahre konzentriert, sondern dass die Bestimmungen in jedem der erfassten Jahre eine hohe Konfliktträchtigkeit aufweisen. Tabelle 12 stellt die Verteilung der jeweils zehn streitanfälligsten Normen für die Jahre 1997 bis 2001 dar. Die schwarz unterlegten Felder kennzeichnen die §§ 4, 9, 15 und 32 EStG. Obwohl sich das Konfliktpotenzial der Normen recht gleichmäßig über den Betrachtungszeitraum verteilt, kommt es zu gewissen Schwankungen.

Tabelle 12: Verteilung der von finanzgerichtlichen Verfahren betroffenen Normen des Einkommensteuergesetzes (EFG)

1997		1998		1999		2000		2001	
§	v. H.	§	v. H.	§	v. H.	§	v. H.	§	v. H.
9	7,9	9	8,2	32	10,3	32	8,0	9	9,9
4	7,5	32	7,1	4	6,4	9	7,9	4	8,3
15	6,3	15	6,5	9	5,7	4	5,2	32	7,3
21	5,0	4	5,4	10e	4,4	21	3,4	15	4,4
10e	4,2	10e	4,1	63	4,1	15	3,4	10	4,1
3	3,1	63	3,9	15	4,0	10e	2,7	17	3,2
32	3,0	21	3,5	12	3,1	10	2,7	21	2,9
5	3,0	6	2,9	21	2,7	6	2,7	63	2,6
6	2,7	16	2,5	62	2,6	34	2,6	12	2,6
10	2,5	12	2,3	19	2,5	19	2,6	10e	2,3

Eigene Darstellung
[Datengrundlage: ENTSCHEIDUNGEN DER FINANZGERICHTE, Jahrgänge 1997 bis 2001]

Abb. 23: Rangziffern der §§ 4, 9, 15 und 32 EStG in den jeweiligen Verteilungen der Jahre 1997 bis 2001 (EFG)

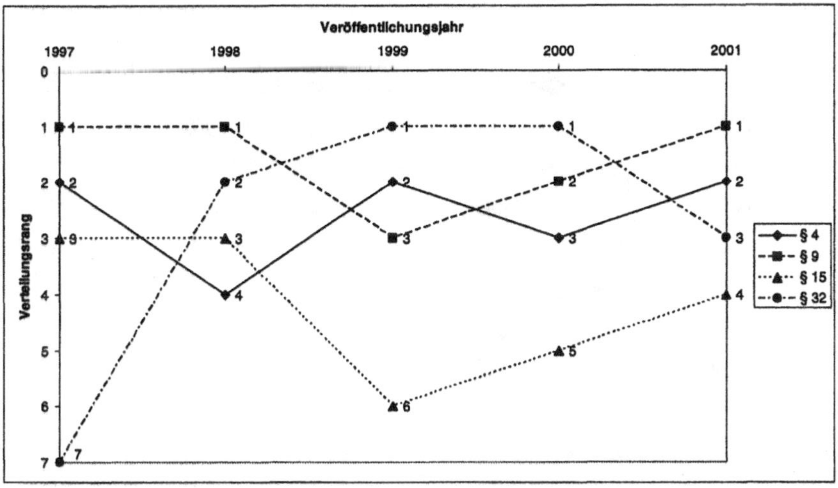

Eigene Darstellung [Datengrundlage: ENTSCHEIDUNGEN DER FINANZGERICHTE, Jahrgänge 1997 bis 2001]

Um dies zu verdeutlichen, stellt Abbildung 23 die Verteilungsränge der einzelnen Regelungen in den jeweiligen Jahren dar. Wie ersichtlich, treten Schwankungen hinsichtlich des Verteilungsrangs vor allem bei den §§ 15 und 32 EStG auf. Hingegen gestaltet sich die Entwicklung des Konfliktpotenzials der §§ 4 und 9 EStG recht konstant.

Bestätigt werden die bislang gewonnenen Resultate durch eine **Untersuchung von Normenbereichen**. Hierbei wurde dasselbe Einteilungsschema verwendet, wie bei der BFH-Rechtsprechungsanalyse[84]. Die entsprechenden Ergebnisse werden in Abbildung 24 dargestellt.

[84] Vgl. S. 47 dieser Arbeit, Tabelle 10.

Abb. 24: Streitbefangenheit von Normenbereichen des Einkommensteuergesetzes (EFG)

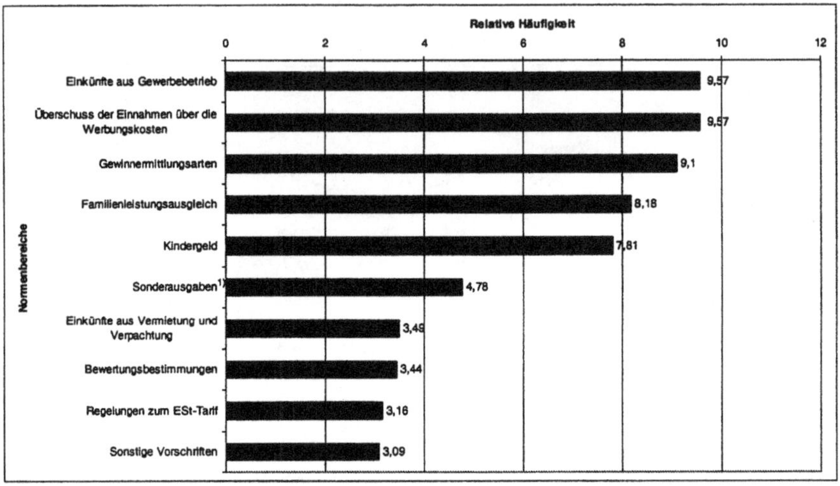

1) Bei den Sonderausgaben wurden die Regelungen der §§ 10e und 10h EStG nicht mehr berücksichtigt, da sie nur noch für eine Übergangszeit bei Altfällen von Bedeutung sind [vgl. hierzu etwa KIRCHHOF (2001), S. 694 ff. u. S. 710 f.].

Eigene Darstellung
[Datengrundlage: ENTSCHEIDUNGEN DER FINANZGERICHTE, Jahrgänge 1997 bis 2001]

Ein Vergleich mit den Ergebnissen der BFH-Rechtsprechungsanalyse[85] zeigt, dass die drei konfliktreichsten Normengebiete identisch sind. Mit zusammen etwa 28,2 % aller betroffenen Normen des Einkommensteuergesetzes handelt es sich dabei um die Regelungen zu Einkünften aus Gewerbebetrieb (§§ 4 bis 5a EStG), den Normenbereich „Überschuss der Einnahmen über die Werbungskosten“ (§§ 8, 9, 9a EStG) sowie die Bestimmungen zu Einkünften aus Gewerbebetrieb (§§ 15, 15a, 16, 17 EStG). Daneben sind zwei weitere Normenbereiche mit erheblichem Streitpotenzial identifizierbar: die Regelungen zum Familienleistungsausgleich i. S. d. §§ 31 und 32 EStG sowie die Bestimmungen zum Kindergeld (§§ 62 bis 78 EStG). Zusammen machen sie etwa 15,0 % des einkommensteuerrechtlichen Streitpotenzials aus; bei Betrachtung der BFH-Rechtsprechung beträgt ihr Anteil lediglich 4,1 % (normenorientierte Erhebungsmethode). Addiert man die Anteile der fünf konfliktreichsten Normenbereiche, so erklären sie zusammen ca. 44,2 % des einkommensteuerrechtlichen Konfliktpotenzials.

85 Vgl. hierzu S. 45 ff. dieser Arbeit.

Verantwortlich für die Streitbefangenheit der einzelnen Normenbereiche sind in erster Linie dieselben Regelungen wie bei Betrachtung der BFH-Rechtsprechung: § 15 EStG erklärt etwa 52,6 % der Konfliktträchtigkeit des Regelungsgebiets „Einkünfte aus Gewerbebetrieb“, § 9 EStG ist zu 83,1 % für das Konfliktpotenzial des Werbungskostenbereichs ausschlaggebend und auf § 4 EStG entfallen 71,7 % der betroffenen Normen zur Gewinnermittlung. Ähnlich eindeutige Ergebnisse erhält man bei Betrachtung der hinzugetretenen Konfliktbereiche: Auf § 32 EStG lassen sich etwa 87,0 % des Konfliktpotenzials der Bestimmungen zum Familienleistungsausgleich zurückführen; die Streitbefangenheit des Kindergeldbereichs kann in erster Linie durch § 63 EStG (37,0 % der entsprechenden betroffenen Normen) erklärt werden. Ferner können als weitere konfliktträchtige Kindergeld-Regelungen die §§ 62 (17,9 % der betroffenen Normen), 70 (12,5 %), 64 (9,1 %) und 66 EStG (6,8 %) identifiziert werden.

Die **Analyse der Detailregelungen** der als konfliktträchtig identifizierten Normen bestätigt im Grundsatz die Ergebnisse der BFH-Rechtsprechungsanalyse. So zeigt sich bei näherer Untersuchung des **§ 4 EStG (Gewinnbegriff im Allgemeinen)**, dass vor allem die Bestimmungen zum *Betriebsvermögensvergleich* (§ 4 Abs. 1 EStG) sowie die Regelungen zu den *Betriebsausgaben* (§ 4 Abs. 4 und 5 EStG) konfliktträchtig sind. Zusammen determinieren beide Bereiche etwa 79,0 % der Streitbefangenheit von § 4 EStG. Dabei lassen sich durch § 4 Abs. 1 EStG etwa 25,5 % des Konfliktpotenzials von § 4 EStG erklären. Der allgemeine Begriff „Betriebsausgaben“ in § 4 Abs. 4 EStG macht ca. 29,2 % der Streitanfälligkeit von § 4 EStG aus; § 4 Abs. 5 EStG, der im Wesentlichen eine enumerative Aufzählung von nicht oder nur begrenzt abziehbaren Betriebsausgaben enthält, kann etwa 24,3 % des Streitpotenzials von § 4 EStG erklären. Fasst man die beiden letztgenannten Bestimmungen zusammen, so kann ein Großteil des Konfliktpotenzials von § 4 EStG auf die Betriebsausgabenproblematik zurückgeführt werden (ca. 53,5 %).

Eine genaue Betrachtung des § 4 Abs. 5 EStG (nicht oder nur beschränkt abziehbare Betriebsausgaben) zeigt, dass vor allem die Ziffern 6b (*häusliches Arbeitszimmer*) und 5 (*Mehraufwendungen für Verpflegung*) steuerrechtliche Konflikte verursachen. Zusammen erklären sie etwa 88,3 % des Konfliktpotenzials von § 4 Abs. 5 EStG. Die übrigen Bestimmungen machen etwa 21,8 % der entsprechenden betroffenen Normen aus. Eine genaue Aufgliederung der Detailregelungen zu § 4 Abs. 5 EStG liefert Tabelle 13.

Die Analyse der finanzgerichtlichen Rechtsprechung zu **§ 9 EStG (Werbungskosten)** erbringt folgende Resultate: In Analogie zu den Untersuchungsergebnissen der BFH-Jurisdiktion entfällt ein Großteil des Konfliktpotenzials auf § 9 Abs. 1 EStG (75,9 % aller zu § 9 erfassten Detailregelungen) und hier insbesondere auf die Sätze 1 (allgemeiner Werbungskostenbegriff) und 3 (Tatbestände für Werbungskosten). Der allgemeine Werbungskostenbegriff nach § 9 Abs. 1 S. 1 EStG kann 41,4 % der Streitanfälligkeit von § 9 Abs. 1 EStG erklären; auf Satz 3 der Regelung sind etwa 38,0 % des Konfliktpotenzials zurückzuführen. Dies bestätigt die Resultate der BFH-Rechtsprechungsanalyse, nach denen für die Konfliktanfälligkeit des § 9 EStG einerseits Auslegungsprobleme des allgemeinen Werbungskostenbegriffs sowie andererseits konkrete Werbungskosten-Tatbestände ursächlich sind.

Tabelle 13: Streitbefangenheit von nicht oder nur begrenzt abziehbaren Betriebsausgaben (EFG)

§ 4 Abs. 5 EStG		
Ziffer	**Regelungsinhalt**	**v. H.**[1]
1	Geschenke	1,0
2	Bewirtungsaufwendungen	5,9
4	Aufwendungen für Jagd etc.	1,0
5	Mehraufwendungen für Verpflegung	13,8
6	Fahrtkosten	6,9
6b	Häusliches Arbeitszimmer	60,4
7	„Unangemessene Aufwendungen“ [2]	5,0
8	Geldbußen etc.	2,0
keine	---	4,0
Gesamt		*100,0*

[1] Die relativen Häufigkeiten beziehen sich auf die Gesamtzahl der zu § 4 Abs. 5 EStG erfassten Normen.

[2] § 4 Abs. 5 Nr. 7 EStG enthält ein grundsätzliches Abzugsverbot für Aufwendungen, die (teils) privat veranlasst sind und nach allgemeiner Verkehrsauffassung als „unangemessen“ anzusehen sind [vgl. hierzu etwa KIRCHHOF (2001), S. 203 f.].

Eigene Darstellung
[Datengrundlage: ENTSCHEIDUNGEN DER FINANZGERICHTE, Jahrgänge 1997 bis 2001]

Bei Betrachtung der Detailbestimmungen zu § 9 Abs. 1 S. 3 EStG ergibt sich im Vergleich zu den Ergebnissen der BFH-Rechtsprechungsanalyse ein etwas differenzierteres Bild (vgl. Tabelle 14). Auffallend ist zunächst, dass die Ziffern 2 und 3 – die allerdings auch bei der Analyse der BFH-Rechtsprechung eine vergleichsweise geringe Bedeutung spielten – nun gar nicht mehr vertreten sind.

Die auf der Ebene des Bundesfinanzhofs als besonders konfliktträchtig identifizierten Regelungen (Ziffern 1 und 7) erlangen auch bei Betrachtung der Finanzgerichtsrechtsprechung eine hohe Bedeutung (zusammen ca. 44,5 % der entsprechenden betroffenen Normen). Allerdings weist der Tatbestand der „Doppelten Haushaltsführung“ mit 30,1 % aller erfassten Tatbestände zu § 9 Abs. 1 S. 3 EStG das größte Konfliktpotenzial auf. Bei der Analyse der BFH-Rechtsprechung betrug dessen Anteil lediglich 9,2 % der entsprechenden Regelungen. Die Konfliktpotenziale der Ziffer 4 und 6 bewegen sich in etwa auf demselben Niveau wie bei der Analyse der BFH-Jurisdiktion.

Tabelle 14: Streitbefangenheit von Werbungskosten-Tatbeständen (EFG)

§ 9 Abs. 1 S. 3 EStG		
Ziffer	**Regelungsinhalt**	**v. H.** [1)]
1	Schuldzinsen, Renten und dauernde Lasten	24,0
4	Fahrten zwischen der Wohnung und der Arbeitsstätte	13,7
5	Doppelte Haushaltsführung	30,1
6	Aufwendungen für Arbeitsmittel	11,6
7	AfA als Werbungskosten	20,6
	Gesamt	*100,0*

1) Die relativen Häufigkeiten beziehen sich auf die Gesamtzahl der zu § 9 Abs. 1 S. 3 EStG erfassten Normen.

Eigene Darstellung
[Datengrundlage: ENTSCHEIDUNGEN DER FINANZGERICHTE, Jahrgänge 1997 bis 2001]

Die Untersuchungsergebnisse der Finanzgerichtsrechtsprechung zu **§ 15 EStG (Einkünfte aus Gewerbebetrieb)** entsprechen im Wesentlichen den Resultaten der BFH-Rechtsprechungsanalyse. In beiden Fällen ergeben sich zwei Regelungsbereiche mit erheblichem Konfliktpotenzial. Zum einen handelt es sich dabei um die Abgrenzung von Einkünften aus Gewerbebetrieb zu anderen Einkunftsarten (§ 15 Abs. 1 Nr. 1 i. V. m. § 15 Abs. 2 EStG), zum anderen um die gewerblichen Einkünfte von Mitunternehmern (§ 15 Abs. 1 Nr. 2 i. V. m. § 15 Abs. 3 EStG). Auf den erstgenannten Bereich lassen sich 42,8 %, auf den letztgenannten Tatbestand 30,0 % der Streitpotenziale von § 15 EStG zurückführen. Somit erklären die beiden Bestimmungen zusammen annähernd drei Viertel (72,8 %) der Konfliktanfälligkeit von § 15 EStG.

Durch die Analyse der Finanzgerichtsrechtsprechung konnte als weitere besonders konfliktreiche Regelung **§ 32 EStG (Kinder, Freibeträge für Kinder,**

Haushaltsfreibetrag) identifiziert werden. Hierbei handelt es sich um die zentrale Bestimmung des Familienleistungsausgleichs[86]: Der in § 32 EStG enthaltene Kinderbegriff ist insbesondere für den Anspruch auf Kindergeld bzw. für die Gewährung des Kinderfreibetrags nach § 32 Abs. 6 EStG maßgeblich[87]. Daneben ist die einkommensteuerrechtliche Definition von Kindern für die Zulässigkeit weiterer Abzüge (z. B. Haushaltsfreibetrag nach § 32 Abs. 7 EStG) sowie für einzelne Regelungen in Nebengesetzen (z. B. Kinderzulage nach § 9 Abs. 5 EigZulG) von Bedeutung[88].

Die Konfliktträchtigkeit des § 32 EStG resultiert zum Großteil (74,8 % der entsprechenden betroffenen Normen) aus Problemen bei der steuerlichen Behandlung von Kindern, die das 18. Lebensjahr vollendet haben (§ 32 Abs. 4 EStG). Kinder, die diese Altersgrenze überschritten haben, werden nur unter bestimmten Bedingungen steuerlich berücksichtigt. Die genauen Voraussetzungen werden durch die einzelnen Sätze des § 32 Abs. 4 EStG bestimmt: Zum einen müssen die Tatbestände des § 32 Abs. 4 S. 1 EStG erfüllt sein (u. a. Arbeitslosigkeit, Berufsausbildung oder Behinderung) und das Kind darf – abhängig vom jeweils zugrunde liegenden Tatbestand – das 21. bzw. das 27. Lebensjahr nicht überschritten haben[89]. Zum anderen dürfen die eigenen Einkünfte und Bezüge des Kindes einen Jahresgrenzbetrag von derzeit 7.188 Euro nicht übersteigen (§ 32 Abs. 4 S. 2 EStG). Die Sätze 3 bis 7 des § 32 Abs. 4 EStG enthalten konkrete Bestimmung dazu, was genau unter dem Begriff „Einkünfte und Bezüge“ des Kindes zu verstehen ist.

Für die Analyse der Konfliktträchtigkeit von § 32 Abs. 4 EStG können die genannten Detailregelungen gesondert betrachtet werden. Der erste Satz der Bestimmung (Tatbestände und Altersgrenzen) ist zu 45,1 % für das Streitpotenzial von § 32 Abs. 4 EStG verantwortlich. Satz 2 des § 32 Abs. 4 EStG (Jahresgrenzbetrag) erklärt etwa 22,7 % der Konfliktträchtigkeit und auf die Sätze 3 bis 7 (Bestimmungen zum Terminus „Einkünfte und Bezüge“) entfallen 18,9 % der betroffenen Normen.

Innerhalb der konfliktreichsten Regelung des § 32 Abs. 4 EStG (Satz 1, Tatbestände und Altersgrenzen) sind vor allem Fragen im Zusammenhang mit der Berufsausbildung von Kindern als streitverursachend zu bezeichnen (Ziffern 2a,

---

86 Vgl. KIRCHHOF (2001), S. 1397.

87 Zur steuerlichen Verknüpfung von Kindergeld und Kinderfreibetrag vgl. etwa TIPKE/LANG (2002), S. 237 ff.

88 Vgl. ebd., S. 424 f. sowie KIRCHHOF (2001), S. 1397 ff.

89 Behinderte Kinder werden nach § 32 Abs. 4 S. 1 Nr. 3 EStG zeitlich unbegrenzt berücksichtigt, soweit sie außer Stande sind, sich selbst zu versorgen und die Behinderung vor Vollendung des 27. Lebensjahres eingetreten ist.

2b und 2c; zusammen 64,1 % der entsprechenden betroffenen Normen). Fragen der steuerlichen Berücksichtigung behinderter Kinder (Ziffer 3) machen ein Konfliktpotenzial von 16,3 % aus. Für die Regelung zu arbeitslosen Kindern (Ziffer 1) beträgt dieser Anteil ca. 8,5 %. Die steuerliche Behandlung von Kindern, die ein sog. „freiwilliges Jahr" absolvieren (Ziffer 2d), führt hingegen kaum zu Rechtsstreitigkeiten (ca. 2,0 % der betroffenen Normen).

Neben § 32 Abs. 4 EStG weisen die Absätze 1 und 6 ein erhöhtes Streitpotenzial auf. Erstgenannte Bestimmung (Kinderbegriff im Allgemeinen) kann zu etwa 7,1 % für die Streitanfälligkeit des § 32 EStG verantwortlich gemacht werden; für Absatz 6 (Kinderfreibetrag) ergibt sich ein Konfliktanteil von ca. 9,5 %. Im Vergleich zu der Konfliktträchtigkeit von § 32 Abs. 4 EStG (74,8 % der betroffenen Normen) fällt deren Streitanfälligkeit jedoch deutlich geringer aus.

Für die Ergebnisse zu § 32 EStG ist anzumerken, dass die rein normenorientierte Betrachtungsweise mit gewissen Problemen verbunden sein kann. § 32 EStG wurde in den letzten Jahren mehrfach modifiziert, insbesondere die o. g. Regelungen zum Begriff „Einkünfte und Bezüge" (§ 32 Abs. 4 S. 3 bis 7 EStG). Somit beziehen sich die der Analyse zugrunde liegenden Finanzgerichtsverfahren unter Umständen auf bereits aufgehobene oder veränderte Regelungen. Dies wird im weiteren Verlauf der Analyse sowie bei der Ableitung finanzpolitischer Handlungsempfehlungen zu berücksichtigen sein.

Neben den Bestimmungen zum Familienleistungsausgleich (§§ 31 und 32 EStG) konnten durch die Analyse der Finanzgerichtsrechtsprechung die Regelungen der **§§ 62 bis 78 EStG (Kindergeld)** als besonders konfliktträchtig identifiziert werden. Wie bereits dargelegt, kann deren Streitanfälligkeit in erster Linie durch § 63 EStG (Kinder) erklärt werden (37,0 % der entsprechenden betroffenen Normen). Im Gegensatz zu den bislang betrachteten Regelungsgebieten verteilen sich die erheblichen Streitpotenziale jedoch auf mehrere Regelungen. So vereinen die Bestimmungen mit der zweit- bis fünfthöchsten Konfliktträchtigkeit (§§ 62, 70, 64 und 66 EStG) zusammen etwa 46,3 % der betroffenen Normen auf sich. Dieser Umstand unterscheidet den Kindergeldbereich von den bislang betrachteten Sachgebieten: Seine Streitbefangenheit resultiert nicht aus einer Konzentration von Rechtsstreitigkeiten auf einzelne Normen, sondern vielmehr aus einer grundlegenden Konfliktanfälligkeit seiner Regelungen insgesamt. Um Anhaltspunkte für die konkreten Streitursachen zu gewinnen, werden im Folgenden die besonders konfliktträchtigen Regelungen untersucht.

Betrachtet man mit **§ 63 EStG (Kinder)** zunächst die konfliktreichste Regelung des Kindergeldbereichs (37,0 % der entsprechenden betroffenen Normen), so fällt auf, dass dessen erster Absatz zu etwa 81,0 % für das Streitpotenzial der Norm verantwortlich ist. Hier wiederum sind es vor allem Satz 1 (39,6 % der entsprechenden betroffenen Normen) und Satz 2 (36,9 %), die als besonders streitverursachend bezeichnet werden können. Die erstgenannte Bestimmung regelt, für welche Kinder ein Anspruch auf Kindergeld besteht. Ziffer 1 der Norm verweist dazu direkt auf § 32 Abs. 1 EStG. Satz 2 des § 63 Abs. 1 EStG gewährleistet die einheitliche Anwendung der in § 32 Abs. 3 bis 5 EStG genannten Altersgrenzen und Tatbestände für die Gewährung von Kindergeld und Kinderfreibetrag. Beide Detailvorschriften verdeutlichen die enge Verknüpfung der §§ 63 und 32 EStG. Die Konfliktträchtigkeit beider Normen sollte daher im Zusammenhang gesehen werden.

§ 62 EStG (17,9 % der betroffenen Normen) bestimmt den Kreis der Anspruchsberechtigten für Kindergeld. Etwa 57,3 % seines Konfliktpotenzials lassen sich auf Absatz 1 der Regelung zurückführen, der anhand des Wohnsitzes und des gewöhnlichen Aufenthalts die Anspruchsberechtigung für Kindergeld festlegt. Absatz 2 der Bestimmung beinhaltet diesbezügliche Sonderregelungen für Ausländer und vereint ca. 21,4 % der von Konflikten betroffenen Normen auf sich.

Die Streitanfälligkeit des **§ 70 EStG** (Festsetzung und Zahlung des Kindergeldes, 12,5 % der betroffenen Normen) kann insbesondere durch Absatz 2 der Regelung erklärt werden: 64,5 % der zu § 70 EStG erfassten Normen beziehen sich auf diese Detailbestimmung. Die Vorschrift regelt die Korrektur von Kindergeldfestsetzungen im Falle der *nachträglichen* Änderung von persönlichen Verhältnissen des Berechtigten. Weitere 25,8 % des Konfliktpotenzials von § 70 EStG ergeben sich durch Absatz 3, welcher sich auf die Änderung oder die Aufhebung einer *von Beginn an* rechtswidrigen Kindergeldfestsetzung bezieht. Somit kann die Streitanfälligkeit des § 70 EStG zum Großteil (90,3 % der entsprechenden betroffenen Normen) auf Rechtsstreitigkeiten im Zusammenhang mit Änderungen der Kindergeld-Festsetzung zurückgeführt werden.

Das Zusammentreffen mehrerer Ansprüche auf Kindergeld regelt **§ 64 EStG** (9,1 % der betroffenen Normen). „Anspruchskonkurrenz“[90] kann etwa zwischen zwei Elternteilen oder zwischen Elternteilen einerseits und Pflegeeltern, Stiefeltern oder Großeltern andererseits bestehen. Grundsätzlich gilt in solchen Fällen, dass Kindergeld nur an einen einzigen Berechtigten ausgezahlt, also nicht auf mehrere Berechtigte aufgeteilt wird (§ 64 Abs. 1 EStG). Absatz 2 des § 64 EStG bestimmt, dass Kindergeld demjenigen zusteht, in dessen Haushalt das Kind lebt. Falls das Kind nicht im Haushalt eines Anspruchsberechtigten lebt, so wird der Kindergeldberechtigte nach der Unterhaltshöhe ermittelt (§ 64 Abs. 3 EStG). Der Großteil der Rechtsstreitigkeiten zu § 64 EStG bezieht sich auf die Absätze 1

---

[90] KIRCHHOF (2001), S. 1871.

und 2 der Regelung (zusammen 75,6 % der betroffenen Normen). Dabei machen Fragen nach der Haushaltszugehörigkeit des Kindes (§ 64 Abs. 2 EStG) mit 48,9 % den Hauptanteil des Streitpotenzials aus. Auf Absatz 1 des § 64 EStG (Einmalgewährung des Kindergelds) beziehen sich 26,7 % der entsprechenden betroffenen Normen.

Die Streitanfälligkeit des **§ 66 EStG** (Höhe des Kindergelds, Zahlungszeitraum; 6,8 % der betroffenen Normen) resultiert im Wesentlichen aus einer bis zum 31.12.1997 gültigen Regelung: 47,1 % der betroffenen Normen beziehen sich auf Absatz 3 der Bestimmung, wonach Kindergeld rückwirkend nur für die letzten sechs Monate vor Beginn des Monats gezahlt, in dem der Antrag auf Kindergeld eingegangen ist. In etwa gleich hohem Ausmaß (je 17,6 % der entsprechenden betroffenen Normen) sind die Absätze 1 und 2 der Regelung von Rechtsstreitigkeiten betroffen. Sie bestimmen zum einen die Höhe des Kindergelds nach der Anzahl der Kinder (§ 66 Abs. 1 EStG), zum anderen den Zahlungszeitraum des Kindergelds (§ 66 Abs. 2 EStG).

Wie ersichtlich, fallen die Analyseergebnisse zum Regelungsbereich des Kindergelds recht differenziert aus. Dies resultiert aus der relativ weiten Streuung des Konfliktpotenzials. Die Streitanfälligkeit der genannten Regelungen lässt sich jedoch auf eine gemeinsame Ursächlichkeit zurückführen: Im Kern entfachen sich die Konflikte vor allem an dem Anliegen der Betroffenen, Kindergeldansprüche zu erwirken bzw. an dem Versuch der Zahlungsempfänger, die Nichtgewährung derartiger Leistungen abzuwehren.

2.2 Konfliktträchtigkeit körperschaftsteuerlicher Regelungen

Die eindeutigen Ergebnisse der BFH-Rechtsprechungsanalyse für das Körperschaftsteuergesetz werden durch die Resultate der Finanzgerichtsbetrachtung bestätigt: Wiederum kann der Regelungstatbestand der verdeckten Gewinnausschüttung i. S. d. § 8 Abs. 3 S. 2 KStG als weitaus konfliktreichste Regelung des Körperschaftsteuergesetzes identifiziert werden.

Betrachtet man die von finanzgerichtlichen Verfahren betroffenen Normen, so beträgt der Anteil von § 8 KStG (Ermittlung des Einkommens) ca. 43 % (vgl. Abbildung 25). Hiervon lassen sich etwa 40 % der Konflikte auf den Regelungstatbestand der verdeckten Gewinnausschüttung zurückführen. Gemessen an der Gesamtzahl der betroffenen körperschaftsteuerlichen Normen beträgt der Anteil von § 8 Abs. 3 S. 2 KStG etwa 19,4 %. Als weitere konfliktreiche Einzelbestimmungen sind ferner § 8 Abs. 1 KStG zu nennen (Einkommens- und Gewinnermittlung der Körperschaft; Verweis auf die Bestimmungen des EStG und die Spezialvorschriften des KStG) sowie § 8 Abs. 3 KStG (Einkommensverteilung an die Gesellschafter; u. a. Tatbestand der verdeckten Gewinnausschüttung). Deren Anteile an den gesamten betroffenen Normen des Körperschaftsteuergesetzes betragen 11,1 % bzw. 6,6 %.

Abb. 25: Relative Häufigkeiten betroffener Normen des Körperschaftsteuergesetzes (EFG)[1)]

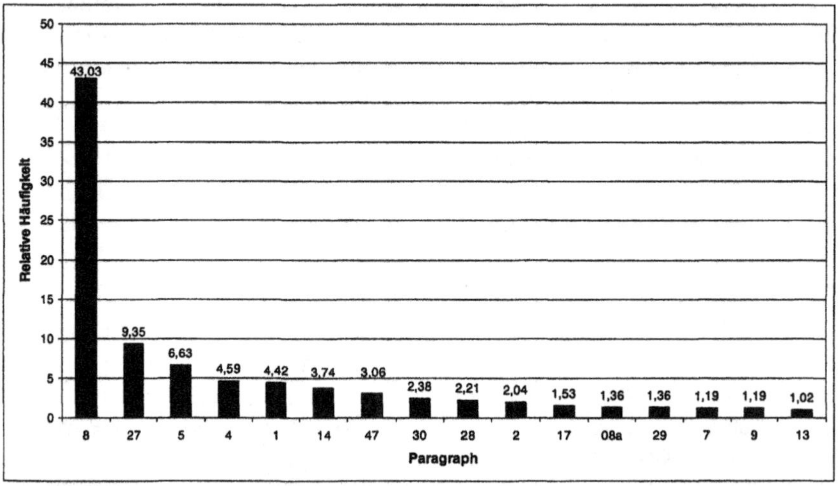

[1)] Die Darstellung enthält lediglich betroffene Normen, deren relative Häufigkeit sich auf mehr als 1 % beläuft.

Eigene Darstellung
[Datengrundlage: ENTSCHEIDUNGEN DER FINANZGERICHTE, Jahrgänge 1997 bis 2001]

2.3 Konfliktanfälligkeit des Gewerbesteuergesetzes

Auch was die Konfliktpotenziale des Gewerbesteuergesetzes angeht, bestätigen die Resultate der Rechtsprechungsanalyse auf Finanzgerichtsebene die Ergebnisse der Untersuchung von BFH-Verfahren. Wie Abbildung 26 zeigt, ist es wiederum § 2 GewStG (Steuergegenstand), auf den sich die größte Anzahl betroffener Normen bezieht. Auch die steuersystematisch eng verbundenen §§ 8 und 9 GewStG (Hinzurechnungen und Kürzungen) weisen erneut eine hohe Streitanfälligkeit auf. Zusammen erklären sie etwa 23,3 % des gewerbesteuerrechtlichen Konfliktpotenzials.

Abb. 26: Relative Häufigkeiten betroffener Normen des Gewerbesteuergesetzes (EFG)[1)]

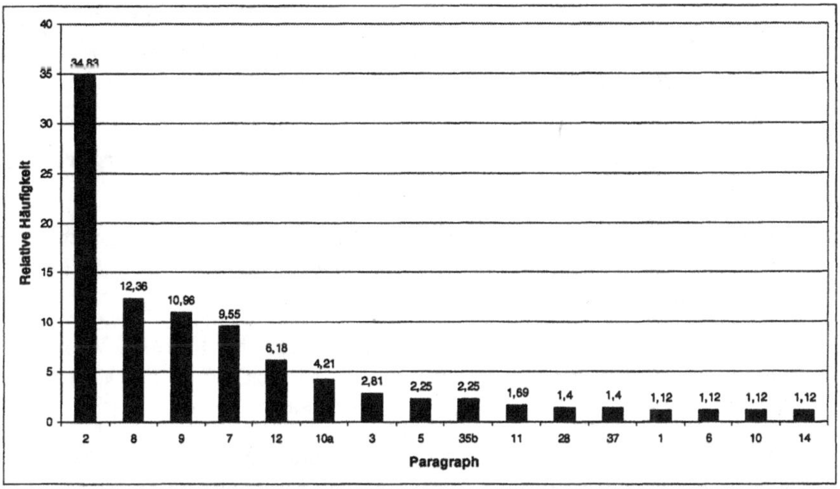

[1)] Die Darstellung enthält lediglich betroffene Normen, deren relative Häufigkeit sich auf mehr als 1 % beläuft.

Eigene Darstellung
[Datengrundlage: ENTSCHEIDUNGEN DER FINANZGERICHTE, Jahrgänge 1997 bis 2001]

Die Betrachtung der Detailregelungen zu den genannten Normen erbringt analoge Ergebnisse wie die Analyse der BFH-Rechtsprechung. Die Konfliktträchtigkeit des § 2 GewStG ist vor allem auf Absatz 1 („Gewerbebetrieb kraft Betätigung" i. S. d. § 15 Abs. 2 EStG) und Absatz 2 („Gewerbebetrieb kraft Rechtsform") zurückzuführen. Erstgenannte Vorschrift erklärt etwa 58,1 %, letztgenannte Bestimmung ca. 21,0 % der Streitanfälligkeit von § 2 GewStG. Bei den Hinzurechnungen nach § 8 GewStG sind es wiederum die Bestimmungen für Dauerschuldzinsen (Ziffer 1; 58,3 % der entsprechenden betroffenen Normen) sowie die Regelungen für Miet- und Pachtzinsen (Ziffer 7; 18,2 % der betroffenen Normen), die als besonders konfliktverursachend zu bezeichnen sind. Rechtsstreitigkeiten bei den Kürzungsbestimmungen nach § 9 GewStG können in erster Linie durch Probleme bei den Grundbesitzabzügen (Ziffer 1; 51,3 % der entsprechenden betroffenen Normen) sowie bei der steuerlichen Berücksichtigung von Gewinnanteilen (Ziffern 2 und 2a; zusammen 25,6 % der betroffenen Normen) erklärt werden.

3 Zusammenfassung der Rechtsprechungsanalyse auf Finanzgerichtsebene

Durch die Untersuchung der Finanzgerichtsrechtsprechung konnten die Resultate der BFH-Rechtsprechungsanalyse im Wesentlichen bestätigt werden. Für das **Einkommensteuergesetz** ergeben sich als besonders konfliktträchtige Regelungsbereiche:

- *Gewinnermittlung*, insbesondere § 4 Abs. 1 EStG (Betriebsvermögensvergleich) und § 4 Abs. 4 EStG (Betriebsausgaben).
- *Überschuss der Einnahmen über die Werbungskosten*, insbesondere § 9 Abs. 1 S. 1 (allgemeiner Werbungskostenbegriff) und § 9 Abs. 1 S. 3 EStG (Tatbestände für Werbungskosten).
- *Einkünfte aus Gewerbebetrieb*, insbesondere § 15 Abs. 1 Nr. 1 i. V. m. § 15 Abs. 2 EStG (Einkünfteabgrenzung) und § 15 Abs. 1 Nr. 2 i. V. m. § 15 Abs. 3 EStG (gewerbliche Einkünfte von Mitunternehmern).

Daneben konnten durch die Analyse von Entscheidungen der Finanzgerichte zwei weitere, steuersystematisch eng verbundene Konfliktbereiche identifiziert werden:

- *Familienleistungsausgleich*, insbesondere § 32 Abs. 4 EStG (Kinder, die das 18. Lebensjahr vollendet haben) und
- *Kindergeld*, insbesondere die §§ 63 (Kinder), 62 (Anspruchsberechtigte), 70 (Festsetzung und Zahlung des Kindergeldes), 64 (Zusammentreffen mehrerer Ansprüche) und 66 EStG (Höhe des Kindergeldes, Zahlungszeitraum).

Die Streitbefangenheit des **Körperschaftsteuergesetzes** kann in erster Linie durch § 8 Abs. 3 S. 2 KStG (*verdeckte Gewinnausschüttung*) erklärt werden.

Die Konfliktanfälligkeit des **Gewerbesteuergesetzes** resultiert vor allem aus den Regelungsbereichen

- *Steuergegenstand*, insbesondere § 2 Abs. 1 GewStG (Gewerbebetrieb kraft Betätigung) und § 2 Abs. 2 GewStG (Gewerbebetrieb kraft Rechtsform),
- *Hinzurechnungen*, insbesondere § 8 Nr. 1 GewStG (Dauerschuldzinsen) und § 8 Nr. 7 GewStG (Miet- und Pachtzinsen) sowie
- *Kürzungen*, insbesondere § 9 Nr. 1 GewStG (Grundbesitzabzüge).

C. Befragung von Finanzbehörden

1 Methodische Vorbemerkungen

Um neben dem gerichtlichen auch das außergerichtliche Rechtsbehelfsverfahren in die Streitpotenzialanalyse mit einzubeziehen, wurden Expertengespräche in sieben Finanzbehörden geführt (fünf Finanzämter und zwei Oberfinanzdirektionen). Durch die Berücksichtigung der Erfahrungswerte auf der Finanzverwaltungsebene können zum einen die Ergebnisse der Rechtsprechungsanalyse (BFH und Finanzgerichte) überprüft werden. Zum anderen wird hierdurch die Identifizierung weiterer Konfliktbereiche im Ertragsteuerrecht ermöglicht. Insbesondere ist dabei an solche Streitpotenziale zu denken, die sich bei der Anwendung von Steuerrechtsnormen ergeben können.

Als Gesprächspartner stellten sich Sachbearbeiter und/oder Leiter der Rechtsbehelfsstellen (Finanzämter) bzw. der jeweiligen Sachgebietsabteilungen (teils Finanzämter, Oberfinanzdirektionen) zur Verfügung. Zur Vorbereitung der persönlichen Gespräche wurde ein Fragenkatalog erstellt und den jeweiligen Gesprächspartnern vorab zugesandt[91]. Dieses Vorgehen diente in erster Linie der Darstellung und Konkretisierung der zu besprechenden Themengebiete. Somit konnten die Gesprächspartner eventuell vorhandenes Datenmaterial sichten und aufbereiten sowie spezifische Befragungen im Kollegenkreis durchführen. Die Formulierung der einzelnen Fragen erfolgte ausschließlich in offener Form. Dies erschien vor allem deshalb angebracht, weil der Fragenkatalog weniger einen klassischen Fragebogen als vielmehr die Grundlage für einen freien Gesprächsverlauf darstellen sollte. Inhaltlich setzt sich der Fragenkatalog aus zwei (Finanzämter) bzw. drei Teilen (Oberfinanzdirektionen) zusammen. Die ersten beiden Abschnitte sind dabei jeweils identisch; in den Fragenkatalog für die Oberfinanzdirektionen wurde ein gesonderter Teil aufgenommen, der weitere Fragen zu Verwaltungsvorschriften beinhaltet[92].

Teil A des Fragebogens bezieht sich auf die Konfliktträchtigkeit der einzelnen Ertragsteuergesetze. In diesem Abschnitt geht es vor allem darum, inwieweit die jeweiligen Normenwerke von bestimmten Konflikten (Einsprüche, Klagen, Rechtsmitteleinlegungen) betroffen und welche konkreten Regelungen hierfür verantwortlich sind. Daran anknüpfend wird nach den jeweiligen Konfliktursachen und nach möglichen Maßnahmen zur Beseitigung oder Reduzierung der Streitpotenziale gefragt.

---

91 Der Fragenkatalog findet sich im Anhang dieser Arbeit (S. 237 ff.).

92 Zur Begründung hierfür vgl. die Ausführungen zu Teil C des Fragenkatalogs.

In **Teil B** des Fragenkatalogs wird das Hauptaugenmerk auf die im Rahmen der vorliegenden Untersuchung gewonnenen Resultate gelegt. Dabei erfolgt zunächst eine stichpunktartige Nennung der durch die Rechtsprechungsanalyse identifizierten Konfliktbereiche. Anschließend wird danach gefragt, ob diese Ergebnisse seitens der Finanzbehörden bestätigt werden können bzw. ob die Aussagen durch eigene Erfahrungswerte zu ergänzen sind. Auch hierbei wird Bezug auf potenzielle Ursachen und denkbare Handlungsalternativen genommen. Daneben werden in diesem Abschnitt des Fragenkatalogs weitere, möglicherweise konfliktverursachende Zusammenhänge fokussiert. So wird etwa danach gefragt, ob die Finanzbehörden einen Zusammenhang zwischen der Höhe der Streitwerte von Einspruchs- und Klageverfahren und der Konfliktträchtigkeit bestimmter Regelungen feststellen können oder ob bestimmte Personengruppen bzw. Unternehmen besonders häufig Einsprüche respektive Klagen initiieren.

Ferner geht es in dem Fragenkatalog um die konfliktmindernde bzw. konfliktsteigernde Wirkung von Verwaltungsvorschriften. In dieser Hinsicht unterscheiden sich die Fragebögen für Finanzämter und Oberfinanzdirektionen, da Letztgenannte nicht nur die Rolle des Empfängers von Verwaltungsvorschriften einnehmen, sondern ebenso zum Erlass dieser Anweisungen berechtigt sind[93]. Daher wurden die Oberfinanzdirektionen in einem gesonderten Abschnitt über die Konfliktträchtigkeit von Verwaltungsvorschriften befragt (**Teil C**). Hierbei sollten insbesondere Anlässe, Gründe und Zielsetzungen von Verwaltungsvorschriften genannt werden.

2 Darstellung der Ergebnisse

Im Folgenden werden die Resultate der Expertenbefragungen bei Finanzämtern und Oberfinanzdirektionen präsentiert. Die Darstellung gliedert sich nach dem beschriebenen Aufbau des Fragenkatalogs und erfolgt in Form einer Verdichtung der einzelnen Befragungs-Ergebnisse. Grundsätzlich ist darauf hinzuweisen, dass die Finanzbehörden zu einigen Fragen kein Datenmaterial zur Verfügung stellen konnten. In solchen Fällen trafen die Gesprächspartner „gefühlsmäßige“ Aussagen, die aus ihrer täglichen Beschäftigung mit der Materie der Ertragsbesteuerung resultieren. Zwar konnten diese subjektiven Erfahrungswerte statistisch nicht belegt werden; gleichwohl basieren sie auf detaillierten Praxiskenntnissen vor dem Hintergrund fundierten Fachwissens. Derartige Angaben sollten daher nicht unterschätzt und schon gar nicht vernachlässigt werden; zu-

93 Im Sprachgebrauch der Verwaltungspraxis erlassen die Oberfinanzdirektionen sog. „Verfügungen" [TIPKE/LANG (2002), S. 129].

mindest stellen sie eine qualitative Ergänzung zu den quantitativ ermittelten Konfliktpotenzialen dar.

Die **Streitbefangenheit der einzelnen Ertragsteuergesetze** (Frage A.1 und A.2.a) stellt sich auf der Ebene der Finanzverwaltung weitestgehend deckungsgleich zu den Resultaten der Rechtsprechungsanalyse dar. Sowohl das statistische Datenmaterial als auch die persönlichen Einschätzungen der Gesprächspartner sprechen für ein klares Übergewicht der Einkommensteuer. Bezogen auf alle Einsprüche, welche die Ertragsbesteuerung betreffen, beträgt der Anteil der Einsprüche gegen Einkommensteuerbescheide etwa 90 %. Die restlichen 10 % der ertragsteuerlichen Einsprüche betreffen in etwa gleichen Teilen körperschaft- und gewerbesteuerrechtliche Tatbestände.

Die Interpretation des Datenmaterials, das die Finanzbehörden zur Frage A.2.b (**Erfolgsquote der Steuerpflichtigen bei Einsprüchen**) zur Verfügung stellen konnten, muss mit Vorsicht erfolgen. Der Statistik nach wird dem Großteil der eingelegten Einsprüche ohne förmliche Einspruchsentscheidung abgeholfen (i. d. R. über 50 % aller Einsprüche). Allerdings sagt diese Quote nichts darüber aus, *inwieweit* die Finanzbehörden den Einspruch als (voll oder teilweise) begründet ansehen. Außerdem wurde seitens der Gesprächspartner darauf hingewiesen, dass es bei einem nicht unerheblichen Teil der Einsprüche zur Abhilfe kommt, weil Steuerpflichtige erst im Nachhinein strittige Tatbestände belegen. In derartigen Fällen von einem „Erfolg" des Steuerpflichtigen und somit im Umkehrschluss von einer „Niederlage" oder einem „Fehler" der Finanzbehörde zu sprechen, erscheint nicht sachgemäß. Die Rücknahme des Einspruchs seitens des Steuerpflichtigen erfolgt in 20 % bis 30 % der Fälle. Den geringsten Anteil an den Erledigungen machen die förmlichen Einspruchsentscheidungen aus (zwischen 10 % und 20 %).

Die **Klagequote gegen Einspruchsentscheidungen** der Finanzbehörden (Frage A.2.c) bewegt sich im Durchschnitt zwischen 10 % und 20 %. Den Daten der Oberfinanzdirektionen zufolge kann von einem Erfolg der Steuerpflichtigen (Frage A.2.d) in etwa einem Viertel der Klagefälle gesprochen werden (volle und teilweise Stattgabe sowie „Nachgeben" der Finanzämter). Rund 45 % der Klagen werden durch das Finanzgericht abgewiesen und in ca. 30 % der Fälle werden die Klagen zurückgenommen. Mit Revisionen und Nichtzulassungsbeschwerden haben sich die Finanzämter recht selten zu beschäftigen. Bezieht man die entsprechenden Zugänge in einzelnen Jahren auf die hinzugekommenen Klageverfahren, so ergeben sich Prozentzahlen im unteren einstelligen Bereich (zwischen 2 % und 3 %).

Zu Frage A.2.e (**Höhe der Streitwerte**) konnten weder die befragten Finanzämter noch die Oberfinanzdirektionen konkrete Aussagen treffen, da entsprechende statistische Erhebungen nicht vorgenommen würden. Möglich waren daher nur persönliche Einschätzungen der Gesprächspartner, denen zufolge es bei einem erheblichen Teil der Einsprüche um Kleinstbeträge geht. Insbesondere der Werbungskostenbereich sei von derartigen Konflikten häufig betroffen. Die Befragten bekundeten zudem, dass selbst Bezieher hoher Einkommen oftmals um sehr geringe Beträge streiten würden. Grundsätzlich weise das Gros der Einsprüche Streitwerte zwischen einem und 10.000 Euro auf; die Spitzenwerte lägen im siebenstelligen Euro-Bereich.

Hinsichtlich des **Arbeitsaufwands bei der Bearbeitung von Einsprüchen und Klagen** (Frage A.2.f) konnte auf einige statistische Daten zurückgegriffen werden, die etwa im Rahmen von Kostenvergleichsanalysen ermittelt wurden. Eine Oberfinanzdirektion nannte einen durchschnittlichen Arbeitsaufwand von 118 Minuten pro Einspruch[94]. Der Arbeitsaufwand im Zusammenhang mit Klagen wurde von einem Sachbearbeiter mit bis zu einer Woche und mehr benannt. Revisionen würden noch wesentlich mehr Zeit in Anspruch nehmen. Als besonders zeitaufwendig wurden – vor allem aufgrund der hohen formalen Anforderungen[95] – Nichtzulassungsbeschwerden charakterisiert. Allerdings kämen diese im Tagesgeschäft recht selten vor. Bezogen sowohl auf die Rechtsbehelfe des Einspruchs und der Klage als auch auf die Rechtsmittel der Revision und der NZB beziffert ein Finanzamt den Arbeitsaufwand pro Fall (laut einer Kostenvergleichsanalyse) auf neun bis 15 Stunden.

Im Hinblick auf den Untersuchungsgegenstand der vorliegenden Arbeit ist die Fragengruppe A.3 bis A.5 von besonders großer Bedeutung. Zunächst wird hierbei nach konkreten ertragsteuerlichen Regelungen gefragt, die aus Sicht der Finanzbehörden als besonders konfliktträchtig bezeichnet werden können. Daran anknüpfend sind die jeweiligen Konfliktursachen sowie mögliche Maßnahmen zur Beseitigung oder Verminderung der Streitpotenziale zu nennen. In engem Zusammenhang mit diesem Fragenkreis steht der Fragenkomplex B.1.a bis B.1.c, der Bezug auf die im Rahmen der Untersuchung ermittelten Konfliktfelder nimmt. Hierbei wird zunächst danach gefragt, ob die Finanzbehörden die gewonnenen Ergebnisse bestätigen bzw. ergänzen können. Anschließend sind wiederum die konkreten Streitursachen sowie etwaige konfliktreduzierende Maßnahmen zu benennen. Aufgrund der engen inhaltlichen Verbindung dieser beiden Fragenbereiche sollen die jeweiligen Ergebnisse im Zusammenhang betrachtet werden.

---

94 Allerdings beinhaltet dieser Wert nicht alle mit dem Einspruch in Verbindung stehenden Zusatzarbeiten (Literaturstudium etc.). Daneben machten einige Gesprächspartner darauf aufmerksam, dass die einzelnen Einsprüche im Hinblick auf den Arbeitsanfall sehr heterogen ausfielen und insofern eine Durchschnittswertbildung nur bedingt aussagekräftig sei.

95 Vgl. hierzu etwa TIPKE/LANG (2002), S. 901 f.

Als wichtigstes Ergebnis der Expertenbefragungen zu **konkreten Konfliktbereichen im Ertragsteuerrecht** kann konstatiert werden, dass alle Finanzbehörden die Resultate der Rechtsprechungsanalyse auf BFH- und Finanzgerichtsebene im Grundsatz bestätigten (Fragenbereich B.1.a bis B.1.c). Erhärtet wird dieser Befund dadurch, dass die im Rahmen der Rechtsprechungsanalyse ermittelten Konfliktbereiche bei der Beantwortung der Fragen A.3 bis A.5 (eigenständige Nennung von Streitpotenzialen) von jeder Finanzbehörde explizit genannt wurden. Eine quantitativ exakte Analyse der Konfliktpotenziale war hierbei allerdings nicht möglich, da keiner der Gesprächspartner über statistisches Datenmaterial verfügte[96]. Aussagen über die Relevanz der einzelnen Konfliktfelder konnten daher lediglich in Form von subjektiven Einschätzungen getroffen werden.

Diesen Aussagen zufolge handelt es sich bei den im Rahmen der Rechtsprechungsanalyse ermittelten Streitpotenzialen um höchst bedeutsame Konfliktfelder. Für die **Einkommensteuer** wurde besonders häufig auf die Werbungskostenregelung (§ 9 EStG) verwiesen, wobei vor allem der Arbeitnehmerbereich konfliktträchtig erscheint (Fahrten zwischen Wohnung und Arbeitsstätte, doppelte Haushaltsführung, Arbeitszimmer). Im unternehmerischen Bereich wurden insbesondere die Betriebsausgaben (§ 4 Abs. 4 EStG), bilanzsteuerrechtliche Fragen (§ 4 Abs. 1 i. V. m. § 5 EStG), die Besteuerung von Mitunternehmern (§ 15 Abs. 1 Nr. 2 i. V. m. § 15 Abs. 3 EStG) sowie die Abgrenzung der gewerblichen Einkünfte i. S. d. § 15 EStG zu den anderen Einkunftsarten als streitanfällig bezeichnet. Im Hinblick auf die steuerliche Berücksichtigung von Kindern (§§ 31, 32 i. V. m. §§ 62 bis 78 EStG) konnten vor allem verfassungsrechtliche Fragen (steuerliche Freistellung des Kinder-Existenzminimums) sowie Probleme bei der Ermittlung und Berechnung der eigenen Einkünfte und Bezüge des Kindes als ursächlich für Konflikte zwischen Finanzbehörden und Steuerpflichtigen identifiziert werden.

Neben diesen Regelungen wurde von den Gesprächspartnern häufig der Bereich der sog. „privaten Abzüge“ i. S. d. §§ 10 (Sonderausgaben), 33 (außergewöhnliche Belastungen) und 33a EStG (außergewöhnliche Belastungen in be-

---

[96] In diesem Zusammenhang ist darauf hinzuweisen, dass die statistische Erfassung ertragsteuerlicher Konfliktpotenziale sowohl innerhalb der Finanzverwaltung als auch auf Ebene der Finanzgerichtsbarkeit gar nicht oder nur rudimentär zu erfolgen scheint. So konnten weder die konsultierten Finanzbehörden, noch die (telefonisch) kontaktierten Finanzgerichte sowie der BFH fundiertes Datenmaterial zur Verfügung stellen. Vor dem Hintergrund der geführten Gespräche ist dies in erster Linie auf begrenzte Personalkapazitäten zurückzuführen. Gleichwohl erscheint die quantitative Erfassung und Auswertung von Rechtsbehelfsverfahren und Rechtsmitteleinlegungen auf den entsprechenden Ebenen wünschenswert. Dies könnte vor allem zur *frühzeitigen* Erkennung steuerrechtlicher Konfliktpotenziale sowie zur *zeitnahen* Ableitung geeigneter Handlungsempfehlungen beitragen.

sonderen Fällen) genannt. Laut Aussage der Finanzämter kommt es hierbei insbesondere im Falle der steuerlichen Berücksichtigung von Unterhaltsaufwendungen an nahe Angehörige im Ausland zu Problemen. In diesem Zusammenhang ergäben sich erhebliche Kontrollschwierigkeiten, da die vom Steuerpflichtigen zu erbringenden Zahlungsnachweise nur schwerlich auf Echtheit zu überprüfen seien.

Auch die im Rahmen der Rechtsprechungsanalyse ermittelten Konfliktpotenziale der Körperschaft- und der Gewerbesteuer stimmen weitestgehend mit den Angaben der Finanzbehörden überein. Nahezu alle Gesprächspartner verwiesen für die **Körperschaftsteuer** auf die verdeckte Gewinnausschüttung nach § 8 Abs. 3 S. 2 KStG. Hierbei käme es sowohl dem Grunde als auch der Höhe nach zu vielen Rechtsstreitigkeiten. Die Streitpotenziale des **Gewerbesteuergesetzes** ergeben sich den Aussagen der Finanzbehörden nach vor allem aus § 2 GewStG (Steuergegenstand). Im Grunde handele es sich hierbei um die gleichen Probleme wie bei der Einkünfteabgrenzung im Einkommensteuergesetz. Daneben wurden konkrete Hinzurechnungs- (Dauerschuldzinsen, Miet- und Pachtzinsen) und Kürzungsbestimmungen (erweiterte Kürzung bei grundbesitzverwaltenden Unternehmen nach § 9 Nr. 1 S. 2 bis 5 GewStG) genannt.

Hinsichtlich der **Konfliktursachen** (Fragen A.4 und B.1.b) wurden überwiegend grundlegende Aussagen getroffen. Der Tenor dieser Bemerkungen lässt sich anhand der folgenden Punkte umreißen:

- Zu komplizierte, sprachlich teils unverständliche Steuergesetze.
- Zu viele Gesetzesänderungen innerhalb kürzester Zeit; teils fehlende Anwendungsregelungen.
- Zu hohe Anzahl distributionspolitisch motivierter Normen im Einkommensteuergesetz.
- Übertriebenes Streben nach Einzelfallgerechtigkeit; zu wenig Pauschalierungen bzw. Typisierungen.
- Grundsätzliche Schwierigkeiten bei der Differenzierung von Berufs- und Privatsphäre.
- Integration der Regelungen zum Kindergeld in das Einkommensteuergesetz.
- Unstetige Rechtsprechung der Finanzgerichte und des BFH; mangelnde Kongruenz der Rechtsprechungspraxis beider Ebenen.
- Mentalitäts- und Einstellungsänderungen auf Seiten der Steuerpflichtigen, u. a. bedingt durch eine zu hohe Abgabenlast.

- Einnahme einer „pro fiskalischen" Haltung seitens der Finanzbehörden, selbst bei zweifelhaften Rechtslagen („Nichtanwendungserlass"[97]).
- Unentgeltlichkeit (des Einlegens) von Einsprüchen gegen Verwaltungsakte.
- Inhaltlich fehlerhafte/unvollständige Darstellung von Entscheidungen der Finanzgerichte und des BFH in den Medien.

Als **Lösungsvorschläge** zur Beseitigung oder Verminderung der genannten Probleme (Fragen A.5 und B.1.c) wurden insbesondere die nachstehenden Punkte genannt:

- Einfache, sprachlich verständliche und steuersystematisch konsistente Gesetze, die ein hohes Maß an Praktikabilität (Finanzbehörden) und Transparenz (Steuerpflichtige) aufweisen.
- Verzicht auf distributionspolitisch motivierte Normen; Förderung der entsprechenden Tatbestände außerhalb des Einkommensteuergesetzes etwa durch direkte Transferzahlungen.
- Abkehr von der im Ergebnis aufgrund von Praktikabilitätsproblemen nicht zu gewährleistenden Einzelfallgerechtigkeit; weitgehende Verwendung von Pauschalierungen und Typisierungen (z. B. spürbare Erhöhung der Werbungskostenpauschale).
- Gänzliche Streichung von nichtbetrieblich bedingten Absetzungsmöglichkeiten (Werbungskosten, Sonderausgaben, außergewöhnliche Belastungen etc.), verbunden mit einer drastischen Senkung der Steuersätze.
- Regelung des Kindergelds außerhalb des Einkommensteuergesetzes.
- Abschaffung der Gewerbesteuer.
- Wiedereinführung einer Gebühr für Einsprüche gegen Verwaltungsakte, gegebenenfalls verbunden mit der Einführung einer „Bagatellgrenze" im Bezug auf die betragsmäßige Höhe des strittigen Tatbestands.

Durch die Aufnahme der nachfolgenden Inhalte in den Fragenkatalog (Fragen B.2 bis B.4) konnten weitere Ansatzpunkte für ertragsteuerliche Streitpotenziale berücksichtigt werden, die nicht unmittelbar aus der steuerrechtlichen Ausgestaltung der jeweiligen Normenwerke resultieren. Im Einzelnen geht es hierbei um die Bedeutung der Verfahrens-Streitwerte, die Relevanz bestimmter Personen- und Unternehmensgruppen sowie um die Bedeutsamkeit medialer Einflüsse.

---

97 Der Nichtanwendungserlass ist eine Verwaltungsvorschrift, durch die verfügt werden kann, dass einzelne höchstrichterliche Entscheidungen in der Verwaltungspraxis nicht anzuwenden sind [vgl. TIPKE/LANG (2002), S. 132 f.].

Einigkeit bestand bei den Gesprächspartnern über die Frage, ob die Streitanfälligkeit bestimmter Regelungen von der **Höhe der Streitwerte** beeinflusst werde (Frage B.2): Eine derartige Abhängigkeit konnte keiner der Gesprächspartner feststellen. Beispielsweise würden die Einspruchsverfahren, die den Werbungskostenbereich betreffen, eine recht hohe Spannweite im Hinblick auf die Streitwerte aufweisen. Auch die Frage B.3 (Häufungen von Streitfällen auf bestimmte **Personenkreise/Unternehmensgruppen**) erbrachte eindeutige Ergebnisse. So waren alle Befragten der Ansicht, dass insbesondere die Berufsgruppe der (Hochschul-)Lehrer überdurchschnittlich häufig an Konflikten beteiligt sei (vor allem im Werbungskostenbereich). Ebenso bestand Einigkeit bei der Beantwortung der Frage B.4 (temporäre Zunahme von Konflikten aufgrund von **Veröffentlichungen in den Medien**). Alle Befragten bestätigten einen derartigen Zusammenhang und konnten dies oftmals anhand konkreter Beispiele belegen.

Die letzte Frage (B.5; Finanzämter) bzw. Fragengruppe (C.1 bis C.5; Oberfinanzdirektionen) beschäftigt sich mit der Bedeutung von **Verwaltungsvorschriften** im Hinblick auf ertragsteuerliche Konfliktpotenziale. Bei nahezu allen Befragten kam hierbei der bereits o. g. „Nichtanwendungserlass" zur Sprache. Oftmals wäre es den Steuerpflichtigen nur schwer zu vermitteln, warum höchstrichterliche Entscheidungen durch die Finanzverwaltung nicht angewendet werden. In diesem Zusammenhang wurde einerseits auf die unstetige Rechtsprechungspraxis hingewiesen, die zum Großteil ursächlich für die gesamte Problematik sei. Andererseits kritisierten einige der Gesprächspartner den Nichtanwendungserlass an sich. Zwar könne dessen grundsätzlicher Zweck (Klärung unsicherer Rechtslagen) als sachgemäß bezeichnet werden. Allerdings entstünde ein erhebliches Rechtfertigungsproblem gegenüber den Steuerpflichtigen, falls Nichtanwendungserlasse über einen sehr langen Zeitraum hin gelten würden. Dies könne insbesondere dann vorkommen, wenn für eine bestimmte höchstrichterliche Entscheidung nicht nur eine, sondern gleich mehrere Folgeurteile abgewartet würden.

3 Fazit

Als zentrales Ergebnis der Expertengespräche in Finanzämtern und Oberfinanzdirektionen kann festgehalten werden, dass die wesentlichen Resultate der Rechtsprechungsanalyse bestätigt wurden. Im Hinblick auf die Streitbefangenheit ertragsteuerlicher Normen konnten keine grundlegend neuen Erkenntnisse erzielt werden.

Allerdings treten einige Aspekte zu den bislang gewonnenen Einsichten hinzu. So wurde dargelegt, dass insbesondere die steuerliche Berücksichtigung von Unterhaltszahlungen an nahe Angehörig im Ausland (§ 33b EStG) zu Problemen auf der Ebene der Finanzämter führt. Steuersystematisch ist die Bestimmung im weitesten Sinne zu den außergewöhnlichen Belastungen zu zählen. Da dieser Regelungsbereich weder bei der Analyse der Finanzgerichtsrechtsprechung noch bei der Untersuchung von BFH-Entscheidungen eine besonders konfliktreiche Rolle gespielt hat, soll für den weiteren Verlauf der Untersuchung von einer detaillierten Betrachtung abgesehen werden. Da die befragten Finanzämter allesamt im Rhein-Main-Gebiet ansässig sind, ist ferner nicht auszuschließen, dass die entsprechenden Erfahrungswerte auf regionale Einflüsse zurückzuführen sind (insbesondere hoher Anteil ausländischer Steuerpflichtiger).

Zu berücksichtigen sind hingegen die Ausführungen der Finanzbehörden über die Ursachen für Steuerrechtskonflikte. Diese Bemerkungen erscheinen deshalb so wertvoll, weil insbesondere die Finanzämter in sehr engem – teils persönlichem – Kontakt zu den Steuerpflichtigen stehen. Hieraus ergeben sich weitere bedeutsame Hinweise auf Ursachen für steuerrechtliche Konfliktpotenziale (z. B. Mentalitätsänderungen bei Steuerpflichtigen).

Außerdem ist zu konstatieren, dass die Finanzbehörden neben den bisher genannten Regelungen auf weitere Konfliktbereiche hingewiesen haben[98]. Allerdings konnte keine einheitliche Linie der Finanzbehörden festgestellt werden, da sich die getroffenen Aussagen teils stark voneinander unterscheiden. Grundsätzlich handelt es sich hierbei um Regelungen, die aufgrund der Ergebnisse der Rechtsprechungsanalyse – ebenso wie der o. g. § 33b EStG – nicht zu den besonders konfliktträchtigen Bestimmungen zu zählen sind. Ferner war es nicht möglich, diese Streitpotenziale auch nur annähernd zu quantifizieren, da die Finanzbehörden über kein entsprechendes Datenmaterial verfüg(t)en. Daher sind die Expertengespräche primär als Kontrolle der zuvor gewonnenen Ergebnisse (Rechtsprechungsanalyse) zu betrachten.

---

98 Insbesondere wurde auf Regelungen aus dem Bereich der „privaten Abzüge" hingewiesen (Sonderausgaben, außergewöhnliche Belastungen, Unterhaltsabzüge).

Fünfter Teil: Diskussion steuersystematischer und fiskalischer Aspekte der ermittelten Konfliktbereiche

A. Grundsätzliche Überlegungen

Im Folgenden sollen die mit Hilfe der quantitativen Analyse ermittelten ertragsteuerlichen Streitpotenziale einer qualitativen Betrachtung unterzogen werden. Hierbei ist zum einen auf die *fiskalische Relevanz der jeweiligen Bestimmungen* einzugehen, da diese unmittelbar für die Einnahmesituation der öffentlichen Haushalte sowie für die Ausgabendisposition der Steuerpflichtigen von Bedeutung ist. Zum anderen sind *steuersystematische Gestaltungsprinzipien* juristischer (z. B. verfassungsrechtliche Vorgaben) sowie ökonomischer Art (u. a. Leistungsfähigkeits- und Äquivalenzprinzip) zu berücksichtigen, die insbesondere für die Ableitung finanzpolitischer Handlungsoptionen zur Beseitigung oder Verminderung der jeweiligen Konfliktursachen von großer Bedeutung sind.

Abbildung 27 veranschaulicht den Einfluss der Kriterien „ertragsteuerliche Streitpotenziale", „fiskalische Bedeutsamkeit" und „Steuersystematische Gestaltungsprinzipien" auf die *Reformbedürftigkeit* steuerrechtlicher Normen sowie auf die jeweiligen *Reformmöglichkeiten.* Wie ersichtlich, wirken sich **hohe Konfliktpotenziale** unmittelbar auf die Arbeitsbelastung der Finanzbehörden und der Finanzgerichtsbarkeit aus und bewirken somit eine Steigerung der Besteuerungs-Folgekosten; dies beeinträchtigt in erster Linie eine effiziente Ressourcenallokation. Die *Reformbedürftigkeit* ertragsteuerlicher Normen steigt daher mit dem Ausmaß der ermittelten Streitpotenziale (vgl. hierzu den vierten Teil der Untersuchung).

Die **fiskalische Bedeutung** konfliktträchtiger Regelungen tangiert insbesondere die Einnahmensituation der öffentlichen Haushalte sowie die Ausgabendisposition der Steuerpflichtigen; je höher die fiskalische Bedeutsamkeit ertragsteuerlicher Bestimmungen ausfällt, desto größer stellen sich die Einnahmenausfall- (Fiskus) bzw. Ausgabenanfallrisiken (Private) im Zuge verlorener Rechtsverfahren dar. Zudem wird das Niveau von Außenständen aufgrund schwebender Verfahren grundsätzlich von dem Steueraufkommen der jeweils betroffenen Regelungen abhängen. Daher beeinflusst die fiskalische Bedeutsamkeit konfliktträchtiger Bestimmungen unmittelbar deren *Reformbedürftigkeit.* Daneben ergeben sich Auswirkungen auf die jeweiligen *Reformmöglichkeiten*: Bei hoher fiskalischer Bedeutung eines ertragsteuerlichen Regelungsbereichs (z. B. Gewerbesteuer für die Kommunen) müssen finanzpolitische Handlungsempfehlungen so ausgestaltet sein, dass durch deren Umsetzung weder das fiskalische Ziel der Generierung staatlicher Einnahmen gefährdet, noch die Abgaben- und Steuerbelastung der privaten Haushalte sowie der Unternehmen übermäßig gesteigert wird; ansonsten besteht die Gefahr weitreichender steuerinduzierter Ausweichreaktionen seitens der Steuerpflichtigen, die dem Ziel einer effizienten Ressourcenallokation zuwiderlaufen und daher negative gesamtwirtschaftliche Auswirkungen nach sich ziehen können (sog. „Disincentive-Effekte").

Abb. 27: Bewertungskriterien konfliktträchtiger Regelungen des Ertragsteuerrechts

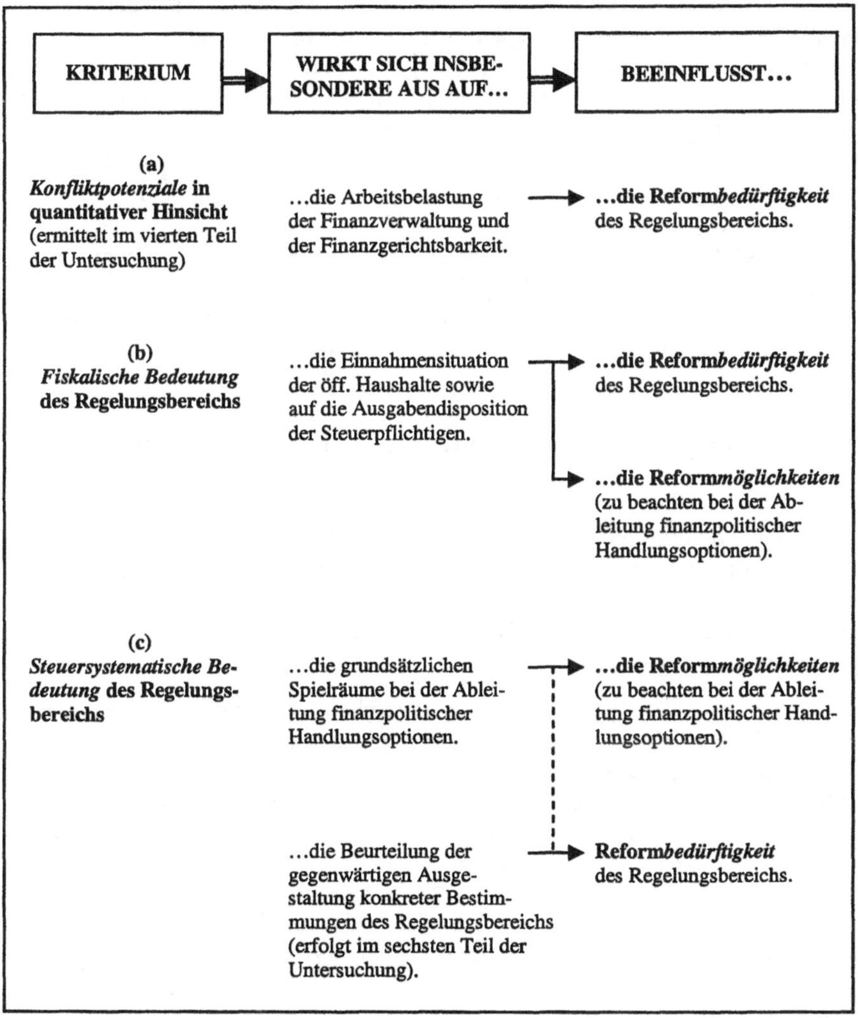

Eigene Darstellung

Die **steuersystematische Bedeutung** streitanfälliger Regelungsbereiche beeinflusst – ebenso wie das Kriterium „fiskalische Relevanz" – sowohl die *Reformbedürftigkeit* steuerrechtlicher Regelungen als auch die jeweiligen *Reformmöglichkeiten.* Die *grundsätzlichen* Spielräume bei der Ableitung finanzpolitischer Handlungsoptionen ergeben sich zunächst aus fundamentalen verfassungsrechtlichen (z. B. Art. 3 Abs. 1 GG; allgemeiner Gleichheitssatz) und ökonomischen (Leistungsfähigkeits- und Äquivalenzprinzip) Gestaltungsprinzipien steuersystematischer Art. Diese restringieren unmittelbar die *Reformmöglichkeiten* der entsprechenden Bestimmungen. Allerdings können die genannten Grundsätze auch die *Reformbedürftigkeit* ertragsteuerlicher Regelungen beeinflussen; dies gilt vor allem dann, wenn die aktuelle, konkrete Ausgestaltung einzelner Bestimmungen steuersystematisch nicht überzeugen kann. Eine klare Trennlinie zwischen den grundsätzlichen und den konkreten Gestaltungsspielräumen kann allerdings nicht gezogen werden, da sowohl die Beurteilung einzelner Bestimmungen auf die *Reformmöglichkeiten* ausstrahlt (z. B. falls die entsprechenden Regelungen als sachgemäß zu beurteilen sind), als auch die grundlegenden Besteuerungsprinzipen auf die *Reformbedürftigkeit* wirken können (z. B. falls Gestaltungsprinzipien an sich in Frage gestellt werden).

B. Fiskalische und steuersystematische Analyse der Konfliktbereiche

1 Einkommensteuergesetz

Vor dem Hintergrund der obigen Darlegungen kann im Folgenden die Bewertung der identifizierten Streitpotenziale anhand der Kriterien „fiskalische Bedeutsamkeit" und „steuersystematische Relevanz" erfolgen. Die Darstellung gliedert sich dabei nach den einzelnen Ertragsteuergesetzen sowie nach den jeweils identifizierten Konfliktbereichen.

Als zwei besonders konfliktträchtige Bereiche des Einkommensteuergesetzes konnten die Bestimmungen zu den **Betriebsausgaben** (§ 4 Abs. 4 ff. EStG) sowie zu den **Werbungskosten** (insbesondere § 9 Abs. 1 S. 1 u. S. 3 EStG) ermittelt werden. ***Steuersystematisch*** sind die beiden Regelungsbereiche eng miteinander verknüpft: Aufbauend auf dem ökonomischen „Grundsatz der Besteuerung nach der persönlichen Leistungsfähigkeit"[99] resultieren die Vorschriften aus dem sog. „objektiven Nettoprinzip"[100]. Dieses besagt, dass bei der Ermittlung der steuerpflichtigen Einkünfte i. S. d. § 2 Abs. 3 S. 1 EStG nur der disponible Teil der erzielten Einkommen berücksichtigt werden darf. Nach § 2 Abs. 2 EStG sind

---

[99] Engl.: „ability-to-pay-principle". Vgl. hierzu etwa ANDEL (1998), S. 293 ff.

[100] Vgl. hierzu etwa TIPKE/LANG (2002), S. 223 sowie ANDEL (1998), S. 321 ff.

daher von den gesamten Bruttoeinkünften die jeweiligen Einkunftserzielungskosten abzuziehen[101]. Für die *Gewinneinkünfte* der §§ 13 bis 18 EStG (Einkünfte aus Land- und Forstwirtschaft, aus Gewerbebetrieb und aus selbständiger Arbeit) gilt dementsprechend, dass die jeweiligen Bruttoeinkünfte um alle „Aufwendungen, die durch den Betrieb veranlasst sind"[102] (*Betriebsausgaben*) zu kürzen sind. Bei den *Überschusseinkünften* der §§ 19 bis 23 EStG (Einkünfte aus nichtselbständiger Arbeit, aus Kapitalvermögen, aus Vermietung und Verpachtung sowie sonstige Einkünfte inkl. private Veräußerungsgeschäfte) sind sämtliche „Aufwendungen zur Erwerbung, Sicherung und Erhaltung der Einnahmen"[103] als *Werbungskosten* abziehbar.

Wie bereits dargelegt, resultiert das objektive Nettoprinzip aus dem Grundsatz der Besteuerung nach der persönlichen Leistungsfähigkeit. Nach herrschender Meinung gehört es daher zu den „identitätskonstituierenden Merkmalen der Einkommensteuer"[104]. Die steuersystematischen Schranken bei einer Reformierung der konfliktträchtigen Regelungsbereiche „Betriebsausgaben" und „Werbungskosten" müssen insofern als sehr hoch angesehen werden[105].

Die ***fiskalische Bedeutung*** **der Werbungskostenregelung** kann aus Sicht des Staates sowie aus Sicht der Steuerpflichtigen beleuchtet werden. Die von Lohnsteuerpflichtigen geltend gemachten Werbungskosten betrugen im Jahr 1995 ca. 55,7 Mrd. Euro[106]. Wendet man auf diesen Betrag einen veranschlagten durchschnittlichen Grenzsteuersatz i. H. v. 30 % an, so erhält man einen approximativen Hinweis auf die Relevanz des Werbungskostenabzugs für den Staatshaushalt[107]. Nach dieser Berechnung beliefen sich die Steuermindereinnahmen

---

[101] Ergänzt wird das objektive Nettoprinzip durch das sog. „subjektive" oder „private Nettoprinzip". Aufgrund dessen werden bei der Ermittlung der persönlichen Leistungsfähigkeit des Steuerpflichtigen unvermeidbare Privatausgaben berücksichtigt (Sonderausgaben, außergewöhnliche Belastungen und Unterhaltsverpflichtungen). Vgl. TIPKE/LANG (2002), S. 219, S. 230 ff. u. S. 414 ff.

[102] § 4 Abs. 4 EStG.

[103] § 9 Abs. 1 EStG.

[104] Vgl. VERHANDLUNGEN DES SIEBENUNDFÜNFZIGSTEN DEUTSCHEN JURISTENTAGES (1988), Teil N, S. 214.

[105] Allerdings ist in diesem Zusammenhang auf die Rechtsauffassung des Bundesverfassungsgerichts hinzuweisen, nach der beim Vorliegen gewichtiger Gründe (z. B. Vereinfachung des Massenverfahrens, Missbrauchsverhinderung) eine Durchbrechung des Prinzips der Nettobesteuerung zulässig ist [vgl. TIPKE/LANG (2002), S. 223, Fußnote 28]. Hierauf wird im späteren Verlauf der Arbeit detailliert einzugehen sein.

[106] Arbeitnehmer-Pauschbetrag zzgl. höhere Werbungskosten [vgl. STATISTISCHES BUNDESAMT (1999), S. 20].

[107] Exaktere Ergebnisse könnten durch die Anwendung der *tatsächlichen* Grenzsteuersätze erzielt werden. Allerdings müsste hierfür die Verteilung der Werbungskostenbeträge über die einzelnen Steuertarifzonen bekannt sein. Entsprechendes Datenmaterial ist nicht verfügbar.

aufgrund der Befolgung des Nettoprinzips auf etwa 16,7 Mrd. Euro. Dies entspricht etwa 4,0 % des gesamten Steueraufkommens (1995: ca. 416,3 Mrd. Euro[108]) und ca. 10,6 % der Einkommensteuereinnahmen (1995: ca. 158,2 Mrd. Euro[109]).

Die Bedeutung des Nettoprinzips für die privaten Haushalte kann anhand der durchschnittlich geltend gemachten Werbungskosten abgeschätzt werden. Diese betrugen im Jahr 1995 ca. 2.080 Euro pro Lohnsteuerpflichtigen[110]. Bezogen auf den im Jahr 1995 durchschnittlich gezahlten Bruttolohn (umgerechnet etwa 29.041 Euro) ergibt sich eine Quote von ca. 7,2 %. Würde der Fiskus dem Nettoprinzip nicht folgen und somit keine Werbungskosten zum Abzug zulassen, so resultierte hieraus – bei gegebenem Steuertarif – eine rechnerische Pro-Kopf-Zusatzbelastung i. H. v. etwa 624 Euro p. a.[111].

Einen Hinweis auf die ***fiskalische Relevanz*** **der Betriebsausgabenregelung** kann die Betrachtung der Kostenstrukturen von Unternehmen liefern. Da hier teils gravierende Unterschiede zwischen einzelnen Wirtschaftsbranchen bestehen, soll auf Größen der volkswirtschaftlichen Gesamtrechnung zurückgegriffen werden. Der sog. „Bruttoproduktionswert" (BPW) kann als Gesamtleistung aller Unternehmen innerhalb eines Jahres angesehen werden. Dieser betrug im Jahr 2001 etwa 3.700 Mrd. Euro[112]. Alleine der Wert der Güter, welche die Unternehmen von anderen Unternehmen bezogen und im Zuge der Produktion verbraucht haben („Vorleistungen"), macht bereits einen Anteil von ca. 48 % des BPW aus. Die „Arbeitnehmerentgelte", die näherungsweise als Personalkosten der Unternehmen angesehen werden können, betragen ca. 30 % des BPW. Berücksichtigt man weitere Kosten (Abschreibungen, Mieten und Pachten, Fremdkapitalzinsen etc.), so beträgt der Kostenanteil an der Gesamtleistung der Unternehmen i. d. R. über 90 %[113]. Die Befolgung des Nettoprinzips spielt demnach für den gewerblichen Bereich (Betriebsausgaben) eine noch bedeutsamere Rolle als für die privaten Haushalte (Werbungskosten).

---

108 Vgl. HTTP://WWW.BUNDESFINANZMINISTERIUM.DE/ANLAGE12605/STEUERAUFKOMMEN-AUS-DEN-JAHREN-1986-BIS-2001.PDF, aufgerufen am 19.02.2002.

109 Vgl. ebd.

110 Eigene Berechnung, Datengrundlage: STATISTISCHES BUNDESAMT (1999), S. 23 f.

111 Dieser Betrag ergibt sich, wenn man den veranschlagten Grenzsteuersatz i. H. v. 30 % auf den durchschnittlichen Werbungskostenbetrag (2.080 Euro) anwendet.

112 Vgl. STATISTISCHES BUNDESAMT (2002), S. 628.

113 Vgl. STATISTISCHES BUNDESAMT, Fachserie 2 Reihe 1 („Kostenstruktur in ausgewählten Wirtschaftszweigen") sowie HTTP://WWW.DESTATIS.DE/THEMEN/D/THM_UNTERNEHMEN.HTM, aufgerufen am 11.02.2003.

Für die Gewinneinkünfte konnte neben den Bestimmungen zu den Betriebsausgaben der **Betriebsvermögensvergleich** nach § 4 Abs. 1 EStG als besonders konfliktträchtig identifiziert werden. Da es sich hierbei um die Zentralnorm der einkommensteuerrechtlichen *Gewinnermittlung durch Bilanzierung* handelt, muss die ***steuersystematische Bedeutung*** der Vorschrift als hoch bezeichnet werden. § 4 Abs. 1 EStG gilt für Steuerpflichtige, die entweder aufgrund gesetzlicher Vorschriften buchführungspflichtig sind (Kaufleute und Handelsgesellschaften i. S. d. §§ 1, 6 HGB sowie nach § 141 AO Buchführungspflichtige) oder freiwillig Bücher führen. Die Gewinnermittlung erfolgt dabei unter Anwendung handels- und steuerrechtlicher Bilanzierungsregeln in Form eines Bestandsvergleichs (§ 4 Abs. 1 i. V. m § 5 EStG). Als Gewinn gilt demnach „der Unterschiedsbetrag zwischen dem Betriebsvermögen am Schluss des Wirtschaftsjahrs und dem Betriebsvermögen am Schluss des vorangegangenen Wirtschaftsjahrs, vermehrt um den Wert der Entnahmen und vermindert um den Wert der Einlagen“[114].

Neben dem Betriebsvermögensvergleich sieht das EStG zwei weitere, vereinfachte Formen der Gewinnermittlung vor. Für nicht buchführende Steuerpflichtige gilt die sog. „*Überschussrechnung*“ nach § 4 Abs. 3 EStG. Hierbei wird der Gewinn anhand des Überschusses der Betriebseinnahmen über die Betriebsausgaben festgestellt[115]. Daneben kommt für nicht buchführungspflichtige Land- und Forstwirte unter bestimmten Bedingungen die *Gewinnermittlung nach Durchschnittssätzen* gemäß § 13a EStG in Betracht[116].

Eine unmittelbare und somit exakte Ermittlung der ***fiskalischen Relevanz*** des Betriebsvermögensvergleichs erscheint kaum möglich. Dies resultiert vor allem aus dem umfangreichen und komplexen Geflecht handels- und steuerrechtlicher Bilanzierungsregelungen, auf die § 4 Abs. 1 i. V. m. § 5 Abs. 1 S. 1 EStG verweist. Dementsprechend weisen die analysierten Steuerrechtsverfahren recht heterogene Streitinhalte auf. Zum Teil handelt es sich dabei um Probleme bei der *Abgrenzung zwischen Betriebs- und Privatvermögen.* Von Bedeutung ist diese Differenzierung insbesondere im Hinblick auf die steuerliche Behandlung von realisierten Wertsteigerungen bei Wirtschaftsgütern. Diese „capital gains“ wer-

114 § 4 Abs. 1 S. 1 EStG.

115 Der Wortlaut des § 4 Abs. 3 EStG legt die Vermutung nahe, dass der Betriebsausgaben-Begriff nur für die Überschussrechnung relevant sei. Nach herrschender Meinung ist der Terminus „Betriebsausgaben“ jedoch in allen Bereichen der Gewinnermittlung von zentraler Bedeutung [vgl. KIRCHHOF (2001), S. 171]. Außerdem bestimmt § 4 Abs. 1 S. 6 EStG, dass bei der Ermittlung des Gewinns durch Bilanzierung die Vorgaben über die Betriebsausgaben zu befolgen sind.

116 Hierzu müssen die Voraussetzungen des § 13a Abs. 1 EStG erfüllt sein. Der Steuerpflichtige kann jedoch für eine andere Gewinnermittlungsart als die Durchschnittssatzermittlung optieren (vgl. § 13a Abs. 2 EStG).

den grundsätzlich nur bei den Gewinneinkunftsarten berücksichtigt[117]. Daneben betreffen eine Reihe gerichtlicher Entscheidungen die Voraussetzungen sowie die Höhe von *Entnahmen aus dem bzw. Einlagen in das Betriebsvermögen*. Entnahmen sind nach § 4 Abs. 1 S. 2 EStG solche Güter, die durch den Betrieb erwirtschaftet wurden und die der Steuerpflichtige für betriebsfremde Zwecke entnommen hat. Diese unterliegen der Steuerpflicht. Einlagen stellen demgegenüber Wirtschaftsgüter dar, die dem Betrieb von außen zugeführt wurden (§ 4 Abs. 1 S. 5 EStG) und steuerlich nicht zu erfassen sind. Ferner kommt es zu Rechtsstreitigkeiten im Hinblick auf formelle Bilanzierungsfragen (Bilanzzusammenhang, Bilanzberichtigung, Bilanzänderung)[118] sowie bei der Bewertung von Wirtschaftsgütern.

Aufgrund der genannten Streitinhalte sowie vor dem Hintergrund des großen Regelungsumfangs liegt die Vermutung nahe, dass der Betriebsvermögensvergleich wohl eher eine hohe denn eine geringe fiskalische Relevanz aufweist. Gestützt wird diese These durch die vergleichsweise hohen Streitwerte bei den erfassten BFH-Verfahren.

Als weitere besonders konfliktträchtige Regelungsbereiche des Einkommensteuergesetzes konnten die Bestimmungen zum **Familienleistungsausgleich** (§§ 31, 32 EStG) sowie die Vorschriften zum **Kindergeld** (§§ 62 bis 78 EStG) ermittelt werden. ***Steuersystematisch*** sind die Bereiche eng miteinander verknüpft, da die steuerliche Berücksichtigung von Kindern zurzeit im Rahmen eines „dualen Systems"[119] erfolgt. Nach § 31 EStG wird die steuerliche Freistellung des Existenzminimums von Kindern zunächst durch die monatliche Zahlung von Kindergeld bewirkt. Gegenwärtig erhalten Eltern für die ersten drei Kinder je 154 Euro und für jedes weitere Kind je 179 Euro Kindergeld pro Monat (§ 66 Abs. 1 EStG). Erreichen die Kindergeldzahlungen nicht die steuerliche Wirkung der Freibetragsgewährung nach § 32 Abs. 6 EStG, so ist dieser Freibetrag im Zuge der einkommensteuerlichen Veranlagung der Eltern zu berücksichtigen und das gezahlte Kindergeld der Einkommensteuer hinzuzurechnen. Der Kinderfreibetrag besteht dabei nach § 32 Abs. 6 EStG aus zwei Komponenten: dem sachlichen Existenzminimum des Kindes (zurzeit 1.824 Euro je Elternteil) sowie dem Betreuungs-, Erziehungs- und Ausbildungsbedarf (zurzeit 1.080 Euro je Elternteil). Für ein Elternpaar ergibt sich mithin ein Kinderfreibetrag i. H. v. 5.808 Euro pro Jahr und Kind.

---

[117] Vgl. ANDEL (1998), S. 319 ff. sowie KIRCHHOF (2001), S. 174.

[118] Vgl. hierzu KIRCHHOF (2001), S. 217 ff.

[119] TIPKE/LANG (2002), S. 238.

Neben den genannten Regelungen sieht das Einkommensteuergesetz außerhalb des Familienleistungsausgleichs weitere Abzüge für Kinder vor. Hierzu zählen der Haushaltsfreibetrag nach § 32 Abs. 7 EStG für allein stehende Eltern mit mindestens einem Kind, der Ausbildungsfreibetrag nach § 33a Abs. 2 EStG für die Abgeltung von Sonderbedarfen bei der auswärtigen Unterbringung eines volljährigen Kindes sowie Freibeträge im Falle eines Mehrbedarfs bei kranken oder körperbehinderten Kindern (§ 33a Abs. 3, § 33b Abs. 5 u. 6 sowie § 33c EStG).

Ebenso wie das „objektive Nettoprinzip" resultiert die steuerliche Berücksichtigung von Kindern aus dem Grundsatz der Besteuerung nach der persönlichen Leistungsfähigkeit[120]: Da Eltern zum Unterhalt ihrer Kinder gesetzlich verpflichtet sind, stellen die entsprechenden Aufwendungen nichtdisponible Einkommensteile dar. Aufgrund des „subjektiven Nettoprinzips"[121] sind diese Ausgaben bei der Ermittlung des zu versteuernden Einkommens von der Bemessungsgrundlage abzuziehen. Die steuersystematische Bedeutung des Familienleistungsausgleichs kann daher – ebenso wie jene der Betriebsausgaben- und Werbungskosten-Regelungen – als hoch bezeichnet werden.

Aufgrund des dualen Systems des Familienleistungsausgleichs müssen bei der Analyse der ***fiskalischen Bedeutung*** sowohl das gezahlte Kindergeld als auch die gewährten Kinderfreibeträge berücksichtigt werden. Das BUNDESFINANZMINISTERIUM weist das Volumen des Familienleistungsausgleichs im Jahr 2001 mit 31,9 Mrd. Euro aus[122]. Dieser Betrag setzt sich aus 31,2 Mrd. Euro Kindergeld und 0,7 Mrd. Euro Zusatzentlastung durch Kinderfreibeträge zusammen. Bezogen auf das Einkommensteueraufkommen des Betrachtungsjahres (182,3 Mrd. Euro[123]) ergibt sich ein Anteil von 17,5 %. Dies spricht für eine hohe fiskalische Relevanz des Familienleistungsausgleichs.

Neben den einkommensteuerrechtlichen Bestimmungen zum „objektiven Nettoprinzip" (Betriebsausgaben, Werbungskosten), zum Betriebsvermögensvergleich sowie zum Familienleistungsausgleich konnten insbesondere zwei Regelungen des **§ 15 EStG (Einkünfte aus Gewerbebetrieb)** als streitanfällig identifiziert werden: die Abgrenzung der Einkünfte aus Gewerbebetrieb zu den anderen Einkunftsarten sowie die gewerblichen Einkünfte von Mitunternehmern. ***Steuersystematisch*** resultieren beide Regelungen zunächst aus dem einkom-

---

120 Vgl. ANDEL (1998), S. 329.

121 Auch „spezielles Familien-Nettoprinzip" genannt. Vgl. hierzu TIPKE/LANG (2002), S. 219, S. 230 ff. u. S. 414 ff. sowie S. 83 dieser Arbeit, Fußnote 101.

122 Vgl. BUNDESMINISTERIUM DER FINANZEN (2002d), S. 39.

123 Inkl. Lohnsteuer, Zinsabschlag und Solidaritätszuschlag [vgl. BUNDESMINISTERIUM DER FINANZEN (2002a), S. 36].

mensteuerrechtlichen Pluralismus bei der Einkünfteermittlung. Hierbei unterscheidet § 2 Abs. 2 EStG zunächst zwischen unternehmerischen „Gewinneinkünften“ (Einkünfte aus Land- und Forstwirtschaft, aus Gewerbebetrieb und aus selbständiger Arbeit) und nichtunternehmerischen „Überschusseinkünften“ (Einkünfte aus nichtselbständiger Arbeit, aus Kapitalvermögen, aus Vermietung und Verpachtung sowie sonstige Einkünfte i. S. d. § 22 EStG). Welche der genannten Einkunftsarten im Einzelfall vorliegt, bestimmen die §§ 13 bis 24 EStG. Von dieser Zuordnung hängt die weitere steuerliche Behandlung der jeweiligen Einkünfte ab (Art der Gewinn-/Überschussermittlung, Freibeträge und Freigrenzen, Pauschalierungen etc.)[124]. Die Bestimmung der Einkunftsart ist daher von hoher steuersystematischer Relevanz.

Die als konfliktträchtig identifizierten Regelungen des § 15 EStG sind insbesondere für die Frage nach der Gewerbesteuerpflicht von Bedeutung. Dies resultiert aus der Tatsache, dass nur gewerbliche Einkünfte i. S. d. § 15 EStG (i. V. m. den Bestimmungen des § 2 GewStG[125]) der Gewerbesteuer unterliegen. Abzugrenzen sind daher zum einen die Einkünfte aus Gewerbebetrieb zu den beiden anderen Gewinneinkunftsarten (Einkünfte aus Land- und Forstwirtschaft sowie aus selbständiger Arbeit). Zum anderen ist eine Differenzierung zwischen Einkünften aus Gewerbebetrieb und Überschusseinkünften vorzunehmen. Von besonderer Bedeutung ist in diesem Zusammenhang die Abgrenzung zur privaten Vermögensverwaltung (nichtgewerbliche Vermietung oder Verpachtung sowie privater Grundstücks- und Wertpapierhandel), also zu den Einkünften aus Vermietung und Verpachtung (§ 21 EStG), zu den Einkünften aus Kapitalvermögen (§ 20 EStG) sowie gegebenenfalls zu den Einkünften aus privaten Veräußerungsgeschäften (§ 23 EStG).

Der Pluralismus bei der Einkünfteermittlung sowie insbesondere die Abgrenzung der Einkünfte aus Gewerbebetrieb zu den anderen Einkunftsarten werden in der juristischen Literatur zumeist kritisch beurteilt[126]. Die Einwände betreffen vor allem die Unterscheidung zwischen gewerblichen und nichtgewerblichen Betätigungen mit Blick auf die Gewerbesteuerpflicht. Mitunter wird diese Differenzierung als ein Verstoß gegen den allgemeinen Gleichheitssatz nach Art. 3 Abs. 1 GG angesehen[127]. Daneben existiert eine Reihe ökonomischer Einwände gegen die Gewerbesteuer selbst. Hierauf wird bei der Analyse der gewerbesteuerlichen Konfliktpotenziale näher eingegangen.

---

124 Vgl. hierzu etwa TIPKE/LANG (2002), S. 354 ff.

125 Vgl. hierzu auch S. 90 f. dieser Arbeit.

126 Vgl. TIPKE/LANG (2002), S. 262 u. S. 476 ff.

127 Vgl. ebd., S. 477, insbesondere Fußnote 14.

Tabelle 15: Fiskalische Bedeutung der Einkünfte aus Gewerbebetrieb innerhalb der Einkommensteuer

Einkünfte überwiegend aus...	**Festgesetzte Einkommensteuer im Jahr 1995**			**Anzahl der Steuerpflichtigen**	
	Mio. DM	**v. H.**	**DM Ø** [1)]	**St.-Pfl.**	**v. H.**
Land- und Forstwirtschaft	1.259	0,4	10.869	115.837	0,5
Gewerbebetrieb	36.978	13,0	35.414	1.044.165	4,6
Selbst. Arbeit	18.594	6,5	42.787	434.572	1,9
Nichtselbst. Arbeit	217.217	76,2	10.696	20.309.141	88,5
Kapitalvermögen	6.244	2,2	33.957	183.882	0,8
Vermietung u. Verpachtung	4.156	1,5	14.525	286.121	1,2
Sonstige Einkünfte	763	0,3	1.358	561.991	2,5
Gesamt	*285.211*	*100,0*	—	*22.935.709*	*100,0*

1) Festgesetzte Einkommensteuer pro Steuerpflichtigem.

Eigene Darstellung [Datengrundlage: STATISTISCHES BUNDESAMT (1999), S. 16]

Die Einkünfte aus Gewerbebetrieb (inkl. gewerbliche Einkünfte aus Mitunternehmerschaft) weisen eine hohe ***fiskalische Relevanz*** auf. Um dies zu verdeutlichen, werden in Tabelle 15 die Anteile der einzelnen Einkunftsarten am Gesamtbetrag der im Jahr 1995 festgesetzten Einkommensteuer dargestellt. Den weitaus größten Anteil der gesamten Einkommensteuerfestsetzungen des Jahres 1995 weisen mit über 75 % die Einkünfte aus nichtselbständiger Tätigkeit auf. Wie die Durchschnittswerte in Spalte 3 der Tabelle 15 (von rechts gesehen) bestätigen, resultiert dies vor allem aus der hohen Anzahl von Steuerpflichtigen (vgl. Spalte 2 von rechts gesehen). Den zweithöchsten Anteil an der insgesamt festgesetzten Einkommensteuer machen mit 13,0 % die Einkünfte aus Gewerbebetrieb aus. Daneben weisen sie die zweithöchste Anzahl von Steuerpflichtigen auf (4,6 % aller Steuerpflichtigen).

Hinweise auf die finanzielle Betroffenheit der Steuerpflichtigen kann eine Betrachtung von Steuerbelastungskennziffern liefern. Wie Tabelle 16 zeigt, weisen die durchschnittliche Steuerbelastung, die Steuerbelastungsquote sowie der Durchschnittssteuersatz bei den Einkünften aus Gewerbebetrieb allesamt besonders hohe Werte auf.

Tabelle 16: Fiskalische Bedeutung der Einkünfte aus Gewerbebetrieb (Steuerbelastungskennziffern)

Einkünfte überwiegend aus...	**Durchschn. Steuerbel. [DM]**	**Steuerbel.-Quote[1)] [v. H.]**	**Durchschn. Steuersatz[2)] [v. H.]**
Land- und Forstwirtschaft	6.200	11,4	18,1
Gewerbebetrieb	27.000	25.5	31.5
Selbst. Arbeit	36.200	26,9	32,7
Nichtselbst. Arbeit	9.100	15,9	20,2
Kapitalvermögen	26.300	30,9	36,8
Verm. und Verp.	11.000	20,9	26,8
Sonstige Einkünfte	600	4,6	7,7

1) Festgesetzte Einkommensteuer x 100 : Gesamtbetrag der Einkünfte.
2) Festgesetzte Einkommensteuer x 100 : zu versteuerndes Einkommen.

Eigene Darstellung [Datengrundlage: STATISTISCHES BUNDESAMT (1999), S. 17]

2 Gewerbesteuergesetz

Wie bereits erläutert, ist die Abgrenzung der Einkünfte aus Gewerbebetrieb zu den anderen Einkunftsarten insbesondere für die Gewerbesteuerpflicht von großer Bedeutung. Daher erscheint es sachgemäß, diese Differenzierungsproblematik in Verbindung mit der Gewerbesteuer selbst sowie vor dem Hintergrund der identifizierten Konfliktpotenziale im Gewerbesteuergesetz zu betrachten.

Nach § 2 Abs. 1 GewStG unterliegen im Inland betriebene Gewerbebetriebe der Gewerbesteuer. Das Steuerobjekt „Gewerbebetrieb" wird zum einen durch das Gewerbesteuergesetz selbst konkretisiert (§ 2 Abs. 2 GewStG; *Gewerbebetrieb kraft Rechtsform* sowie § 2 Abs. 3 GewStG; *Gewerbebetrieb kraft wirtschaftlichen Geschäftbetriebs*). Zum anderen verweist § 2 Abs. 1 GewStG zwecks Begriffsbestimmung auf entsprechende einkommensteuerrechtliche Vorschriften (§ 15 Abs. 2 EStG; *Gewerbebetrieb kraft Betätigung*). Demnach gilt ein Betrieb als gewerblich, wenn eine „selbständige nachhaltige Betätigung, die mit der Absicht, Gewinn zu erzielen, unternommen wird und sich als Beteiligung am allgemeinen wirtschaftlichen Verkehr darstellt"[128]. Explizit von der Gewerbesteuerpflicht ausgenommen sind nach § 15 Abs. 2 S. 1 EStG land- und forstwirtschaftliche Betriebe sowie selbständige Betätigungen i. S. d. § 18 EStG. Daneben ist die private Vermögensverwaltung (nichtgewerbliche Vermietung

---

128 § 15 Abs. 2 S. 1 EStG.

und Verpachtung sowie privater Grundstücks- und Wertpapierhandel) vom Gewerbebetrieb zu unterscheiden[129].

Steuersubjekt der Gewerbesteuer sind nach § 5 GewStG der oder die (Mit-)Unternehmer des gewerblichen Betriebs. Als Ausgangsgröße bei der Ermittlung der Bemessungsgrundlage fungiert der nach den Vorschriften des Einkommensteuer- bzw. des Körperschaftsteuergesetzes zu ermittelnde Gewinn des Gewerbebetriebs. Dieser wird um allgemeine (z. B. Veräußerungs- und Aufgabegewinne i. S. d. § 16 EStG) sowie spezielle Modifikationen (Hinzurechnungen und Kürzungen i. S. d. §§ 8, 9 GewStG) zum „Gewerbeertrag" umgewandelt. Nach Abzug eines rechtsformabhängigen Freibetrags ergibt sich durch Multiplikation mit der sog. „Steuermesszahl" die Bemessungsgrundlage der Gewerbesteuer, der sog. „Gewerbesteuermessbetrag"[130].

Im Hinblick auf ***steuersystematische Gesichtspunkte*** gilt die Gewerbesteuer als äußerst umstritten[131]. Dies resultiert vor allem aus ihrem Objektsteuercharakter: Die Gewerbesteuer erfasst gewerbliche Erträge, ohne Rücksicht auf die persönliche Leistungsfähigkeit der Steuerpflichtigen zu nehmen. In einem System der Personalbesteuerung, wie es in Deutschland derzeit existiert, stellt sie daher prinzipiell einen Fremdkörper dar. Insofern erhält die Gewerbesteuer den Charakter einer Sonderabgabe[132]. Da die Gewerbesteuer in gewisser Anlehnung an das sog. „Äquivalenzprinzip" ausgestaltet ist und somit als eine Abgabe für spezifische kommunale Leistungen angesehen werden kann, muss insbesondere die steuerliche Freistellung der land- und forstwirtschaftlichen Betriebe sowie der selbständigen Betätigung nach § 18 EStG kritisch beurteilt werden. Im Ergebnis führt dies dazu, dass der äquivalenztheoretische Ansatz der Gewerbesteuer partiell durchbrochen wird. Zudem sind die Detailregelungen der Gewerbesteuer durch zahlreiche systemwidrige Elemente gekennzeichnet (Freibeträge, nur hälftige Hinzurechnung von Dauerschuldzinsen sowie von Miet- und Pachtzinsen etc.).

---

129 Hierzu existiert keine rechtliche Grundlage in § 15 EStG. Allerdings bezieht sich § 14 AO (Wirtschaftlicher Geschäftsbetrieb) auf den Begriff „Vermögensverwaltung".

130 Zur Ermittlung der Bemessungsgrundlage der Gewerbesteuer vgl. etwa TIPKE/LANG (2002), S. 484 ff., ROSE (2001), S. 171 ff. sowie S. 212 f. dieser Arbeit.

131 Vgl. hierzu insbesondere WISSENSCHAFTLICHER BEIRAT (1990), S. 38 ff. sowie ders. (1982), S. 47 ff. Eine recht übersichtliche Aufstellung der verschiedenen Kritikpunkte findet sich bei COURAGE (1995), S. 11 ff.

132 Der „Sonderabgaben-Charakter" der Gewerbeertragsteuer wird zurzeit in zweierlei Hinsicht abgeschwächt: Zum einen kann die gezahlte Gewerbesteuer als Betriebsausgabe geltend gemacht werden, zum anderen können Personengesellschaften die sog. „Pauschalanrechnung" nach § 35 EStG in Anspruch nehmen (vgl. hierzu auch S. 193 dieser Arbeit, Fußnote 375 sowie S. 198 f. dieser Arbeit).

Neben diesen steuersystematischen Schwächen genügt die Gewerbesteuer nicht den Anforderungen, die an eine Gemeindesteuer zu stellen sind[133]. Aufgrund ihrer starken Konjunkturreagibilität verleitet sie die Gemeinden zu einem prozyklischen Ausgabeverhalten, was stabilisierungspolitischen Zielen entgegenläuft. Daneben verteilt sich das Gewerbesteueraufkommen unter den Gemeinden sehr ungleichmäßig. Ferner benachteiligt die hälftige Freistellung der Dauerschuldzinsen die Eigen- gegenüber der Fremdkapitalfinanzierung, was zu allokativen Verzerrungen führen kann. Durch die Freistellung der land- und forstwirtschaftlichen Betriebe sowie der Freien Berufe sind Wettbewerbsverzerrungen im Inland möglich. Darüber hinaus können Wettbewerbsnachteile gegenüber dem Ausland entstehen, falls eine mit der Gewerbesteuer vergleichbare Abgabe in einzelnen Ländern nicht erhoben wird[134].

Bei der Analyse der Gewerbesteuer darf allerdings nicht deren ***fiskalische Bedeutung*** für die Gemeinden übersehen werden. Wie bereits dargelegt, beträgt der Anteil des Gewerbesteueraufkommens an den gesamten Steuereinnahmen der Kommunen über ein Drittel[135]. Daneben stellt die Gewerbesteuer die einzig nennenswerte Einnahmequelle der Gemeinden dar, deren Aufkommen unmittelbar durch die Kommunen selbst beeinflussbar ist[136]. Dies wird durch das sog. „Hebesatzrecht" gewährleistet, welches es den Gemeinden ermöglicht, die Höhe der Gewerbesteuer autonom festzulegen. Aus Gründen der finanzpolitischen Selbständigkeit – die insbesondere wegen des „Konnexitätsprinzips"[137] ökonomisch geboten erscheint – reicht die Bedeutung der Gewerbesteuer für die Kommunen weit über ihr Aufkommen hinaus.

Wie bereits ausgeführt, ist die einkommensteuerrechtliche Abgrenzung von Einkünften aus Gewerbebetrieb zu den anderen Einkunftsarten eng verbunden mit **§ 2 GewStG (Steuergegenstand)**. Bezeichnender Weise stellt diese Norm die konfliktträchtigste Bestimmung des Gewerbesteuergesetzes dar. Da sowohl

---

133 Vgl. hierzu WISSENSCHAFTLICHER BEIRAT (1990), S. 38 ff. sowie ders. (1982), S. 47 ff.

134 Grundsätzlich ist die vielfach aufgestellte Behauptung, die Gewerbesteuer stelle ein deutsches Unikat dar, nicht haltbar. Ähnliche Abgaben existieren etwa in Frankreich, Italien, Luxemburg, Spanien, Ungarn sowie in diversen Bundesstaaten der USA. Allerdings weisen die jeweiligen Steuern erhebliche Unterschiede in ihrer Ausgestaltung auf (Steuerobjekt, Steuertarif, Bemessungsgrundlage, Freibeträge etc.). Dieser Umstand erschwert eine Steuerbelastungs- und -wirkungsanalyse erheblich [vgl. etwa BAYERISCHER STÄDTETAG (2003), S. 21 f. sowie JACOBS (2002), S. 151 ff.].

135 Vgl. S. 19 dieser Arbeit.

136 Vgl. hierzu etwa COURAGE (1995), S. 9.

137 Das „Prinzip der Konnexität" verlangt eine weitgehende Deckungsgleichheit von Aufgaben- und Ausgabenverantwortung auf der jeweiligen staatlichen Ebene. Hieraus leitet sich wiederum die Forderung ab, dass die Gebietskörperschaften über ein entsprechendes Maß an Einnahmenautonomie verfügen sollten [vgl. etwa BRÜMMERHOFF (2001), S. 634].

§ 15 EStG als auch § 2 GewStG die Frage nach der Gewerbesteuerpflicht betreffen, sind sie im Hinblick auf ***steuersystematische*** sowie ***fiskalische Aspekte*** im Zusammenhang zu betrachten. Im Wesentlichen kann daher auf die entsprechenden Ausführungen zu § 15 EStG verwiesen werden[138].

Bei den **§§ 8 und 9 GewStG (Hinzurechnungen und Kürzungen)** handelt es sich um gewerbesteuerliche Anwendungsvorschriften im Falle einer festgestellten Gewerbesteuerpflicht. ***Steuersystematisch*** dienen sie der Ermittlung der Bemessungsgrundlage der Gewerbesteuer (Gewerbesteuermessbetrag). In diesem Zusammenhang stellen die Bestimmungen spezielle Modifikationen des einkommen- bzw. des körperschaftsteuerrechtlich ermittelten Gewinns dar[139]. Ziel dieser Modifikationen ist es, die objektive Ertragskraft des Steuerobjekts (Gewerbebetrieb) zu erfassen. Von der steuerlichen Leistungsfähigkeit des Steuersubjekts (Unternehmer) wird abgesehen. Dies resultiert aus dem Objektcharakter der Gewerbesteuer und kann daher als steuersystematisch konsistent bezeichnet werden. Kritisch zu beurteilen sind hingegen einige Detailregelungen und somit die steuersystematische Umsetzung der Ertragskraftermittlung. Dies gilt in besonderem Maße für die als konfliktträchtig identifizierten Bestimmungen zu Dauerschuldzinsen (§ 8 Nr. 1 GewStG) sowie für die Regelungen zu Miet- und Pachtzinsen (§ 8 Nr. 7 GewStG)[140]. Aufgrund der jeweils nur hälftigen Berücksichtigung der entsprechenden Beträge handelt es sich hierbei um subjektive Elemente, welche die objektive Ermittlung der gewerblichen Ertragskraft durchlöchern[141].

Betrachtet man die ***fiskalische Bedeutung*** der einzelnen Detailbestimmungen zu den §§ 8 und 9 GewStG, so fällt auf, dass gerade jene Regelungen eine hohe fiskalische Relevanz aufweisen, die als besonders konfliktträchtig identifiziert wurden (vgl. Tabelle 17).

Für die *Hinzurechnungen* nach § 8 GewStG wurde die hälftige Berücksichtigung von Dauerschuldzinsen als besonders streitanfällig identifiziert (Ziffer 1). Diese Vorschrift machte im Jahr 1995 auch den Hauptanteil der steuerlich festgesetzten Hinzurechnungsbeträge aus (ca. 62,1 %). Daneben weist Ziffer 7 der Bestimmung (hälftige Hinzurechnung von Miet- und Pachtzinsen) ein hohes Streitpotenzial auf. Diese Regelung machte den drittgrößten Anteil der Hinzurechnungsbeträge aus (6,1 %). Die Verlustanteile an Personengesellschaften (Ziffer 8), die den zweitgrößten Anteil an den Hinzurechnungsbeträgen aufwei-

---

138 Vgl. S. 87 ff. dieser Arbeit.

139 Vgl. TIPKE/LANG (2002), S. 484 ff.

140 Vgl. WISSENSCHAFTLICHER BEIRAT (1990), S. 38 ff., ders. (1982), S. 47 ff. sowie COURAGE (1995), S. 13.

141 Vgl. COURAGE (1995), S. 13.

sen (22,5 %), wurden demgegenüber nicht als besonders konfliktverursachend identifiziert.

Tabelle 17: Fiskalische Bedeutung von Hinzurechnungen und Kürzungen i. S. d. §§ 8 und 9 GewStG im Jahr 1995

Hinzurechnungen nach § 8 GewStG			
Ziffer	**Regelungsinhalt**	**Mio. DM**	**v. H.**
1	Dauerschuldzinsen	13.997	62,1
2	Renten und dauernde Lasten	143	0,6
3	Gewinnanteile der stillen Gesellschafter	702	3,1
4	Gewinnanteile pers. haftende Gesellschafter	101	0,5
7	Miet- und Pachtzinsen	1.386	6,1
8	Verlustanteile an Personengesellschaften	5.076	22,5
9	Spenden und Beiträge nach § 9 KStG	735	3,3
10	Gewinnminderung bei Beteiligungsbesitz	280	1,2
11	Zinsen nach § 10 Nr. 2 KStG	133	0,6
12	Ausländische Steuern	4	0,0
	Gesamt	*22.557*	*100,0*
Kürzungen nach § 9 GewStG			
Ziffer	**Regelungsinhalt**	**Mio. DM**	**v. H.**
1	Grundbesitzabzüge	2.863	10,1
2	Gewinnanteile an Personengesellschaften	10.113	35,5
2a	Gewinnanteile an inl. Kapitalgesellschaften	13.169	46,3
2b	Gewinnanteile einer KGaA	10	0,0
3	Gewerbeertrag ausl. Betriebsstätten	562	2,0
4	Bestimmte Miet- und Pachtzinsen	478	1,7
5	Abziehbare Spenden und Beiträge	997	3,5
6	Kapitalertragsteuerpflichtige Zinsen	10	0,0
7 u. 8	Gewinnanteile an ausl. Kapitalgesellschaften	269	0,9
	Gesamt	*28.471*	*100,0*

Eigene Darstellung [Datengrundlage: STATISTISCHES BUNDESAMT (2000a), S. 21]

Bei den *Kürzungsbestimmungen* nach § 9 GewStG konnten vor allem Ziffer 1 (Grundbesitzabzüge) sowie ferner die Ziffern 2 und 2a (Gewinnanteile an Personengesellschaften und inländischen Kapitalgesellschaften) als konfliktträchtig ermittelt werden. Wie Tabelle 17 zeigt, vereinen diese Bestimmungen über 90 % der gesamten Kürzungsbeträge auf sich.

3 Körperschaftsteuergesetz

Die weitaus konfliktreichste Regelung der **Körperschaftsteuer** ist die sog. **„verdeckte Gewinnausschüttung"** nach § 8 Abs. 3 S. 2 KStG. Hierbei handelt es sich – wie bereits oben skizziert – um eine Form der Leistungsüberlassung seitens der körperschaftsteuerpflichtigen Gesellschaft an ihren bzw. ihre Gesellschafter, die weder betrieblich veranlasst, noch auf den (offenen) gesellschaftsrechtlichen Gewinnverteilungsvorgang zurückzuführen ist[142]. Der Jahresüberschuss der Gesellschaft wird infolgedessen zu niedrig ausgewiesen, da entweder eine Zuweisung an den oder die Gesellschafter als Betriebsausgabe behandelt wurde (z. B. unangemessen hohes Gehalt) oder weil die Gesellschaft auf Betriebseinnahmen verzichtet hat (z. B. Darlehensvergabe i. V. m. einem marktunüblich niedrigen Zinssatz). Daher müssen verdeckte Gewinnausschüttungen dem Ergebnis der Gesellschaft außerhalb der Steuerbilanz wieder hinzugerechnet werden. ***Steuersystematisch*** tangieren verdeckte Gewinnausschüttungen somit in erster Linie die Ermittlung des körperschaftsteuer- und gewerbesteuerpflichtigen Gewinns der Unternehmung. Daneben ist die Ermittlung der einkommensteuerpflichtigen Einkünfte des Gesellschafters betroffen, da verdeckte Gewinnausschüttungen nach § 20 Abs. 1 Nr. 1 S. 2 EStG im Zeitpunkt des Zuflusses als Einkünfte aus Kapitalvermögen zu behandeln sind.

Die ***fiskalische Bedeutung*** des Tatbestands der verdeckten Gewinnausschüttung ist nicht unerheblich. Das Statistische Bundesamt weist für das Jahr 1995 verdeckte Gewinnausschüttungen von ca. 1,66 Milliarden DM aus[143]. Bezogen auf das entsprechende Körperschaftsteueraufkommen (1995: ca. 18,1 Mrd. DM[144]) entspricht dies einem Anteil von etwa 9,2 %. Von den 373.091 körperschaftsteuerpflichtigen Unternehmen waren etwa 4,7 % von dem Tatbestand der verdeckten Gewinnausschüttung betroffen (17.559 Steuerpflichtige). Eine Durchschnittswertbildung zeigt, dass der Tatbestand der verdeckten Gewinnausschüttungen für die entsprechenden Gesellschaften von hoher finanzieller Rele-

---

142 Vgl. hierzu etwa TIPKE/LANG (2002), S. 458 ff.

143 Eigene Berechnung, Datengrundlage: STATISTISCHES BUNDESAMT (2000b), S. 32 u. S. 42.

144 Vgl. HTTP://WWW.BUNDESFINANZMINISTERIUM.DE/ANLAGE12605/STEUERAUFKOMMEN-AUS-DEN-JAHREN-1986-BIS-2001.PDF, aufgerufen am 19.02.2002.

vanz ist: Rechnerisch belief sich der pro Unternehmen steuerlich berücksichtigte Wert der verdeckten Gewinnausschüttungen auf 93.969 DM[145].

C. Zusammenfassung und Schlussfolgerungen

Als zentrale Ergebnisse der steuersystematischen und fiskalischen Analyse der identifizierten Konfliktbereiche kann folgendes festgehalten werden:

Die ermittelten ertragsteuerlichen Streitpotenziale weisen allesamt eine hohe ***fiskalische Bedeutsamkeit*** auf. Dies gilt insbesondere für die aus dem Nettoprinzip resultierenden Bestimmungen zu den Betriebsausgaben und den Werbungskosten, den Betriebsvermögensvergleich, die Vorschriften zum Familienleistungsausgleich (inkl. Kindergeld) sowie für die Abgrenzung der Einkünfte aus Gewerbebetrieb zu den anderen Einkunftsarten. Da letztgenannte Problematik vor allem für die Frage nach der Gewerbesteuerpflicht von Bedeutung ist, sollte sie im Zusammenhang mit den identifizierten Konfliktpotenzialen des Gewerbesteuergesetzes gesehen werden. Hierbei ist vor allem die hohe Streitbefangenheit des § 2 GewStG (Steuergegenstand) zu berücksichtigen, da auch diese Bestimmung für die Frage der Gewerbesteuerpflicht relevant ist. Daneben wurde gezeigt, dass bei den Hinzurechnungs- und Kürzungsbestimmungen ein gewisser Zusammenhang zwischen dem Ausmaß der Konfliktträchtigkeit und der fiskalischen Relevanz besteht (Dauerschuldzinsen, Miet- und Pachtzinsen, Grundbesitzabzüge sowie Gewinnanteile). Auch die streitanfälligste Bestimmung des Körperschaftsteuerrechts – die verdeckte Gewinnausschüttung nach § 8 Abs. 3 S. 2 KStG – ist fiskalisch recht bedeutsam. Demnach weist jeder der identifizierten Konfliktbereiche eine hohe Reform*bedürftigkeit* auf (hohe Streitpotenziale i. V. m. hoher fiskalischer Relevanz).

Die ***steuersystematische Analyse*** der identifizierten Konfliktfelder liefert hingegen ein zweigeteiltes Ergebnis. Von einer hohen steuersystematischen Bedeutung kann bei den Betriebsausgaben und den Werbungskosten gesprochen werden. Wie dargelegt wurde, stellt das „objektive Nettoprinzip" einen systemtragenden Grundsatz der Einkommensbesteuerung dar. Insofern kann eine ursachenadäquate Reform der jeweiligen Konfliktbereiche nur in engen Grenzen erfolgen. Daher ist bei der Analyse dieses Konfliktbereichs in erster Linie auf eine Änderung von Detailregelungen abzustellen.

Der Betriebsvermögensvergleich nach § 4 Abs. 1 EStG stellt die zentrale Vorschrift zur Gewinnermittlung durch Bilanzierung dar. Daher kommt auch dieser

145 Gesamtsumme der verdeckten Gewinnausschüttungen dividiert durch die Anzahl der betroffenen Unternehmen.

Norm eine hohe steuersystematische Bedeutung zu. Eine ursachenorientierte Konfliktanalyse muss sich demnach auf die Ausgestaltung von Detailregelungen konzentrieren.

Gleiches gilt für die Regelungen zum Familienleistungsausgleich i. V. m. den Bestimmungen zum Kindergeld. Aufwendungen für eigene Kinder stellen nicht verfügbare Einkommensteile dar, die – dem Grundsatz der Besteuerung nach der Leistungsfähigkeit sowie dem subjektiven Nettoprinzip folgend – von der Bemessungsgrundlage der Einkommensteuer abzuziehen sind. Auch der Familienleistungsausgleich basiert demnach auf fundamentalen Besteuerungsprinzipien, die nicht ohne weiteres durchbrochen werden können. Auch hier sollte das Augenmerk auf die Reformierung von Detailbestimmungen gelegt werden.

Von hoher einkommensteuer- sowie gewerbesteuersystematischer Bedeutung sind die Abgrenzung der Einkünfte aus Gewerbebetrieb zu den anderen Einkunftsarten sowie die Qualifikation von Einkünften aus Mitunternehmerschaft. Hierbei ist insbesondere zu beachten, dass die Abgrenzungsproblematik in erster Linie aus der Frage nach der Gewerbesteuerpflicht resultiert. Die Beurteilung der steuersystematischen Relevanz muss daher vor dem Hintergrund der ökonomischen und verfassungsrechtlichen Einwände gegen die Gewerbesteuer selbst erfolgen. Die hierzu gemachten Ausführungen deuten auf recht geringe Reformrestriktionen hin, da die Gewerbesteuer wirtschafts- wie rechtswissenschaftlich als sehr umstritten gilt[146].

In enger Verbindung hierzu sind die identifizierten Konfliktbereiche des Gewerbesteuergesetzes zu sehen. Neben § 2 GewStG (Steuergegenstand), der im Zusammenhang mit der eben genannten Einkünfteabgrenzung zu betrachten ist, konnten insbesondere die Hinzurechungs- und Kürzungsbestimmungen zu den Dauerschuldzinsen sowie zu den Miet- und Pachtzinsen als steuersystematisch kritisch charakterisiert werden. Auch hier dürften die Reformrestriktionen demnach eher gering ausfallen.

Die Problematik von verdeckten Gewinnausschüttungen ist zweifelsohne als steuersystematisch sehr bedeutsam zu bezeichnen, da hiervon einerseits das steuerlich relevante Betriebsergebnis der Unternehmen sowie andererseits das Einkommen der Gesellschafter betroffen sein kann. Allerdings wurde in dieser Arbeit bislang noch nicht untersucht, welche ökonomischen Motive für die ermittelten Streitpotenziale ursächlich sind und welche Konsequenzen dies für eine

---

146 Allerdings sind in diesem Zusammenhang sowohl die hohe fiskalische Relevanz der Gewerbesteuer für die Gemeinden als auch die derzeitigen Reformbestrebungen der Bundesregierung zu beachten [vgl. hierzu S. 191 ff. dieser Arbeit].

ursachenadäquate Reform des Regelungsbereichs hat. Dies wird im Weiteren zu leisten sein.

Die ***Ergebnisse der fiskalischen und steuersystematischen Analyse*** sprechen für eine nähere Untersuchung aller ermittelten Streitpotenziale. Jeder der Konfliktbereiche weist eine hohe fiskalische Relevanz auf. Dies gilt zumindest dann, wenn eine fiskalische Bewertung im Rahmen des jeweiligen Gesetzeswerks vorgenommen wird. Daher können alle Streitgebiete als reform***bedürftig*** bezeichnet werden. Im Hinblick auf die Reform***möglichkeiten*** lassen sich zwei Gruppen von Bestimmungen bilden. Zum einen solche Konfliktbereiche mit einer hohen steuersystematischen Relevanz (Betriebsausgaben und Werbungskosten, Betriebsvermögensvergleich, Familienleistungsausgleich, verdeckte Gewinnausschüttung). Zum anderen konnten Bestimmungen identifiziert werden, die aufgrund steuersystematischer Gesichtspunkte prinzipiell geringere Reformrestriktionen aufweisen. Hierbei handelt es sich einerseits um die Abgrenzung der Einkünfte aus Gewerbebetrieb zu den anderen Einkunftsarten sowie andererseits um die identifizierten Konfliktpotenziale des Gewerbesteuergesetzes. Beide Konfliktbereiche sind im Folgenden insbesondere vor dem Hintergrund der erheblichen ökonomischen und juristischen Einwände gegen die Gewerbesteuer zu untersuchen.

Sechster Teil: Detaillierte Untersuchung zentraler Konfliktbereiche und Diskussion finanzpolitischer Handlungsoptionen

A. Vorgehensweise

Im Folgenden sind die zuvor diskutierten Ertragsteuerbereiche einer detaillierten Untersuchung zu unterziehen. Ziel dieser Analyse ist es, die konkreten Ursachen der jeweiligen Konflikte zu ermitteln. Hierfür sind in erster Linie die den Steuerrechtsverfahren zugrunde liegenden Streitgegenstände sowie die entsprechenden Konfliktursachen aus ökonomischer und steuerrechtlicher Perspektive zu identifizieren. Daneben kommt den Erfahrungswerten der Finanzbehörden eine hohe Bedeutung zu. Aufgrund des direkten Kontakts der Finanzämter zu den Steuerpflichtigen können weitere, unter Umständen nicht unmittelbar normeninduzierte Streitursachen erkannt werden.

Abb. 28: „Anforderungs-Dreieck" zur Ableitung finanzpolitischer Handlungsempfehlungen

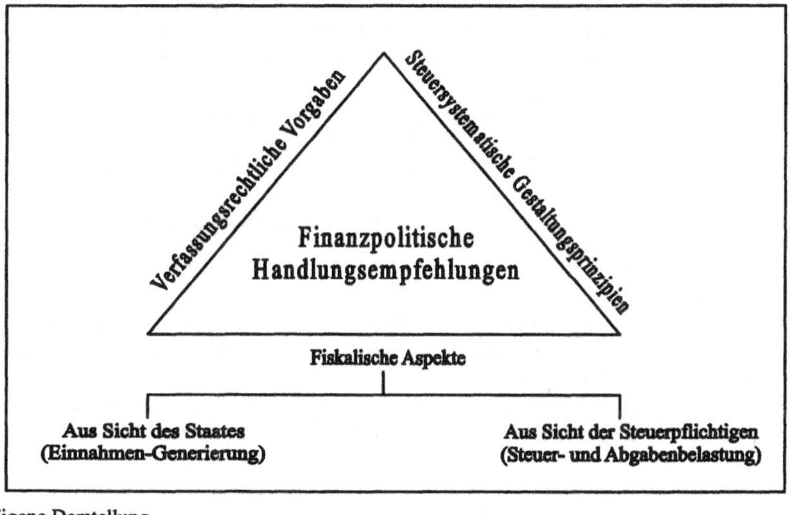

Eigene Darstellung

Aufbauend auf den gewonnenen Erkenntnissen erfolgt die Ableitung fundierter finanzpolitischer Handlungsempfehlungen, durch deren Umsetzung eine Beseitigung oder zumindest eine Verminderung der Konfliktpotenziale erreicht werden kann. Dabei gilt es zu beachten, dass die jeweiligen Maßnahmen einerseits im Einklang mit *verfassungsrechtlichen Vorgaben* stehen sowie andererseits *steuer-*

systematischen Gestaltungsprinzipien genügen müssen. Zudem dürfen durch die Umsetzung der Handlungsempfehlungen weder die fiskalische Zielsetzung der Besteuerung (Generierung staatlicher Einnahmen) gefährdet, noch die Abgaben- und Steuerbelastung der dermaßen gesteigert werden, dass sich hierdurch negative gesamtwirtschaftliche Auswirkungen ergeben[147]. Die Grenzen dieses „Anforderungs-Dreiecks" stellen den verfassungsrechtlichen, steuersystematischen und fiskalischen Rahmen dar, innerhalb dessen sich die einzelnen Handlungsempfehlungen zu bewegen haben (vgl. Abbildung 28).

B. Die Konfliktbereiche im Einzelnen

1 Betriebsvermögensvergleich

1.1 Ökonomische und steuerrechtliche Analyse

§ 4 Abs. 1 EStG:

Satz 1: Gewinn ist der Unterschiedsbetrag zwischen dem Betriebsvermögen am Schluss des Wirtschaftsjahrs und dem Betriebsvermögen am Schluss des vorangegangenen Wirtschaftsjahrs, vermehrt um den Wert der Entnahmen und vermindert um den Wert der Einlagen.

Satz 2: Entnahmen sind alle Wirtschaftsgüter (Barentnahmen, Waren, Erzeugnisse, Nutzungen und Leistungen), die der Steuerpflichtige dem Betrieb für sich, für seinen Haushalt oder für andere betriebsfremde Zwecke im Laufe des Wirtschaftsjahrs entnommen hat.

Satz 3: Ein Wirtschaftsgut wird nicht dadurch entnommen, dass der Steuerpflichtige zur Gewinnermittlung nach Absatz 3 *(Einnahmen-Überschuss-Rechnung, Anm. d. Verf.)* oder nach § 13a *(Besteuerung nach Durchschnittssätzen, Anm. d. Verf.)* übergeht.

Satz 4: Eine Änderung der Nutzung eines Wirtschaftsguts, die bei Gewinnermittlung nach Satz 1 keine Entnahme ist, ist auch bei Gewinnermittlung nach Absatz 3 oder nach § 13a keine Entnahme.

Satz 5: Einlagen sind alle Wirtschaftsgüter (Bareinzahlungen und sonstige Wirtschaftsgüter), die der Steuerpflichtige dem Betrieb im Laufe des Wirtschaftsjahrs zugeführt hat.

Satz 6: Bei der Ermittlung des Gewinns sind die Vorschriften über die Betriebsausgaben, über die Bewertung und über die Absetzung für Abnutzung oder Substanzverringerung zu befolgen.

---

[147] Vgl. hierzu auch S. 80 f. dieser Arbeit.

Sowohl durch die Analyse der Finanzgerichtsrechtsprechung als auch durch die Befragung der Finanzbehörden konnte § 4 Abs. 1 EStG als eine der konfliktträchtigsten Regelungen des Einkommensteuergesetzes ermittelt werden. Wie bereits dargelegt, handelt es sich hierbei um die Zentralnorm des sog. Betriebsvermögensvergleichs (Gewinnermittlung durch Bilanzierung).

In **steuerrechtlicher** Hinsicht stellt der Betriebsvermögensvergleich eine der drei Einkunftsermittlungsmethoden im Bereich der Gewinneinkünfte dar[148]. Die Zentralnorm des § 4 Abs. 1 EStG definiert im Wesentlichen den steuerrechtlichen Gewinnbegriff anhand des Unterschiedsbetrags der Betriebsreinvermögensbestände zweier aufeinander folgender Wirtschaftsjahre, korrigiert um den Wert der Entnahmen und den der Einlagen. § 4 Abs. 1 EStG steht dabei in enger Verbindung zu § 5 EStG (Gewinn bei Vollkaufleuten und bei bestimmten anderen Gewerbetreibenden)[149]. Während § 5 EStG nur für gesetzlich buchführungspflichtige Gewerbetreibende gilt, betrifft § 4 Abs. 1 EStG Unternehmer, für die keine Sondervorschriften existieren (im Wesentlichen buchführungspflichtige und freiwillig buchführende Land- und Forstwirte sowie Selbständige, die für eine Buchführung optieren)[150]. Grundlegende Unterschiede bei der Technik der Gewinnermittlung ergeben sich aus dem divergierenden Anwendungsbereich jedoch nicht. So verweist § 5 Abs. 1 EStG zur Feststellung des anzusetzenden Betriebsvermögens explizit auf § 4 Abs. 1 EStG. Nach herrschender Meinung strahlt in entgegengesetzter Richtung die in § 5 Abs. 1 EStG enthaltene Maßgeblichkeit der handelsrechtlichen Grundsätze ordnungsmäßiger Buchführung (GoB) auf § 4 Abs. 1 EStG aus[151].

Aus **ökonomischer Perspektive** kann der Betriebsvermögensvergleich nach § 4 Abs. 1 i. V. m. § 5 EStG als idealtypische Umsetzung der SCHANZschen „Reinvermögenszugangstheorie“ bezeichnet werden[152]. Zum Zwecke der Gewinnermittlung sieht der Betriebsvermögensvergleich daher einen Vergleich zweier aufeinander folgender Eigenkapitalgrößen (= jeweiliges Betriebs*rein*vermögen) vor[153]. Die Ermittlung des Betriebsreinvermögens erfolgt dabei durch

---

148 Weitere Gewinnermittlungsmethoden sind die sog. „Überschussrechnung“ nach § 4 Abs. 3 EStG sowie die „Gewinnermittlung nach Durchschnittssätzen“ i. S. d. § 13a EStG (vgl. auch S. 85 dieser Arbeit).

149 Vgl. hierzu etwa KIRCHHOF (2001), S. 270.

150 Insofern kann § 5 EStG als Sonderregelung der Zentralnorm des § 4 Abs. 1 EStG bezeichnet werden [vgl. KIRCHHOF (2001), S. 270].

151 Vgl. TIPKE/LANG (2002), S. 303.

152 Nach diesem Prinzip der Einkunftsermittlung wird die steuerliche Leistungsfähigkeit anhand des periodischen Reinvermögenszuwachses gemessen [vgl. hierzu ausführlich PEZZER (1991), S. 3 ff., insbesondere S. 12 f.].

153 Zu den folgenden Ausführungen zum Betriebsvermögensvergleich vgl. etwa TIPKE/LANG (2002), S. 301 ff. sowie KIRCHHOF (2001), S. 167 ff. u. S. 270 ff.

Bilanzierung[154], wozu eine geschlossene Buchführung erforderlich ist[155]. Das Ergebnis dieses Eigenkapitalvergleichs ist um die Werte der dem Betrieb zugeführten bzw. der aus dem Betrieb entnommenen Wirtschaftsgüter zu korrigieren. Hierdurch wird sichergestellt, dass lediglich die durch das Unternehmen erwirtschafteten Vermögensmehrungen respektive -minderungen steuerliche Berücksichtigung finden.

Abb. 29: Vereinfachte Darstellung des Betriebsvermögensvergleichs

	Aktiva (Anlage- und Umlaufvermögen) des Betriebs in P_0
-	Passiva (Fremdkapital) des Betriebs in P_0
=	Betriebsreinvermögen (Eigenkapital) in P_0
+/-	Änderung der Aktiva in P_1
-/+	Änderung der Passiva in P_1
+	Einlagen in P_1
+	Einlagen in P_1
=	Betriebsvermögen (Eigenkapital) in P_1
⇒	Betriebsreinvermögen (Eigenkapitel) in P_1
-	Betriebsreinvermögen (Eigenkapital) in P_0
=	Gewinn in P_1

P_t = $Periode_{Zeitindex}$

Eigene Darstellung

Abbildung 29 verdeutlicht die wesentlichen Gewinnermittlungsschritte, die beim Betriebsvermögensvergleich vorzunehmen sind. Da der Betriebsvermögensvergleich – in Anlehnung an die Reinvermögenszugangstheorie – das Ziel einer möglichst exakten, d. h. *periodengerechten* Gewinnermittlung verfolgt, sind hierbei allerdings noch weitere gewinnrelevante Komponenten zu berücksichtigen. Zu nennen sind diesbezüglich insbesondere *Abschreibungen*, die eine

[154] Hierbei ist zu differenzieren, ob die Gewinnermittlung anhand aus der Handelsbilanz abgeleiteter Steuerbilanzen (§ 5 Abs. 1 EStG) oder durch originäre Steuerbilanzen (§ 4 Abs. 1 EStG) erfolgt.

[155] Vgl. TIPKE/LANG (2002), S. 300 ff. sowie KIRCHHOF (2001), S. 174.

nutzungsorientierte Verteilung des Aufwands für abnutzbare Wirtschaftsgüter des Betriebsvermögens auf einzelne Perioden sicherstellen sollen[156], *Rückstellungen* für ungewisse Verbindlichkeiten sowie (aktive und passive) *Rechnungsabgrenzungsposten*, die der periodischen Aufwands- bzw. Ertragsabgrenzung dienen.

Vor dem Hintergrund des geschilderten Grundschemas des Betriebsvermögensvergleichs ergeben sich die folgenden wesentlichen Bilanzierungsfragen[157], die zugleich essentielle *Ansatzpunkte für ertragsteuerliche Streitpotenziale* darstellen können:

- Welche Wirtschaftsgüter sind als Betriebsvermögen (Aktiva), welche Verbindlichkeiten als Schulden (Passiva/Fremdkapital) anzusetzen?
- Wie sind diese Aktiva und Passiva zu bewerten? Für welche Wirtschaftsgüter sind Abschreibungen zulässig und wie hoch sind diese anzusetzen?
- Sind Rechnungsabgrenzungsposten (Aktiva und Passiva) und/oder Rückstellungen (Passiva) zu berücksichtigen?
- Welche Wirtschaftsgüter sind dem Betrieb entnommen bzw. in den Betrieb eingelegt worden und wie sind diese zu bewerten?

Die Beantwortung dieser Fragen hängt nur zum Teil von einkommensteuerrechtlichen Bestimmungen ab. Dies resultiert aus dem sog. „Maßgeblichkeitsprinzip“ in § 5 Abs. 1 EStG. Demnach sind bei der Ermittlung des Betriebsreinvermögens – nach herrschender Meinung sowohl bei der Erstellung originärer (§ 4 Abs. 1 EStG) als auch bei der Anfertigung derivativer Steuerbilanzen (§ 5 Abs. 1 EStG) – die handelsrechtlichen Grundsätze ordnungsmäßiger Buchführung (GoB) zu beachten[158]. Infolgedessen wird ein Zusammenhang zwischen handels- und steuerrechtlichen Vorschriften hergestellt und ein Großteil des Handelsrechts in das Steuerrecht eingebunden[159]. Allerdings wird die grundsätzliche Maßgeblichkeit formeller und materieller Prinzipien des Handelsrechts[160] durch einkommensteuerrechtliche Sonderregelungen durchbrochen. Zu nennen sind in diesem Zusammenhang insbesondere Vorschriften zu Rückstellungen

---

156 Diese Sichtweise entspringt einer dynamischen Bilanzauffassung. Nach der statischen Bilanztheorie berücksichtigen Abschreibungen hingegen den Werteverzehr von Wirtschaftsgütern im Zeitablauf [vgl. hierzu mit weiteren Nachweisen TIPKE/LANG (2002), S. 330].

157 In Anlehnung an TIPKE/LANG (2002), S. 312 ff.

158 Vgl. KIRCHHOF (2001), S. 270.

159 Vgl. PEZZER (1991), S. 15.

160 Vgl. hierzu etwa TIPKE/LANG (2002), S. 307 ff.

(§ 5 Abs. 2a bis 4b EStG), zur Bewertung von Wirtschaftsgütern, Einlagen und Entnahmen (§ 6 EStG) sowie zu Abschreibungen (§ 7 EStG)[161].

Aus dem dargelegten Konnex zwischen handels- und steuerrechtlichen Bestimmungen resultiert ein umfangreiches Regelungssystem, das bei der Gewinnermittlung durch Bilanzierung zu beachten ist. Grundsätzlich wird dabei die Frage, *welche* Wirtschaftsgüter in der Steuerbilanz auszuweisen sind, durch das *Handelsrecht* bestimmt (*bilanzieller Ansatz*). Die *Bewertung* der entsprechenden Vermögensgegenstände erfolgt in erster Linie anhand *einkommensteuerrechtlicher* (Sonder-)Vorschriften (*bilanzielle Bewertung*)[162].

1.2 Empirisch ermittelte Konfliktursachen

Wie dargelegt wurde, weist § 4 Abs. 1 EStG einerseits aufgrund seines Zentralnormcharakters sowie andererseits wegen der Geltung des Maßgeblichkeitsprinzips nach § 5 Abs. 1 EStG eine sehr große Regelungsreichweite auf. Dementsprechend vielfältig fallen die den Steuerrechtsverfahren zugrunde liegenden **Streitgegenstände** aus. Ihrem Wesen nach können sie jedoch überwiegend auf die im vorstehenden Abschnitt dargestellten Hauptkomponenten des Betriebsvermögensvergleichs zurückgeführt werden. Dies soll im Folgenden erläutert werden.

Von den im Rahmen der sachverhaltsbezogenen Erhebungsmethode erfassten BFH-Verfahren (Bundessteuerblatt) zu § 4 Abs. 1 EStG machen den größten Anteil solche Entscheidungen aus, die formelle Bilanzierungsfragen betreffen (zehn von 32 Verfahren). Hierbei geht es um sehr unterschiedliche Sachverhalte, etwa um die Frage der phasengleichen Aktivierung von Gewinnausschüttungen[163] oder um Bilanzberichtigungen und Bilanzänderungen (Korrektur unzulässiger bzw. Ersatz zulässiger Bilanztatbestände[164]). Für Bilanzberichtigungen ist insbesondere auf den vom BFH entwickelten und in der Literatur äußerst um-

---

161 Die Vorschriften der §§ 6 und 7 EStG (Bewertung und Abschreibungen) wurden im Rahmen der Streitpotenzialanalyse nicht zum Bereich des Betriebsvermögensvergleichs gezählt, da sie auch für andere Gewinnermittlungs- und Einkunftsarten gelten. Würde man diese Bestimmungen in die Analyse mit einbeziehen, so würde sich das Konfliktpotenzial des Bereichs „Gewinnermittlung durch Bilanzierung" weiter erhöhen (vgl. hierzu insbesondere Tabelle 10 auf S. 47 dieser Arbeit).

162 Vgl. TIPKE/LANG (2002), S. 309 ff. sowie KIRCHHOF (2001), S. 272 ff.

163 Der Begriff „phasengleiche Aktivierung" bezieht sich auf Dividendenansprüche, die aufgrund von Beteiligungen zwischen Kapitalgesellschaften bestehen. Hierbei stellt sich insbesondere die Frage, in welchem Jahr die Ausschüttungen bei der berechtigten Gesellschaft steuerlich zu erfassen sind und welche Rolle dabei dem Gewinnverwendungsbeschluss zukommt.

164 Vgl. hierzu etwa TIPKE/LANG (2002), S. 345 sowie KIRCHHOF (2001), S. 218 ff.

strittenen Grundsatz des „formellen Bilanzzusammenhangs“[165] hinzuweisen. Neben Bilanzierungsproblemen behandeln acht Verfahren die Abgrenzung von Entnahmen zu Betriebsausgaben bzw. von Einlagen zu Betriebseinnahmen. Jeweils drei Entscheidungen betreffen die Differenzierung von Betriebs- und Privatvermögen sowie die steuerliche Zulässigkeit von Rückstellungen. Bei den restlichen Verfahren geht es um Probleme im Zusammenhang mit der Bewertung von Wirtschaftsgütern, um Fragen bezüglich der Bildung von Rücklagen, um die steuerliche Anerkennung von Absetzungen für Abnutzung (AfA) sowie um die Problematik des sog. „Drittaufwands“[166].

Betrachtet man zusätzlich die Streitgegenstände der BFH-Entscheidungen zu § 5 EStG, so treten weitere Konfliktbereiche zu denen des § 4 Abs. 1 EStG hinzu: 14 der 28 zu § 5 EStG erfassten Verfahren betreffen die Zulässigkeit der Bildung von Rückstellungen; fünf Entscheidungen behandeln Rechtsfragen der Rechnungsabgrenzung. Ferner treten Konflikte in denjenigen Bereichen auf, die bereits bei der Analyse von § 4 Abs. 1 EStG identifiziert wurden. So geht es in drei Verfahren um formelle Bilanzierungsfragen, weitere drei Entscheidungen betreffen Probleme bei der Bewertung von Wirtschaftsgütern, zweimal beschäftigt den BFH die Abgrenzung von Betriebs- zu Privatvermögen und eine Entscheidung behandelt die steuerliche Anerkennung von Betriebsausgaben.

Bestätigt werden diese Resultate durch die Einbeziehung der nicht-amtlich veröffentlichten Entscheidungen (BFH/NV): Wiederum machen Bilanzierungsfragen einen Großteil der zu § 4 Abs. 1 EStG erfassten Verfahren aus – allerdings liegen diese nun gleichauf mit Entscheidungen, welche die Abgrenzung vom Betriebs- zum Privatvermögen betreffen (jeweils fünf von insgesamt 19 Verfahren). Der Grundsatz des „formellen Bilanzzusammenhangs“ betrifft drei von fünf Verfahren zu Bilanzierungsfragen (davon zwei NV-Entscheidungen). Auch die Streitgegenstände der restlichen neun BFH-Entscheidungen entsprechen denen der Verfahren aus dem Bundessteuerblatt. Dabei geht es um Bewertungsfragen, die Abgrenzung von Einlagen zu Betriebseinnahmen sowie die steuerliche Zulässigkeit von Rückstellungen und Rücklagen. Daneben betrifft eine Entscheidung den Wechsel der Gewinnermittlungsart von

[165] Nach ständiger Rechtsprechung des BFH müssen bei Bilanzberichtigungen verfahrensrechtliche Schranken beachtet werden. Demnach sind unzulässige Bilanzansätze, die sich auf bereits bestandskräftige oder verjährte Steueransprüche ausgewirkt haben, nicht ohne weiteres nachträglich korrigierbar. Nach Auffassung des BFH sind sie in die Folgebilanz(en) zu übernehmen und in derjenigen Schlussbilanz zu berichtigen, in der eine Änderung des Gewinnfeststellungs- oder Steuerbescheids noch zulässig ist [vgl. mit weiteren Nachweisen TIPKE/LANG (2002), S. 345 sowie KIRCHHOF (2001), S. 217 f.].

[166] Der Begriff „Drittaufwand“ bezeichnet steuerlich nicht absetzbare Aufwendungen, da diese nicht vom Steuerpflichtigen selbst, sondern wirtschaftlich von einem Dritten getragen wurden [vgl. TIPKE/LANG (2002), S. 273].

der Überschussrechnung nach § 4 Abs. 3 EStG zum Betriebsvermögensvergleich nach § 4 Abs. 1 EStG.

Auch die Streitgegenstände der zu § 5 EStG erfassten Verfahren aus BFH/NV gleichen denen der Entscheidungen aus dem Bundessteuerblatt: In acht von 15 erfassten Verfahren geht es um die steuerliche Anerkennung von Rückstellungen. Jeweils zwei BFH-Entscheidungen betreffen Rechnungsabgrenzungsposten und Bilanzierungsfragen. Je ein Verfahren behandelt die Abgrenzungsproblematik „Betriebs- vs. Privatvermögen" und die steuerliche Berücksichtigung von Rücklagen. Ferner geht es in einer Entscheidung um die Frage, ob Mitunternehmerschaft oder Einzelunternehmertätigkeit vorliegt.

Wie ersichtlich, gestalten sich die einzelnen Streitgegenstände, die den Verfahren zu § 4 Abs. 1 EStG sowie zu § 5 EStG zugrunde liegen, recht vielfältig. Dies resultiert vor allem aus der bereits angesprochenen großen Regelungsreichweite des Betriebsvermögensvergleichs. Was die Konfliktträchtigkeit des § 4 Abs. 1 EStG angeht, so sind Rechtsstreitigkeiten einerseits bei solchen Tatbeständen festzustellen, die durch die Norm selbst geregelt werden (Betriebsvermögen, Entnahmen und Einlagen). Andererseits wirkt sich der Zentralnormcharakter von § 4 Abs. 1 EStG auf die Zusammensetzung der Streitinhalte aus. Dies hat zur Folge, dass die entsprechenden Verfahren auch solche Regelungstatbestände betreffen können, die lediglich mittelbar von der Zentralnorm angesprochen sind – gleichwohl gehören auch diese Streitgegenstände zum Regelungsbereich der Gewinnermittlung durch Bilanzierung (Bilanzberichtigungen und -änderungen, Bewertung, Rücklagenbildung, AfA etc.). Bestätigt werden diese Ergebnisse durch die Analyse der Steuerrechtsverfahren zu § 5 EStG, wobei weitere streitbefangene Tatbestände hinzutreten (Rückstellungen, Rechnungsabgrenzungsposten etc.). Eine exakte steuersystematische Trennlinie zwischen § 4 Abs. 1 EStG und § 5 EStG kann jedoch nicht gezogen werden, da die Bestimmungen materiell-rechtlich sehr eng verzahnt sind[167]. Hieraus resultiert etwa, dass in einer Vielzahl der erfassten BFH-Entscheidungen sowohl § 4 Abs. 1 EStG als auch § 5 EStG als entscheidungserhebliche Normen angegeben sind.

1.3 Diskussion finanzpolitischer Handlungsoptionen

1.3.1 Vorbemerkungen

Aufbauend auf den zuvor gewonnenen Erkenntnissen sollen im Folgenden Handlungsoptionen zur Beseitigung bzw. zur Verringerung ertragsteuerlicher

---

167 Vgl. etwa KIRCHHOF (2001), S. 270 ff.

Streitpotenziale im Bereich der Gewinnermittlung durch Bilanzierung diskutiert werden. Zu diesem Zweck bieten sich drei verschiedene Vorgehensweisen an.

Aufgrund der erheblichen Streitanfälligkeit des Betriebsvermögensvergleichs kann erstens danach gefragt werden, ob alternative, weniger konfliktträchtige Gewinnermittlungsmethoden verfügbar sind, die zugleich steuersystematischen, verfassungsrechtlichen und fiskalischen Anforderungen genügen[168]. Zweitens sind – unter Beibehaltung der grundlegenden Struktur des Betriebsvermögensvergleichs – Möglichkeiten zur konfliktreduzierenden Modifikation von Detailregelungen zu untersuchen. Ferner soll drittens analysiert werden, inwieweit gezielte Maßnahmen auf der Ebene der Finanzverwaltung zur Vermeidung steuerrechtlicher Konflikte in Betracht kommen. Hierbei sind insbesondere die Erfahrungen der Finanzbehörden zu beachten, die in den Expertengesprächen nutzbar gemacht werden konnten.

1.3.2 Grundsätzliche Erwägungen zum Betriebsvermögensvergleich

Prinzipiell ließe sich eine erhebliche Reduzierung ertragsteuerlicher Streitpotenziale dadurch erreichen, dass die streitanfällige Struktur des Betriebsvermögensvergleichs durch eine weniger konfliktträchtige Einkunftsermittlungsmethode ersetzt wird. Allerdings müssen etwaige alternative Gewinnermittlungsmethoden ökonomischen, steuerrechtlichen sowie fiskalischen Anforderungen genügen. Im Folgenden soll daher einerseits untersucht werden, inwieweit derartige Maßnahmen zu einer Konfliktverringerung beitragen könnten; andererseits ist zu prüfen, wie solche Alternativmethoden vor dem Hintergrund steuersystematischer Gestaltungsprinzipien zu beurteilen sind und inwieweit die fiskalische Zielsetzung (Generierung staatlicher Einnahmen) durch einen Systemwechsel beeinträchtigt würde. Zu diesem Zweck erfolgt zunächst eine grundlegende Würdigung des Betriebsvermögensvergleichs. Vor diesem Hintergrund können sodann alternative Gewinnermittlungskonzepte beurteilt werden.

Grundsätzlich kann davon ausgegangen werden, dass sich unternehmerische Tätigkeiten einerseits umfangreicher und heterogener als nichtunternehmerische Betätigungen darstellen[169]; andererseits werden jedoch auch das Ausmaß sowie der Komplexitätsgrad betrieblicher Vorgänge mit steigender Unternehmensgröße zunehmen. Dem erstgenannten Umstand (betriebliche vs. nichtbetriebliche Tätigkeiten) wird einkommensteuerrechtlich durch die grundlegende Differenzierung von Gewinn- und Überschusseinkünften und den damit einhergehenden

---

[168] Vgl. hierzu die Ausführungen auf S. 99 f. dieser Arbeit zum „Anforderungs-Dreieck“.

[169] Vgl. analog WÖHE (1995), S. 31.

Unterschieden bei der Einkunftsermittlung Rechnung getragen[170]. Die Abweichungen in Umfang und Komplexität unternehmerischen Handelns schlagen sich wiederum in verschiedenen Gewinnermittlungsmethoden nieder. Die größte Regelungsreichweite sowie den höchsten Detailgrad weist dabei die „Gewinnermittlung durch Bilanzierung" (Betriebsvermögensvergleich) nach § 4 Abs. 1 i. V. m. § 5 EStG auf. Sie gilt grundsätzlich für Unternehmer (Gewerbetreibende, Land- und Forstwirte sowie Selbständige i. S. d. § 18 EStG), die entweder gesetzlich verpflichtet sind, Bücher zu führen oder dies freiwillig tun[171]. Die vereinfachte Gewinnermittlung nach § 4 Abs. 3 EStG (Einnahmen-Überschuss-Rechnung) kann von Unternehmern in Anspruch genommen werden, die weder gesetzlich buchführungspflichtig sind, noch freiwillig Bücher führen möchten. Land- und Forstwirte können ihren Gewinn unter bestimmten Voraussetzungen nach Durchschnittssätzen gemäß § 13a EStG ermitteln[172].

Der Betriebsvermögensvergleich kann wohl als die detaillierteste, gleichmäßigste und – mit Blick auf konkrete Einzelfallumstände – exakteste Methode der einkommensteuerrechtlichen Einkunftsermittlung bezeichnet werden[173]. Wie bereits erörtert, orientiert sich die Gewinnermittlung durch Bilanzierung in konzeptioneller Hinsicht an der „Reinvermögenszugangstheorie", welche die steuerliche Leistungsfähigkeit anhand des periodischen Reinvermögenszuwachses misst. Deshalb genügt der Betriebsvermögensvergleich in hohem Maße sowohl ökonomischen (Besteuerung nach der Leistungsfähigkeit) als auch verfassungsrechtlichen (Gesetzmäßigkeit und Gleichmäßigkeit der Besteuerung) Prinzipien der Steuergerechtigkeit[174]. Bei der Ableitung konfliktbeseitigender bzw. -mindernder Handlungsoptionen muss daher berücksichtigt werden, dass der Betriebsvermögensvergleich ein komplexes System aus handels- und steuerrechtlichen Vorschriften darstellt, in dem zahlreiche Elemente einer umfassenden und differenzierenden Gewinnermittlung implementiert sind. Dementsprechend groß gestalten sich seine Regelungsreichweite und sein Detailgrad, was sich wiederum auf die Ansatzpunkte für steuerrechtliche Konflikte auswirkt. Wie im vorstehenden Abschnitt dargelegt, sind diese sehr vielfältig und betreffen grundsätzlich

---

170 Während die Einkunftsermittlung bei den Gewinneinkünften (§§ 13 bis 17 EStG) prinzipiell nach dem Konzept der SCHANZschen „Reinvermögenszugangstheorie" erfolgt, liegt den Überschusseinkünften (§§ 18 bis 23 EStG) die auf FUISTING zurückgehende „Quellentheorie" zugrunde [vgl. etwa TIPKE/LANG (2002), S. 260 f.].

171 Vgl. ebd., S. 263.

172 Für die Durchschnittssatzbesteuerung können Land- und Forstwirte optieren, die nicht der Buchführungspflicht unterliegen und zudem die Voraussetzungen für Kleinbetriebe nach § 13a Abs. 1 Nr. 1 bis 4 EStG erfüllen (geringe landwirtschaftliche Nutzungsfläche, kleiner Tierbestand etc.) [vgl. ausführlich KIRCHHOF (2001), S. 796 ff.].

173 Vgl. etwa ANDEL (1995), S. 322.

174 Vgl. hierzu ausführlich PEZZER (1991), S. 3 ff., insbesondere S. 12 f.

jedes der einzelnen Elemente der Gewinnermittlung durch Bilanzierung. Hierbei handelt es sich um essentielle Komponenten des Betriebsvermögensvergleichs[175], die neben den o. g. Prinzipien der Steuergerechtigkeit auf formellen und insbesondere materiellen Prinzipien des Handelsrechts (Wahrheit und Vollständigkeit, Bilanzidentität und -kontinuität, allgemeines Vorsichtsprinzip) basieren[176]. Stellt man die grundsätzliche Eignung der Gewinnermittlung durch Bilanzierung für Besteuerungszwecke nicht in Frage, so erscheinen die einzelnen Elemente des Betriebsvermögensvergleichs aus Leistungsfähigkeitsaspekten unabdingbar.

Indes ist der Betriebsvermögensvergleich im rechtswissenschaftlichen und betriebswirtschaftlichen Schrifttum nicht unumstritten. Die Diskussion entzündet sich vor allem an dem Maßgeblichkeitsprinzip (§ 5 Abs. 1 EStG) und somit an der Eignung der handelsrechtlichen Grundsätze ordnungsmäßiger Buchführung für steuerliche Gewinnermittlungszwecke[177]. Hiergegen wird vor allem eingewandt, dass die Funktionen und Zielrichtungen von Handels- und Steuerbilanz zu stark divergierten. Erstgenannte diene vor allem dem (im Ergebnis tendenziell zu Unterbewertungen führenden) Gläubigerschutz, letztgenannte in erster Linie der Ermittlung des für Steuerzahlungen „tatsächlich" disponiblen Gewinns. Insofern seien handelsrechtliche Vorschriften prinzipiell ungeeignet, wenn es um die Festlegung einer sachgerechten Maßgröße zur Bestimmung steuerlicher Leistungsfähigkeit geht. In erster Linie wird daher die Institutionalisierung eines vom Handelsrecht unabhängigen Steuerbilanzrechts gefordert[178]. Weitergehende Vorschläge verlangen sogar die gänzliche Abkehr vom Betriebsvermögensvergleich, hin zu einer einfacheren Gewinnermittlungsmethode, die sich an Zahlungsströmen anstatt an Vermögensänderungen orientiert. Zum einen wird die Einführung einer „Cash-Flow-Steuer" gefordert[179], zum anderen steht die Ausweitung der Gewinnermittlung gemäß der „Einnahmen-Überschuss-Rechnung" i. S. d. § 4 Abs. 3 EStG auf alle Unternehmen zur Diskussion[180].

Die Fürsprecher des Betriebsvermögensvergleichs in seiner jetzigen Form (Maßgeblichkeitsprinzip) konstatieren hingegen, dass beim modernen Bilanzrecht nicht mehr das klassische Ziel des Gläubigerschutzes im Vordergrund stehe. Vielmehr dienten handelsrechtliche Vorschriften primär einer exakten

---

175 Vgl. die Aufzählung auf S. 103 dieser Arbeit.

176 Vgl. PEZZER (1991), S. 15 ff.

177 Vgl. hierzu etwa DZIADKOWSKI (2001), S. 9 ff., HENNRICHS (1999), S. 138 ff., KORT (2001), S. 53 ff. sowie WAGNER (1998), S. 2073 ff.

178 So etwa WAGNER (1998), S. 2073 ff. und WEBER-GRELLET (1998a), S. 1343 ff.

179 Vgl. WAGNER (1998), S. 2076 f.

180 Vgl. WEBER-GRELLET (1999), S. 2666.

Ermittlung des ausschüttbaren Gewinns. Daher sei es nicht einzusehen, warum der Staat – der über die Besteuerung am unternehmerischen Gewinn partizipiert – aufgrund einer vom Handelsrecht abweichenden Gewinnermittlung besser gestellt werden sollte als die Anteilseigner[181]. Ein autonomes, dem Leistungsfähigkeitsprinzip entsprechendes Steuerbilanzrecht dürfe demnach nicht grundlegend vom derzeitigen System abweichen. Zudem müsse auch ein Bilanzrecht, das lediglich Besteuerungszwecken dient, die fundamentalen Grundsätze des Handelsrechts berücksichtigen (insbesondere das Realisations- und das Vorsichtsprinzip)[182]. Insofern erscheine die Schaffung eines eigenständigen Steuerbilanzrechts überflüssig. Ferner wird darauf hingewiesen, dass es im Zuge zunehmender Internationalisierungstendenzen im Bereich der Rechnungslegung insofern zu einer Annäherung der Ziele von Handels- und Steuerbilanz käme, als der Grundsatz des „True and Fair View" prinzipiell besser geeignet erscheint, den ausschüttbaren Gewinn zu bestimmen, als das Vorsichtsprinzip des traditionellen Handelsrechts[183].

Neben der Institutionalisierung eines eigenständigen Steuerbilanzrechts lehnen die Befürworter des derzeitigen Betriebsvermögensvergleichs auch die Einführung einer zahlungsorientierten Gewinnermittlungsmethode ab. Hiergegen wird vorgebracht, dass derartige Verfahren aufgrund stark schwankender Geldzu- und -abgänge im Zeitablauf (insbesondere für Großunternehmen) nicht praktikabel seien. Eine Gewinnermittlung nach dem Zu- und Abflussprinzip würde daher zu sehr ungleichen Steuerbelastungseffekten in den einzelnen Perioden führen[184].

Wie die Ausführungen verdeutlichen, existieren zwei konträre Positionen zur Anwendung des Betriebsvermögensvergleichs für steuerliche Gewinnermittlungszwecke. Die Diskussion über die konkrete Ausgestaltung der Gewinnermittlung durch Bilanzierung geht sogar so weit, dass die grundsätzliche Eignung des Betriebsvermögensvergleichs in Frage gestellt und anstatt dessen die Verwendung eines einfacheren und vermeintlich sachgerechteren Verfahrens gefordert wird („Cash-Flow-Steuer", Überschussrechnung). Aus ökonomischen und steuerrechtlichen Aspekten spricht jedoch einiges für die Beibehaltung des der-

---

181 Vgl. etwa SIGLOCH (2000), S. 172.; grundlegend hierzu DÖLLERER (1971), S. 1334.

182 Vgl. HENNRICHS (1999), S. 146.

183 Vgl. TIPKE/LANG (2002), S. 304 ff. Allerdings ist darauf hinzuweisen, dass die Verwendung des „True and Fair View"-Grundsatzes dazu führen kann, dass die Leistungsfähigkeit der Steuerpflichtigen zu hoch ausgewiesen wird (etwa aufgrund der Abbildung von „Geschäftschancen" in der Handelsbilanz). Dieser Umstand stellt jedoch kein grundlegendes Argument für die Einführung eines eigenständigen Steuerbilanzrechts dar, da derartigen „steuerverschärfenden" Tendenzen durch steuerrechtliche Sondervorschriften entgegengewirkt werden könnte. Die Beibehaltung des Maßgeblichkeitsprinzips ist daher auch bei einer Annäherung der deutschen an internationale Rechnungslegungs-Standards grundsätzlich vorstellbar.

184 Vgl. CLEMM (1999), S. 642 ff. sowie HENNRICHS (1999), S. 153.

zeitigen Systems, das eine umfassende, detaillierte und periodengerechte Bestimmung des steuerbaren Gewinns ermöglicht. Einkunftsermittlungsmethoden auf der Basis von Zahlungsströmen stellen demgegenüber technisch einfache Verfahren dar, was sich insbesondere auf das Auftreten steuerrechtlicher Konflikte auswirken könnte: Da sich diese Alternativkonzepte an Geldzu- und -abgängen orientieren und somit grundsätzlich von einer Periodisierung erfolgswirksamer Vorgänge absehen, würden insbesondere steuerrechtliche Konflikte um Rückstellungen und Rechnungsabgrenzungsposten entfallen. Zudem würden sich formelle Bilanzierungsfragen erübrigen, da bei einer steuerlichen Gewinnermittlung anhand von Zahlungsströmen keine Notwendigkeit zur Bilanzierung besteht. Im Falle einer „reinen" Cash-Flow-Steuer entfiele zudem ein Großteil der Bewertungsproblematik, da getätigte Investitionen nicht mehr aktiviert, sondern die entsprechenden Ausgaben sofort von den Einnahmen abgezogen würden (Sofortabschreibungen). Insofern könnten zahlungsorientierte Gewinnermittlungsmethoden zu einer erheblichen Verminderung steuerrechtlicher Konflikte beitragen.

Allerdings ist in diesem Zusammenhang danach zu fragen, ob diesen Konflikt-Reduzierungspotenzialen nicht auch einige diametrale Effekte entgegenstehen. Zu denken ist hierbei etwa an Bewertungsprobleme, falls betriebliche Vorgänge nicht mit Geldzahlungen verbunden sind, sondern nur auf Sachgüterzu- und -abgängen beruhen. Zudem erscheint es möglich, dass sich im Zuge einer Systemumstellung Streitpotenziale von Bilanzierungsbestimmungen auf andere Bereiche verlagern. Im Falle einer Ausweitung der Überschussrechnung nach § 4 Abs. 3 EStG auf alle Unternehmen wäre etwa eine Konzentration von Rechtsstreitigkeiten auf Betriebseinnahmen und Betriebsausgaben – einem der zentralen Bereiche dieser Gewinnermittlungsmethode – nicht auszuschließen. Bei Einführung einer Cash-Flow-Steuer könnten sich ökonomische und steuerrechtliche Probleme insbesondere im Falle unstetiger Zahlungsströme ergeben. Die Befürworter dieser Gewinnermittlungsmethode wollen dem Auftreten von „Periodenspitzen" etwa mit einer Abmilderung bzw. der Abschaffung des progressiven Steuertarifs oder mit einer Durchschnittsbesteuerung für mehrere Veranlagungszeiträume entgegenwirken[185]. Durch die erstgenannte Alternative könnten zwar die auftretenden Progressionswirkungen gedämpft bzw. vermieden werden – das Grundproblem der periodisch stark schwankenden Steuerbelastungen bliebe gleichwohl erhalten[186]. Aus der zweiten Option – der (Durchschnitts-)Besteue-

[185] Vgl. etwa HENNRICHS (1999), S. 153.

[186] Zudem ist darauf hinzuweisen, dass eine Abschwächung bzw. eine Abschaffung des progressiven Tarifs erheblichen politischen Widerstand hervorrufen dürfte; dies umso mehr, als eine Änderung der steuerlichen Progression – vor allem aus Aspekten der Steuergerechtigkeit – wohl einkunftsübergreifend erfolgen müsste.

rung von Geldströmen anhand deren Verteilung über mehrere Veranlagungsjahre – könnten sich ähnliche Sachverhalts- und Rechtsfragen ergeben wie bei der Periodisierung von Vermögensänderungen und erfolgswirksamen Geschäftsvorfällen im Rahmen des Betriebsvermögensvergleichs (Abschreibungen, Rechnungsabgrenzungsposten). Ferner ist darauf hinzuweisen, dass die Problematik einer Abgrenzung der betrieblichen zur privaten Sphäre auch bei den genannten Alternativkonzepten bestehen bleibt. Der Nettoeffekt, der von einem Systemwechsel (Betriebsvermögensvergleich zur zahlungsstromorientierten Gewinnermittlung) auf das Auftreten steuerrechtlicher Streitpotenziale ausgeht, ist demnach ungewiss. Den Status einer „Patentlösung" für die hohe Konfliktträchtigkeit der unternehmerischen Gewinnermittlung kann daher wohl keine der hier vorgestellten Alternativmethoden für sich beanspruchen.

Aufgrund der Unsicherheit hinsichtlich der von einem Systemwechsel auf die Konfliktträchtigkeit des Gewinnermittlungsbereichs ausgehenden Wirkungen kommt wirtschaftswissenschaftlichen und steuerrechtlichen Gestaltungsprinzipien ein besonderes Gewicht zu. Wie dargelegt, genügt die Gewinnermittlung durch Bilanzierung in hohem Maße ökonomischen (Besteuerung nach der Leistungsfähigkeit) und rechtlichen (Gesetzmäßigkeit und Gleichmäßigkeit der Besteuerung) Prinzipien der Steuergerechtigkeit[187]. Die ausgeprägte Heterogenität betrieblichen Handelns gebietet es, dass die Ermittlung der steuerlichen Leistungsfähigkeit von Unternehmern grundsätzlich anhand der Betrachtung und Würdigung konkreter, im Einzelfall zumeist sehr unterschiedlicher Tatbestände erfolgt. Dem trägt die Gewinnermittlung durch Bilanzierung Rechnung. Ein Ersatz des Betriebsvermögensvergleichs durch eine andere Gewinnermittlungsmethode ist daher sowohl aus Gründen der Steuersystematik als auch in Anbetracht der zweifelhaften Effekte, die durch einen Systemwechsel auf ertragsteuerliche Streitpotenziale ausgingen, abzulehnen.

1.3.3 Modifikation von Detailregelungen

Neben der generellen Konfliktträchtigkeit sowie der sich daraus ergebenden Frage nach der grundlegenden Eignung des Betriebsvermögensvergleichs für Besteuerungszwecke können einzelne Detailregelungen auf ihre konfliktverursachende Wirkung sowie auf ihre steuerrechtliche Zweckmäßigkeit hin untersucht werden. Dieses Vorgehen bezieht zudem die im vorstehenden Abschnitt erörterte Möglichkeit der Schaffung eines eigenständigen Steuerbilanzrechts mit ein, da in einem solchen Fall die grundlegende Struktur der Gewinnermittlung durch Bilanzierung beibehalten und lediglich für Besteuerungszwecke „geeigne-

---

[187] Ebenso PEZZER (1991), S. 3 ff., insbesondere S. 12 f.

tere", vom Maßgeblichkeitsprinzip losgelöste Regelungen institutionalisiert würden.

Der Grundgedanke, der hinter der Verringerung steuerrechtlicher Konfliktansatzpunkte durch die Modifikation einzelner handels- und steuerrechtlicher Bestimmungen steht, ist der, dass die Qualität einer Einkunftsermittlungsmethode erheblich von der konkreten Ausgestaltung der sie flankierenden Ansatz- und Bewertungsregeln abhängt[188]. Dies gilt auch für die Gewinnermittlung durch Bilanzierung und wirft daher die Frage nach der Güte der entsprechenden Vorschriften auf. Wie bereits erörtert, erfolgt der *Ansatz* von Vermögensgegenständen in der Bilanz *dem Grunde nach* zum Großteil auf der Grundlage *handelsrechtlicher* Bestimmungen (§§ 238 ff. HGB), während sich die *Bewertung* der jeweiligen Aktiva und Passiva, also der Ansatz *der Höhe nach*, zumeist nach steuerrechtlichen (Sonder-)Vorschriften richtet. Die Untersuchung von Ansatz- und Bewertungsregeln des Betriebsvermögensvergleichs hat sich somit sowohl auf das Handelsrecht als auch auf das Einkommensteuerrecht zu beziehen.

Das **Handelsrecht**, das sich grundsätzlich für das „Ob der Bilanzierung"[189] (bilanzieller Ansatz dem Grunde nach) verantwortlich zeigt, zeichnet sich zunächst durch ein nicht unerhebliches Niveau rechtlicher wie ökonomischer „Freiheitsgrade" aus. Dies gilt vor allem in zweierlei Hinsicht: Zum einen finden sich an mehreren Stellen des HGB unbestimmte Rechtsbegriffe (z. B. „vernünftige kaufmännische Beurteilung"[190]), zum anderen weist das Handelsrecht diverse Ansatz- und Bewertungswahlrechte auf[191]. Ein Großteil dieser „Unbestimmtheiten" wird durch das Maßgeblichkeitsprinzip nach § 5 Abs. 1 EStG in das Einkommensteuerrecht eingebunden[192]. Aufgrund des Prinzips der Gleichmäßigkeit der Besteuerung sind derartige Freiheitsgrade grundsätzlich kritisch zu beurteilen; dies gilt insbesondere dann, wenn Steuerpflichtige durch die Ausübung von Wahlrechten oder durch die Nutzung von Interpretationsspielräumen infolge

---

188 Vgl. ANDEL (1998), S. 322.

189 TIPKE/LANG (2002), S. 310.

190 Vgl. etwa § 253 (Wertansätze der Vermögensgegenstände und Schulden) oder § 286 (Unterlassen von Angaben HGB).

191 Vgl. etwa die Aktivierungswahlrechte in § 250 HGB.

192 Dem Maßgeblichkeitsprinzip entsprechend gilt grundsätzlich, dass ein in der Handelsbilanz ausgeübtes Wahlrecht auch für die Steuerbilanz ausschlaggebend ist. Dieses Prinzip wurde im Zuge der Rechtsprechung des BFH eingeschränkt [insbesondere durch den Beschluss des Großen Senats des BFH vom 3.2.1969, vgl. BSTBL. TEIL II (1969), S. 291 ff.]. Demnach gilt für *Bilanzansätze dem Grunde nach*, dass ein handelsrechtliches Aktivierungswahlrecht einem steuerrechtlichen Aktivierungs*gebot* und ein handelsrechtliches Passivierungswahlrecht einem steuerrechtlichen Passivierungs*verbot* entspricht. Die Maßgeblichkeit handelsrechtlicher *Bilanzansätze der Höhe nach* wurde vom BFH erstmalig bei der Berechnung von Herstellungskosten (§ 255 Abs. 2 S. 3 HGB) eingeschränkt [vgl. hierzu TIPKE/LANG (2002), S. 326].

des Vorhandenseins unbestimmter Rechtsbegriffe die Höhe der steuerlichen Bemessungsgrundlage – den Indikator ihrer steuerlichen Leistungsfähigkeit – selbst beeinflussen können[193]. Aus ökonomischer Perspektive können handelsrechtliche Freiheitsgrade nur dann als sachgemäß bezeichnet werden, wenn sie Ausfluss *wirtschaftlich notwendiger* Ermessensspielräume sind – denn aufgrund der im vorstehenden Abschnitt geschilderten Heterogenität unternehmerischer Betätigungen erscheint es schier unmöglich, alle Arten von wirtschaftlichen Transaktionen nach objektiven Kriterien eindeutig bestimmten Rechtsfolgen zuzuordnen und zweifelsfrei zu bewerten. Daher ist es zweckmäßig, handelsrechtliche Freiheitsgrade nach dem jeweils betroffenen Tatbestand sowie nach Ausmaß der entsprechenden Wahlrechte zu unterscheiden.

Da das Handelsrecht im Bewertungsbereich recht großzügige Ermessensspielräume einräumt und das Ergebnis des Betriebsvermögensvergleichs wesentlich von der Höhe der jeweiligen Bilanzansätze abhängt, wird die prinzipielle Maßgeblichkeit handelsrechtlicher Bilanzierungsvorschriften gerade durch **einkommensteuerrechtliche Sondervorschriften** zum „Wie der Bilanzierung"[194] (bilanzieller Ansatz der Höhe nach) durchbrochen. Die Bewertung des steuerrechtlich relevanten Betriebsvermögens erfolgt daher hauptsächlich durch § 6 (Bewertung) und § 7 EStG (Absetzung für Abnutzung oder Substanzverringerung). § 6 EStG stellt die bewertungstechnische Zentralnorm des Einkommensteuergesetzes dar. Diese Bestimmung regelt vor allem die steuerrechtliche Bewertung von abnutzbaren (z. B. Gebäude) und nichtabnutzbaren (z. B. Wertpapiere) Wirtschaftsgütern des Betriebsvermögens, von Verbindlichkeiten, Rückstellungen sowie von Entnahmen und Einlagen. § 7 EStG knüpft steuersystematisch an den Bestimmungen des § 6 EStG an und dient der periodengerechten Verteilung der Anschaffungs- und Herstellungskosten abnutzbarer Wirtschaftsgüter entsprechend der wirtschaftlichen Nutzungsdauer.

Grundsätzlich kann ein kombiniertes Verfahren in Form der prinzipiellen Maßgeblichkeit handelsrechtlicher Vorschriften einerseits und der systematisch begründeten Durchbrechung anhand steuerrechtlicher Sonderregelungen andererseits als adäquat bezeichnet werden. Hierdurch wird zum einen sichergestellt, dass die ökonomisch fundierten Bilanzierungsregeln des Handelsrechts berücksichtigt werden; zum anderen gewährleisten es steuerrechtliche Sondervorschriften, dass handelsrechtliche Bewertungswahlrechte nicht zu einer „willkürlichen" Minderung der persönlichen Leistungsfähigkeit (aus-)genutzt werden. Die **Institutionalisierung eines eigenständigen Steuerbilanzrechts** erscheint vor diesem Hintergrund nicht notwendig. Ein eigenständiges Steuerbilanzrecht würde sich

193 Ebenso PEZZER (1991), S. 6 f.

194 TIPKE/LANG (2002), S. 310.

zum Großteil an den formellen und materiellen Grundsätzen ordnungsmäßiger Buchführung orientieren müssen, insbesondere an den Prinzipien der Wahrheit und Klarheit sowie der Bilanzidentität und -kontinuität. Seine konkrete Ausgestaltung dürfte insofern nicht wesentlich vom heutigen „Kombinationssystem" aus handels- und steuerrechtlichen Bestimmungen abweichen. Ein wesentlicher Beitrag, den ein autonomes Steuerbilanzrecht zur Verringerung ertragsteuerlicher Streitpotenziale leisten könnte, ist somit nicht ersichtlich[195].

Neben der Schaffung eines eigenständigen Steuerbilanzrechts kommt eine **Modifikation konkreter Ansatz- und Bewertungsvorschriften** des Handelsgesetzbuchs sowie des Einkommensteuergesetzes in Betracht. Aufgrund der ermittelten Streitpotenziale muss es allerdings als zweifelhaft angesehen werden, ob durch eine Änderung entsprechender Vorschriften eine *erhebliche* Reduktion von Konfliktpotenzialen erreicht werden könnte: Bei den von steuerrechtlichen Konflikten betroffenen Regelungen handelt es sich zum überwiegenden Teil um grundlegende, essentielle Elemente des Betriebsvermögensvergleichs; signifikante Kumulierungen ertragsteuerlicher Streitpotenziale auf einzelne Bestimmungen sind hierbei nicht festzustellen. Hinzu kommt, dass die strittigen Sachverhalte sehr unterschiedlich sind und zumeist sehr spezielle Tatbestände betreffen.

Die grundlegende Ursache für die hohe Streitanfälligkeit des Betriebsvermögensvergleichs kann anhand ökonomischer Plausibilitätsüberlegungen dargelegt werden: Der Betriebsvermögensvergleich verfolgt wie keine andere einkommensteuerrechtliche Gewinnermittlungsart das Ziel einer möglichst detaillierten, exakten und einzelfallgerechten Bestimmung steuerlicher Leistungsfähigkeit. Vor dem oben beschriebenen Hintergrund der ausgeprägten Heterogenität unternehmerischer Betätigungen erscheint dieses Vorgehen ökonomisch gleichermaßen notwendig wie sachgemäß. Allerdings folgt aus dem Facettenreichtum unternehmerischen Handelns ebenso, dass die jeweiligen Ansatz- und Bewertungsregeln im Rahmen der Gewinnermittlung gewisse Interpretationsspielräume und Freiheitsgrade aufweisen *müssen*. Die Ermittlung der steuerlichen Leistungsfähigkeit von Unternehmern kann demzufolge nur anhand der Betrachtung und Würdigung konkreter, im Einzelfall zumeist sehr unterschiedlicher Tatbestände erfolgen. Wie ausführlich dargelegt wurde, trägt die Gewinnermittlung durch

---

[195] Zudem ist darauf hinzuweisen, dass das heutige Handelsrecht auf eine Jahrhunderte lange Entwicklungsgeschichte zurückblicken kann. Seine Regelungen basieren insofern auf einem Fundus ökonomischer Sachzusammenhänge, aus dem sich im Laufe der Zeit ein allgemein anerkannter Maßstab zur wirtschaftlich sachgerechten Beurteilung kaufmännischer Transaktionen etablierte. Warum sich ein autonomes Steuerbilanzrecht an grundlegend anderen Prinzipien ausrichten sollte als das derzeitige Kombinationssystem aus handels- und steuerrechtlichen Bestimmungen, erscheint äußerst fraglich.

Bilanzierung diesem Umstand in hohem Maße Rechnung. Dass es bei der Anwendung und der Auslegung einzelner Detailvorschriften zu unterschiedlichen Auffassungen über konkrete Sachverhalte einerseits sowie zu Fragen über die entsprechenden Rechtsfolgen andererseits kommen kann, erscheint gerade aufgrund der Differenziertheit unternehmerischer Betätigungen kaum vermeidbar. Bekennt man sich daher zur grundlegenden Methodik der Gewinnermittlung durch Bilanzierung, so wird man ein gewisses Ausmaß an steuerrechtlichen Konflikten, die aus der gesetzestechnischen Ausgestaltung des Betriebsvermögensvergleichs resultieren, wohl in Kauf nehmen müssen. Gleichwohl ergeben sich neben gesetzgeberischen Initiativen anderweitige Möglichkeiten zur Konfliktreduzierung. Diese sollen im Folgenden erläutert werden.

1.3.4 Maßnahmen auf der Ebene der Finanzverwaltung

Neben legislativen Maßnahmen (Systemwechsel, Institutionalisierung eines autonomen Steuerbilanzrechts, Änderungen von Detailbestimmungen) sind weitere Ansatzpunkte zur Verminderung gewinnermittlungsbedingter Streitpotenziale denkbar. Besondere Bedeutung kommt in diesem Zusammenhang den Erfahrungswerten der Finanzämter zu. In den Expertengesprächen bekundeten die Finanzbehörden, dass es beim Betriebsvermögensvergleich zwar regelmäßig – sowohl dem Grunde als auch der Höhe nach – zu Meinungsverschiedenheiten über steuerlich relevante Sachverhalte sowie zu unterschiedlichen Auffassungen über die entsprechenden Rechtsfolgen käme. Allerdings könnten derartige Streitfragen zum Großteil im Rahmen direkter Kontakte, sozusagen im „Dialog vor Ort", ausgeräumt werden. Hieraus ergeben sich wertvolle Hinweise auf Erfolg versprechende Möglichkeiten zur Verringerung steuerrechtlicher Konflikte. Gelänge es, die „Schnittstellenfunktion" der Finanzämter in Form, Qualität und Akzeptanz zu verbessern, so könnte wohl eine drastische Reduzierung von Rechtsbehelfsverfahren – sowohl auf der Ebene der Finanzverwaltung als auch bei der Finanzgerichtsbarkeit – erreicht werden[196]. Zu denken ist hierbei vor allem an folgende Maßnahmen[197]:

- Verstärkte Anhörung von Betroffenen seitens der Finanzbehörden.
- Volle Ausnutzung des rechtlich möglichen Spielraums, einvernehmliche Konfliktlösungen herbeizuführen.

---

[196] In einer Untersuchung der PROGNOS AG wird das Filterpotenzial auf der Ebene der Finanzbehörden – bezogen auf den Arbeitsanfall bei den Finanzgerichten – auf etwa 50 % beziffert [vgl. WOLFF (1990), S. 21 f.].

[197] Vgl. hierzu ausführlich ebd., S. 169 ff.

- Erhöhung der Verständlichkeit von Steuerbescheiden, z. B. durch ausführliche Erläuterungen und Begründungen.
- Schaffung oder Erweiterung von Kontaktmöglichkeiten zwischen Finanzämtern und Steuerpflichtigen, etwa in Form von Beratungsangeboten.

Von erheblicher Bedeutung dürfte in diesem Zusammenhang auch die Rolle von Anwälten und anderer beratender Berufsgruppen, insbesondere Steuerberatern, sein[198]. Diese könnten sich etwa anhand detaillierter Sachaufklärungen im Vorfeld oder durch eine verstärkte Vermittlung zwischen Finanzbehörden und Steuerpflichtigen intensiver um außergerichtliche Konfliktlösungen bemühen und somit zur Vermeidung steuerrechtlicher Streitigkeiten beitragen[199].

1.4 Fazit

Der Betriebsvermögensvergleich gewährleistet eine umfassende, detaillierte und periodisch exakte Ermittlung der steuerlichen Leistungsfähigkeit von Unternehmern. Er stellt daher eine ökonomisch sachgerechte Methode der Gewinnermittlung dar. Gleichwohl entfacht die Gewinnermittlung durch Bilanzierung hohe steuerrechtliche Konfliktpotenziale. Dies wirft die Frage nach den jeweiligen Streitursachen sowie nach Möglichkeiten zur Konfliktvermeidung auf.

Gegen einen **grundlegenden Systemwechsel** – etwa in Form des Ersatzes des Betriebsvermögensvergleichs durch eine zahlungsstromorientierte Gewinnermittlungsmethode – sprechen in erster Linie steuersystematische Argumente. Zudem können die resultierenden (Netto-)Effekte auf die Streitanfälligkeit des Gewinnermittlungsbereichs nur schwer abgeschätzt werden.

Die Einrichtung eines eigenständigen, vom Handelsrecht losgelösten Steuerbilanzrechts ist sowohl aus steuerrechtlicher Sicht als auch in Anbetracht der Konfliktreduzierungspotenziale kritisch zu beurteilen. Folgt man der dargelegten Ansicht, dass die Ausgestaltung eines autonomen Steuerrechts nicht wesentlich vom derzeitigen handels- und steuerrechtlichen „Kombinationssystem" divergieren dürfte, so werden sich steuerrechtliche Streitigkeiten nicht dadurch vermeiden lassen, dass Regelungsinhalte des Handelsrechts – die über das Maßgeblichkeitsprinzip bereits jetzt in das Steuerrecht eingebunden sind – lediglich in ein eigenständiges Steuerbilanzrecht übertragen werden.

---

[198] Vgl. WOLFF (1990), S. 172 f.

[199] Allerdings ist in diesem Zusammenhang darauf hinzuweisen, dass sich aufgrund von Interessen- und Informationsasymmetrien zwischen Steuerpflichtigen und ihren Beratern typische „Principal-Agent"-Probleme ergeben können. Diese mindern i. d. R. das Interesse der o. g. Berufsgruppen, an einvernehmlichen Lösungen mitzuwirken.

Ob die **Modifikation einzelner (handels- und steuerrechtlicher) Ansatz- und Bewertungsregeln** den gewünschten Effekt einer drastischen Reduzierung ertragsteuerlicher Streitpotenziale mit sich bringt, muss ebenso bezweifelt werden. Vielmehr bedingt es die Heterogenität unternehmerischen Handelns, dass die entsprechenden Vorschriften eine gewisse „Offenheit" in Form von Interpretationsspielräumen aufweisen. Insofern ist die gegenwärtige Ausgestaltung des Betriebsvermögensvergleichs als ökonomisch sachgemäß anzusehen.

Aufgrund dieser Überlegungen sollten die Struktur des Betriebsvermögensvergleichs sowie die Ausgestaltung der flankierenden Ansatz- und Bewertungsbestimmungen des Handels- und des Steuerrechts in ihrer derzeitigen Form belassen werden. Der hohen Konfliktträchtigkeit der Gewinnermittlung durch Bilanzierung ließe sich vielmehr durch gezielte **Maßnahmen auf der Ebene der Finanzverwaltung** entgegenwirken. Hierzu ist es in erster Linie erforderlich, die „Schnittstellenfunktion" der Finanzverwaltung noch wirkungsvoller auszugestalten. Wenn dies gelänge, könnten unterschiedliche Auffassungen zwischen Finanzbehörden und Steuerpflichtigen bereits in der Entstehungsphase erkannt und strittige Sachverhalte auf einvernehmlichem Wege ausgeräumt werden. In Anbetracht der höchst differenzierten Ausgestaltung des Betriebsvermögensvergleichs erscheint dies als eine praktikable und wirksame Option zur Verringerung ertragsteuerlicher Streitpotenziale bei gleichzeitiger Wahrung der ökonomischen Vorteilhaftigkeit der Gewinnermittlung durch Bilanzierung.

2 Betriebsausgaben und Werbungskosten

2.1 Ökonomische und steuerrechtliche Analyse

> *§ 4 Abs. 4 EStG:*
>
> Betriebsausgaben sind die Aufwendungen, die durch den Betrieb veranlasst sind.
>
> *§ 9 Abs. 1 S. 1 EStG:*
>
> Werbungskosten sind Aufwendungen zur Erwerbung, Sicherung und Erhaltung der Einnahmen.

Als weiterer höchst konfliktträchtiger Regelungsbereich des Einkommensteuergesetzes konnte neben dem Betriebsvermögensvergleich die *Abgrenzung der Erwerbs- zur Privatsphäre* i. S. d. § 4 Abs. 4 ff. EStG (*Betriebsausgaben*) und § 9 EStG (*Werbungskosten*) ermittelt werden. Betrachtet man die Konfliktpotenziale der beiden Vorschriften im Verhältnis zueinander, so weist die letztgenannte Bestimmung eine in etwa dreimal so hohe Streitbefangenheit wie die erstgenannte Regelung auf. Dies gilt sowohl unabhängig von der verwendeten Erhebungsmethode (normenorientiert vs. sachverhaltsbezogen) als auch für beide analysierte Finanzgerichtsebenen (Bundesfinanzhof und Finanzgerichte).

Aus **ökonomischer Perspektive** resultiert die steuerliche Berücksichtigung von Betriebsausgaben und Werbungskosten aus dem Leistungsfähigkeitsprinzip[200]. Nach diesem allgemeinen Besteuerungsgrundsatz hat sich die Steuerbelastung des Einzelnen an seiner wirtschaftlichen Leistungsfähigkeit auszurichten. Als Indikator hierfür dient bei der Einkommensteuer das durch wirtschaftliche Betätigung erzielte Einkommen. Konkretisiert wird das Leistungsfähigkeitsprinzip durch den Grundsatz der Nettobesteuerung („objektives Nettoprinzip"). Demzufolge dürfen der Besteuerung nur die tatsächlich disponiblen Einkommensteile (*Rein*einkünfte) unterliegen. Bei der Ermittlung der einkommensteuerlichen Bemessungsgrundlage sind daher solche Aufwendungen abzuziehen, die bei der Erzielung steuerbarer Einkünfte anfallen.

Auch in **steuerrechtlicher Hinsicht** sind Betriebsausgaben und Werbungskosten eng miteinander verknüpft. Obwohl die jeweiligen Zentralnormen (§ 4 Abs. 4 EStG bzw. § 9 Abs. 1 S. 1 EStG) verschiedenen Einkunftssphären entspringen (Gewinn- bzw. Überschusseinkünfte) sowie zudem unterschiedliche Gesetzeswortlaute aufweisen, legen sowohl Rechtsprechung als auch rechtswissenschaftliches Schrifttum den Betriebsausgaben- und den Werbungskostenbegriff inhaltsgleich nach dem sog. „Veranlassungsprinzip" aus[201]. Neben dieser formaljuristischen Parallele weisen die Bestimmungen auch materiell-rechtliche Verbindungslinien auf. So sind diverse Vorschriften des Betriebsausgabenbereichs analog auf die Überschusseinkünfte anzuwenden[202] und umgekehrt[203].

Ansatzpunkte für Konflikte im Betriebsausgaben- und Werbungskostenbereich können sich grundsätzlich in zweierlei Hinsicht ergeben. Zum einen kommen hierfür die Generalklauseln des § 4 Abs. 4 EStG sowie des § 9 Abs. 1 S. 1 EStG in Betracht. Diese Normen beinhalten allgemeine, fast tautologische Definitio-

---

200 Vgl. zu den folgenden Ausführungen etwa ANDEL (1998), S. 293 f. sowie TIPKE/LANG (2002), S. 218 f.

201 Nach dem Veranlassungsprinzip liegen gewinneinkunftsrelevante Betriebsausgaben bzw. überschusseinkunftsrelevante Werbungskosten dann vor, wenn die *Handlungen* des Steuerpflichtigen einen *kausalrechtlichen Zusammenhang* zur Erwerbssphäre aufweisen [vgl. etwa TIPKE/LANG (2002), S. 269 u. S. 277 ff.].

202 Vgl. insbesondere § 9 Abs. 5 EStG, der einen unmittelbaren Zusammenhang zu diversen Betriebsausgaben herstellt (u. a. Geschenke, Bewirtung, Verpflegung).

203 Vgl. etwa § 4 Abs. 5 Nr. 6 EStG (Fahrten zwischen Wohnung und Arbeitsstätte), der explizit auf § 9 Abs. 1 S. 3 Nr. 4 EStG (Entfernungspauschale) verweist.

nen des einkommensteuerrechtlichen Betriebsausgaben- respektive des Werbungskostenbegriffs[204]. Zum anderen können Rechtsstreitigkeiten bei der Anwendung und Auslegung konkreter Sondervorschriften für Erwerbsaufwendungen entstehen. Für den Betriebsausgabenbereich sind hierzu § 4 Abs. 4a EStG (Besonderheiten bei Schuldzinsen), § 4 Abs. 5 EStG (beschränkt bzw. nicht abzugsfähige Betriebsausgaben) sowie § 4 Abs. 6 EStG (Aufwendungen zur Förderung staatspolitischer Zwecke) zu zählen. Einzelheiten zu konkreten Werbungskostentatbeständen regelt § 9 Abs. 1 S. 3 EStG.

Von besonderer Bedeutung für die steuerrechtliche Behandlung von Erwerbsaufwendungen ist ferner § 12 EStG (nicht abzugsfähige Ausgaben)[205]. Die Bestimmung enthält eine Umschreibung von steuerlich nicht abziehbaren Aufwendungen der privaten Lebensführung (§ 12 Nr. 1 EStG). In Ergänzung zu § 4 Abs. 4 EStG und § 9 Abs. 1 S. 1 EStG erfolgt hierdurch eine allgemeine Abgrenzung der Erwerbs- zur Privatsphäre (objektives Nettoprinzip). Durch den Bezug auf die §§ 10, 10a, 10b EStG (Sonderausgaben) sowie die §§ 33 bis 33c EStG (außergewöhnliche Belastungen) stellt die Vorschrift jedoch auch klar, dass private Ausgaben dann steuerlich abziehbar sind, wenn sie aus persönlichen, leistungsfähigkeitsmindernden Umständen des Steuerpflichtigen resultieren (subjektives Nettoprinzip). Nach ständiger Rechtsprechung des BFH folgt aus § 12 EStG ein grundsätzliches Abzugs- und Aufteilungsverbot gemischter Aufwendungen, falls diese zwar teilweise erwerbsbedingt sind, die private Veranlassung jedoch im Vordergrund steht („Wesentlichkeitstheorie") und zudem eine Aufteilung in Erwerbs- und Privataufwendungen nicht oder nur schwer durchführbar ist.

2.2 Empirisch ermittelte Konfliktursachen

Wie im vorhergehenden Abschnitt dargelegt, weisen die Betriebsausgaben und die Werbungskosten sowohl aus ökonomischer als auch aus steuerrechtlicher Sicht weitgehende Parallelen auf. Für die Ableitung finanzpolitischer Handlungsempfehlungen erscheint es daher gleichermaßen zulässig wie angebracht, die Bestimmungen im Zusammenhang zu analysieren. Da die Regelungen dennoch Unterschiede im Detail bezüglich Regelungsinhalt und Anwendungsbereich aufweisen, werden die jeweiligen Streitgegenstände im Folgenden getrennt voneinander dargestellt.

---

[204] Werbungskosten sind nach § 9 Abs. 1 S. 1 EStG „Aufwendungen zur Erwerbung, Sicherung und Erhaltung der Einnahmen". § 4 Abs. 4 EStG definiert den Begriff Betriebsausgaben als „Aufwendungen, die durch den Betrieb veranlasst sind".

[205] Vgl. hierzu etwa TIPKE/LANG (2002), S. 281 ff.

Wendet man sich zunächst den konkreten Streitinhalten des **Betriebsausgabenbereichs** zu, so zeigt sich, dass ein Großteil der erfassten BFH-Entscheidungen (Bundessteuerblatt) die Frage der Abzugsfähigkeit von Schuldzinsen betrifft (zwölf von 35 Verfahren)[206]. Daneben geht es in drei Verfahren um die steuerliche Anerkennung von Bewirtungskosten, jeweils zwei Entscheidungen behandeln die steuerliche Berücksichtigung von Bußgeldern bzw. Provisionen und in je einer Entscheidung geht es um die Abziehbarkeit von Mieten, Umzugs- sowie Weiterbildungskosten. Die restlichen 13 Verfahren lassen sich nur schwer nach dem zugrunde liegenden Streitgegenstand kategorisieren. Hierbei geht es z. B. um die Abzugsfähigkeit von zivilrechtlichen Prozesskosten, Reiseaufwendungen oder um Verluste aus Devisen-Termingeschäften.

Auf die Streitgegenstände des **Werbungskostenbereichs** wurde bereits teilweise im Rahmen der Streitpotenzialanalyse im vierten Teil der Untersuchung eingegangen. Dabei konnten zumindest die konkreten Werbungskostentatbestände i. S. d. § 9 Abs. 1 S. 3 EStG detailliert aufgeschlüsselt werden. Durch die Analyse der BFH-Rechtsprechung wurden einerseits die steuerliche Berücksichtigung von Schuldzinsen, Renten und dauernden Lasten (Ziffer 1 der Bestimmung) sowie andererseits die Abzugsfähigkeit von AfA als Werbungskosten (Ziffer 7) als besonders konfliktträchtige Regelungen identifiziert. Die Untersuchung der Finanzgerichtsrechtsprechung bestätigte diese Ergebnisse; allerdings machten hier Rechtsfragen zur sog. „doppelten Haushaltsführung" (Ziffer 5) den Hauptanteil der betroffenen Normen aus. Daneben wurde darauf hingewiesen, dass die übrigen Werbungskostentatbestände zusammengenommen ebenfalls recht hohe Anteile der Konfliktträchtigkeit von § 9 Abs. 1 S. 3 EStG erklären können und insofern nicht vernachlässigt werden sollten[207].

Die Steuerrechtsverfahren, die Probleme bei der Auslegung des allgemeinen Werbungskostenbegriffs nach § 9 Abs. 1 S. 1 EStG betreffen, lassen sich zunächst nach der jeweils betroffenen Einkunftsart ordnen. Ein Großteil der Entscheidungen, die dem Bundessteuerblatt entnommen wurden (sachverhaltsorientierte Erhebungsmethode), behandelt Werbungskosten bei Einkünften aus nichtselbständiger Arbeit (zwölf von 34 erfassten Verfahren zu § 9 Abs. 1 S. 1 EStG) sowie Werbungskosten aus Vermietung und Verpachtung (elf Verfah-

[206] TIPKE und LANG weisen darauf hin, dass zu diesem Themenkomplex nahezu 900 Gerichtsentscheidungen sowie eine wahre Aufsatzflut existieren [vgl. TIPKE/LANG (2002), S. 295].

[207] Insbesondere Ziffer 4 (Fahrten zwischen Wohnung und Arbeitsstätte) sowie Ziffer 6 (Aufwendungen für Arbeitsmittel) des § 9 Abs. 1 S. 3 EStG [vgl. S. 42 f. sowie S. 62 f. dieser Arbeit].

ren)[208]. Daneben betreffen drei BFH-Entscheidungen Werbungskosten bei Einkünften aus Kapitalvermögen; bei den restlichen acht Verfahren ist eine eindeutige Zuordnung zu einer Einkunftsart nicht möglich.

Im Hinblick auf die jeweiligen Streitgegenstände gestalten sich die erfassten Verfahren zu § 9 Abs. 1 S. 1 EStG sehr unterschiedlich. Zudem geht es in den entsprechenden Verfahren um sehr detaillierte Rechtsfragen, was eine Kategorisierung zusätzlich erschwert. Beispielsweise betreffen die Entscheidungen zu Werbungskosten bei Einkünften aus nichtselbständiger Arbeit die steuerliche Berücksichtigung von Umzugs-, Übernachtungs- und Dienstreisekosten sowie von Verpflegungsmehraufwendungen. Die Verfahren zu Werbungskosten bei Einkünften aus Vermietung und Verpachtung behandeln etwa die partielle Anerkennung von Werbungskosten bei teilweiser Selbstnutzung von vermietetem Wohneigentum, die Abzugsfähigkeit von Geldleistungen an Architekten bei Nichtfertigstellung eines Gebäudes oder die Problematik des Drittaufwands[209] von Ehegatten (Zinszahlungen beim darlehensfinanzierten Kauf eines Eigenheims).

2.3 Diskussion finanzpolitischer Handlungsoptionen

2.3.1 Vorbemerkungen

Zur Beseitigung bzw. Reduzierung ertragsteuerlicher Streitpotenziale bei den Betriebsausgaben und Werbungskosten sollen zwei grundsätzliche Ansatzpunkte diskutiert werden. Zum einen kann der Bereich der Erwerbsaufwendungen in seiner Gesamtheit betrachtet werden, ohne dabei die Konfliktträchtigkeit einzelner Detailbestimmungen zu untersuchen. In diesem Zusammenhang wäre etwa danach zu fragen, wie eine Erhöhung der Werbungskostenpauschbeträge nach § 9a EStG zu beurteilen ist. Zum anderen können konkrete Bestimmungen zu Betriebsausgaben und Werbungskosten analysiert werden. Hierzu zählen insbesondere § 4 Abs. 4a (Schuldzinsen), § 4 Abs. 5 (beschränkt bzw. nicht abzugsfähige Betriebsausgaben) sowie § 9 Abs. 1 S. 3 EStG (besondere Tatbestände für Werbungskosten). Zudem muss beachtet werden, dass die Generalklauseln des § 4 Abs. 4 EStG und des § 9 Abs. 1 S. 1 EStG auf die einzelnen Einkunftsarten

---

208 Für die Einkünfte aus Vermietung und Verpachtung ist zudem auf eine Reihe von Verfahren hinzuweisen, die mittelbar die Werbungskostenproblematik betreffen. Hierbei geht es vor allem um die Anerkennung von Mietverhältnissen mit nahen Angehörigen und – daran anknüpfend – um die Frage, ob entsprechende Werbungskosten steuerlich zu berücksichtigen sind. Da es hierbei vor allem um die Feststellung der Einkünfteerzielungsabsicht geht, ist als konfliktverursachend wohl eher § 21 EStG (Einkünfte aus Vermietung und Verpachtung) als § 9 EStG (Werbungskosten) zu bezeichnen.

209 Zum Begriff „Drittaufwand" vgl. S. 105 dieser Arbeit, Fußnote 166.

des Einkommensteuergesetzes ausstrahlen und sich insofern einkunftsspezifische Streitpotenziale bei der steuerlichen Berücksichtigung von Betriebsausgaben respektive Werbungskosten ergeben können.

Vergleicht man die im vorstehenden Abschnitt dargelegten Konfliktfelder der Betriebsausgabenregelungen (§ 4 Abs. 4 ff. EStG) mit denen des Werbungskostenbereichs (§ 9 EStG), so fällt auf, dass sich erstgenannte wesentlich heterogener darstellen als letztgenannte[210]. Dieser Befund entspricht der weiter oben getroffenen Feststellung, dass sich unternehmerische Betätigungen wesentlich vielschichtiger als private Wirtschaftstätigkeiten darstellen. Allerdings lassen sich auch im **Betriebsausgabenbereich** Konzentrationen auf bestimmte Sachverhalte feststellen. Besonders streitanfällig gestaltet sich demnach die steuerliche Berücksichtigung von *Schuldzinsen*[211]. Daneben sind beträchtliche Konfliktkumulierungen auf § 4 Abs. 5 Nr. 6b EStG (*Häusliches Arbeitszimmer*) sowie auf § 4 Abs. 5 Nr. 5 EStG (*Verpflegungsmehraufwendungen*) zu konstatieren. Analog zu den Betriebsausgaben spielt der *Schuldzinsenabzug* auch im **Werbungskostenbereich** (§ 9 Abs. 1 S. 3 Nr. 1 EStG) eine sehr konfliktreiche Rolle. Rechtsstreitigkeiten treten außerdem besonders häufig bei der steuerlichen Berücksichtigung von *AfA als Werbungskosten* (§ 9 Abs. 1 S. 3 Nr. 7 EStG) sowie dem Tatbestand der *doppelten Haushaltsführung* (§ 9 Abs. 1 S. 3 Nr. 5 EStG) auf. Im Rahmen der Rechtsprechungsanalyse wurde ferner darauf hingewiesen, dass weitere Sondervorschriften zu Werbungskosten ein zwar geringeres, jedoch nicht zu vernachlässigendes Konfliktpotenzial entfachen. Hierzu zählen vor allem § 9 Abs. 1 S. 3 Nr. 4 EStG (*Fahrten zwischen Wohnung und Erwerbsstätte*) sowie § 9 Abs. 1 S. 3 Nr. 6 EStG (*Aufwendungen für Arbeitsmittel*).

Bei der Diskussion des allgemeinen Werbungskostenbegriffs nach § 9 Abs. 1 S. 1 EStG muss beachtet werden, dass aufgrund des sog. „Abzugsgebots" nach § 9 Abs. 1 S. 2 EStG[212] prinzipiell alle Überschusseinkünfte durch die Generalklausel angesprochen werden können. Besonders häufig kommt es dabei im Falle von Werbungskosten bei *Einkünften aus nichtselbständiger Arbeit* sowie bei *Einkünften aus Vermietung und Verpachtung* zu steuerrechtlichen Konflikten. Wie bereits dargelegt, gestalten sich die entsprechenden Streitgegenstände zu

---

[210] Details zu den folgenden Ausführungen finden sich auf S. 36 ff. sowie auf S. 57 ff. dieser Arbeit (Analyse der Rechtsprechung des BFH und der Finanzgerichte).

[211] Nach MEYER und BALL hat sich die höchstrichterliche Rechtsprechung bis zum Jahre 1999 mit nahezu 900 Entscheidungen zum Schuldzinsenabzug befassen müssen, wobei etwa 200 Verfahren alleine auf die Jahre ab 1995 entfielen. Die Konfliktträchtigkeit dieses Bereichs scheint demnach zuzunehmen [vgl. MEYER/BALL (1999), S. 781].

[212] § 9 Abs. 1 S. 2 EStG bestimmt, dass Erwerbsaufwendungen bei derjenigen Einkunftsart abzusetzen sind, bei der sie angefallen sind.

unterschiedlich, als dass eine weitergehende Kategorisierung vorgenommen werden könnte. Dies ist vor allem auf die sehr allgemein gehaltene, dem „Veranlassungsprinzip“[213] folgende Formulierung in § 9 Abs. 1 S. 1 EStG zurückzuführen. Dementsprechend können im Einzelfall sehr unterschiedliche Sachverhalte als Werbungskosten in Betracht kommen.

Die o. g. Streitpotenziale sind im Folgenden einer detaillierten Analyse zu unterziehen. Der Übersichtlichkeit halber sollen sie nochmals stichpunktartig genannt werden:

- *Schuldzinsenabzug* (§ 4 Abs. 4 und 4a EStG bzw. § 9 Abs. 1 S. 3 Nr. 1 EStG).
- *Häusliches Arbeitszimmer* (§ 4 Abs. 5 Nr. 6b EStG).
- *Verpflegungsmehraufwendungen* (§ 4 Abs. 5 Nr. 5 EStG).
- *AfA als Werbungskosten* (§ 9 Abs. 1 S. 3 Nr. 7 EStG).
- *Doppelte Haushaltsführung* (§ 9 Abs. 1 S. 3 Nr. 5 EStG).
- *Fahrten zwischen Wohnung und Arbeitsstätte* (§ 9 Abs. 1 S. 3 Nr. 4 und Abs. 2 EStG i. V. m. § 4 Abs. 5 Nr. 6 EStG).
- *Aufwendungen für Arbeitsmittel* (§ 9 Abs. 1 S. 3 Nr. 6 EStG).

Daneben ist zu untersuchen, inwieweit eine Verringerung einkunftsspezifischer Konfliktpotenziale möglich erscheint, die aus den Generalklauseln des § 4 Abs. 4 EStG sowie § 9 Abs. 1 S. 1 EStG resultieren (vor allem Einkünfte aus nichtselbständiger Arbeit sowie aus Vermietung und Verpachtung).

2.3.2 Grundsätzliche Konfliktvermeidungsstrategien

Wie ausführlich dargelegt, weist der Bereich der Erwerbsaufwendungen sowohl eine sehr hohe Zahl als auch eine ausgeprägte Heterogenität steuerrechtlicher Konflikte auf. Vor allem aufgrund des letztgenannten Umstands liegt es nahe, zunächst grundlegende und weitreichende Handlungsoptionen zu analysieren, die geeignet erscheinen, eine *erhebliche* Reduzierung ertragsteuerlicher Streitpotenziale zu ermöglichen.

---

[213] Dem Veranlassungsprinzip zufolge kommen als Werbungskosten bzw. Betriebsausgaben nur solche Aufwendungen in Betracht, die durch eine konkrete Erwerbstätigkeit veranlasst sind. Vgl. hierzu auch S. 119 f. dieser Arbeit sowie ausführlich TIPKE/LANG (2002), S. 268 ff.

Als wesentliche Ansatzpunkte hierfür kommen die folgenden Maßnahmen in Betracht:

- Streichung jeglicher Art der Abzugsmöglichkeit von Erwerbsaufwendungen (Loslösung vom objektiven Nettoprinzip) bei gleichzeitiger drastischer Senkung der Steuersätze.
- Noch stärkere Pauschalierung von Erwerbsaufwendungen unter Einräumung der Möglichkeit des Einzelnachweises höherer Ausgaben (Beibehaltung des objektiven Nettoprinzips).

Im Folgenden ist zu prüfen, wie die genannten Alternativen aus steuersystematischer, verfassungsrechtlicher sowie fiskalischer Sicht zu beurteilen sind.

Durch den **Wegfall jeglicher Abzugsmöglichkeiten** als Betriebsausgaben bzw. als Werbungskosten könnten entsprechende steuerrechtliche Konflikte unmittelbar ausgeschlossen werden. Da dies die Abkehr vom Prinzip der Nettobesteuerung bedeutete und daher nach derzeitigem Verständnis einer Durchbrechung des Leistungsfähigkeitsprinzips gleich käme[214], muss diese Option vor dem Hintergrund ökonomischer und steuerrechtlicher Gestaltungsprinzipien äußerst kritisch beurteilt werden. Zwar könnte den resultierenden Steuerbelastungen aus fiskalischer Sicht durch eine hinreichende Absenkung der Grenzsteuersätze entgegengewirkt werden; allerdings sprechen gegen ein solch undifferenziertes Besteuerungsverfahren fundamentale Verfassungsprinzipien (insbesondere Art. 3 Abs. 1 GG; allgemeiner Gleichheitssatz) und grundlegende Aspekte der Steuergerechtigkeit (insbesondere „Gleichmäßigkeit der Besteuerung"). Nach diesen allgemein anerkannten Grundsätzen sind die Steuerlasten auf die Steuerpflichtigen gemäß der persönlichen Leistungsfähigkeit zu verteilen[215]. Die Ermittlung steuerlicher Leistungsfähigkeit würde durch eine Abkehr vom objektiven Nettoprinzip erheblich beeinträchtigt, da ohne Berücksichtigung einkunftserzielungsbedingter Aufwendungen die vollen Bruttoeinkünfte der Besteuerung unterlägen. Ein derart weit ausgelegter Leistungsfähigkeitsbegriff erscheint weder ökonomisch noch verfassungsrechtlich akzeptabel.

Aus steuersystematischer Sicht ist ein Abzugsverbot für Erwerbsaufwendungen insbesondere bei den Gewinneinkünften als problematisch zu beurteilen. Wie bereits erwähnt, weisen unternehmerische Tätigkeiten i. d. R. einen wesentlich höheren Komplexitäts- und Detailgrad als nichtunternehmerische Betätigungen auf. Dem entspricht es, dass das Einkommensteuergesetz im Bereich der Gewinneinkünfte – insbesondere in Form des Betriebsvermögensvergleichs –

---

[214] Vgl. mit weiteren Nachweisen TIPKE/LANG (2002), S. 218 f. u. S. 223.

[215] Vgl. ebd., S. 79.

umfassendere und detailliertere Einkunftsermittlungsmethoden vorschreibt als im Bereich der Überschusseinkünfte („Dualismus der Einkunftsermittlung"). Eine gänzliche Versagung des Betriebsausgabenabzugs würde dieser ökonomisch sachgerechten Trennungslinie vollends zuwider laufen.

Auch für den Bereich der Überschusseinkünfte lassen sich einschlägige Argumente gegen den Wegfall des Werbungskostenabzugs vorbringen. Im Falle von Einkünften aus nichtselbständiger Tätigkeit spricht gegen ein Abzugsverbot etwa der Umstand, dass spezifische Berufsgruppen (z. B. Lehrer) einen Großteil der maßgeblichen Erwerbsaufwendungen selbst tragen müssen (Arbeitszimmer, Arbeitsmittel etc.). Würden die entsprechenden Aufwendungen nicht zum Abzug zugelassen, so ergäben sich erhebliche steuerliche Ungleichbehandlungen, insbesondere im Vergleich zu Steuerpflichtigen, die keine oder nur geringe Werbungskosten zu tragen haben. Bei Einkünften aus Vermietung und Verpachtung ist vor allem an Schuldzinsen und Erhaltungsaufwendungen für Gebäude zu denken, die beträchtliche Summen ausmachen können. Ein Wegfall des Werbungskostenabzugs hätte somit erhebliche und zum Teil sehr unterschiedliche Mehrbelastungen der Steuerpflichtigen zur Folge, die nach herrschender Meinung mit dem Leistungsfähigkeitsprinzip in keiner Weise zu vereinbaren wären.

Scheidet daher eine Loslösung vom objektiven Nettoprinzip sowohl für die Gewinn- als auch für die Überschusseinkünfte aus, so kommt zwecks Reduzierung ertragsteuerlicher Streitpotenziale ein anderer, ökonomisch wie steuerrechtlich akzeptabler Ansatzpunkt in Betracht: Grundsätzlich können die Bezieher von Überschusseinkünften bezüglich ihrer Erwerbsaufwendungen als wesentlich homogenere Gruppe angesehen werden als Bezieher unternehmerischer Einkünfte. Dem entspricht es, dass im Bereich der Überschusseinkünfte schon jetzt Werbungskosten teils pauschaliert berücksichtigt werden. Zu nennen sind diesbezüglich insbesondere der sog. „Arbeitnehmer-Pauschbetrag" nach § 9a Nr. 1 EStG (zurzeit 1.044 Euro), die Werbungskostenpauschale bei Einkünften aus Kapitalvermögen nach § 9a Nr. 2 EStG (zurzeit 51 Euro) sowie die Pauschale für sonstige Einkünfte i. S. d. § 22 Nr. 1, 1a und 5 EStG (§ 9a Nr. 3 EStG; zurzeit 102 Euro). Bei Einkünften aus Vermietung und Verpachtung existiert gegenwärtig keine Werbungskostenpauschale.

Aus ökonomischer Perspektive weisen **Pauschalierungen** einen ambivalenten Charakter auf. Aufgrund potenzieller Begünstigungseffekte[216] stellen sie einer-

---

216 Pauschbeträge führen immer dann zu Begünstigungseffekten, wenn die im Einzelfall tatsächlich angefallenen Erwerbsaufwendungen geringer als der Pauschalbetrag sind. Gleichwohl negiert das Bundesverfassungsgericht eine Verletzung des Gleichheitssatzes nach Art. 3 Abs. 1 GG mit Hinweis auf den Typisierungsspielraum des Gesetzgebers zum Zweck der Steuervereinfachung [vgl. etwa TIPKE/LANG (2002), S. 299 f.].

seits eine Durchbrechung des Leistungsfähigkeitsprinzips dar; andererseits gewährleisten sie ein effizientes Besteuerungsverfahren, da ein Großteil der Steuerpflichtigen vom aufwendigen Einzelnachweis der Aufwendungen entbunden wird und die entsprechende – zeitintensive und konfliktanfällige – Kontrolle seitens der Finanzbehörden entfällt. Aus der hohen Streitanfälligkeit des Werbungskostenbereichs resultieren zudem erhebliche Belastungseffekte auf Seiten der Finanzverwaltung und der Finanzgerichtsbarkeit durch Rechtsbehelfsverfahren. Dies zieht beträchtliche gesamtwirtschaftliche Kosten nach sich.

Vor diesem Hintergrund erscheint eine noch stärkere Pauschalierung des Werbungskostenbereichs aus ökonomischer Perspektive vertretbar, da sich hieraus eine beachtliche Reduzierung ertragsteuerlicher Streitpotenziale und infolgedessen eine Verringerung gesamtwirtschaftlicher Kosten ergeben könnte[217]. Wie gezeigt wurde, kommt es insbesondere im Falle von Werbungskosten bei Einkünften aus nichtselbständiger Arbeit (§ 19 EStG) sowie bei Einkünften aus Vermietung und Verpachtung (§ 21 EStG) zu Steuerrechtskonflikten[218].

Als Handlungsoptionen bieten sich daher die folgenden Maßnahmen an:

- *Einkünfte aus nichtselbständiger Arbeit*: Erhöhung des Arbeitnehmer-Pauschbetrags nach § 9a Nr. 1 EStG.
- *Einkünfte aus Vermietung und Verpachtung*: (Wieder-)Einführung einer Werbungskostenpauschale in § 9a EStG.

Durch eine hinreichende **Erhöhung des Arbeitnehmer-Pauschbetrags** könnte ein Großteil steuerrechtlicher Konflikte im Werbungskostenbereich beseitigt werden. Freilich hängt der tatsächliche Streitpotenzial-Senkungseffekt von dem Ausmaß der Pauschbetrag-Erhöhung ab. Grundsätzlich kann davon ausgegangen werden, dass die Konfliktwahrscheinlichkeit umso geringer ist, je höher die Werbungskostenpauschale angesetzt wird, da somit umso weniger Steuerpflichtige die Möglichkeit eines Einzelnachweises in Anspruch nehmen werden. Dies wirft die Frage nach den fiskalischen Wirkungen einer Pauschbetragserhöhung

---

217 Aufgrund der ausgeprägten Heterogenität unternehmerischer Tätigkeiten sollte von derartigen Maßnahmen im Bereich der Gewinneinkünfte (Pauschalierungen von Betriebsausgaben) abgesehen werden. Insofern ist der Auffassung der Mehrheit des Bundesrats zuzustimmen, dass die von der Bundesregierung angestrebte pauschale Gewinnermittlungsmethode für Existenzgründer und Kleinbetriebe [Absetzung der Hälfte der Betriebseinnahmen als Betriebsausgaben; vgl. etwa F.A.Z. (2003f), S. 11] als nur wenig zielführend anzusehen ist, insbesondere mit Blick auf das Ziel der Steuerrechtsvereinfachung. So ist etwa auf die zumeist nur geringen Umsatzrenditen von neugegründeten Unternehmen hinzuweisen. Zudem wurde im fünften Teil der Untersuchung ausgeführt, dass der Kostenanteil an der Unternehmens-Gesamtleistung i. d. R. über 90 % beträgt (vgl. S. 84 f. dieser Arbeit). Diese Umstände legen die Vermutung nahe, dass nur wenige Steuerpflichtige die Pauschalregelung in Anspruch nehmen würden.

218 Vgl. S. 121 f. dieser Arbeit.

auf: Wie eine überschlägige Rechnung zeigt, dürften aus einer Erhöhung der Werbungskostenpauschale um einen Euro staatliche Einnahmeverluste i. H. v. etwa 5 Millionen Euro resultieren[219]. Eine Verdopplung des Arbeitnehmer-Pauschbetrags von derzeit 1.044 Euro auf 2.088 Euro würde demnach Einnahmeausfälle i. H. v. etwa 5,2 Mrd. Euro nach sich ziehen.

Der Entscheidung über die konkrete Höhe des Pauschbetrags sollte die Struktur der tatsächlich in Anspruch genommenen Werbungskosten zu Grunde liegen. Wie das Datenmaterial des Statistischen Bundesamtes aus dem Veranlagungszeitraum 1995 zeigt, nahmen etwa 63,5 % der Lohnsteuerpflichtigen lediglich den Arbeitnehmer-Pauschbetrag i. H. v. damals 2.000 DM in Anspruch, während ca. 36,5 % der abhängig Beschäftigten darüber hinaus gehende Werbungskosten geltend machten[220]. Dabei betrugen die von der letztgenannten Gruppe angesetzten Erwerbsaufwendungen im Durchschnitt ca. 2.908 Euro[221]. Unter Berücksichtigung der Inflationsrate könnte demnach eine Erhöhung des Arbeitnehmerpauschbetrags auf 3.000 Euro in Betracht gezogen werden. Hierdurch ergäben sich – bei unverändertem Steuertarif – zusätzliche Einnahmeausfälle i. H. v. ca. 9,8 Mrd. Euro. Bezogen auf das gesamte Einkommensteueraufkommen im Jahr 2002 (ca. 149 Mrd. Euro[222]) ergibt sich eine Quote von etwa 6,6 %; der Anteil am Lohnsteueraufkommen desselben Jahres (etwa 132,7 Mrd. Euro[223]) beträgt ca. 7,4 %. Dies verdeutlicht das Ausmaß der budgetären Belastungseffekte, die von einer solchen Maßnahme ausgingen. Aufgrund der derzeit angespannten Kassenlage der öffentlichen Haushalte muss die Finanzierbarkeit einer Erhöhung des Arbeitnehmer-Pauschbetrags kritisch beurteilt werden. Gleichwohl stellt diese Handlungsoption eine *mittel- bis langfristig* anzustrebende Möglichkeit zur Senkung ertragsteuerlicher Streitpotenziale dar[224].

Ob die (Wieder-)Einführung einer Werbungskostenpauschale im Bereich der **Einkünfte aus Vermietung und Verpachtung** zur Verringerung steuerrechtlicher Konflikte beitragen könnte, muss ebenso bezweifelt werden, wie die Zweckmäßigkeit einer solchen Regelung aus ökonomischer Perspektive. Zunächst ist darauf hinzuweisen, dass in den Jahren 1996 bis 1999 schon einmal die Möglichkeit eines pauschalen Werbungskostenabzugs bestand (§ 9a S. 1 Nr. 2

---

219 Eigene Berechung, Datengrundlage: BUNDESMINISTERIUM DER FINANZEN (2002d), S. 50.

220 Vgl. STATISTISCHES BUNDESAMT (1999), S. 20 f.

221 Eigene Berechnung, Datengrundlage: STATISTISCHES BUNDESAMT (1999), S. 20 f.

222 Schätzung [vgl. BUNDESMINISTERIUM DER FINANZEN (2002c), S. 45 u. S. 18].

223 Schätzung [vgl. ebd., S. 18].

224 Der Vorschlag einer Erhöhung des Arbeitnehmer-Pauschbetrags (jedoch auf 2.556 Euro) findet sich auch in dem sog. „Darmstädter Entwurf", der von einer gemeinsamen Arbeitsgruppe der Technischen Universität Darmstadt und dem hiesigen Finanzamt stammt [vgl. DARMSTÄDTER ENTWURF ZUR STEUERVEREINFACHUNG (2002), S. 6 ff.].

EStG a. F.)[225]. Die damalige gesetzliche Regelung beinhaltete ein grundsätzliches Wahlrecht zwischen einem pauschalen Werbungskostenabzug i. H. v. 42 DM pro Quadratmeter und einem Abzug nach Maßgabe der tatsächlich angefallenen Werbungskosten, wobei im Fall eines Wechsels vom Pauschbetragsabzug zum Einzelnachweis eine Bindungsfrist von insgesamt fünf Jahren bestand. Der Werbungskostenpauschbetrag schloss zudem nicht die steuerliche Abzugsmöglichkeit von Schuldzinsen und AfA (sowie gegebenenfalls erhöhte Absetzungen und Sonderabschreibungen) aus. Mit der Begründung, dieses Vorgehen hätte zu einer erheblichen Komplizierung des Besteuerungsverfahrens geführt, wurde die Bestimmung mit dem Steuerentlastungsgesetz 1999/2000/2002 wieder abgeschafft[226].

Aus ökonomischer Perspektive kann die Ausgestaltung der zuvor beschriebenen Alt-Regelung insoweit als sachgemäß bezeichnet werden, als ein pauschaler Abzug von Schuldzinsen und AfA nicht zweckmäßig erscheint, da eben jene Kostenblöcke sehr stark von den jeweiligen Umständen des Einzelfalls abhängen (z. B. Darlehenskonditionen, Gebäudemerkmale). Gerade diese Überlegungen sprechen jedoch – zumindest mit Blick auf das Ziel der Verringerung steuerrechtlicher Konflikte – *gegen* die Wiedereinführung einer Pauschbetragsregelung, da die Hauptstreitigkeiten im Fall von Werbungskosten bei Vermietungs- und Verpachtungseinkünften Schuldzinsen (vor allem Begriffsauslegung) und AfA-Tatbestände (z. B. Abgrenzung von Erhaltungsaufwendungen und Herstellungskosten) betreffen[227].

Daneben ist auf weitere ökonomische Besonderheiten bei den Einkünften aus Vermietung und Verpachtung hinzuweisen, vor deren Hintergrund eine pauschale Berücksichtigung von Werbungskosten problematisch erscheint: So können nicht nur Schuldzinsen und AfA, sondern auch die sonstigen laufenden Unterhaltungskosten, abhängig von dem jeweils zugrunde liegenden Gebäude und dessen Ausstattung, sehr stark variieren (z. B. Villa mit Luxuseinrichtung vs. herkömmlicher Altbau). Ferner kommt der grundsätzlichen ökonomischen Problematik

---

225 Vgl. hierzu etwa KOHLRUST-SCHULZ (1998), S. 293 ff., PACH-HANSSENHEIMB (1996), S. 614 ff. sowie RISTHAUS (1997), S. 494 ff.

226 Vgl. BUNDESTAGSDRUCKSACHE 14/23 (1998), S. 174. Die Abschaffung des § 9a S. 1 Nr. 2 EStG a. F. dürfte u. a. auf Probleme bei der Feststellung der für die Pauschale maßgeblichen vermieteten Fläche zurückzuführen sein (z. B. Abgrenzung von Wohn- zu Geschäftsräumen). Zudem stand dem Vereinfachungszweck der Bestimmung prinzipiell die o. g. Bindungsfrist entgegen. Zum Zweck der Missbrauchsverhinderung ist diese Regelung zwar als vorteilhaft zu beurteilen (pauschaler Abzug bei keinen/geringen tatsächlichen Unterhaltungskosten; Einzelnachweis bei hohen Kosten), gleichwohl hätte die Vorschrift im Fall des geschilderten Wechsels (vom Pauschbetragsabzug zum Einzelnachweis) einer Vereinfachung des Besteuerungsverfahrens für mindestens fünf Veranlagungszeiträume entgegengestanden.

227 Ebenso RISTHAUS (1997), S. 500 u. S. 502 f.

von Pauschalen (Begünstigungs- bzw. Benachteiligungseffekte aufgrund geringerer bzw. höherer tatsächlicher Aufwendungen als der Pauschbetrag) bei den Vermietungs- und Verpachtungseinkünften eine besondere Bedeutung zu, da es dem Vermieter prinzipiell offen steht, einzelne laufende Gebäudekosten auf den Mieter (voll/teilweise) zu überwälzen (durch sog. „Nebenkostenumlagen“) oder (voll/teilweise) selbst zu tragen. Dies erschwert die administrative Festlegung einer angemessenen Pauschale erheblich. Ein pauschaler Werbungskostenabzug bei Einkünften aus Vermietung und Verpachtung kann demnach weder aus ökonomischer Perspektive, noch im Hinblick auf das Ziel der Verringerung ertragsteuerlicher Konfliktpotenziale als zweckdienlich angesehen werden.

2.3.3 Untersuchung von Detailregelungen

2.3.3.1 Schuldzinsenabzug

§ 4 Abs. 4a EStG:

Satz 1: Schuldzinsen sind nach Maßgabe der Sätze 2 bis 4 nicht abziehbar, wenn Überentnahmen getätigt worden sind; bei der Ermittlung der Überentnahme ist vom Gewinn ohne Berücksichtigung der nach Maßgabe dieses Absatzes nicht abziehbaren Schuldzinsen auszugehen.

Satz 2: Eine Überentnahme ist der Betrag, um den die Entnahmen die Summe des Gewinns und der Einlagen des Wirtschaftsjahres übersteigen.

Satz 3: Die nicht abziehbaren Schuldzinsen werden typisiert mit sechs vom Hundert der Überentnahme des Wirtschaftsjahres zuzüglich der Überentnahmen vorangegangener Wirtschaftsjahre und abzüglich der Beträge, um die in den vorangegangenen Wirtschaftsjahren der Gewinn und die Einlagen die Entnahmen überstiegen haben (Unterentnahmen), ermittelt; bei der Ermittlung der Überentnahme ist vom Gewinn ohne Berücksichtigung der nach Maßgabe dieses Absatzes nicht abziehbaren Schuldzinsen auszugehen.

Satz 4: Der sich dabei ergebende Betrag, höchstens jedoch der um 2.050 Euro verminderte Betrag der im Wirtschaftsjahr angefallenen Schuldzinsen, ist dem Gewinn hinzuzurechnen.

Satz 5: Der Abzug von Schuldzinsen für Darlehen zur Finanzierung von Anschaffungs- oder Herstellungskosten von Wirtschaftsgütern des Anlagevermögens bleibt unberührt.

Satz 6: Die Sätze 1 bis 5 sind bei Gewinnermittlung nach § 4 Abs. 3 sinngemäß anzuwenden; hierzu sind Entnahmen und Einlagen gesondert aufzuzeichnen.

§ 9 Abs. 1 S. 3 Nr. 1 EStG:

Satz 1: Werbungskosten sind auch Schuldzinsen und auf besonderen Verpflichtungsgründen beruhende Renten und dauernde Lasten, soweit sie mit einer Einkunftsart in wirtschaftlichem Zusammenhang stehen.

Aus der steuerlichen Abzugsmöglichkeit von Schuldzinsen als Betriebsausgaben bzw. als Werbungskosten resultiert eines der klassischen Probleme im Hinblick auf die Abgrenzung der Erwerbs- zur Privatsphäre[228]. Aufgrund seiner hohen Streitanfälligkeit sowie der Heterogenität der im Schrifttum vertretenen Lösungsansätze kommt diesem Bereich eine besondere Bedeutung zu. Daher erscheint es angebracht, den Schuldzinsenabzug noch ausführlicher als die weiteren o. g. Erwerbsaufwendungen zu behandeln.

Den Ausgangspunkt für die Differenzierung zwischen erwerbsbedingten und privat veranlassten Zinszahlungen stellt die Aufhebung des Sonderausgabenabzugs für Schuldzinsen mit dem Steueränderungsgesetz vom 26. Juni 1973[229] dar. Bis zum Veranlagungszeitraum 1973 waren grundsätzlich alle Arten von Schuldzinsen – also auch dem Privatbereich zuzuordnende Zinsverpflichtungen, die weder betrieblich veranlasst waren, noch aus einer Überschusseinkunftsart resultierten – steuerlich als Sonderausgaben absetzbar. Nach damaligem Verständnis entsprach dies dem Prinzip der Besteuerung nach der Leistungsfähigkeit[230]: Da Zins*erträge* eine Erhöhung der individuellen Leistungsfähigkeit bewirken und demzufolge entweder als Betriebseinnahmen oder als Einkünfte aus Kapitalvermögen der Einkommensteuer unterliegen, sollten im Umkehrschluss – so die damals vorherrschende Meinung – Zins*aufwendungen* die steuerliche Leistungsfähigkeit mindern und dürften daher nicht der Besteuerung unterliegen.

Dieser ökonomische Grundkonsens wandelte sich zunehmend seit Mitte der 60er Jahre. Zunächst wurde dabei auf den Verwendungszweck der Darlehensmittel abgestellt. Die steuerliche Abzugsmöglichkeit privater Schuldzinsen wurde vor allem dann als problematisch angesehen, falls die Darlehensverwendung keiner allgemein anerkannten Bedürfnisbefriedigung diente (z. B. Glücksspiel, Liebhaberei, spekulative Wertpapiergeschäfte)[231]. Derartige Zinsverpflichtungen sollten nicht von der Allgemeinheit der Steuerzahler mitfinanziert und daher vom steuerlichen Schuldzinsenabzug ausgenommen werden. Einen Schritt weiter ging der WISSENSCHAFTLICHE BEIRAT BEIM BUNDESMINISTERIUM DER FINANZEN in einem Gutachten aus dem Jahr 1967. Erstmals forderte er die gänzliche Abschaffung des privaten Schuldzinsenabzugs[232]. Die Begründung erfolgte dabei anhand steuersystematischer Gesichtspunkte: Da die Einkommensteuer grundsätzlich nur am Einkommens*zufluss* anknüpfe, könnten als steuerlich relevante

---

228 Vgl. etwa DRENSECK (1998), S. 1326 ff., MEYER/BALL (1999), S. 780 ff., PRINZ (1999/2000), S. 293 ff. sowie SÖFFING (1999), S. 585 ff.

229 Vgl. BGBL. TEIL I (1973), S. 676 ff. sowie BSTBL. TEIL I (1973), S. 545 ff.

230 Vgl. SÖFFING (1999), S. 582 ff.

231 Vgl. EINKOMMENSTEUERKOMMISSION (1964), S. 141 ff.

232 Vgl. WISSENSCHAFTLICHER BEIRAT (1967), S. 28 ff.

Schuldzinsen nur solche Zinsverpflichtungen in Betracht kommen, die aus einer steuerpflichtigen Einkunftsart resultieren. Privat veranlasste Schuldzinsen dienten hingegen der allgemeinen Bedürfnisbefriedigung und stellten somit eine Komponente der Einkommens*verwendung* dar. Ein Sonderausgabenabzug für private Schuldzinsen sei daher steuersystematisch nicht vertretbar. Dieser Auffassung schloss sich die STEUERREFORMKOMMISSION in ihrem Gutachten aus dem Jahr 1971 an[233]. Allerdings konstatierte die Kommission, dass ein Wegfall des allgemeinen Schuldzinsenabzugs Anreize zur Steuerumgehung in Form der Verlagerung von Kreditaufnahmen aus dem privaten in den Erwerbsbereich schaffen könnte und insofern steuerrechtliche Konfliktpotenziale geschaffen würden.

Wie sich in der Folgezeit zeigen sollte, bewahrheiteten sich diese Befürchtungen: Durch den Wegfall des Sonderausgabenabzugs privater Schuldzinsen entstand eine Vielzahl steuerrechtlicher Probleme, die auch heute noch zu erheblichen Steuerrechtskonflikten führen. Im Kern geht es dabei regelmäßig um die Frage, ob Schuldzinsen im Einzelfall Erwerbsaufwendungen (Betriebsausgaben bzw. Werbungskosten) darstellen und somit steuerlich abziehbar sind oder ob eine private Veranlassung vorliegt, was einer Abzugsmöglichkeit entgegensteht. Die konkreten Sachverhalte, die dieser Abgrenzungsproblematik zugrunde liegen, gestalten sich extrem vielfältig. Zu nennen sind insbesondere folgende Tatbestände[234]:

- Gemischte Darlehensverwendungen (Darlehensaufnahme dient sowohl Erwerbs- als auch Privatzwecken bzw. der Erzielung steuerfreier Einkünfte).
- Darlehensumschuldungen und -ablösungen (Umwidmung des Darlehenszwecks).
- Verwendung von gemischten Kontokorrentkonten und Mehrkontenmodellen.
- Darlehensverhältnisse mit nahen Angehörigen.
- Zinsverpflichtungen nach Einstellung der verschuldungsursächlichen Erwerbstätigkeit.

Da im Rahmen dieser Arbeit nicht auf alle Detailfragen zum Schuldzinsenabzug eingegangen werden kann, sollen im Folgenden **grundsätzliche Möglichkeiten zur Beseitigung oder Verminderung steuerrechtlicher Konfliktpoten-**

---

233 Vgl. STEUERREFORMKOMMISSION (1971), S. 162 ff.

234 Vgl. hierzu ausführlich MENGES (2000), S. 49 ff.

ziale diskutiert werden. Hierfür kommen insbesondere die nachstehend genannten Maßnahmen in Betracht:

- Wiedereinführung eines allgemeinen Schuldzinsenabzugs.
- Abschaffung der Abzugsmöglichkeit von erwerbsbedingten Schuldzinsen als Betriebsausgaben bzw. als Werbungskosten.
- Verbesserung der Abgrenzungsmöglichkeit zwischen erwerbsbedingten und privaten Schuldzinsen.

Die beiden erstgenannten Alternativen zielen auf eine unmittelbare Beseitigung der Hauptursache für die hohe Konfliktträchtigkeit des Schuldzinsenabzugs ab: die steuerliche Ungleichbehandlung erwerbsbedingter und privater Schuldzinsen. Der letztgenannte Lösungsweg belässt es bei dieser steuerrechtlichen Differenzierung und fragt, inwieweit eine weniger streitanfällige Abgrenzung erwerbsbedingter und privater Schuldzinsen möglich ist. Die genannten Handlungsoptionen sind im Folgenden einer ökonomischen, verfassungsrechtlichen und fiskalischen Analyse zu unterziehen.

Der **Wiedereinführung eines allgemeinen Schuldzinsenabzugs** stehen in erster Linie steuersystematische Argumente entgegen. Wie bereits erläutert, dient in einem System der Einkommensbesteuerung das für Steuerzahlungen disponible Einkommen als Indikator steuerlicher Leistungsfähigkeit[235]. Dieses wird ermittelt, indem das Gesamt(brutto)einkommen des Steuerpflichtigen bestimmt und sodann um leistungsfähigkeitsmindernde Komponenten korrigiert wird. Hierfür kommen zum einen solche Aufwendungen in Betracht, die zur Erzielung von steuerpflichtigen Einkünften dienen (objektives Nettoprinzip). Zum anderen mindern solche Ausgaben die steuerliche Leistungsfähigkeit, die für den Einzelnen aufgrund persönlicher Verhältnisse unabwendbar sind (subjektives Nettoprinzip).

Private Zinsausgaben, die mit keiner Einkunftsart des Einkommensteuergesetzes in Verbindung stehen, resultieren nicht aus einem Einkommens*zufluss*, sondern vielmehr aus der Einkommens*verwendung*. Sie stellen daher keine Kosten der Einkunftserzielung dar. Die steuerliche Abzugsfähigkeit privater Schuldzinsen kann demzufolge nicht anhand des objektiven Nettoprinzips begründet werden. Zum gleichen Ergebnis gelangt man, wenn anhand des subjektiven Nettoprinzips argumentiert wird: Nicht-erwerbsbedingte Schuldzinsen basieren prinzipiell auf freien Entscheidungen über die Verwendung des persönlichen Einkommens. Weder entstehen sie dem Einzelnen zwangsläufig, noch beruhen

[235] Vgl. zu den folgenden grundsätzlichen Ausführungen etwa ANDEL (1998), S. 313 ff. sowie TIPKE/LANG (2002), S. 217 ff.

sie auf gesondert zu berücksichtigenden persönlichen Verhältnissen des Steuerpflichtigen, die eine Minderung der Leistungsfähigkeit bedeuten. Stellte man diesbezüglich auf einen einkommensniveaubedingten „Kreditaufnahmezwang" ab, so ist darauf hinzuweisen, dass eine Berücksichtigung des Existenzminimums bereits durch den tariflichen Grundfreibetrag erfolgt. Anstatt aus derartigen Gründen einen generellen Sonderausgabenabzug privater Schuldzinsen zuzulassen, erscheint es einkommensteuersystematisch sachgemäßer, eine hinreichende steuertarifliche Freibetragszone sowie deren zeitnahe Anpassung an die Entwicklung des Preisniveaus zu gewährleisten. Aus ökonomischer Perspektive ist die Wiedereinführung eines allgemeinen Schuldzinsenabzugs somit abzulehnen.

Neben den genannten steuersystematischen Einwänden sprechen fiskalische Gründe gegen einen Sonderausgabenabzug privater Zinsaufwendungen, wie bereits eine überschlägige Rechnung zeigt. Das Statistische Bundesamt weist für das Jahr 2001 eine private Verschuldung i. H. v. etwa 927 Mrd. Euro aus[236]. Wendet man hierauf einen veranschlagten Zinssatz von 6,0 % an, so ergeben sich ca. 56 Milliarden Euro steuerlich absetzbare Schuldzinsen. Bei Annahme eines durchschnittlichen Grenzsteuersatzes von 30,0 % gelangt man zu einer fiskalischen Belastung von 16,8 Milliarden Euro. Bezogen auf das gesamte Steueraufkommen des Jahres 2002 (ca. 440 Mrd. Euro[237]) ergibt sich eine Quote i. H. v. etwa 3,8 %. Das Verhältnis zum Einkommensteueraufkommen des gleichen Jahres (ca. 149 Mrd. Euro[238]) beträgt ca. 11,3 %. Diese Zahlen belegen, dass die staatliche Einnahmenseite durch die Wiedereinführung eines allgemeinen Schuldzinsenabzugs – bei gegebenem Steuertarif – stark beansprucht würde. In Anbetracht der angespannten Haushaltslagen von Bund, Ländern und Gemeinden muss bezweifelt werden, ob eine derartige Zusatzbelastung in naher Zukunft verkraftbar wäre. Insbesondere stellt sich die Frage, wie ein derart beträchtlicher Einnahmenverlust refinanziert werden könnte.

Gegen die **Abschaffung des erwerbsbedingten Schuldzinsenabzugs** als Betriebsausgaben bzw. als Werbungskosten sprechen ebenfalls erhebliche steuersystematische Bedenken. Wie bereits dargelegt, mindern Aufwendungen zur Erzielung steuerpflichtiger Einkünfte die steuerliche Leistungsfähigkeit (objektives Nettoprinzip). Zweifelsohne sind dazu auch Zinsverpflichtungen zu zählen,

---

[236] Vgl. STATISTISCHES BUNDESAMT (2002), S. 330. Die fiskalische Belastungswirkung dürfte indes etwas überzeichnet sein, da die vom Statistischen Bundesamt ausgewiesene private Verschuldung auch Darlehen für den Wohnungsbau beinhaltet. Ein Teil der hieraus resultierenden Schuldzinsen kann derzeit als Werbungskosten bei Einkünften aus Vermietung und Verpachtung steuerlich abgesetzt werden.

[237] Ergebnis der Steuerschätzung vom November 2002 [vgl. BUNDESMINISTERIUM DER FINANZEN (2002c), S. 45.

[238] Schätzung [vgl. ebd., S. 45 u. S. 18].

die aufgrund der Erzielung von Gewinn- oder Überschusseinkünften entstehen. Diese sind bei der Ermittlung der steuerbaren Reineinkünfte von den Bruttoeinkünften abzuziehen. Die steuerliche Abzugsmöglichkeit erwerbsbedingter Schuldzinsen folgt demnach fundamentalen Prinzipien der Einkommensbesteuerung und ist somit beizubehalten.

Die voranstehenden Ausführungen verdeutlichen, dass die steuerrechtliche Differenzierung erwerbsbedingter und privater Schuldzinsen als ökonomisch sachgemäß zu beurteilen ist. Allerdings stellt sich die Frage, inwieweit es möglich ist, diese **Abgrenzung weniger konfliktreich zu gestalten**. Um dies zu untersuchen, müssen zunächst die bislang verwendeten Abgrenzungskriterien analysiert werden. Dies soll im Folgenden geschehen.

Die Klärung von Rechtsfragen, die sich aus der Abgrenzung erwerbsbedingter und privater Schuldzinsen ergaben, erfolgte vor allem im Zuge der Rechtsprechung des Bundesfinanzhofs. Diese basiert bis heute im Wesentlichen auf zwei Grundsätzen[239]. Die Frage, ob Schuldzinsen der Erwerbs- oder der Privatsphäre zuzuordnen sind, ist grundsätzlich anhand des allgemeinen „*Veranlassungsprinzips*" gemäß § 4 Abs. 4 EStG bzw. § 9 Abs. 1 S. 1 EStG zu beantworten. Demzufolge können Schuldzinsen als Betriebsausgabe abgezogen werden, wenn sie betrieblich veranlasst sind; der Werbungskostenansatz kommt analog in Betracht, falls Zinsaufwendungen mit einer Überschusseinkunftsart in Verbindung stehen. Die Abzugsfähigkeit von Zinsaufwendungen hängt demnach vom konkreten *Verwendungszweck* der Darlehensmittel ab. Hierbei ist allerdings der Grundsatz der „*Finanzierungsfreiheit*" zu beachten. Demzufolge bleibt es grundsätzlich dem Erwerbstätigen selbst überlassen, ob er seine wirtschaftlichen Aktivitäten mit Eigen- oder mit Fremdkapital finanziert und inwieweit er seine einmal getroffene Finanzierungsentscheidung revidiert. Mit anderen Worten: Es ist jedem Investor freigestellt, Eigenkapital durch Fremdkapital zu ersetzen und die freiwerdenden Mittel – sprich: sein Vermögen – für private Zwecke zu verwenden.

Das Dilemma, das sich bei der Abgrenzung erwerbsbedingter und privater Schuldzinsen alleine nach dem „Veranlassungsprinzip" ergibt, wenn gleichzeitig der Grundsatz der Finanzierungsfreiheit gilt, kann wie folgt umschrieben werden[240]: Einem Erwerbstätigen, der die Finanzierungsstruktur seiner Einkunfts-

---

[239] Vgl. SÖFFING (1999), S. 585 f. Besonders hervorzuheben sind in diesem Zusammenhang die Entscheidungen des Großen Senats des BFH zu gemischten Kontokorrentkonten [„Kontokorrentbeschluss"; vgl. BSTBL. TEIL II (1990), S. 817 ff.] sowie zu Mehrkontenmodellen [„Kontentrennungsbeschluss"; vgl. BSTBL. TEIL II (1997), S. 193 ff.].

[240] Zu den folgenden Ausführungen vgl. insbesondere ELSER (1999), S. 172 ff. sowie JONAS (1993), S. 2304 ff.

quelle frei bestimmen kann, eröffnen sich *zwangsläufig* Gestaltungsspielräume bei der Verlagerung „privater" Verschuldung in den Erwerbsbereich. Ob hierbei allerdings von einer „Verlagerung" im Sinne des Veranlassungsprinzips, also von einer „Willkürung von Betriebsschulden"[241] gesprochen werden kann, muss aus ökonomischer Perspektive bezweifelt werden. Prinzipiell stellt sich die Frage, warum sich ein Erwerbstätiger privat verschulden sollte, wenn er doch gleichzeitig über Eigenkapital (Vermögen) verfügt, das er in liquide Mittel umwandeln und die bei seiner Einkunftsquelle resultierende Finanzierungslücke über erwerbsbedingte Fremdverschuldung schließen kann. Betriebswirtschaftlich gesehen basiert ein solcher Vorgang auf dem Grundsatz der Finanzierungsfreiheit, da lediglich eine Revidierung der ursprünglich getroffenen Finanzierungsentscheidung erfolgt (Substituierung von Eigen- durch Fremdkapital).

Aufgrund der geschilderten Zusammenhänge wurden insbesondere im betriebswirtschaftlichen Schrifttum Stimmen laut, die eine Abkehr vom Veranlassungsprinzip forderten. Es wurden Konzepte entwickelt, die eine Differenzierung erwerbsbedingter und privater Schuldzinsen anhand einer *eigenkapitalorientierten* Betrachtungsweise vornehmen[242]. Aufbauend auf dem Grundsatz der Finanzierungsfreiheit kann gezeigt werden, dass von einer betriebsfremden Darlehensverwendung erst dann gesprochen werden kann, wenn bilanziell negatives Eigenkapital entsteht (negatives Kapitalkonto). Da in einem solchen Fall bei der Einkunftsquelle mehr finanziert (Passiva) als verwendet (Aktiva) wurde, *muss* „betriebliches" Fremdkapital – in Form entsprechender Entnahmen – in den Privatbereich geflossen sein. Demnach ist der steuerliche Abzug von Schuldzinsen so lange zu gewähren, wie einer Fremdkapitalaufnahme eine korrespondierende Eigenkapitalreduktion gegenüber steht (Änderung der Finanzierungsstruktur). Erst wenn die Finanzierung der Einkunftsquelle (Aktiva) vollständig durch Fremdkapital erfolgt, sind fremdfinanzierte Entnahmen als privat veranlasst zu interpretieren[243].

---

241 JONAS (1993), S. 2304.

242 Vgl. insbesondere ELSER (1999), S. 172 ff. Die grundsätzlichen Vorzüge einer reinvermögensorientierten Betrachtungsweise verdeutlicht etwa JONAS (1993), S. 2304 ff.

243 Diese Zusammenhänge werden besonders deutlich anhand der von SÖFFING [vgl. ders. (1999), S. 587 f.] getroffenen Fallunterscheidung von „entnahmebedingten Krediten" und „kreditfinanzierten Entnahmen". Im ersten Fall entnimmt ein Unternehmer seinem Betrieb liquide Mittel und schließt die hierdurch entstehende Finanzierungslücke anhand eines Darlehens (Folge: Schuldzinsen sind als Betriebsausgaben abziehbar). Im zweiten Fall verschuldet sich der Unternehmer, um sodann eine Entnahme für private Zwecke zu tätigen (Folge: Schuldzinsen sind privat bedingt und daher nicht abziehbar). Diese Unterscheidung ist aus betriebswirtschaftlicher Perspektive irrelevant: In beiden der o. g. Fälle führt der Unternehmer seinem Betrieb Fremdkapital zu und ändert somit seine ursprünglich getroffene Investitionsstrategie. Dies ist aufgrund des Prinzips der Finanzierungsfreiheit zulässig. Dabei macht es keinen Unterschied, ob der Unternehmer seinem Betrieb vorhandene liquide Mittel entnimmt (erster Fall) oder nichtvorhandene liquide

Diese wirtschaftswissenschaftlichen Einwände gegen das Veranlassungsprinzip hat der Gesetzgeber mittlerweile berücksichtigt: Mit dem Steuerbereinigungsgesetz 1999[244] wurde § 4 Abs. 4a EStG in der Art geändert, dass nun eine eigenkapitalorientierte Betrachtungsweise für die Abgrenzung erwerbsbedingter und privat veranlasster Schuldzinsen ausschlaggebend ist. Nicht abziehbare (private) Schuldzinsen entstehen nach der Regelung nur dann, wenn eine „Überentnahme" in dem oben geschilderten Sinne vorliegt. In diesem Fall werden die Schuldzinsen pauschal mit 6 % des Überentnahmebetrags angesetzt. § 4 Abs. 4a EStG kann demnach im Grundsatz als ökonomisch sachgemäß bezeichnet werden. Allerdings ergeben sich vielfältige Detailfragen, insbesondere in Anbetracht der Ausführungen im entsprechenden Einführungsschreiben[245]. Diese wurden und werden in der steuerrechtlichen Literatur ausführlich diskutiert[246]. Auf grundlegende Problematiken soll im Folgenden kurz eingegangen werden.

Am kritischsten ist wohl das zweistufige Prüfungsverfahren zu beurteilen, demzufolge zunächst eine Schuldzinsabgrenzung nach dem Verwendungszweck der Darlehensmittel vorzunehmen ist und erst dann eine Ermittlung von Überentnahmen im Sinne des Gesetzestextes stattfindet. Wie ausgeführt wurde, stellt das Veranlassungsprinzip kein verlässliches Kriterium zur Differenzierung erwerbsbedingter und privat veranlasster Schuldzinsen dar. Von dessen Verwendung sollte daher künftig abgesehen und nur noch anhand der eigenkapitalorientierten Abgrenzungsmethode vorgegangen werden. Ansonsten besteht die Gefahr, dass von der Neuregelung keine konfliktmindernde, sondern vielmehr eine konfliktsteigernde Wirkung ausgeht[247].

Eine Ausweitung der Vorschrift auf die Überschusseinkünfte ist tendenziell kritisch zu beurteilen. Ökonomisch erscheint dies zwar wünschenswert, da hier keine grundlegend anderen Sachverhalte vorliegen als im Falle der Erzielung von Gewinneinkünften. Allerdings müssten die entsprechenden Steuerpflichtigen

---

Mittel anhand einer Darlehensaufnahme schafft (zweiter Fall). Dies gilt zumindest so lange, wie anfänglich eingelegtes oder neu erwirtschaftetes Eigenkapital im Betrieb vorhanden ist. Erst wenn mehr als die ursprünglichen Einlagen und der erwirtschaftete Gewinn entnommen werden, kann von einer (temporären) Fremdkapitalentnahme und somit von einer privaten Verwendung der Darlehensmittel gesprochen werden. Ansonsten handelt es sich lediglich um eine Substituierung von Eigen- durch Fremdkapital. Die dargelegten Fälle „Schuldenaufnahme aufgrund einer Entnahme" und „Entnahme aufgenommener Schulden" führen bei positivem Kapitalkonto zum gleichen Ergebnis.

244 Vgl. BGBL. TEIL I (1999), S. 2601 ff. Weitere Änderung durch das Steueränderungsgesetz 2001 [vgl. BGBl. Teil I (2000), S. 3794 ff.].

245 Vgl. BUNDESMINISTERIUM DER FINANZEN (2000b), S. 1 ff.

246 Vgl. etwa BAUER/EGGERS (2000), S. 703 ff., EGGESIECKER/ELLERBECK (2000), S. 689 ff. sowie GROH (2001), S. 105 ff.

247 Analog EGGERSIECKER/ELLERBECK (2000), S. 691.

ähnlich umfangreiche Aufzeichnungen wie die Bezieher von Gewinneinkünften vornehmen. Hieraus könnten sich erhebliche Kontrollprobleme auf der Ebene der Finanzverwaltung ergeben. Im Überschusseinkunftsbereich ist daher weiterhin die ausschließliche Verwendung des Veranlassungsprinzips zu empfehlen.

2.3.3.2 Häusliches Arbeitszimmer

§ 4 Abs. 5 EStG:

Die folgenden Betriebsausgaben dürfen den Gewinn nicht mindern...

§ 4 Abs. 5 Nr. 6b:

Satz 1: Aufwendungen für ein häusliches Arbeitszimmer sowie die Kosten der Ausstattung.

Satz 2: Dies gilt nicht, wenn die betriebliche oder berufliche Nutzung des Arbeitszimmers mehr als 50 vom Hundert der gesamten betrieblichen und beruflichen Tätigkeit beträgt oder wenn für die betriebliche oder berufliche Tätigkeit kein anderer Arbeitsplatz zur Verfügung steht.

Satz 3: In diesen Fällen wird die Höhe der abziehbaren Aufwendungen auf 1.250 Euro begrenzt; die Beschränkung der Höhe nach gilt nicht, wenn das Arbeitszimmer den Mittelpunkt der gesamten betrieblichen und beruflichen Betätigung bildet.

Aufwendungen für ein häusliches Arbeitszimmer sowie die Kosten der Ausstattung[248] sind nach § 4 Abs. 5 Nr. 6b S. 1 i. V. m. § 9 Abs. 5 EStG grundsätzlich *nicht* als Betriebsausgaben bzw. als Werbungskosten absetzbar. *Ausnahmsweise* kommt ein steuerlicher Abzug dann in Betracht, wenn

- die betriebliche oder berufliche Nutzung des Arbeitszimmers mehr als 50 % der *gesamten* betrieblichen *und* beruflichen Tätigkeit beträgt *oder*
- wenn für die betriebliche oder berufliche Tätigkeit *kein anderer Arbeitsplatz* zur Verfügung steht[249].

---

[248] Hierbei ergibt sich das Problem der Abgrenzung von Ausstattungskosten für ein Arbeitszimmer zu Aufwendungen für Arbeitsmittel i. S. d. § 9 Abs. 1 S. 3 Nr. 6 EStG, da letztgenannte nicht unter die Abzugsbegrenzung des § 4 Abs. 5 Nr. 6b EStG fallen. Als *Aufwendungen* für ein Arbeitszimmer kommen etwa Mieten, Gebäude-AfA, Reparatur-, Wasser- und Energiekosten in Betracht. *Ausstattungskosten* sind z. B. Aufwendungen für Tapeten, Teppiche, Vorhänge, Lampen und diverse Möbelstücke. Vgl. hierzu BROUDRÉ (1998a), S. 10412 ff. sowie die Ausführungen zu Arbeitsmitteln auf den S. 164 ff. dieser Arbeit.

[249] Vgl. § 4 Abs. 5 Nr. 6b S. 2 EStG.

In den genannten Fällen begrenzt § 4 Abs. 5 Nr. 6b S. 3 EStG den Abzugsbetrag auf 1.250 Euro[250]. Stellt hingegen das Arbeitszimmer den *Mittelpunkt* der *gesamten* betrieblichen *und* beruflichen Tätigkeit des Steuerpflichtigen dar, so können die entsprechenden Aufwendungen *unbegrenzt* geltend gemacht werden.

§ 4 Abs. 5 Nr. 6b EStG wurde mit dem Jahressteuergesetz 1996[251] in das Einkommensteuergesetz eingefügt. Dies entsprach einer grundlegenden Änderung der bis dahin geltenden Regelung, nach der Aufwendungen für ein häusliches Arbeitszimmer *uneingeschränkt* als Betriebsausgaben oder Werbungskosten abgezogen werden konnten. Obgleich das Bundesverfassungsgericht die Abzugsbeschränkung als mit dem Gleichheitssatz (Art. 3 Abs. 1 GG) vereinbar erklärte[252], wurde die Neuregelung im juristischen Schrifttum teils heftig kritisiert[253]. Ein Hauptkritikpunkt bezieht sich auf die Gesamtbetrachtung der beruflichen und betrieblichen Tätigkeit des Steuerpflichtigen. Hierdurch würden unterschiedliche Einkunftstatbestände unzulässigerweise vermengt, was im Ergebnis dazu führe, dass die Abzugsfähigkeit der Aufwendungen für ein häusliches Arbeitszimmer – auch bei unverändertem (absolutem) Nutzungsumfang – von der Erzielung anderer Einkünfte abhinge[254].

Wie die Ergebnisse der Rechtsprechungsanalyse zeigen, führt die steuerliche Berücksichtigung häuslicher Arbeitszimmer insbesondere auf der Ebene der Finanzgerichte zu erheblichen Konflikten. Die in den Finanzbehörden geführten Expertengespräche bestätigten dieses Resultat, wobei verstärkt darauf hingewiesen wurde, dass die Neuregelung eher eine Steigerung denn eine Reduzierung von Streitpotenzialen bewirkt hätte. Hierfür sei in erster Linie die Begrenzung des Abzugsbetrags nach § 4 Abs. 5 Nr. 6b S. 3 EStG verantwortlich. Viele Steuerpflichtige versuchten diese zu umgehen, indem sie ihr häusliches Arbeitszimmer als Mittelpunkt ihrer Tätigkeit deklarieren. Als betroffene Berufsgruppen kämen etwa Rechtsanwälte, Steuerberater oder (Hochschul-)Lehrer in Frage.

---

250 Nach § 10 Abs. 1 Nr. 7 S. 5 EStG ist diese Begrenzung auch im Falle eines Sonderausgabenabzugs von Aufwendungen, die durch die Berufsausbildung oder Weiterbildung in einem nicht ausgeübten Beruf entstehen, zu beachten [näheres hierzu: BUNDESMINISTERIUM DER FINANZEN (1998), S. 867, BROUDRÉ (1998a), S. 10428 f. sowie dies. (1998b), S. 631].

251 Vgl. BGBL. TEIL I (1995), S. 1250 ff. sowie BSTBL. TEIL I (1995), S. 438 ff. Die in Fußnote 250 angesprochene Ausdehnung auf den Sonderausgabenbereich wurde durch das Jahressteuergesetz 1997 vorgenommen [vgl. BGBL. TEIL I (1996), S. 2049 ff. sowie BSTBL. TEIL I (1996), S. 1523 ff.].

252 Vgl. BUNDESVERFASSUNGSGERICHT (1999), S. 297 ff.

253 Vgl. etwa PAUS (1999), S. 210 ff. u. S. 241 ff. sowie BROUDRÉ (2000), S. 121 ff.

254 So etwa im Fall der Aufnahme weiterer (Neben-)Tätigkeiten, für die das Arbeitszimmer nicht benötigt wird. Die Gesamtbetrachtung kann hierbei dazu führen, dass der Abzug entsprechender Aufwendungen nur noch begrenzt bzw. gar nicht mehr erfolgt [vgl. hierzu insbesondere BROUDRÉ (2000), S. 125 f.].

Im Folgenden soll untersucht werden, welche Möglichkeiten sich zur Verminderung oder zur Beseitigung der hohen Konfliktträchtigkeit von § 4 Abs. 5 Nr. 6b EStG anbieten. Zu diesem Zweck sollen zunächst die grundlegenden Ansatzpunkte für steuerrechtliche Streitigkeiten aufgezeigt werden. Dies erfolgt anhand der Darstellung einzelner Prüfungsschritte, die im Rahmen der Rechtsanwendung durchzuführen sind. Daran anknüpfend soll diskutiert werden, inwieweit die jeweiligen Konfliktursachen durch Gesetzesänderungen beseitigt oder umgangen werden könnten.

Zur Beantwortung der Frage, ob eine steuerliche Abzugsmöglichkeit von Aufwendungen für ein häusliches Arbeitszimmer besteht, sind die folgenden Tatbestände zu prüfen[255]:

(1) Handelt es sich bei dem zu beurteilenden Raum um ein häusliches Arbeitszimmer (*Grundvoraussetzung für Steuerabzug*)?

Voraussetzung 1: (Nahezu) ausschließliche Nutzung des betreffenden Raumes zu betrieblichen und/oder beruflichen Zwecken.

Voraussetzung 2: Zugehörigkeit des Arbeitszimmers zur Wohnung, aber Abtrennung vom übrigen Wohnbereich.

Falls (1) nein: Abzugsverbot.

(2) *Falls (1) ja*: Ist das häusliche Arbeitszimmer der Mittelpunkt der gesamten betrieblichen und beruflichen Betätigung des Steuerpflichtigen?

Hauptmerkmal 1: *Gesamtbild* der Verhältnisse und der Tätigkeitsmerkmale des Steuerpflichtigen unter Berücksichtigung *aller* betrieblichen und beruflichen Tätigkeiten.

Hauptmerkmal 2: Ort der *tatsächlichen*, *nachhaltigen* Tätigkeit.

Falls (2) ja: Unbegrenzter Abzug als Betriebsausgaben/Werbungskosten.

(3) *Falls (2) nein*: Steht dem Steuerpflichtigen für die Tätigkeit ein anderer Arbeitsplatz zur Verfügung?

Falls (3) nein: Abzug bis zu 1.250 Euro als Betriebsausgaben/Werbungskosten.

(4) *Falls (3) ja*: Nutzt der Steuerpflichtige das häusliche Arbeitszimmer zu mehr als 50 % seiner *gesamten* betrieblichen und beruflichen Tätigkeit zu betrieblichen oder beruflichen Zwecken?

---

255 In Anlehnung an BROUDRÉ (1998a), S. 10426 f. (vereinfachte Darstellung).

Falls (4) ja: Abzug bis zu 1.250 Euro als Betriebsausgaben/Werbungskosten.

Falls (4) nein: Abzugsverbot.

Falls die Prüfung nach dem voranstehenden Schema einen Abzug der Aufwendungen zulässt, so kommen als weitere Ansatzpunkte für steuerrechtliche Konflikte insbesondere folgende Punkte in Betracht:

- Sind die geltend gemachten Aufwendungen dem *Grunde* und der *Höhe* nach abzugsfähig?
- Wie sind die steuerlichen Abzüge im Falle *mehrerer Nutzer* des häuslichen Arbeitszimmers aufzuteilen?
- Wie ist die Abzugsmöglichkeit im Falle einer *unterjährigen Nutzung* des häuslichen Arbeitszimmers oder bei gleichzeitiger Verwendung zu *Ausbildungszwecken*[256] zu beurteilen?

Wie das Prüfungsschema sowie die genannten Tatsachenfragen verdeutlichen, ist die hohe Konfliktträchtigkeit von § 4 Abs. 5 Nr. 6b EStG vor allem auf die enge räumliche Verknüpfung von Erwerbs- und Privatsphäre zurückzuführen. In Anbetracht sehr unterschiedlicher Lebensverhältnisse erscheint eine exakte Abgrenzung vom Wohn- zum Arbeitsbereich anhand objektiver Kriterien nur schwer möglich. Daher treten im Zuge der Rechtsanwendung mannigfache Detailfragen auf, deren Beantwortung zum Großteil nur unter Berücksichtigung konkreter Einzelfallumstände erfolgen kann. Hierbei kann es – wohl auch aufgrund divergierender subjektiver Gesichtpunkte – zu unterschiedlichen Auffassungen zwischen Finanzbehörden und Steuerpflichtigen kommen, aus denen gegebenenfalls steuerrechtliche Konflikte entstehen. Im Folgenden wird daher zu untersuchen sein, welche Möglichkeiten sich zur Vermeidung oder zur Verminderung derartiger Streitpotenziale anbieten.

Eine direkte Beseitigung ertragsteuerlicher Streitpotenziale im Bereich „häusliches Arbeitszimmer“ könnte erreicht werden, indem die entsprechenden Aufwendungen steuerlich generell nicht mehr berücksichtigt würden. Dies liefe auf einen **Wegfall der Abzugsmöglichkeit** hinaus. Steuersystematisch ist diese Alternative jedoch kritisch zu beurteilen: Der Grundsatz der Besteuerung nach der Leistungsfähigkeit verlangt, dass Aufwendungen, die aus der Erzielung steuerbarer Einkünfte resultieren als nicht disponible Einkommensteile von den entsprechenden Gesamteinkünften abzuziehen sind[257]. Hieraus ergibt sich die zwar

---

[256] Vgl. S. 139 dieser Arbeit, Fußnote 250.

[257] Vgl. etwa ANDEL (1998), S. 313 ff. oder TIPKE/LANG (2002), S. 217 ff.

tautologisch formulierte, jedoch ökonomisch einleuchtende Schlussfolgerung, dass Aufwendungen für ein häusliches Arbeitszimmer dann abzugsfähig sein *müssen*, wenn sie entweder betrieblich bedingt sind (Betriebsausgaben) oder zur Erwerbung, Sicherung und Erhaltung von Einnahmen (Werbungskosten) dienen. Führt man sich vor Augen, dass bestimmte Berufsgruppen entweder überhaupt keinen Arbeitsplatz vom Arbeitgeber zur Verfügung gestellt bekommen (z. B. Lehrer, Schriftsteller, Künstler, Heim- bzw. „Telearbeiter") oder im Falle der Verfügbarkeit eines betrieblichen/beruflichen Arbeitsplatzes zusätzlich auf ein häusliches Arbeitszimmer angewiesen sein könnten (Rechtsanwälte, Steuerberater etc.), so würde ein Abzugsverbot der entsprechenden Aufwendungen zu erheblichen steuerlichen Ungleichbehandlungen führen. Aus steuersystematischer Sicht kann die gänzliche Streichung einer steuerlichen Abzugsmöglichkeit daher nicht in Betracht kommen. Allerdings stellt sich die Frage, inwieweit anhand der **Modifikation der gesetzlichen Regelung** zum häuslichen Arbeitszimmer eine Verringerung oder Beseitigung ertragsteuerlicher Streitpotenziale erfolgen kann. Dies soll im Weiteren diskutiert werden.

Der Gesetzgeber verfügt bei der Umsetzung des objektiven Nettoprinzips über einen gewissen Gestaltungsspielraum. Zwar hat das Bundesverfassungsgericht bislang offen gelassen, ob sich das Leistungsfähigkeitsprinzip unmittelbar aus dem allgemeinen Gleichheitssatz (Art. 3 Abs. 1 GG) ableiten lässt; wäre dies jedoch der Fall, so könne es beim Vorliegen gewichtiger Gründe (z. B. Erleichterung von Massenverfahren, Missbrauchsbekämpfung) durchbrochen werden[258]. Von dieser Möglichkeit wurde im Zuge der Neuregelung Gebrauch gemacht: Typisierend wird angenommen, dass Aufwendungen für ein häusliches Arbeitszimmer in bestimmten Fällen entweder gar nicht begründet seien, durchschnittlich nicht mehr als 1.250 Euro betragen würden oder unbegrenzt anfallen könnten (Beurteilungskriterien: Umfang der Nutzungsdauer sowie Notwendigkeit eines häuslichen Arbeitszimmers[259]). Hierin liegt der wesentliche Unterschied der Neuregelung im Vergleich zum alten Abzugsverfahren. Die Beantwortung der grundsätzlichen Frage, ob ein häusliches Arbeitszimmer im Einzelfall vorliegt oder nicht, erfolgt nach Kriterien, die bereits vor Einführung des § 4 Abs. 5 Nr. 6b EStG ausschlaggebend waren (Voraussetzungen: keine/unwesentliche private Mitbenutzung des Arbeitszimmers sowie räumliche Trennung des Zimmers zum Wohnbereich)[260]. Somit ergeben sich vier grundlegende Beurteilungskriterien, von denen die Abzugsmöglichkeit von Aufwendungen für ein häusliches Arbeitszimmer abhängt:

---

[258] Vgl. etwa BROUDRÉ (2000), S. 124 sowie TIPKE/LANG (2002), S. 96.

[259] Vgl. das Prüfungsschema auf S. 140 f. dieser Arbeit.

[260] Vgl. BROUDRÉ (2000), S. 122.

(1) *Art der Nutzung des Arbeitszimmers* (privat/erwerbsbedingt).

(2) *Räumliche Einbindung des Arbeitszimmers in den gesamten Wohnbereich.*

(3) *Nutzungsumfang des Arbeitszimmers* (Gesamtbetrachtung aller Tätigkeiten des Steuerpflichtigen bei der „Mittelpunktsprüfung" und „50-Prozent-Regel").

(4) *Notwendigkeit des Arbeitszimmers* (falls kein anderer Arbeitsplatz vorhanden ist).

Die Kriterien (1) und (2) sind dabei für die Beantwortung der Frage relevant, *ob* der konkrete Raum *prinzipiell* als Arbeitszimmer gelten kann und *ob* daher ein Abzug der Aufwendungen *grundsätzlich* in Betracht kommt. Die Merkmale (3) und (4) sollen hingegen einen Schluss auf die *Höhe* der abziehbaren Aufwendungen zulassen (Typisierung: unbegrenzte, begrenzte oder keine Abzugsmöglichkeit). Aus diesen Beurteilungskriterien ergeben sich wesentliche Ansatzpunkte zur Verringerung bzw. zur Vermeidung steuerrechtlicher Streitpotenziale, die aus der steuerlichen Berücksichtigung von Aufwendungen für ein häusliches Arbeitszimmer resultieren.

Die Prüfung der **tatsächlichen Raum-Nutzung [Kriterium (1)]** ist zur Feststellung, ob die entsprechenden Aufwendungen erwerbsbedingt oder privat veranlasst und somit aufgrund des objektiven Nettoprinzips abziehbar sind oder nicht, zurzeit von hoher Bedeutung. Gleichwohl resultieren hieraus zahlreiche Konflikte zwischen Finanzbehörden und Steuerpflichtigen. Nach ständiger Rechtsprechung kommt ein steuerlicher Abzug der Aufwendungen für ein häusliches Arbeitszimmer nur dann in Betracht, wenn die Nutzung des jeweiligen Raumes überwiegend (mindestens 90 %) betrieblich oder beruflich veranlasst ist[261]. Ansonsten sind die anfallenden Kosten *insgesamt* dem Bereich der privaten Lebensführung zuzuordnen (§ 12 Nr. 1 EStG). Aus ökonomischer Perspektive sind derartige Aufteilungsverbote grundsätzlich kritisch zu beurteilen, da sie stets eine Durchbrechung des objektiven Nettoprinzips bedeuten[262]. Außerdem ist nicht ersichtlich, wie eine zuverlässige Feststellung der tatsächlichen Raumnutzung seitens der Finanzbehörden erfolgen sollte. Hierbei werden sich die zuständigen Sachbearbeiter wohl in erster Linie auf Angaben der Steuerpflichtigen sowie auf ihre eigene allgemeine Lebenserfahrung verlassen müssen. Umfangreiche Privatnutzungen – etwa durch Familienangehörige – können somit nie

---

261 Vgl. PAUS (1999), S. 210.

262 Zudem ist es fraglich, warum etwa bei Pkws eine Kosten-Aufteilung zugelassen wird, nicht jedoch bei wechselnder privater und beruflicher/betrieblicher Verwendung eines Arbeitszimmers [vgl. ebd., S. 211].

vollends ausgeschlossen werden, selbst nicht in solchen Fällen, in denen der jeweilige Sachbearbeiter die o. g. „90-Prozent-Regel" als erfüllt ansieht. Diese Problematik resultiert unmittelbar aus der engen räumlichen Verbindung von Arbeits- und Wohnbereich sowie aus der prinzipiellen Unmöglichkeit, die Angaben aller Steuerpflichtigen auf ihre Richtigkeit hin zu überprüfen[263]. Zudem ist darauf hinzuweisen, dass durch das Aufteilungsverbot im Falle der privaten Mitbenutzung eines häuslichen Arbeitszimmers horizontale Ungleichbehandlungen entstehen, da auch nicht-häusliche Arbeitszimmer in erheblichem Umfang zu privaten Zwecken genutzt werden können (Zeitungslektüre, privates Surfen im Internet, private Telefonate etc.).

Die Beurteilung der **räumlichen Einbindung des Arbeitszimmers in den restlichen Wohnbereich [Kriterium (2)]** stellt die Finanzbehörden ebenfalls vor erhebliche Ermittlungs- und Beweisprobleme. In diesem Zusammenhang kommt es zu vielfältigen Konflikten mit den Steuerpflichtigen[264]. Auch nach jahrzehntelanger Rechtsprechungspraxis ist es nicht möglich, objektive und handhabbare Kriterien zur Abgrenzung von betrieblich bzw. beruflich genutzten zu privat genutzten Räumen aufzustellen. Aus ökonomischer Perspektive spricht gegen die Verwendung dieses Kriteriums unter anderem, dass Steuerpflichtigen mit sehr kleinen Wohneinheiten (z. B. Ein-Zimmer-Wohnungen) überhaupt keine Abzugsmöglichkeit eingeräumt wird, selbst wenn sie einen Teil ihrer Wohnfläche als „Arbeitsbereich" nutzen müssen.

Auch die im Zuge der o. g. Neuregelung eingeführte Prüfung des Arbeitszimmer-Nutzungsumfangs **[Kriterium (3): „Mittelpunktsprüfung" und „50-Prozent-Regel"]** stellt die Finanzbehörden vor beträchtliche Anwendungsschwierigkeiten. Wie die Finanzverwaltungen in den Expertengesprächen bekundeten, sei die *Gesamtbetrachtung* („Mittelpunktsprüfung" und „50-Prozent-Regel") aufgrund von Beweisproblemen kaum handhabbar und führe daher regelmäßig zu Konflikten mit den Betroffenen. Aus steuersystematischer Sicht spricht gegen deren Verwendung, dass durch die Gesamtbetrachtung *aller* erwerbsbedingten Tätigkeiten des Steuerpflichtigen eine Verknüpfung verschiedener Einkunftsarten erfolgt, was selbst bei unverändertem (absolutem) Nutzungsumfang des Arbeitszimmers eine Reduktion, gegebenenfalls sogar den Wegfall der Abzugsmöglichkeit bedeuten kann (wenn sich z. B. der Umfang einer Tätigkeit erhöht,

---

263 Zu denken wäre hierbei lediglich an sehr kleine Stichproben, etwa in Form unangekündigter Hausbesuche.

264 Diese Abgrenzungsproblematik „zieht sich wie ein roter Faden durch die gesamte BFH-Rechtsprechung, angefangen von der Berücksichtigung der privaten Wohnbedürfnisse über die sonstige Verwendung des Raums, verbunden mit der – annähernden – Unmöglichkeit, diesen Raum privat mitzubenutzen, bis hin zur strengen baulichen Trennung von den übrigen Räumen." [BROUDRÉ (1998a), S. 10404].

für die das Arbeitszimmer nicht genutzt wird). Hieraus ergeben sich – neben den bislang diskutierten Streitpotenzialen – weitere Ansatzpunkte für steuerrechtliche Konflikte.

Ein relativ **praktikables sowie ökonomisch sachgerechtes Beurteilungskriterium** zur Abgrenzung von privaten (Konsum-)Ausgaben zu erwerbsbedingten (Einkunftserzielungs-)Aufwendungen für ein häusliches Arbeitszimmer stellt hingegen das Merkmal **„Notwendigkeit des Arbeitszimmers" [Kriterium (4): Vorhandensein eines Arbeitsplatzes]** dar. In diesem Zusammenhang erscheint es jedoch zweckmäßig, zwischen *quantitativen* und *qualitativen* Gesichtspunkten zu unterscheiden.

Die *quantitative* Auslegung des Kriteriums „Notwendigkeit des Arbeitszimmers" bezieht sich auf die Feststellung, ob dem Steuerpflichtigen für die von ihm ausgeübte Tätigkeit überhaupt ein Arbeitsplatz zur Verfügung steht. Da in einzelnen Berufsgruppen i. d. R. sehr ähnliche Arbeitsplatzbedingungen vorherrschen (z. B. dürfte die überwiegende Mehrheit der Bankangestellten vom Arbeitgeber einen Arbeitsplatz zur Verfügung gestellt bekommen), zwischen den einzelnen Berufsgruppen jedoch erhebliche Unterschiede bestehen können (z. B. Bankangestellte vs. Künstler), dürften berufsgruppen- bzw. tätigkeitsspezifische Annahmen über das Vorhandensein eines Arbeitsplatzes für das Gros der Steuerpflichtigen zutreffen. Diese Typisierungen sollten allerdings durch Einzelnachweise widerlegbar sein (z. B. Bestätigung vom Arbeitgeber, dass kein eigener Arbeitsplatz zur Verfügung steht). Hierdurch wäre ein gleichermaßen unkompliziertes (Berufsgruppen-Typisierung) wie sachgerechtes (Widerlegbarkeit) Besteuerungsverfahren gewährleistet. Auch aus ökonomischer Perspektive kann ein derartiges Vorgehen überzeugen: Im Fall eines nicht vorhandenen Arbeitsplatzes entstehen dem Steuerpflichtigen die Aufwendungen für ein häusliches Arbeitszimmer *zwangsläufig*. Daher *müssen* sie als Einkunftserzielungskosten die Bemessungsgrundlage der Einkommensteuer mindern (objektives Nettoprinzip).

Die *qualitative* Prüfung stellt hingegen darauf ab, ob der Steuerpflichtige über einen adäquaten, seinem Tätigkeitsfeld angemessenen Arbeitsplatz verfügt. Hierbei gilt es zu beachten, dass selbst ein vorhandener Arbeitsplatz etwa dadurch abgewertet werden kann, dass er nicht im benötigten Umfang nutzbar ist[265]. Derartige Umstände sollten in jedem Fall in die Betrachtung mit einfließen, da auch in solchen Fällen Aufwendungen für ein häusliches Arbeitszimmer

---

[265] Ein grundsätzlich vorhandener Arbeitsplatz kann qualitativ etwa dadurch abgewertet werden, dass er faktisch nur eingeschränkt genutzt werden kann (Beispiel: Ein Schuldirektor kann sein Büro in den Winterferien regelmäßig nicht nutzen, weil der Dienstherr zu diesen Zeiten die Zimmertemperatur auf 10° C absenkt).

zwangsläufig anfallen können. Auch diese Kosten *müssen* nach dem objektiven Nettoprinzip als Einkunftserzielungskosten steuerlich absetzbar sein. Da sich hierbei allerdings recht große Ermessensspielräume ergeben, was wiederum zu steuerrechtlichen Konflikten führen kann und zudem die Missbrauchsgefahr als recht hoch anzusehen ist, sollten die Anforderungen für eine Abzugsmöglichkeit eher restriktiv ausgestaltet werden. Zu denken wäre hierbei etwa an einen Kriterien-Katalog, durch den die qualitativen Mindestanforderungen an einen „tätigkeitsadäquaten" Arbeitsplatz festlegt werden (Ausstattungsmerkmale, zeitliche Nutzungsmöglichkeiten etc.).

Besteht *weder in quantitativer noch in qualitativer Hinsicht* eine Notwendigkeit für ein häusliches Arbeitszimmer, so ist es zwecks Vereinfachung des steuerlichen Massenverfahrens zu empfehlen, von einem steuerlichen Abzug abzusehen[266]. Aus ökonomischer Sicht ist hierzu festzustellen, dass dies in Einzelfällen zwar zu einer Durchbrechung des objektiven Nettoprinzips führen kann. Gleichwohl wird das Ausmaß der privaten (Mit-)Veranlassung von Aufwendungen für ein häusliches Arbeitszimmer tendenziell zunehmen, falls der Steuerpflichtige bereits über einen (adäquaten) Arbeitsplatz verfügt. Insofern können derartige Ausgaben zumindest teilweise Konsumcharakter aufweisen. Aus Gründen der Missbrauchsverhinderung sowie zur Vereinfachung des steuerlichen Massenverfahrens erscheint es daher vertretbar, wenn derartige Aufwendungen einem Abzugsverbot unterliegen.

Aufgrund der geschilderten Überlegungen könnte folgendes **Verfahren** zu einer erheblichen Verringerung steuerrechtlicher Konflikte, die aus der steuerlichen Berücksichtigung von Werbungskosten für ein häusliches Arbeitszimmer resultieren, beitragen: Als **zentrales Kriterium zur Abgrenzung privat veranlasster Konsum-Ausgaben von erwerbsbedingten Aufwendungen** wäre die *„Notwendigkeit eines Arbeitszimmers"* (*„Vorhandensein eines anderen Arbeitsplatzes"*) unter Berücksichtigung sowohl *quantitativer* als auch *qualitativer* Aspekte heranzuziehen. Kontroll- und Beweisprobleme auf der Ebene der Finanzbehörden ließen sich signifikant reduzieren, wenn **keine Prüfung der privaten Mitbenutzung des Arbeitszimmers** [Wegfall des Kriteriums (1)], eine **Zulassung der räumlichen Einbindung des Arbeitszimmers in den restlichen Wohnraum** [Wegfall des Kriteriums (2)][267] sowie die **Abschaffung der Mittel-**

---

266 Die Frage, ob die *Notwendigkeit* von Erwerbsaufwendungen als Voraussetzung für deren Abzugsfähigkeit anzusehen ist, wird weder durch die Rechtsprechung, noch im Schrifttum einheitlich beantwortet. So soll der Steuerpflichtige zwar grundsätzlich frei entscheiden können, welche Aufwendungen er für Erwerbszwecke tätigen will; gleichwohl könnten fehlende Notwendigkeit, Unüblichkeit oder Unzweckmäßigkeit der Ausgaben Indizien für eine private (Mit-)Veranlassung darstellen [vgl. etwa TIPKE/LANG (2002), S. 278].

267 Im Falle einer räumlichen Einbindung des Arbeitszimmers in den restlichen Wohnraum könnte etwa von einem „Arbeitsbereich" anstatt von einem „Arbeitszimmer" gesprochen werden.

punktsprüfung und der „50-Prozent-Regel“ [Wegfall des Kriteriums (3)] erfolgte.

Darüber hinaus wäre eine **Vereinfachung der Abzugsbetrags-Ermittlung** anzustreben, etwa in Form von **Pauschalierungen**: So könnte ein *einheitlicher Anteil der jeweiligen Wohnfläche* als Arbeitszimmer bzw. – im Falle der räumlichen Einbindung in den Wohnraum – als Arbeitsbereich steuerlich anerkannt werden. Um eine Benachteiligung von Steuerpflichtigen mit sehr kleinen Wohnungen respektive eine Begünstigung im Falle großer Wohneinheiten sowie ferner steuerlichen Missbrauch zu vermeiden, bietet sich die *Verwendung von Ober- und Untergrenzen* an. Beispielsweise könnte vorgesehen werden, 10 % der Wohnfläche, jedoch mindestens fünf und maximal 15 Quadratmeter als Arbeitszimmer/-bereich anzunehmen. Zur Vermeidung steuerrechtlicher Konfliktpotenziale erscheint es zudem ratsam, im Rahmen des vorgeschlagenen Verfahrens *von der Möglichkeit höherer Einzelnachweise abzusehen.*

Die Ermittlung des Werbungskostenabzugs könnte darüber hinaus vereinfacht werden, wenn *einzelne Komponenten der Unterhaltungskosten für das Arbeitszimmer (bzw. für den Arbeitsbereich) pauschaliert, d. h. mit einem fixen Betrag pro Flächeneinheit berücksichtigt würden.* Als Maßstab hierfür eigneten sich etwa die bislang von allen Steuerpflichtigen durchschnittlich pro Quadratmeter geltend gemachten Aufwendungen. Für eine Pauschalierung bieten sich in erster Linie die sog. „laufende Aufwendungen“ an, da diese nicht oder nur geringfügig von den jeweiligen Einzelfallumständen abhängen (Wasser- und Energiekosten, Ausstattungs- und Renovierungsaufwendungen etc.). Bei relativ stark streuenden Kostenanteilen (Mieten, Schuldzinsen, Gebäude-AfA etc.), erscheint es aus ökonomischer Sicht prinzipiell sachgemäß, den Abzugsbetrag unter Berücksichtigung der tatsächlich angefallenen Kosten festzusetzen. Hingegen könnte eine zusätzliche Vereinfachung des Ermittlungsverfahrens erreicht werden, wenn sowohl bei Mietobjekten als auch bei selbstgenutzem Wohneigentum die ortsübliche Vergleichsmiete als Pauschalierungsmaßstab herangezogen würde.

In Anbetracht der dargelegten Schwierigkeiten bei der Anwendung der gegenwärtigen Regelung zum häuslichen Arbeitszimmer könnte durch die Umsetzung des beschriebenen Verfahrens sowohl eine erhebliche Konfliktreduzierung als auch eine beträchtliche Vereinfachung des steuerlichen Massenverfahrens erreicht werden. Wie bereits erwähnt, müssen hierzu gewisse Durchbrechungen des objektiven Nettoprinzips in Kauf genommen werden. Diese erscheinen jedoch vor dem Hintergrund der geschilderten administrativen Probleme bei der Anwendung der gegenwärtigen Regelung sowie aufgrund der daraus resultierenden Konfliktpotenziale ökonomisch vertretbar.

Allerdings verbleiben auch bei Anwendung des vorgeschlagenen Verfahrens gewisse Ansatzpunkte für steuerrechtliche Konflikte. So wären Streitpotenziale insbesondere mit Blick auf die Frage zu erwarten, ob ein vorhandener Arbeitsplatz als „adäquat" bezeichnet werden kann. Wie bereits erläutert, könnte diesem Problem durch die Aufstellung eines verbindlichen „Kriterien-Katalogs" zumindest entgegengewirkt werden. Daneben ist darauf hinzuweisen, dass eine gänzliche Vermeidung von Konfliktpotenzialen im Bereich häuslicher Arbeitszimmer wohl kaum möglich ist, da eine Entscheidung über die Abzugsmöglichkeit letztlich immer eine „Ja-Nein-Entscheidung" notwendig macht. Hieraus sowie aus dem Umstand, dass die Aufwendungen für ein Arbeitszimmer recht hohe Beträge ausmachen können, resultiert eine starke Motivation der Steuerpflichtigen zur Inkaufnahme rechtlicher Konflikte.

2.3.3.3 Verpflegungsmehraufwendungen

§ 4 Abs. 5 EStG:

Die folgenden Betriebsausgaben dürfen den Gewinn nicht mindern...

§ 4 Abs. 5 Nr. 5 EStG:
Mehraufwendungen für die Verpflegung des Steuerpflichtigen, soweit in den folgenden Sätzen nichts anderes bestimmt ist...

Die steuerliche Berücksichtigung von Mehraufwendungen für Verpflegung aufgrund auswärtiger betrieblicher oder beruflicher Tätigkeit ist erstmals mit dem Jahressteuergesetz 1996[268] gesetzlich geregelt und sodann mit dem Jahressteuergesetz 1997[269] in einigen Punkten modifiziert worden[270]. Seitdem erfolgt die Steuerfreistellung entsprechender Aufwendungen anhand eines pauschalierenden Verfahrens. Einzelheiten bestimmt § 4 Abs. 5 Nr. 5 EStG, der i .V. m. § 9 Abs. 5 EStG sowohl für den Betriebsausgaben- als auch für den Werbungskostenbereich gilt. Demnach kommen für jeden Kalendertag, an dem der Steuer-

---

268 Vgl. BGBL. TEIL I (1995), S. 1250 ff. sowie BSTBL. TEIL I (1995), S. 438 ff.

269 Vgl. BGBL. TEIL I (1996), S. 2049 ff. sowie BSTBL. TEIL I (1996), S. 1523 ff.

270 Bis zum Veranlagungszeitraum 1995 wurden Verpflegungsmehraufwendungen innerhalb der Lohnsteuerrichtlinien berücksichtigt. Nach Auffassung des VI. BFH-Senats [vgl. BStBl. TEIL II (1994), S. 529 ff.] führte dies – in Verbindung mit den Rechtsprechungsergebnissen – zu einer erheblichen Komplizierung des Besteuerungsverfahrens. Der Gesetzgeber nahm dies zum Anlass, den Verpflegungsmehraufwand gesetzlich zu regeln. Zur Neuregelung vgl. GOYDKE (1997), S. 65 ff. sowie STARKE (1997), S. 258 f.; zu den Bestimmungen vor der Gesetzesänderung vgl. ALBERT/HEITMANN (1993), S. 285 ff. sowie VON BORNHAUPT (1994), S. 1051 ff.

pflichtige erwerbsbedingt *sowohl* von seiner Wohnung *als auch* von seinem Tätigkeitsmittelpunkt entfernt ist, folgende Abzüge in Betracht[271]:

- 24 Euro bei 24-stündiger Abwesenheit,
- 12 Euro bei 14- bis unter 24-stündiger Abwesenheit,
- 6 Euro bei acht- bis unter 14-stündiger Abwesenheit.

Im Falle einer Auswärtstätigkeit an derselben Tätigkeitsstelle gelten die genannten Pauschbeträge für einen Zeitraum von höchstens drei Monaten[272]. Ein steuerlicher Abzug höherer Beträge anhand eines Einzelnachweises von Aufwendungen ist seit 1996 nicht mehr möglich. Lediglich bei abhängig Beschäftigten besteht im Falle der Vergütung der Ausgaben durch den Arbeitgeber die Möglichkeit, dass dieser freiwillige Leistungen bis zum doppelten Pauschalbetrag gewährt und die über den steuerfreien Betrag hinaus geleisteten Zahlungen mit 25 % pauschal versteuert[273].

Zur **Vermeidung ertragsteuerlicher Streitpotenziale** erscheint ein pauschalierendes Verfahren zur steuerlichen Freistellung erwerbsbedingter Verpflegungsmehraufwendungen grundsätzlich zweckmäßig. Insbesondere das lohnsteuerrechtliche Massenverfahren erfordert eine überschaubare, für die Finanzbehörden handhabbare Regelung. Die derzeitige Ausgestaltung kann insofern als geeignet bezeichnet werden.

Auch aus **ökonomischer Perspektive** ist die gegenwärtige Bestimmung als sachgemäß zu beurteilen. Mehraufwendungen für Verpflegung, die aufgrund einer Erwerbsbetätigung entstehen (Veranlassungsprinzip), sind nach dem objektiven Nettoprinzip von der Besteuerung auszunehmen. Aus Gründen der Steuervereinfachung sowie der Missbrauchsverhinderung erscheint eine pauschale Steuerfreistellung vertretbar[274]. Die jeweiligen Pauschbeträge und die festgelegten Zeitintervalle halten wirtschaftlichen Überlegungen prinzipiell stand: Der niedrigste Pauschbetrag i. H. v. 6 Euro kann ab einer Dauer der auswärtigen Tätigkeit von acht Stunden in Anspruch genommen werden. Dies entspricht in etwa einem durchschnittlichen Arbeitstag. Erst ab Überschreitung dieser Zeitdauer kann wohl von einem Verpflegungs*mehr*aufwand gesprochen werden, da

---

[271] Die genannten Beträge beziehen sich auf Auswärtstätigkeiten im Inland. Bei einem erwerbsbedingten Auslandsaufenthalt gelten nach § 4 Abs. 5 Nr. 5 S. 4 EStG länderspezifische Pauschbeträge. Diese werden vom Bundesministerium der Finanzen im Einvernehmen mit den obersten Finanzbehörden der Länder auf der Grundlage der höchsten Auslandstagegelder nach dem Bundesreisekostengesetz festgesetzt.

[272] Vgl. § 4 Abs. 5 Nr. 5 S. 5 EStG.

[273] Vgl. § 40 Abs. 2 Nr. 4 EStG.

[274] Vgl. auch ALBERT (1999), S. 1240.

der Steuerpflichtige auch an seinem herkömmlichen Arbeitsplatz Ausgaben zur Verpflegung tätigen muss bzw. die entsprechenden Mahlzeiten zu Hause einnimmt. Durch die Staffelung der Abzugsbeträge nach Zeitintervallen wird berücksichtigt, dass dem Steuerpflichtigen typischerweise um so höhere *zusätzliche* Kosten entstehen, je länger er auswärtig tätig ist. Bei der Bemessung der konkreten Pauschbeträge besteht wohl ein gewisser Ermessensspielraum; prinzipiell erscheinen sie als angemessen veranschlagt.

In diesem Zusammenhang ist allerdings auf ein Problem der pauschalen Besteuerung von Arbeitgeber-Leistungen, die über die Verpflegungspauschalen hinausgehen, hinzuweisen (§ 40 Abs. 2 Nr. 4 EStG). Da die Pauschalbesteuerung mit einem Steuersatz von 25 % erfolgt, können hierbei – wenngleich nur im Fall der Steuer-Überwälzung auf den Leistungsempfänger – steuerliche Benachteiligungs- bzw. Begünstigungseffekte bei Arbeitnehmern mit einem niedrigeren respektive mit einem höheren Grenzsteuersatz als dem Pauschalsatz auftreten[275]. Diese Wirkungen könnten vermieden werden, wenn statt der pauschalen Besteuerung freiwilliger Arbeitgeber-Leistungen entweder eine Besteuerung der Leistungen nach dem jeweiligen persönlichen Steuersatz des Steuerpflichtigen (Folge: die entsprechenden Aufwendungen stellen keine Werbungskosten dar) oder eine entsprechende Erhöhung der Pauschbeträge nach § 4 Abs. 5 Nr. 5 EStG vorgenommen würde (Folge: die Aufwendungen stellen steuerfreie Werbungskosten dar).

Zu steuerrechtlichen Konflikten kann es aufgrund der o. g. „Dreimonatsfrist" (bei gleicher Tätigkeitsstelle) für die Gewährung der steuerlichen Abzüge kommen. Hierbei geht es vor allem um die Frage, ab welchem Zeitpunkt nicht mehr von einer einzigen Auswärtstätigkeit und somit von einem erneuten Fristbeginn gesprochen werden kann. Dieses Problem stellte sich bislang etwa aufgrund der Teilnahme an Aus- und Weiterbildungsmaßnahmen, die zeitweilig unterbrochen wurden[276]. Eine Abschaffung der Dreimonatsfrist sollte jedoch nicht in Betracht gezogen werden, da sie zum Zweck der Missbrauchsverhinderung vorteilhaft erscheint[277]. Rechtsstreitigkeiten bei der Berechnung dieser Frist, die hauptsäch-

---

275 Zum gleichen Ergebnis gelangen etwa TIPKE/LANG (2002), S. 297.

276 So hatte der VI. Senat des BFH im Jahr 1996 etwa über die Frage zu entscheiden, ob die vier Monate dauernde Lehrgangsausbildung eines Schwimmmeisters auch dann als eine einzige auswärtige Tätigkeit anzusehen ist, wenn der Lehrgang mehrmals für mehrere Wochen unterbrochen wird. Der BFH bejahte die Frage und stellte fest, dass die Unterbrechung des Lehrgangs keinen neuen Fristbeginn auslöse [vgl. BStBl. Teil II (1997), S. 95 ff.].

277 Ferner ist darauf hinzuweisen, dass die Dreimonatsfrist auch im Falle der doppelten Haushaltsführung nach § 4 Abs. 5 Nr. 6a bzw. § 9 Abs. 1 S. 3 Nr. 5 EStG gilt (vgl. § 4 Abs. 5 Nr. 5 S. 7 EStG). Es ist äußerst fraglich, warum ein *Mehr*aufwand für Verpflegung auch nach einer gewissen Umstellungsphase anfallen sollte. Eine Frist von drei Monaten scheint daher angebracht zu sein.

lich aufgrund besonderer Einzelfallumstände auftreten, könnten auf der Ebene der Finanzbehörden z. B. durch eine „kulantere", die Besonderheiten des Einzelfalls berücksichtigende Fristberechnung vermieden werden.

2.3.3.4 AfA als Werbungskosten

> *§ 9 Abs. 1 S. 3 EStG:*
>
> Werbungskosten sind auch...
>
> *§ 9 Abs. 1 S. 3 Nr. 7 EStG:*
>
> *Satz 1:* Absetzungen für Abnutzung und für Substanzverringerung und erhöhte Absetzungen.
>
> *Satz 2:* § 6 Absatz 2 Satz 1 bis 3 ist in Fällen der Anschaffung oder Herstellung von Wirtschaftsgütern entsprechend anzuwenden.

Werbungskosten können nach § 9 Abs. 1 S. 3 Nr. 7 EStG auch Absetzungen für Abnutzung und Substanzverringerung (§ 7 EStG), erhöhte Absetzungen (§§ 7a, 7b, 7c, 7d, 7h, 7i und 7k EStG) sowie Abschreibungen geringwertiger Wirtschaftsgüter (§ 6 Abs. 2 S. 1 bis 3 EStG) sein[278]. Die entsprechenden Bestimmungen sind – soweit übertragbar – analog auf die Überschusseinkünfte anzuwenden. Als abschreibungsfähige Wirtschaftsgüter kommen grundsätzlich alle abnutzbaren Gegenstände des zu Einkunftserzielungszwecken dienenden Vermögens (z. B. Gebäude oder Arbeitsmittel, nicht jedoch Kapitalforderungen) sowie ferner bestimmte immaterielle Wirtschaftsgüter (z. B. Nutzungsrechte wie Nießbrauch) in Betracht. Die zulässige Abschreibungshöhe bemisst sich i. d. R. nach den jeweiligen Anschaffungs- bzw. Herstellungskosten des Wirtschaftsguts.

Eine Analyse der im Rahmen der Rechtsprechungsanalyse erfassten BFH-Entscheidungen (Bundessteuerblatt) zeigt, dass es zu Rechtsstreitigkeiten vor allem bei Einkünften aus nichtselbständiger Arbeit (z. B. AfA für häusliche Arbeitszimmer oder Arbeitsmittel) sowie bei Einkünften aus Vermietung und Verpachtung (Gebäude-AfA) kommt. Die konkreten Konfliktgegenstände unterscheiden sich sehr stark voneinander und betreffen sowohl AfA dem Grunde als auch der Höhe nach. Allerdings hatte sich der BFH in mehreren Entscheidungen mit der Abgrenzung von Dritt- zu Eigenaufwand auseinander zu setzen. Hierbei

---

[278] Zu den folgenden Ausführungen vgl. etwa TIPKE/LANG (2002), S. 330 ff. u. S. 353 sowie KIRCHHOF (2001), S. 607 f., S. 1267 ff. u. S. 1290 ff.

geht es um die Frage der persönlichen Zurechnung von AfA-Beträgen, etwa im Falle eines von der Ehefrau genutzten und finanzierten Arbeitszimmers, das sich jedoch in einem Gebäude befindet, dessen Eigentümer der Ehemann ist.

Eine unmittelbare Beseitigung von Streitpotenzialen, die aus der steuerlichen Berücksichtigung von AfA als Werbungskosten resultieren, könnte durch den **Wegfall des § 9 Abs. 1 S. 3 Nr. 7 EStG** erreicht werden. Auf den ersten Blick erscheint dies gleichermaßen wünschenswert wie möglich, da die Anwendung der AfA-Regelung auf den Bereich der Überschusseinkünfte prinzipiell einen steuersystematischen Verstoß darstellt[279]: Den Überschusseinkünften liegt ein quellentheoretisches Konzept zugrunde, das sich bei der Gewinnermittlung (analog zur Überschussrechnung nach § 4 Abs. 3 EStG) an kassenwirksamen Zahlungsvorgängen („Geldrechnung“ nach dem Zu- und Abflussprinzip) orientiert. Vermögensumschichtungen, wie sie insbesondere beim reinvermögenszugangstheoretisch geprägten Betriebsvermögensvergleich berücksichtigt werden, stellen daher im Überschusseinkünftebereich ein systemfremdes Element dar. Bei konsequenter Ausgestaltung einer Überschussrechnungs-Konzeption müsste daher von einer zeitlichen Aufwandsverteilung, wie sie anhand der AfA-Regelung erfolgt, abgesehen werden. Allerdings ergäben sich hierdurch eklatante Verstöße gegen das objektive Nettoprinzip[280]: Wie bereits erwähnt, gilt in einem System der Einkommensbesteuerung das Bruttoeinkommen als Indikator wirtschaftlicher Leistungsfähigkeit, vermindert um nichtdisponible Einkommensteile (Einkunftserzielungskosten). Im Falle von Aufwendungen für langlebige Wirtschaftsgüter ist es im Verausgabungszeitpunkt jedoch ungewiss, ob tatsächlich der gesamte in das Objekt investierte Betrag Einnahmeerzielungszwecken dient. Würde das Wirtschaftsgut etwa nach einem Jahr wieder verkauft, so wäre nur ein Bruchteil des Gesamtbetrags zur Einkunftserzielung verwendet worden[281]. Im Falle des vollen Abzugs der entsprechenden Aufwendungen wären daher im Anschaffungszeitpunkt Werbungskosten berücksichtigt worden, die gar nicht angefallen sind. Aus diesem Grund sind die entsprechenden Investitionsbeträge periodisch

---

279 Zum Folgenden vgl. insbesondere HIRSCH (1988), S. 197 ff.

280 Analoges gilt für § 4 Abs. 3 EStG, da auch bei der Einnahmen-Überschuss-Rechnung eine periodische Aufteilung entsprechender Aufwendungen erfolgt.

281 Dieser Effekt wäre nur dann vermeidbar, wenn privates Vermögen bei der Veräußerung (nachgelagert) besteuert würde. Allerdings würde ein sofortiger Abzug von Aufwendungen für langlebige Wirtschaftsgüter beim derzeitigen Einkommensteuertarif erhebliche Progressionswirkungen nach sich ziehen. Vertreter des „Cash-Flow-Steuerkonzepts“ würden diesem Problem etwa mit einer Durchschnittsbesteuerung über mehrere Jahre begegnen (vgl. hierzu die Ausführungen auf S. 111 dieser Arbeit).

aufzuteilen; dieser prinzipielle Systembruch *muss* zur Wahrung des Nettoprinzips in Kauf genommen werden[282].

Zur Reduzierung ertragsteuerlicher Streitpotenziale kommt neben der Abschaffung des § 9 Abs. 1 S. 3 Nr. 7 EStG eine **Modifikation entsprechender AfA-Regelungen** in Betracht. Hierbei könnten etwa besondere Probleme des Überschusseinkunftsbereichs berücksichtigt werden. Allerdings muss bezweifelt werden, ob sich hierdurch eine wesentliche Verringerung steuerrechtlicher Konflikte erreichen lässt. Die strittigen Sachverhalte des Gewinneinkünftebereichs unterscheiden sich nicht *grundlegend* von denen der Überschusseinkünfte. Für die Berechnung von AfA macht es letztlich keinen Unterschied, welche Art von Wirtschaftsgut der Berechnung zugrunde liegt, ob es sich also etwa um ein betrieblich genutztes Büro oder um ein häusliches Arbeitszimmer handelt. Daneben ist darauf hinzuweisen, dass einzelne Abgrenzungs- und Zurechnungsprobleme (z. B. Differenzierung zwischen Erwerbs- und Privatsphäre) prinzipiell nicht auf die *Art und Weise* der steuerlichen Berücksichtigung zurückzuführen sind (z. B. AfA im Falle eines häuslichen Arbeitszimmers), sondern dass diese vielmehr dadurch entstehen, *dass* ein Abzug *überhaupt* zugelassen wird (z. B. Abgrenzung des häuslichen Arbeitszimmers zum restlichen Wohnraum). Die zwar unsystematische, aber zur Wahrung des objektiven Nettoprinzips dennoch notwendige AfA-Gewährung im Überschusseinkünftebereich kann daher nicht als eigentlicher Auslöser für Steuerrechtskonflikte verantwortlich gemacht werden. Die tatsächliche Konfliktursache liegt vielmehr in den streitigen Tatbeständen *selbst* und insbesondere in dem Umstand begründet, dass diese oftmals nur schwer von der Privatsphäre abzugrenzen sowie teils nur bedingt persönlich zurechenbar sind. Daher kann an dieser Stelle im Wesentlichen auf die Ausführungen zu den jeweiligen Streitgegenständen verwiesen werden (häusliche Arbeitszimmer, Arbeitsmittel etc.).

---

282 Es ist offensichtlich, dass dieser (notwendige) Systemverstoß vor allem aus der einkommensteuerrechtlichen Unterscheidung zwischen Gewinn- und Überschusseinkünften resultiert. Dieser „Dualismus der Einkunftsermittlung" sowie die sich daraus ergebenden Konsequenzen werden im Schrifttum bisweilen heftigst kritisiert [vgl. mit weiteren Nachweisen TIPKE/LANG (2002), S. 259 ff.].

2.3.3.5 Doppelte Haushaltsführung

> *§ 9 Abs. 1 S. 3 EStG:*
>
> Werbungskosten sind auch…
>
> *§ 9 Abs. 1 S. 3 Nr. 5 EStG:*
>
> Notwendige Mehraufwendungen, die einem Arbeitnehmer wegen einer aus beruflichem Anlass begründeten doppelten Haushaltsführung entstehen…

Die steuerliche Berücksichtigung von Mehraufwendungen aufgrund einer doppelten Haushaltsführung hat in jüngster Zeit für Aufsehen gesorgt. Ausschlaggebend hierfür war ein Urteil des Bundesverfassungsgerichts, das die 1996 eingeführte Zweijahresfrist bezüglich der Anerkennung einer doppelten Haushaltsführung für verfassungswidrig erklärte[283]. Damit folgte das Gericht der in der wissenschaftlichen Literatur gemeinhin vertretenen Auffassung, dass die zeitliche Begrenzung als nicht grundgesetzkonform anzusehen sei[284]. Wie die Rechtsprechungsanalyse zeigt, mussten sich vor allem die Finanzgerichte mit Rechtsfragen zur doppelten Haushaltsführung beschäftigen. Inwieweit dies auf die angesprochene Zweijahresfrist zurückzuführen ist, wird an späterer Stelle dieses Abschnitts erörtert.

Eine doppelte Haushaltsführung im einkommensteuerrechtlichen Sinn liegt vor, wenn ein Erwerbstätiger außerhalb des Ortes, in dem er einen eigenen Hausstand unterhält sowohl beruflich oder betrieblich tätig als auch wohnhaft ist[285]. Die hierdurch entstehenden Mehraufwendungen können als Betriebsausgaben (§ 4 Abs. 5 Nr. 6a EStG) bzw. als Werbungskosten (§ 9 Abs. 1 S. 3 Nr. 5 EStG) geltend gemacht werden. Bei einer Beschäftigung am selben Ort gilt dies bislang allerdings nur für einen Zeitraum von bis zu zwei Jahren (vgl. oben).

Als erwerbsbedingte Mehraufwendungen kommen folgende Kostenpunkte in Betracht:

- Fahrtkosten (zu Beginn und zu Ende der doppelten Haushaltsführung sowie wöchentliche Heimfahrten, alternativ Fernsprechentgelte).

---

283 Entscheidung des Bundesverfassungsgerichts vom 4.12.2002, Aktenzeichen 2 BvR 400/9, 2 BvR 1735/00, vgl. HTTP://WWW.BVERFG.DE/ENTSCHEIDUNGEN/RS20021204_2BVR040098.HTML, aufgerufen am 24.4.2003; vgl. ferner F.A.Z. (2003a), S. 13.

284 Vgl. etwa GROßE (2002), S. 577 ff. sowie mit weiteren Nachweisen KÖGEL (1997), S. 433 ff.

285 Zu den folgenden Ausführungen vgl. ausführlich ZIELKE (1999), S. 615 ff.

- Verpflegungsmehraufwendungen (bis zu drei Monaten)[286].
- Aufwendungen für die Zweitwohnung (Ausstattung, Miete etc.).
- Umzugskosten (Hin- und Rückumzug).

Wesentliche Ansatzpunkte für steuerrechtliche Konflikte können somit einerseits die *grundsätzliche Anerkennung* einer doppelten Haushaltsführung sowie andererseits die *steuerliche Berücksichtigung der hierdurch entstehenden Aufwendungen* (sowohl dem Grunde als auch der Höhe nach) darstellen. In beiderlei Hinsicht treten gravierende Abgrenzungsprobleme auf, da eine doppelte Haushaltsführung regelmäßig sowohl erwerbsbedingte als auch privat veranlasste Kosten-Komponenten aufweist. Im Schrifttum wird daher bisweilen die Auffassung vertreten, die steuerliche Berücksichtigung einer betrieblich/beruflich veranlassten doppelten Haushaltsführung sei aufgrund des Aufteilungsverbots in § 12 Abs. 1 S. 1 EStG steuersystematisch nicht zu rechtfertigen. Folgt man dieser Ansicht, so kommt ein **Wegfall der Regelung** in Betracht, was zu einer unmittelbaren Beseitigung der Konfliktpotenziale führte. Ob dies aufgrund ökonomischer Überlegungen möglich erscheint, wird im Folgenden zu prüfen sein.

Wohn- und Verpflegungsaufwendungen stellen prinzipiell *private* Lebensführungskosten dar. Als solche befriedigen sie elementare Grundbedürfnisse und sichern somit die Existenz eines jeden[287]. Da sie dem Einzelnen zwangsläufig (Existenzsicherung) entstehen, mindern sie die steuerliche Leistungsfähigkeit und sind daher nach dem subjektiven Nettoprinzip von der Besteuerung freizustellen (steuerfreies Existenzminimum gemäß § 32a Abs. 1 Nr. 1 EStG). Zugleich gewährleisten derartige Aufwendungen jedoch auch die *Arbeitsfähigkeit* des Individuums: Wer nicht isst, nicht trinkt, nicht schläft etc., der kann *weder* beruflich *noch* privat existieren. Dementsprechend schwer gestaltet sich die Aufteilung in einen erwerbsbedingten und einen privat veranlassten Kostenanteil. Indes beziehen sich § 4 Abs. 5 Nr. 6a bzw. § 9 Abs. 1 S. 3 Nr. 5 EStG (doppelte Haushaltsführung) auf die steuerliche Freistellung von betrieblich/beruflich veranlassten *Mehr*aufwendungen. Demzufolge handelt es sich hierbei um Aufwendungen, die *zusätzlich* zu den privaten Lebensführungskosten entstehen. Ursächlich hierfür ist das Erzielen steuerbarer Einkünfte. Wie bereits mehrfach erwähnt, müssen Einkunftserzielungskosten nach dem objektiven Nettoprinzip von den steuerpflichtigen Bruttoeinkünften abgezogen werden, da sie ohne die Ausübung der Erwerbstätigkeit nicht angefallen wären. Eine Abschaffung der Regelung zur doppelten Haushaltsführung sollte aus steuersystematischer Sicht daher nicht in Erwägung gezogen werden.

---

286 Vgl. hierzu S. 148 ff. dieser Arbeit, insbesondere Fußnote 277.

287 Vgl. zum Folgenden insbesondere SÖHN (1984), S. 25 sowie ders. (1983), S. 198.

Eine auf Konfliktminderung abzielende **Modifikation der jeweiligen Bestimmungen** hat sich an den o. g. Ansatzpunkten für ertragsteuerliche Streitpotenziale zu orientieren. Die **grundsätzliche Anerkennung** einer doppelten Haushaltsführung hängt im Wesentlichen von zwei Merkmalen ab[288]: Zum einen muss die doppelte Haushaltsführung beruflich/betrieblich veranlasst sein, zum anderen muss der Erwerbstätige sowohl über einen eigenen Hausstand im Herkunftsort als auch über eine Wohnung im Beschäftigungsort verfügen. Da beide Merkmale sowohl von der Rechtsprechung als auch von der Finanzverwaltung recht weit ausgelegt werden, hält sich das entsprechende Konfliktpotenzial in Grenzen[289]. Probleme können sich jedoch aufgrund der o. g. Zweijahresfrist ergeben. Diese geht typisierend und unwiderlegbar davon aus, dass nach zwei Jahren kein hinreichender Anlass mehr für die Aufrechterhaltung einer doppelten Haushaltsführung besteht. Es stellt sich daher die Frage, inwieweit eine solche Annahme in jedem Fall gerechtfertigt erscheint.

Mit der angesprochenen Problematik hatte sich – wie bereits erwähnt – jüngst das Bundesverfassungsgericht zu beschäftigen[290]. Es lagen zwei Verfassungsbeschwerden vor, die auf jeweils unterschiedlichen Sachverhalten beruhten, jedoch beide den Tatbestand der doppelten Haushaltsführung betrafen. Im ersten Fall ging es um einen Arbeitnehmer, der von seinem Arbeitgeber mehrfach hintereinander an denselben Beschäftigungsort entsandt wurde (sog. „Kettenabordnung“)[291]. Der zweite Sachverhalt betraf ein beiderseitig berufstätiges Ehepaar, von denen einer der Ehegatten eine erwerbsbedingte Zweitwohnung unterhielt und der andere Ehegatte weiterhin am gemeinsamen Erstwohnsitz betrieblich/beruflich tätig war. Die Verfassungsrichter entschieden, dass die gesetzliche Begrenzung der Abzugsmöglichkeit auf zwei Jahre *in den verhandelten Fällen* einen Verstoß gegen den allgemeinen Gleichheitssatz (Art. 3 Abs. 1 GG) dar-

---

288 Vgl. etwa ZIELKE (1999), S. 616 ff.

289 So steht es der *beruflichen Veranlassung* etwa nicht entgegen, wenn der Erwerbstätige seinen nicht erwerbstätigen Ehepartner mit an den Beschäftigungsort nimmt und der Hausstand am Herkunftsort bestehen bleibt. Auch an die *Zweitwohnung* werden recht geringe Anforderungen gestellt, da prinzipiell jede dem Erwerbstätigen (entgeltlich oder unentgeltlich) zur Verfügung stehende Unterkunft als eine solche in Betracht kommt [vgl. ebd., S. 616].

290 Entscheidung des Bundesverfassungsgerichts vom 4.12.2002, Aktenzeichen 2 BvR 400/9, 2 BvR 1735/00, vgl. HTTP://WWW.BVERFG.DE/ENTSCHEIDUNGEN/RS20021204_2BVR040098.HTML, aufgerufen am 24.4.2003.

291 Bislang vertritt (vertrat) die Finanzverwaltung hierzu die Auffassung, dass von einem Neubeginn der Zweijahresfrist erst bei einer Unterbrechung der auswärtigen Beschäftigung von mindestens acht Monaten ausgegangen werden könne. Die Rechtsprechung sieht hierfür keine gesetzliche Grundlage gegeben und beurteilt die Rechtslage demzufolge anders [vgl. hierzu GROßE (2002), S. 577 ff.].

stelle und dass ferner im Falle des Ehepaares ein Verstoß gegen Art. 6 Abs. 1 GG (Schutz der Ehe und Familie) vorliege[292].

Da aufgrund des zitierten Urteils eine Gesetzesänderung unumgänglich ist, stellt sich die Frage, welche konkreten Konsequenzen die Entscheidung nach sich ziehen sollte und inwieweit eine generelle Streichung der Zweijahresfrist sachgemäß erscheint. Wie bereits an anderer Stelle ausgeführt, steht dem Gesetzgeber bei der Ausgestaltung des objektiven Nettoprinzips ein gewisser Gestaltungsspielraum zur Verfügung. Eine Durchbrechung der Nettobesteuerung ist daher grundsätzlich möglich. Allerdings müssen hierfür sachlich einleuchtende und gewichtige Gründe vorliegen; im Rahmen von Einzelfallunterscheidungen ist zudem der allgemeine Gleichheitssatz nach Art. 3 Abs. 1 GG zu beachten[293]. Verfassungsrechtlich wäre es wohl zu rechtfertigen, falls eine steuerliche Differenzierung zwischen den o. g. Fallgruppen einerseits und anderen Steuerpflichtigen (etwa Alleinstehende) andererseits angestrebt würde. Aus ökonomischer Perspektive ist hiergegen einzuwenden, dass sich eine befristete Anerkennung der doppelten Haushaltsführung prinzipiell negativ auf die berufliche Mobilität der Steuerpflichtigen auswirkt, was für eine *gänzliche* Abschaffung der Zweijahresfrist spricht. Zudem wäre dies dem Ziel einer Verringerung ertragsteuerlicher Streitpotenziale sicherlich zuträglich. Ob hiergegen fiskalische Argumente angeführt werden können, erscheint zumindest zweifelhaft: Einzelwirtschaftlich betrachtet, ist es äußerst fraglich, warum etwa Alleinstehende im Falle eines (aus ihrer Sicht) „endgültigen" Arbeitsplatz- und somit Wohnortwechsels zwei Haushalte führen sollten. Die hierdurch entstehenden Kosten können zwar *teilweise* steuerlich geltend gemacht werden – nach Steuern wird jedoch i. d. R. eine Nettobelastung bestehen bleiben. Vor dem Hintergrund der o. g. ökonomischen Argumente spricht somit wohl mehr für als gegen eine gänzliche Abschaffung der Zweijahresfrist. Diese Option sollte daher in Erwägung gezogen werden.

Neben Problemen bei der grundsätzlichen Anerkennung einer doppelten Haushaltsführung können **Rechtsstreitigkeiten im Hinblick auf die damit verbundenen Aufwendungen** auftreten. In diesem Zusammenhang ist zunächst darauf hinzuweisen, dass einzelne Kostenblöcke bereits stark pauschaliert sind (Heimfahrten[294] und Verpflegungsmehraufwendungen[295]). Zur Vermeidung ertrag-

---

292 Im Fall der „Kettenabordnung" begründeten die Richter ihr Urteil mit einer Ungleichbehandlung von Arbeitnehmern, die mehrmals hintereinander an denselben Ort entsendet werden und Beschäftigten, die ständig an *verschiedenen* Orten doppelte Haushalte führen. Im Falle des beiderseitig berufstätigen Ehepaares wurde vor allem darauf abgestellt, dass es aufgrund gesetzlicher Regelungen zu keiner faktischen Ungleichbehandlung von Doppel- und Alleinverdiener-Ehen kommen dürfe [vgl. Fußnote 290].

293 Vgl. mit weiteren Nachweisen KÖGEL (1997), S. 434.

294 Entfernungspauschale nach § 9 Abs. 1 S. 3 Nr. 4 i. V. m. § 9 Abs. 2 EStG. Diese gilt nach § 4 Abs. 5 Nr. 6 EStG auch für die Gewinneinkünfte.

steuerlicher Konflikte erscheint dies grundsätzlich vorteilhaft; insbesondere in den Fällen, in denen höhere Abzugsbeträge auf der Basis von Einzelnachweisen nicht möglich sind (Verpflegungsmehraufwendungen). Da bei den Aufwendungen für die Zweitwohnung (Miete etc.) derzeit die tatsächlich angefallenen Kosten steuerlich berücksichtigt werden, könnte hier ein Pauschalierungsverfahren, wie es beim häuslichen Arbeitszimmer vorgeschlagen wurde, zur Verringerung steuerrechtlicher Konfliktpotenziale beitragen[296]. Dementsprechend wäre eine pauschale Berücksichtigung der (nahezu) einzelfallunabhängigen (laufenden) Kosten sowie ein Einzelnachweis der (stark) streuenden Aufwendungen (insbesondere Miete) zu empfehlen. Eine weitere Vereinfachung des Berechnungsverfahrens könnte etwa durch eine pauschale Ermittlung der (stark) einzelfallabhängigen Aufwendungen, z. B. nach Maßgabe der ortsüblichen Vergleichsmiete, erfolgen.

Eine Pauschalierung wäre zudem vorstellbar bei den Fahrt- und Umzugskosten zu Beginn und zum Ende der doppelten Haushaltsführung. Bislang ist hierfür ebenfalls ein Einzelnachweis der Aufwendungen erforderlich. Um zumindest das Gros der betroffenen Fälle abzudecken, könnte hier mit einer anhand von Einzelnachweisen widerlegbaren und gegebenenfalls entfernungsabhängigen Pauschale gearbeitet werden.

2.3.3.6 Fahrten zwischen Wohnung und Arbeitsstätte

§ 9 Abs. 1 S. 3 EStG:

Werbungskosten sind auch...

§ 9 Abs. 1 S. 3 Nr. 4 EStG:

Aufwendungen des Arbeitnehmers für die Wege zwischen Wohnung und Arbeitsstätte...

§ 9 Abs. 2 EStG:

Satz 1: Durch die Entfernungspauschalen sind sämtliche Aufwendungen abgegolten, die durch die Wege zwischen Wohnung und Arbeitsstätte und durch die Familienheimfahrten veranlasst sind.

Satz 2: Aufwendungen für die Benutzung öffentlicher Verkehrsmittel können angesetzt werden, soweit sie den als Entfernungspauschale abziehbaren Betrag übersteigen...

---

[295] Vgl. hierzu S. 148 ff. dieser Arbeit.

[296] Vgl. hierzu S. 146 f. dieser Arbeit.

Die steuerliche Berücksichtigung von Aufwendungen, die durch Fahrten[297] zwischen Wohnung und Arbeitsstätte einerseits sowie durch die Anschaffung erwerbsbezogener Arbeitsmittel andererseits (vgl. nächster Gliederungspunkt) entstehen, zählen zu denjenigen Regelungen des Betriebsausgaben- und Werbungskostenbereichs, die zwar für sich betrachtet ein geringeres Streitpotenzial als die vorstehend diskutierten Bestimmungen verursachen; gleichwohl weisen sie ein höheres Konfliktpotenzial als die übrigen Einzelvorschriften zu § 4 Abs. 4 ff. EStG (Betriebsausgaben) und § 9 EStG (Werbungskosten) auf. Zudem wurde seitens der Finanzbehörden verstärkt darauf hingewiesen, dass insbesondere die steuerliche Anerkennung erwerbsbedingter Fahrtkosten zu Konflikten mit den Steuerpflichtigen führe. Eine Beschäftigung mit den jeweiligen Bestimmungen erscheint daher angebracht.

Da der Gesetzgeber mit Wirkung zum 1. Januar 2001 die steuerliche Behandlung betrieblich bzw. beruflich veranlasster Fahrtkosten neu geregelt hat (Einführung der sog. „Entfernungspauschale"[298]), können die Ergebnisse der Rechtsprechungsanalyse aufgrund des gewählten Erhebungszeitraums (bis inkl. 2001) nur als sehr bedingt aussagekräftig angesehen werden. Es erscheint daher sachgemäß, die wesentlichen Regelungsinhalte der derzeitigen Bestimmung zu beleuchten, um somit mögliche Wirkungen auf das Auftreten ertragsteuerlicher Konfliktpotenziale analysieren zu können.

Seit dem Veranlagungszeitraum 2001 werden Aufwendungen für Wege[299] zwischen Wohnung und Erwerbsstätte steuerlich durch eine *personenbezogene* und *verkehrsmittelunabhängige* Entfernungspauschale berücksichtigt[300]. Dabei ist es grundsätzlich unerheblich, ob die entsprechenden Strecken zu Fuß, mit dem Fahrrad, dem Motorrad, öffentlichen Verkehrsmitteln oder mit einem Kraftfahrzeug überbrückt werden[301].

---

297 Aufgrund der aktuellen Regelung (Entfernungspauschale) müsste eigentlich von „Aufwendungen für die *Wegüberbrückung* zwischen Wohnung und Arbeitsstätte" gesprochen werden. Da sich die Ausführungen an dieser Stelle auf die Altregelung beziehen, wird der Begriff „Fahrten" verwendet.

298 Vgl. BGBL. TEIL I (2000), S. 1918 ff. sowie BStBl. Teil I (2000), S. 36 ff.

299 Bereits die Verwendung des Terminus „Aufwendungen für *Wege*" in § 9 Abs. 1 S. 3 Nr. 4 EStG sowie der Begriff „*Entfernungs*pauschale" verdeutlichen, dass die Neuregelung nicht mehr nach der *Art und Weise* der Wegüberbrückung „Wohnort – Arbeitsstätte" differenziert.

300 Zu den folgenden Ausführungen vgl. ausführlich HARDER-BUSCHNER/GOYDKE (2001), S. 4217 ff.; vgl. daneben APITZ (2001), S. 461 ff., MORSCH (2001), S. 246 ff., RAMB (2001), S. 350 ff., WESSELBAUM-NEUGEBAUER (2001), S. 534 ff. sowie BUNDESMINISTERIUM DER FINANZEN (2001), S. 1 ff.

301 Für Flugstrecken gilt die Entfernungspauschale nicht. Es können die tatsächlich entstandenen Kosten geltend gemacht werden [vgl. etwa HARDER-BUSCHNER/GOYDKE (2001), S. 4217].

Nach § 9 Abs. 1 S. 3 Nr. 4 i. V. m. § 9 Abs. 2 EStG können zurzeit[302] pro Arbeitstag

- 0,36 Euro für die ersten zehn (vollen) Kilometer und
- 0,40 Euro für jeden weiteren (vollen) Kilometer pauschal angesetzt werden.

Aufgrund § 4 Abs. 5 Nr. 6 i. V. m. § 9 Abs. 3 EStG gilt diese Regelung sowohl für die Gewinn- als auch für die Überschusseinkunftsarten.

Maßgebend für die Berechnung der Entfernungspauschale ist die kürzeste Straßenverbindung zwischen Wohnung und Erwerbsstätte; eine andere Strecke kann in Betracht kommen, wenn diese offensichtlich verkehrsgünstiger ist und vom Steuerpflichtigen regelmäßig benutzt wird. Der maximale Betriebsausgaben- bzw. Werbungskostenabzug für Wegaufwendungen beträgt grundsätzlich 5.112 Euro. Erwerbstätige, die ihr eigenes oder ein zur Nutzung überlassenes Kraftfahrzeug verwenden, können jedoch höhere Aufwendungen geltend machen, soweit sie nachweisen oder glaubhaft machen, dass sie die Fahrten tatsächlich ausgeführt haben. Für Nutzer öffentlicher Verkehrsmittel besteht zudem die Möglichkeit, höhere Aufwendungen durch Einzelnachweis anzusetzen.

Da die Entfernungspauschale verkehrsmittelunabhängig gewährt wird, können etwa auch Teilnehmer von Fahrgemeinschaften die entsprechenden Pauschbeträge für sich in Anspruch nehmen (personenbezogene Gewährung). Legt ein Steuerpflichtiger mehrmals pro Tag den Weg an seinen Erwerbsplatz zurück, so kommt prinzipiell nur die einmalige Anwendung der Pauschbetragregelung in Betracht[303]. Werden verschiedene Verkehrsmittel benutzt, um an den Erwerbsplatz zu gelangen („Park & Ride“) oder findet eine Nutzung unterschiedlicher Verkehrsträger im Laufe des Jahres statt (z. B. Motorrad-Nutzung im Sommer, Bahnnutzung im Winter), so gelten grundsätzlich die gleichen Vorschriften wie in den zuvor genannten Fällen; allerdings kann es beim Überschreiten des Höchstbetrages erforderlich werden, für die Errechnung des Abzugsbetrags zwi-

---

[302] Die Bundesregierung ist derzeit bestrebt, die Entfernungspauschale umzugestalten. Zunächst war dabei geplant, Aufwendungen für die Wegüberbrückung zwischen Wohnung und Erwerbstätte generell erst ab dem einundzwanzigsten Kilometer anzuerkennen [vgl. etwa F.A.Z. (2003h), S. 11]. Dieses Vorhaben wurde wenige Wochen später – wohl vor allem aufgrund ökologischer Überlegungen – insoweit modifiziert, als Benutzer öffentlicher Verkehrsmittel weiterhin die vollen Kosten absetzen können sollten [vgl. etwa DIE WELT (2003), S. 11]. Da dieser Vorschlag erhebliche Kritik hervorrief, scheint nunmehr geplant zu sein, die entsprechenden Aufwendungen (wie bisher) ab dem ersten Kilometer anzuerkennen und lediglich die Pauschbeträge pro Kilometer zu reduzieren [vgl. etwa F.A.Z. (2003g), S. 11].

[303] Diese Einschränkung gilt nicht für Steuerpflichtige, die täglich mehrere Erwerbsstätten aufsuchen müssen [vgl. hierzu HARDER-BUSCHNER/GOYDKE (2001), S. 4220 f.].

schen den verwendeten Verkehrsmitteln zu differenzieren[304]. Für Familienheimfahrten im Rahmen einer doppelten Haushaltsführung gilt grundsätzlich das gleiche Berechnungsverfahren, wobei jedoch die o. g. Entfernungsstaffelung (0,36 Euro für die ersten zehn Kilometer und 0,40 Euro für jeden weiteren Kilometer) sowie die Höchstbetragsregelung (maximal 5.112 Euro) entfallen[305].

Der gewichtigste **Unterschied zwischen der derzeit geltenden Bestimmung (Entfernungspauschale) und der Alt-Regelung** ist darin zu sehen, dass die Gewährung der Abzugsbeträge unabhängig vom gewählten Verkehrsmittel erfolgt. Diese (ökologisch motivierte[306]) typisierende Betrachtungsweise führt im Ergebnis dazu, dass selbst Steuerpflichtige *ohne* entsprechende Aufwendungen (z. B. kostenlose Teilnahme an einer Fahrgemeinschaft, Fußgänger) einen Betriebsausgaben- bzw. Werbungskostenabzug vornehmen können. Die Neuregelung tangiert daher nicht nur die *Höhe* der abziehbaren Erwerbsaufwendungen; sie setzt noch einen Schritt früher ein, nämlich bei der Bestimmung der Betriebsausgaben/Werbungskosten dem *Grunde* nach. Steuerlich wirkt die Entfernungspauschale somit in allen Fällen, in denen dem Steuerpflichtigen keine eigenen Aufwendungen für Wege zwischen Wohnung und Erwerbsstätte entstehen, wie ein tariflicher Freibetrag[307]. Insofern kann nicht nur von einer *verkehrsmittel*unabhängigen, sondern es muss ebenso von einer *aufwands*unabhängigen Pauschale gesprochen werden.

Aus **steuersystematischer Sicht** ist ein derartiges Verfahren grundsätzlich kritisch zu beurteilen[308]: Das objektive Nettoprinzip – nachdem die Einkommensbesteuerung nur an Nettoeinkünften (Gesamteinkünfte abzüglich nichtdisponibler Einkunftsteile) anknüpfen darf – dient *ausschließlich* dem Zweck der Ermittlung steuerlicher Leistungsfähigkeit. Werden hierbei Aufwendungen berücksichtigt, die gar nicht entstanden sind, so kommt es zu steuerlichen Begünstigungseffekten. Diese können immer dann auftreten, wenn die Ermittlung der wirtschaftlichen Leistungsfähigkeit nicht anhand konkreter Einzelfallumstände, sondern typisierend oder pauschalierend erfolgt. Wie an anderer Stelle bereits dargelegt[309], können es das steuerliche Massenverfahren oder Missbrauchshäufungen erfordern, dass der Gesetzgeber das objektive Nettoprinzip partiell durch-

---

[304] Dies folgt aus den verschiedenen, vom Verkehrsmittel abhängigen Vorschriften zum Abzugs-Höchstbetrag [vgl. hierzu etwa HARDER-BUSCHNER/GOYDKE (2001), S. 4224 ff.].

[305] Zu weiteren Details der Entfernungspauschale vgl. die in Fußnote 300 genannten Quellen.

[306] Vgl. MORSCH (2001), S. 246, PASCH/HÖRETH/RENN (2001), S. 305, WESSELBAUM-NEUGEBAUER (2001), S. 533 sowie SÖHN (2001), S. 950.

[307] Vgl. MORSCH (2001), S. 246.

[308] Ebenso SÖHN (2001), S. 950 ff. sowie MORSCH (2001), S. 246.

[309] Vgl. etwa S. 142 dieser Arbeit.

bricht. Die Entfernungspauschale verfolgt allerdings primär *ökologische* Ziele, indem sie Anreize zur *Vermeidung* von Aufwendungen schafft. Ein derartiger Ansatz rechtfertigt nicht die Durchbrechung des objektiven Nettoprinzips – vielmehr wird die Ermittlung steuerlicher Leistungsfähigkeit in unsystematischer Weise beeinträchtigt.

Höchst umstritten ist zudem die wesentlich grundsätzlichere Frage, ob Aufwendungen für Wege zwischen Wohnort und Arbeitsstätte *überhaupt* der Erwerbssphäre zuzuordnen sind[310]. Zumindest ist kaum bestreitbar, dass bei der Wahl des Wohnorts sowohl betriebliche bzw. berufliche als auch private Überlegungen eine Rolle spielen. Die erwerbsbedingte Veranlassung von Wegaufwendungen wird dabei wohl um so mehr in den Hintergrund treten, je weiter der Steuerpflichtige von der Erwerbsstätte entfernt wohnt. Folgt man dieser Ansicht, so wirkt die Staffelung der Entfernungspauschale (0,36 Euro für die ersten zehn Kilometer und 0,40 Euro für jeden weiteren Kilometer) gerade in die falsche Richtung.

Ebenfalls kritisch zu beurteilen ist die Neuregelung im Hinblick auf das **Auftreten ertragsteuerlicher Streitpotenziale**. Wie die Finanzbehörden bekundeten, gestaltet sich vor allem die Feststellung der maßgeblichen Wegstrecke problematisch. Erschwerend trete hinzu, dass unter Umständen nicht die kürzeste Straßenverbindung, sondern die verkehrsgünstigere Alternative ausschlaggebend ist. Anhand dieser Begründung würden Steuerpflichtige regelmäßig versuchen, längere Wegstrecken und somit höhere Betriebsausgaben/Werbungskosten geltend zu machen. Diese Angaben im Einzelfall zu überprüfen und gegebenenfalls zu widerlegen, sei kaum möglich. Zudem müsse berücksichtigt werden, dass die Berechnung der Entfernungspauschale bei der kombinierten Benutzung von Verkehrsmitteln (Park & Ride) recht kompliziert werden kann. Auch hieraus könnten sich steuerrechtliche Konflikte ergeben, etwa falls die Betroffenen das aufwendige Berechnungsverfahren nicht nachvollziehen können und sich daher unsachgemäß behandelt fühlen.

Zur Verminderung derartiger Streitpotenziale kommen im Wesentlichen die folgenden **Handlungsoptionen** in Betracht:

- Gänzlicher *Wegfall* der steuerlichen Berücksichtigung erwerbsbedingter Wegaufwendungen.
- Beibehaltung der Abzugsmöglichkeit unter *Modifikation* der gesetzlichen Regelungen.

---

[310] Vgl. etwa SÖHN (2001), S. 950 sowie mit weiteren Nachweisen TIPKE/LANG (2002), S. 290, insbesondere Fußnote 123.

Eine unmittelbare Beseitigung ertragsteuerlicher Streitpotenziale könnte durch den **Wegfall der Abzugsmöglichkeit** erwerbsbedingter Wegaufwendungen erfolgen. Wie bereits dargelegt, gilt es als äußerst umstritten, ob derartige Aufwendungen (ausschließlich) der betrieblichen/beruflichen oder der privaten Sphäre zuzuordnen sind. Diesbezüglich lassen sich sowohl Argumente für als auch gegen eine steuerliche Berücksichtigung vorbringen[311]. So würde sich ein Wegfall der Abzugsmöglichkeit wohl prinzipiell negativ auf die Mobilität der Erwerbstätigen auswirken; dem steht allerdings das o. g. Argument der privaten (Mit-)Veranlassung entgegen, das grundsätzlich umso schwerer wiegt, je weiter der Steuerpflichtige von der Erwerbsstätte entfernt wohnt. Aus ökonomischer Perspektive kann daher eine Abschaffung der Abzugsmöglichkeit weder uneingeschränkt empfohlen werden, noch ist gänzlich davon abzuraten; zweifelsohne würde ein Wegfall zu einer Verringerung steuerlicher Konfliktpotenziale beitragen.

Zur Vermeidung negativer Auswirkungen auf die Mobilität von Erwerbstätigen wäre anstatt der generellen Abschaffung der Abzugsmöglichkeit eine **konfliktreduzierende Modifikation** der gesetzlichen Bestimmungen ernsthaft in Erwägung zu ziehen. Hierbei sollten vor allem die geschilderten Praktikabilitätsprobleme auf der Ebene der Finanzbehörden Beachtung finden. Dabei wäre vor allem an *einheitliche Pauschbeträge pro Kilometer* (Wegfall der Entfernungsstaffelung) zu denken. Dies würde einerseits das Berechnungsverfahren erleichtern; andererseits würde hierdurch der o. g. Einwand entschärft, dass die private Veranlassung der Wegüberbrückung mit größer werdender Entfernung des Wohnorts von der Erwerbsstätte zunimmt. Eine weitere Vereinfachung des Ermittlungsverfahrens könnte durch die *ausschließliche Maßgeblichkeit der kürzesten Straßenverbindung* erfolgen. Dies würde dazu führen, dass die von den Finanzbehörden kaum durchführbare Prüfung der verkehrlichen Gegebenheiten sowie der Fahrstreckengewohnheiten der einzelnen Steuerpflichtigen entfiele. Hierdurch könnte ein gewichtiger Ansatzpunkt für Streitigkeiten beseitigt werden.

Aufgrund der o. g. steuersystematischen Überlegungen sollte zudem – analog zur Altregelung – zu einem *verkehrsmittel**ab**hängigen Verfahren* zurückgekehrt werden. Benutzern von Kraftfahrzeugen und Motorrädern wären hierbei einheitliche Pauschbeträge pro Kilometer einzuräumen (keine Entfernungsstaffelung). Die Verwendung öffentlicher Verkehrsmittel könnte durch Einzelnachweis anhand von Tages-, Wochen-, Monats- oder Jahreskarten erfolgen. Die Vorlage der entsprechenden Belege sollte den Steuerpflichtigen keine großen Umstände bereiten. Zudem wäre eine Kontrolle durch die Finanzbehörden leicht möglich.

---

311 Vgl. hierzu etwa SÖHN (1997), S. 245 ff.

Zum Zweck der Missbrauchsverhinderung könnte ein *grundsätzlicher Höchstbetrag* in Erwägung gezogen werden. Dieser sollte jedoch anhand von Einzelnachweisen *widerlegbar* sein, da der Nachweis von im Einzelfall höheren Aufwendungen – im Gegensatz zu anderen Einkunftserzielungskosten (insbesondere häusliches Arbeitszimmer, Arbeitsmittel) – relativ leicht zu erbringen und zu überprüfen ist (Fahrkarten, Fahrtenbücher).

2.3.3.7 Aufwendungen für Arbeitsmittel

> *§ 9 Abs. 1 S. 3 EStG:*
>
> Werbungskosten sind auch...
>
> *§ 9 Abs. 1 S. 3 Nr. 6 EStG:*
>
> Aufwendungen für Arbeitsmittel, zum Beispiel für Werkzeuge und typische Berufskleidung...

Prinzipiell trennt das Einkommensteuergesetz zwischen steuerrelevantem Einkunftserzielungsvermögen (Betriebsvermögen, Kapitalvermögen, Vermietungs- und Verpachtungsvermögen) und steuerlich unbeachtlichem Privatvermögen[312]. Da bei den Überschusseinkünften kein Vermögensvergleich stattfindet, werden Vermögensänderungen in Form von Vermögenszugängen, -abgängen und Wertminderungen grundsätzlich nicht erfasst[313]. Der Erwerb von Wirtschaftsgütern betrifft regelmäßig die Vermögenssphäre. Ein steuerlicher Abzug der entsprechenden Aufwendungen kommt im Überschusseinkünftebereich somit prinzipiell nicht in Betracht. Allerdings erscheint es ökonomisch sachgemäß, hierbei zwischen Aufwendungen zu differenzieren, die einerseits der Einnahmenerzielung und andererseits dem Aufbau eines nichtberuflichen Vermögensstamms dienen. Während letztgenannte der privaten Vermögenssphäre zuzuordnen sind und somit ein Werbungskostenabzug nicht zu rechtfertigen ist, zählen erstgenannte zur Einkunftssphäre; derartige Aufwendungen sind steuerlich zu berücksichtigen[314].

---

312 Vgl. etwa JONAS (1993), S. 2305.

313 Eine Ausnahme hiervon stellt § 9 Abs. 1 S. 3 Nr. 7 EStG (AfA als Werbungskosten) dar; vgl. hierzu S. 151 ff. dieser Arbeit.

314 Vgl. hierzu etwa KIRCHHOF (2001), S. 573 f. u. S. 604.

Diesen steuersystematischen Überlegungen folgt § 9 Abs. 1 S. 3 Nr. 6 EStG, der einen Werbungskostenabzug für Arbeitsmittel zulässt[315]. Die Bestimmung bezieht sich dabei auf alle Überschusseinkünfte, sodass entsprechende Aufwendungen außer bei Einkünften aus nichtselbständiger Arbeit auch im Falle von Einkünften aus Vermietung und Verpachtung, Kapitalvermögen sowie sonstigen Einkünften absetzbar sind. Die Höhe des Werbungskostenabzugs bestimmt sich dabei nach § 9 Abs. 1 S. 3 Nr. 7 EStG (AfA als Werbungskosten)[316]. Dementsprechend sind die Anschaffungs- bzw. die Herstellungskosten des Wirtschaftsguts grundsätzlich gemäß der §§ 7 ff. EStG auf die jeweilige Nutzungsdauer zu verteilen. Ein voller Abzug im Beschaffungsjahr kommt nur dann in Betracht, falls der (Netto-)Wert des Arbeitsmittels bis zu 410 Euro ausmacht (geringwertige Wirtschaftsgüter i. S. d. § 6 Abs. 2 EStG). Eine betragsmäßige Abzugsbegrenzung ist nicht vorgesehen.

Der Begriff „Arbeitsmittel" ist einkommensteuerrechtlich nicht definiert. Lediglich beispielhaft nennt § 9 Abs. 1 S. 3 Nr. 6 EStG Werkzeuge und typische Berufskleidungsstücke. Nach ständiger Rechtsprechung des BFH entstehen Aufwendungen für Arbeitsmittel sowohl im Zuge ihrer Anschaffung respektive ihrer Herstellung als auch aufgrund der Sicherung ihrer Gebrauchsfähigkeit (z. B. Reparatur- oder Reinigungskosten)[317].

Das Fehlen einer steuerrechtlichen Definition ist nicht als gesetzestechnischer Mangel zu verstehen. Dies ist vielmehr darauf zurückzuführen, dass a priori jedes Wirtschaftsgut ein Arbeitsmittel darstellen kann. Die Beantwortung der steuerrelevanten Frage, ob die getätigten Aufwendungen (überwiegend) privat oder beruflich veranlasst sind, kann daher nur in Anbetracht der *konkreten* Funktion des Wirtschaftsgutes, d. h. unter Beachtung der *tatsächlichen* Zweckbestimmung erfolgen[318]. Wirtschaftsgüter werden demzufolge erst dann zu Arbeitsmitteln, wenn sie der Steuerpflichtige einem einkunftserzielenden Zweck *widmet*. Analog kann eine „*Entwidmung*" eines einstigen Arbeitsmittels stattfinden, falls das Wirtschaftgut nunmehr (überwiegend) betrieblichen oder privaten Zwecken dient. Eine abstrakte Definition des Begriffs „Arbeitsmittel" erscheint daher genauso wenig zielführend wie die enumerative Aufzählung von Beispielfällen.

---

315 Zu den folgenden Ausführungen vgl. ausführlich von Bornhaupt (1999), S. 4001 ff.; vgl. ferner ders. (2000), S. 971 ff., Kottke (1998), S. 1255 ff. sowie Söhn (1980), S. 301 ff.

316 Vgl. hierzu S. 151 ff. dieser Arbeit.

317 Vgl. von Bornhaupt (1999), S. 4003 f.

318 Beispielsweise wird ein algebraisches Fachbuch wohl als Arbeitsmittel eines Mathematiklehrers anzuerkennen sein, nicht hingegen als Arbeitsmittel eines Sportlehrers [vgl. hierzu ebd., S. 4004 f.].

Aufgrund der dargelegten Zusammenhänge ergeben sich mannigfache Abgrenzungsprobleme bei der Anwendung des § 9 Abs. 1 S. 3 Nr. 6 EStG seitens der Finanzbehörden. Hierbei sind insbesondere die folgenden Differenzierungsfragen von Bedeutung[319]:

- Abgrenzung von Arbeitsmitteln zum (steuerlich irrelevanten) privaten Vermögensstamm.
- Abgrenzung von Arbeitsmitteln zu nur gelegentlich beruflich genutzten Wirtschaftsgütern.
- Abgrenzung von Arbeitsmitteln zu Wirtschaftsgütern, die nur mittelbar in einem beruflichen Zusammenhang stehen.

Daneben ergeben sich erhebliche Schwierigkeiten bei der Abgrenzung von Arbeitsmitteln zu den Ausstattungsgegenständen eines häuslichen Arbeitszimmers[320].

Die Möglichkeiten zur Beseitigung oder Verminderung ertragsteuerlicher Streitpotenziale stellen sich aufgrund der oben geschilderten grundsätzlichen Widmungs- bzw. Entwidmungsproblematik äußerst begrenzt dar. Prinzipiell kann die Differenzierung von beruflich genutzten und privat verwendeten Wirtschaftsgütern nur vor dem Hintergrund der jeweiligen Einzelfallumstände und somit in Anbetracht des konkreten Verwendungszwecks erfolgen. Wie TIPKE und LANG zutreffend feststellen, führt die von der Rechtsprechung verwendete typisierende Betrachtungsweise bei der Feststellung der Nutzungsart eines Wirtschaftsguts zu einer teils frappierenden Kasuistik[321]. Erschwerend kommt hinzu, dass auch für Arbeitsmittel das Abzugsverbot nach § 12 Nr. 1 EStG gilt, falls die Wirtschaftsgüter in nicht unerheblichem Umfang privat mitverwendet werden.

Zur Vermeidung der hieraus resultierenden Steuerrechtskonflikte lassen sich zwei Möglichkeiten diskutieren:

- Wegfall der Abzugsmöglichkeit für Arbeitsmittelaufwendungen.
- Beibehaltung der Abzugsmöglichkeit unter Einräumung der Möglichkeit eines anteiligen Abzugs, auch bei nicht unwesentlicher privater Mitbenutzung des Arbeitsmittels.

---

319 Vgl. VON BORNHAUPT (1999), S. 4002.

320 Wie dargelegt, sind Aufwendungen für Arbeitsmittel grundsätzlich unbegrenzt abzugsfähig. Für die Ausstattungskosten eines häuslichen Arbeitszimmers trifft dies jedoch nicht ohne weiteres zu [vgl. hierzu S. 138 ff. dieser Arbeit, insbesondere Fußnote 248].

321 Vgl. mit Beispielen TIPKE/LANG (2002), S. 287 sowie VON BORNHAUPT (1999), S. 4005 ff.

Beide Alternativen müssen vor dem Hintergrund der steuersystematischen Ausführungen zu Beginn des Abschnitts beurteilt werden. Es stellt sich die grundlegende Frage, ob Arbeitsmittel im Vergleich zu anderen Wirtschaftsgütern wie Gebäuden oder Kapitalforderungen tatsächlich einen engeren Bezug zur (steuerrelevanten) Einkunftssphäre als zur (steuerirrelevanten) privaten Vermögenssphäre aufweisen. In dieser Hinsicht weisen Arbeitsmittel einen ambivalenten Charakter auf: Der Großteil der in Frage kommenden Wirtschaftsgüter kann nämlich sowohl für private als auch für berufliche Zwecke verwendet werden. *Ob* eine private Mitbenutzung im Einzelfall *tatsächlich* erfolgt, kann durch den Rechtsanwender (Finanzbehörden) meist nicht hinreichend überprüft werden[322]. Andererseits ist es jedoch auch fraglich, ob die von der Rechtsprechung verwendete typisierende Betrachtungsweise in jedem Fall mit dem objektiven Nettoprinzip sowie mit verfassungsrechtlichen Gleichbehandlungsgrundsätzen (vor allem Art. 3 Abs. 1 GG) vereinbar erscheint[323].

Offensichtlich tut sich hier ein Dilemma auf: Selbst wenn der Ansicht gefolgt wird, dass Arbeitsmittel einen weniger starken Bezug zum privaten Vermögensstamm als andere, ebenfalls zu Einkunftserzielungszwecken angeschaffte Wirtschaftsgüter aufweisen und daher ein Abzug der Aufwendungen prinzipiell zulässig erscheint, so kann weder die *tatsächliche* (überwiegende) berufliche Verwendung hinreichend sichergestellt werden, noch ist es für einen Großteil der in Frage kommenden Wirtschaftsgüter möglich, sie *typischerweise* der beruflichen Einkunftssphäre bzw. der privaten Vermögenssphäre zuzuordnen. Beide Problematiken resultieren aus der schlichten Tatsache, dass ein Wirtschaftsgut in der Regel erst aufgrund seiner konkreten Verwendung zu einem Arbeitsmittel *wird* und nicht bereits seinem Wesen nach ein Arbeitsmittel *ist*.

Aufgrund dieser Überlegungen kommen grundsätzlich beide Alternativen (**Wegfall der Abzugsmöglichkeit** bzw. **Beibehaltung der Regelung unter Einräumung einer anteiligen Abzugsmöglichkeit**) zur Konfliktreduzierung in Betracht. Wie bereits an anderer Stelle ausgeführt, kann der Gesetzgeber das objektive Nettoprinzip durchbrechen, solange dies nicht willkürlich geschieht (Beachtung des Art. 3 Abs. 1 GG) und falls eine Durchbrechung der Vereinfachung des Massenverfahrens oder der Missbrauchsverhinderung dient[324]. Die dargelegten Charakteristika von Arbeitsmitteln sprechen dafür, dass beide Voraussetzungen erfüllt sind: Einerseits kann die steuerrechtliche Arbeitsmittelrege-

---

322 Wie soll etwa die *tatsächliche* Nutzungsart eines Bücherregals anhand der darin gelagerten Literatur überprüft werden? Vgl. VON BORNHAUPT (1999), S. 4002.

323 Warum sollen etwa die Aufwendungen für eine Aktentasche eines Betriebsprüfers nicht abzugsfähig, die Kosten für einen Badmintonschläger eines Erziehers hingegen abzugsfähig sein? Vgl. ebd., S. 4005.

324 Vgl. etwa S. 142 dieser Arbeit.

lung eine Vielzahl abhängig Beschäftigter betreffen, andererseits ist ein Missbrauch wegen der engen Verbindung von Berufs- und Privatsphäre kaum auszuschließen. Im Hinblick auf die Vermeidung ertragsteuerlicher Streitpotenziale scheint ein gänzlicher Wegfall des Werbungskostenabzugs die zweckmäßigere Alternative zu sein, da nur hierdurch die geschilderten Kontroll- und Typisierungsprobleme entfallen würden. Aus steuersystematischer Sicht spricht hingegen einiges für die zuletzt genannte Alternative der Einräumung einer anteiligen Abzugsmöglichkeit, da wohl gerade die gemischte Verwendung von Arbeitsmitteln die Regel darstellt[325]. Um rechtlichen Konflikten und steuerlichem Missbrauch vorzubeugen, könnte es sich hierbei empfehlen, berufsgruppen- bzw. tätigkeitsspezifische Abzüge zuzulassen – insbesondere für diejenigen abhängig Beschäftigten, die von ihrem Arbeitgeber typischerweise keine oder nur in geringem Umfang Arbeitsmittel zur Verfügung gestellt bekommen (z. B. Lehrer). Zur Vereinfachung des steuerlichen Massenverfahrens wäre zudem daran zu denken, die Abzüge pauschal auszugestalten (z. B. 50 % des Arbeitsmittelwerts) und von der Möglichkeit höherer Einzelnachweise – vor allem aufgrund der o. g. Beweis- bzw. Kontrollprobleme – abzusehen.

2.4 Fazit

Die zentralen Ergebnisse der Überlegungen zum Bereich der Betriebsausgaben und der Werbungskosten lassen sich wie folgt zusammenfassen:

Die **hohe Streitanfälligkeit der Generalklauseln** in § 4 Abs. 4 EStG (Betriebsausgaben) und § 9 Abs. 1 S. 1 EStG (Werbungskosten) ließe sich im ***Werbungskostenbereich*** vor allem durch stärkere Pauschalierungen verringern. Hierfür kommt in erster Linie eine spürbare *Erhöhung des Arbeitnehmer-Pauschbetrags* in Betracht. Da hiermit jedoch erhebliche staatliche Einnahmeausfälle verbunden wären, dürfte die Maßnahme in der kurzen Frist kaum umsetzbar sein. Diese Option sollte daher als mittel- bis langfristig anzustrebende Alternative zur Reduzierung ertragsteuerlicher Streitpotenziale angesehen werden. Von der *Wiedereinführung einer Werbungskostenpauschale bei den Einkünften aus Vermietung und Verpachtung* sollte hingegen abgesehen werden. Zum einen ist auf die negativen Erfahrungen, die mit einer entsprechenden Regelung in den Jahren 1996 bis 1999 gemacht wurden, zu verweisen. Zum anderen scheitert ein pauschaler Werbungskostenabzug an ökonomischen Gegebenheiten (u. a. starke Einzelfallabhängigkeit der tatsächlichen Aufwendungen) sowie an

---

[325] Beispielsweise die Badehose eines Bademeisters, die Enzyklopädie eines Gemeinschaftskunde-Lehrers, das Notebook eines EDV-Angestellten, der Schraubenzieher eines Handwerksgesellen oder die Geige eines Konzertmusikers.

dem Umstand, dass eben jene Kostenblöcke, bei denen eine Pauschalierung am wenigsten zu rechtfertigen ist (Schuldzinsen, AfA) die meisten steuerrechtlichen Konflikte hervorrufen. Für den ***Betriebsausgabenbereich*** kann eine Verwendung von Pauschalierungen grundsätzlich nicht empfohlen werden. Hiergegen spricht in erster Linie die hohe Komplexität unternehmerischer Betätigungen[326].

Kurzfristig umsetzbare Handlungsoptionen konnten demgegenüber bei einzelnen konfliktträchtigen **Detailbestimmungen zu Betriebsausgaben und Werbungskosten** erarbeitet werden (§ 4 Abs. 4a, 5 EStG und § 9 Abs. 1 S. 3 EStG).

Für den erwerbsbedingten ***Schuldzinsenabzug*** wurde mit dem Jahressteuergesetz 1999 eine ökonomisch wie steuersystematisch grundsätzlich sachgerechte Neuregelung verabschiedet. Infolgedessen ist zu erwarten, dass sich das hohe Konfliktpotenzial der Bestimmung verringern sollte. Um weitere Ansatzpunkte für steuerrechtliche Streitigkeiten auszuschließen, empfiehlt es sich, das zurzeit anzuwendende zweistufige Prüfungsverfahren derart zu modifizieren, dass das *Veranlassungsprinzip* zugunsten einer *rein eigenkapitalorientierten Betrachtungsweise* vollends aufgegeben wird. Von einer analogen Anwendung der Neuregelung im Bereich der Überschusseinkünfte sollte hingegen abgesehen werden. Eine Alternative zum Veranlassungsprinzip erscheint hier nicht ersichtlich.

Die steuerliche Berücksichtigung von ***Aufwendungen für ein häusliches Arbeitszimmer*** ist vor allem durch immense Abgrenzungsprobleme von Erwerbs- und Wohnraum sowie durch Schwierigkeiten bei der Feststellung der überwiegenden Arbeitszimmernutzung gekennzeichnet. Eine Verringerung entsprechender Steuerrechtskonflikte könnte etwa durch folgende Maßnahmen erreicht werden:

- Ausschließliche Verwendung des Kriteriums „Notwendigkeit eines Arbeitszimmers“ („Vorhandensein eines anderen Arbeitsplatzes“) zur Abgrenzung von privat zu betrieblich/beruflich veranlassten Aufwendungen für ein Arbeitszimmer; hierbei Berücksichtigung sowohl quantitativer als auch qualitativer Aspekte.
- Keine Prüfung der privaten Mitbenutzung des Arbeitszimmers.
- Zulassung der räumlichen Einbindung des Arbeitszimmers in den restlichen Wohnraum („Arbeits*bereiche*“).
- Wegfall der Mittelpunktsprüfung und der „50-Prozent-Regel“.

---

326 Zu dem Bestreben der Bundesregierung, einen pauschalierten Betriebsausgabenabzug für Kleinbetriebe und Existenzgründer einzuführen, vgl. S. 127 dieser Arbeit, Fußnote 217.

- Einführung einer prozentualen Bemessungsgrundlage zur Bestimmung der Werbungskosten-Abzugshöhe (z. B. 10 % der gesamten Wohnfläche) unter Ausschluss höherer Einzelnachweise (Beweis-/Kontrollprobleme); gegebenenfalls Verwendung von Ober- und Untergrenzen bei der zu berücksichtigenden betrieblich bzw. beruflich genutzten Fläche (z. B. minimal 5 qm, maximal 15 qm).
- Für laufende, von den Umständen des Einzelfalls nicht oder nur geringfügig abhängende Unterhaltungskosten des Arbeitszimmers: Abgeltung durch einen fixen Pauschbetrag pro Quadratmeter der betrieblich/beruflich genutzten Fläche.
- Für stark einzelfallabhängige Raum-Kosten (vor allem Miete, Schuldzinsen, Gebäude-AfA): Berücksichtigung der tatsächlich angefallenen Aufwendungen anhand von Einzelnachweisen. Alternativ: Verwendung der ortsüblichen Vergleichsmiete als Pauschalierungsmaßstab.

Die gesetzlichen Bestimmungen zu ***Verpflegungsmehraufwendungen*** können im Wesentlichen als ökonomisch und steuersystematisch zweckmäßig sowie aufgrund des hohen Pauschalierungsgrades als praktikabel bezeichnet werden. Kritisch muss hingegen die pauschale Besteuerung von *Arbeitgeber-Leistungen* beurteilt werden, da sie im Falle der Steuerüberwälzung auf den Leistungsempfänger zu steuerlichen Begünstigungs- bzw. Benachteiligungseffekten führt. Eine steuersystematisch sachgerechte Lösung könnte entweder durch eine Besteuerung der Leistungen nach dem jeweiligen persönlichen Steuersatz des Steuerpflichtigen oder durch eine entsprechende Erhöhung der Pauschbeträge nach § 4 Abs. 5 Nr. 5 EStG erreicht werden.

Für die Konfliktträchtigkeit des Regelungsbereichs ***AfA als Werbungskosten*** kann die Bestimmung an sich nur sehr bedingt verantwortlich gemacht werden, da es im Falle von Rechtsstreitigkeiten i. d. R. um die Frage nach der steuerlichen Berücksichtigung von AfA-Tatbeständen dem Grunde nach geht. Die Bestimmung sollte daher in ihrer derzeitigen Form beibehalten werden. Eine Streitpotenzialverringerung erscheint vielmehr durch die Umsetzung der einzelnen Handlungsvorschläge bei den jeweils betroffenen Tatbeständen möglich (insbesondere Arbeitsmittel, häusliches Arbeitszimmer).

Als Reaktion auf das kürzlich ergangene Bundesverfassungsgerichtsurteil sollte die *Zweijahresfrist* bezüglich der Anerkennung einer ***doppelten Haushaltsführung*** generell abgeschafft werden. Hierfür sprechen vor allem ökonomische Argumente, insbesondere in Bezug auf die Mobilität der Steuerpflichtigen. Zudem könnte hierdurch eine erhebliche Reduktion steuerlicher Streitpotenziale erreicht werden. Daneben wäre eine Pauschalierung bei den Aufwendungen für die Zweitwohnung in Anlehnung an die Vorschläge zum häuslichen Arbeitszimmer (pauschale Berücksichtigung der laufenden Kosten und Einzelnachweis der stark streuenden Kosten bzw. Pauschalierung nach Maßgabe der ortsüblichen Vergleichsmiete) sowie die Verwendung einer durch Einzelnachweise widerlegbaren und gegebenenfalls entfernungsabhängigen Pauschale bei den Fahrt- und Umzugskosten zu Beginn und Ende der doppelten Haushaltsführung zu empfehlen.

Zur Reduzierung von Konflikten, die bei der steuerlichen Berücksichtigung von Aufwendungen für ***Wege zwischen Wohnung und Arbeitsstätte*** auftreten, bieten sich grundsätzlich zwei Maßnahmen an. Ein Wegfall der Abzugsmöglichkeit würde zur unmittelbaren Vermeidung entsprechender Rechtsstreitigkeiten führen und könnte zumindest teilweise durch ökonomische Argumente gerechtfertigt werden (private Mitveranlassung der Aufwendungen). Da sich hieraus jedoch negative Auswirkungen auf die Mobilität der Erwerbstätigen ergeben können, erscheint es überlegenswert, anstatt der generellen Abschaffung eine konfliktmindernde Modifikation der derzeitigen Regelung vorzunehmen. Hierfür kommen insbesondere die folgenden Möglichkeiten in Betracht:

- Wegfall der Pauschbetragsstaffelung nach der Wegstrecke (einheitlicher Pauschalbetrag, z. B. 0,35 Euro pro Kilometer).
- Alleinige Maßgeblichkeit der kürzesten Streckenverbindung (keine Berücksichtigung verkehrsgünstigerer Strecken).
- Wiedereinführung einer verkehrsmittel*ab*hängigen Gewährung (keine Verfolgung ökologischer Ziele, da hierdurch eine Verletzung des Nettoprinzips auftritt).
- Gegebenenfalls Einführung eines Höchstabzugsbetrags (zwecks Missbrauchsverhinderung) i. V. m. der Möglichkeit des Einzelnachweises von höheren Aufwendungen, da ausreichende Beweis-/Kontrollmöglichkeiten vorhanden sind (Fahrkarten etc.).

Auch im Rahmen der steuerlichen ***Absetzbarkeit von Arbeitsmitteln*** bieten sich zwei Alternativen zur Reduzierung von Streitpotenzialen an. Einerseits erscheint ein gänzlicher Wegfall der Abzugsmöglichkeit sowohl aus Gründen der Steuererhebungsvereinfachung als auch zum Zweck der Missbrauchsverhinderung vertretbar. Steuersystematisch sachgerechter wäre allerdings die Einräumung der Möglichkeit eines anteiligen Abzugs, auch bei nicht unwesentlicher privater Mitverwendung. Zur Vermeidung rechtlicher Konflikte sowie steuerlichen Missbrauchs wären berufsgruppen- bzw. tätigkeitsspezifische Abzüge zu empfehlen, die zu administrativen Vereinfachungszwecken pauschal ausgestaltet werden könnten (z. B. 50 % des jeweiligen Arbeitsmittelwerts). Aufgrund erheblicher Nachweis- und Kontrollprobleme wäre von einer steuerlichen Berücksichtigung von im Einzelfall höheren Aufwendungen abzusehen.

3 Familienleistungsausgleich und Kindergeld

3.1 Ökonomische und steuerrechtliche Analyse

> *§ 31 EStG:*
>
> *Satz 1:* Die steuerliche Freistellung eines Einkommensbetrags in Höhe des Existenzminimums eines Kindes einschließlich der Bedarfe für Betreuung und Erziehung oder Ausbildung wird durch die Freibeträge nach § 32 Abs. 6 oder durch Kindergeld nach dem X. Abschnitt bewirkt.
>
> *Satz 2:* Soweit das Kindergeld dafür nicht erforderlich ist, dient es der Förderung der Familie.
>
> *Satz 3:* Im laufenden Kalenderjahr wird Kindergeld als Steuervergütung monatlich gezahlt.
>
> *Satz 4:* Wird die gebotene steuerliche Freistellung durch das Kindergeld nicht in vollem Umfang bewirkt, sind bei der Veranlagung zur Einkommensteuer die Freibeträge nach § 32 Abs. 6 abzuziehen ...

Insbesondere die Ergebnisse der Rechtsprechungsanalyse auf Finanzgerichtsebene sprechen für eine sehr hohe Konfliktträchtigkeit des Familienleistungsausgleichs i. S. d. §§ 31, 32 EStG i. V. m. den Bestimmungen zum Kindergeld der §§ 62 bis 78 EStG. **Steuerrechtlich** sind die beiden genannten Regelungsbereiche eng miteinander verbunden, da die einkommensteuerliche Berücksichtigung von Unterhaltsaufwendungen für Kinder seit 1996 in einem „dualen Optionsmodell" erfolgt[327]. Hierbei erhalten Eltern zunächst ein einkommensunabhängiges *Kindergeld* (zurzeit jeweils 154 Euro monatlich für das erste bis dritte Kind und jeweils 179 Euro monatlich für das vierte sowie jedes weitere Kind)[328]. Nach Ablauf des Steuerjahres wird im Rahmen einer sog. „Günstigerprüfung" ermittelt, ob das gezahlte Kindergeld mindestens der steuerlichen Entlastungswirkung einer *Freibetragsgewährung* nach § 32 Abs. 6 EStG entspricht. Dieser Freibetrag besteht aus zwei Komponenten: Zum einen aus dem Kinderfreibetrag i. e. S., der

[327] Die Entwicklungsgeschichte des Familienleistungsausgleichs (vor 1996: „Familienlastenausgleich") ist durch mehrere einschneidende Systemwechsel sowie durch mannigfache Detailänderungen gekennzeichnet. Vgl. hierzu ausführlich KANZLER (1997), S. 1 ff. sowie ferner ders. (2001), S. 923 ff. und GRÖPL (2001), S. 151 f.

[328] Grundlegend zum derzeitigen Familienleistungsausgleich vgl. etwa HENMAN (2002), S. 31 ff., ROSENSCHON (2001), S. 5 ff. sowie TIPKE/LANG (2002), S. 237 ff.

das Existenzminimum eines jeden Kindes von der Besteuerung freistellen soll (derzeit 1.824 Euro pro Kind[329]), zum anderen aus einem Freibetrag, der den elterlichen Betreuungs-, Erziehungs- und Ausbildungsbedarf berücksichtigt (derzeit 1.080 Euro pro Kind[330]). Ergibt die Günstigerprüfung, dass die Kindergeldzahlungen nicht der Steuerentlastungswirkung einer Freibetragsgewährung entsprechen, so ist das gezahlte Kindergeld im Zuge der Einkommensteuerveranlagung der Eltern hinzuzurechnen und die o. g. Freibeträge von der Bemessungsgrundlage abzuziehen. Übersteigt hingegen das gezahlte Kindergeld die Entlastungswirkung der Freibetragsregelung, so handelt es sich bei dem darüber hinausgehenden Betrag um eine sozialpolitisch motivierte Transferleistung[331].

Aus **ökonomischer Perspektive** ist zu konstatieren, dass der Familienleistungsausgleich in seiner derzeitigen Form zwei grundsätzlich unterschiedliche Funktionen erfüllt. Einerseits dient er der Herstellung *horizontaler* (zwischen Familien und Kinderlosen) und *vertikaler* (zwischen Familien mit unterschiedlich hohen Einkünften) *Steuergerechtigkeit*. Dies geschieht in Form der Freibetragsgewährung nach § 32 Abs. 6 EStG (Sicherung des Existenzminimums sowie Berücksichtigung der Betreuungs-, Erziehungs- und Ausbildungskosten). Andererseits enthält der Familienleistungsausgleich jedoch auch Komponenten *allgemeiner Sozialleistungen* und zwar dann, falls das gezahlte Kindergeld die steuerliche Freibetragswirkung übersteigt. Insofern weist das heutige Familienbesteuerungssystem sowohl einkommensteuer- als auch sozialrechtliche Elemente auf.

3.2 Empirisch ermittelte Konfliktursachen

Ebenso wie für die konkreten Werbungskostentatbestände des § 9 Abs. 1 S. 3 EStG erbrachte bereits die Streitpotenzialanalyse im vierten Teil der Untersuchung erste fundierte Einsichten über die Streitbefangenheit einzelner Regelungstatbestände des Familienleistungsausgleichs. Durch die Analyse der Finanzgerichtsrechtsprechung konnten hohe Streitpotenziale vor allem für § 32 Abs. 4 EStG festgestellt werden (steuerliche Behandlung volljähriger Kinder). Daneben wurde eine Reihe von Einzelbestimmungen zum Kindergeld (§§ 62 bis 78 EStG) als besonders streitverursachend identifiziert. Aus der Differenziertheit der Ergebnisse war allerdings zu schlussfolgern, dass die jeweiligen Bestimmungen weniger für sich genommen, als vielmehr in ihrer Summe ein erhebliches Konfliktpotenzial verursachen. Insofern konnte der gesamte Kindergeldbereich als konfliktträchtig charakterisiert werden.

---

329 Bei zusammenveranlagten Ehegatten verdoppelt sich der Betrag gemäß § 32 Abs. 6 S. 2 EStG.

330 Vgl. Fußnote 329.

331 Vgl. § 31 S. 2 EStG.

Eine Betrachtung der Streitgegenstände der erfassten BFH-Entscheidungen zu § 32 EStG (Bundessteuerblatt) bestätigt die Resultate der Streitpotenzialanalyse auf Finanzgerichtsebene. So beschäftigt auch den Bundesfinanzhof in erster Linie die Frage nach der steuerlichen Berücksichtigung von Kindern, die das 18. Lebensjahr vollendet haben (§ 32 Abs. 4 EStG; 29 von 39 erfassten Verfahren). Hierbei geht es – ebenfalls in Analogie zu den Ergebnissen der FG-Rechtsprechungsanalyse – vor allem um die Auslegung des Begriffs „Berufsausbildung" (12 Verfahren). Die Problematik, welche Einnahmen eines Kindes als Einkünfte i. S. d. § 32 Abs. 4 S. 2 bis 7 EStG bei der Errechnung des Jahresgrenzbetrags zu berücksichtigen sind, behandeln weitere acht Verfahren. Sieben Entscheidungen des BFH betreffen die steuerliche Behandlung behinderter Kinder.

Neben den genannten Entscheidungen zu § 32 Abs. 4 EStG betreffen zehn Verfahren § 32 Abs. 6 EStG (Kinderfreibetrag). Jeweils fünf dieser Verfahren behandeln einerseits die Aufteilung des Kinderfreibetrags zwischen zwei Elternteilen (halber vs. voller Kinderfreibetrag) sowie andererseits die Verfassungsmäßigkeit der Kinderfreibetragshöhe[332].

3.3 Diskussion finanzpolitischer Handlungsoptionen

3.3.1 Vorbemerkungen

Zur Verringerung ertragsteuerlicher Streitpotenziale im Bereich des Familienleistungsausgleichs kommen zwei wesentliche Herangehensweisen in Betracht. Zum einen kann die derzeitige Ausgestaltung der Familienbesteuerung einer grundlegenden Analyse unterzogen und danach gefragt werden, ob eine Reduzierung steuerrechtlicher Konflikte anhand eines Systemwechsels möglich erscheint. Unter Beibehaltung der gegenwärtigen Struktur des Familienleistungsausgleichs kann zum anderen untersucht werden, inwieweit eine Modifizierung von Detailbestimmungen zur Verringerung des Streitniveaus beitragen kann. Hierbei sind einerseits die Einzelvorschriften des § 32 EStG (Kinderbegriff und Freibeträge) sowie andererseits die Regelungen des Kindergeldbereichs gemäß der §§ 62 bis 78 EStG zu beachten.

---

332 Da die Bestimmungen des Kindergeldbereichs (§§ 62 bis 78 EStG) in der Rechtsprechung des BFH keine allzu große Rolle spielen, soll an dieser Stelle nicht weiter auf sie eingegangen werden.

3.3.2 Grundsätzliche Erwägungen zum Familienleistungsausgleich

Eine grundlegende Vermeidung bzw. Verringerung von Konfliktpotenzialen, die aus dem Familienleistungsausgleich resultieren, ließe sich im Wesentlichen durch zwei Maßnahmen erreichen:

- Zum einen könnte eine unmittelbare Beseitigung jeglicher Streitpotenziale dadurch erfolgen, dass Unterhaltsaufwendungen für Kinder steuerlich nicht mehr berücksichtigt würden (**Wegfall der Abzugsmöglichkeit**).
- Unter Beibehaltung der prinzipiellen Absetzbarkeit familiärer Aufwendungen ist es zum anderen denkbar, dass eine Reduzierung steuerrechtlicher Konflikte durch einen **Systemwechsel** erreicht werden könnte.

Im Folgenden soll zunächst gezeigt werden, dass die erste Alternative sowohl aufgrund verfassungsrechtlicher als auch ökonomischer Überlegungen nicht in Betracht kommen kann. Im Anschluss daran ist zu belegen, warum eine Modifikation der derzeitigen Struktur des Familienleistungsausgleichs ökonomisch sachgemäß sowie zur Verringerung ertragsteuerlicher Streitpotenziale vorteilhaft erscheint.

Die steuerliche Abzugsmöglichkeit von Unterhaltsaufwendungen für Kinder ergibt sich aus dem „subjektiven Nettoprinzip“[333]. Dem Grundsatz der Besteuerung nach der Leistungsfähigkeit folgend, gebietet es das „spezielle Familiennettoprinzip“ (als Sonderform des subjektiven Nettoprinzips), dass gesetzliche Unterhaltsverpflichtungen als nichtdisponible Einkommensteile von der Besteuerung auszunehmen sind. Die verfassungsrechtliche Grundlage hierfür stellt insbesondere Art. 6 Abs. 1 GG dar, nach dem Ehe und Familie unter besonderen Schutz der staatlichen Ordnung zu stellen sind. Nach ständiger Rechtsprechung des Bundesverfassungsgerichts sind daher sowohl das Existenzminimum eines jeden Kindes als auch Kinderbetreuungs- und Erziehungsaufwendungen steuerrechtlich zu berücksichtigen. Aus ökonomischer Perspektive ist somit sicherzustellen, dass einerseits *horizontale Steuergerechtigkeit* zwischen Familien und kinderlosen Steuerpflichtigen mit *gleicher Leistungsfähigkeit* hergestellt wird sowie andererseits *vertikale Steuergerechtigkeit* zwischen Familien mit *unterschiedlicher Leistungsfähigkeit* herrscht. Ein **Wegfall der Abzugsmöglichkeit** von Unterhaltsaufwendungen für Kinder ist somit gleichermaßen verfassungsrechtlich wie steuersystematisch abzulehnen.

Allerdings stellt sich in diesem Zusammenhang die Frage, wie das **derzeitige System** des Familienleistungsausgleichs im Hinblick auf das Auftreten ertrag-

---

333 Vgl. zu den folgenden Ausführungen etwa HENMAN (2002), S. 33 ff., ROSENSCHON (2001), S. 5 ff., GRÖPL (2001), S. 150 ff., UELNER (1995), S. 321 ff. sowie FISCHER (2001), S. 85 ff.

steuerlicher Streitpotenziale einerseits sowie vor dem Hintergrund steuerrechtlicher und ökonomischer Gestaltungsprinzipien andererseits zu beurteilen ist. Diese beiden Punkte sollen im Weiteren erörtert werden.

Die Einkommensteuer stellt in erster Linie ein Instrument zur Generierung staatlicher Einnahmen dar. Nach herrschender Meinung hat die Verteilung der hierdurch entstehenden Steuerlasten nach der persönlichen Leistungsfähigkeit der Steuerpflichtigen zu erfolgen[334]. Als Indikator steuerlicher Leistungsfähigkeit gilt in einem System der Einkommensbesteuerung das jeweils erzielte Bruttoeinkommen, vermindert um objektiv wie subjektiv nicht verfügbare Einkunftsteile (Prinzip der Nettobesteuerung). Wie bereits dargelegt, sind nach ständiger Rechtsprechung des Bundesverfassungsgerichts zu diesen, von der Besteuerung freizustellenden Aufwendungen auch Unterhaltsleistungen von Eltern an ihre Kinder zu zählen. Hierzu gehören das Existenzminimum des jeweiligen Kindes sowie Kindererziehungs- und Betreuungskosten. Als Maßstab für diese steuerliche Freistellung haben – in Analogie zum Grundfreibetrag für erwachsene Steuerpflichtige nach § 32a Abs. 1 Nr. 1 EStG[335] – die Freibeträge nach § 32 Abs. 6 EStG zu gelten (Freibetrag für das Kinderexistenzminimum sowie der Freibetrag für Betreuungs-, Erziehungs- und Ausbildungsbedarf).

Bei einem progressiven Steuertarif, wie er in Deutschland derzeit Verwendung findet, *muss* dabei die (absolute) steuerliche Entlastung von Familien mit zunehmendem Einkommen steigen[336]. Dieser Umstand stellt *keine* Verletzung des Grundsatzes der **vertikalen Steuergerechtigkeit** und somit auch *keine* verteilungspolitische Komponente des Familienleistungsausgleichs dar. Vielmehr ist die absolut höhere Entlastung von einkommensstarken Familien im Vergleich zu Familien mit geringerem Einkommen eine steuersystematisch logische Folge ihrer steuerlichen Mehrbelastung im Falle der Nichtgewährung der Freibeträge.

Neben der vertikalen ist die **horizontale Steuergerechtigkeit** im Rahmen der steuerlichen Berücksichtigung von Unterhaltsaufwendungen für Kinder zu beachten. Hierbei geht es darum, Steuerpflichtige mit gleicher Leistungsfähigkeit gleich zu besteuern. Da gesetzliche Unterhaltsverpflichtungen für Kinder *zusätzliche*, aufgrund *persönlicher Umstände* anfallende Aufwendungen darstellen, sind sie gemäß dem subjektiven Nettoprinzip von der Bemessungsgrundlage der

---

334 Vgl. anstatt vieler und mit weiteren Nachweisen ANDEL (1998), S. 293 ff. sowie TIPKE/LANG (2002), S. 218 f.

335 „In Analogie" ist hier als „*ökonomisch* gleichwertig" zu verstehen. In steuerrechtlicher Hinsicht besteht freilich ein Unterschied zwischen dem Grundfreibetrag für Erwachsene und dem Kinderfreibetrag, da erstgenannter in den Tarif integriert ist (sog. „Nullzone"), letztgenannter hingegen als „echter" Abzug von der Bemessungsgrundlage gewährt wird [zur Problematik eines in den Steuertarif integrierten Grundfreibetrags vgl. etwa HOMBURG (1995), S. 182 ff.].

336 Vgl. hierzu insbesondere LIESENFELD/ROLAND (1999), S. 372 ff., ferner ANDEL (1998), S. 329 f.

Einkommensteuer abzuziehen. Hierdurch wird die steuerliche Gleichstellung von Familien und kinderlosen Steuerpflichtigen mit gleichem Einkommensniveau erreicht.

Diesen Überlegungen zufolge kann eine ökonomisch sachgemäße sowie steuersystematisch adäquate Familienbesteuerung nur anhand einer *reinen* Freibetragslösung erreicht werden[337]. Das derzeitige System des Familienleistungsausgleichs zeichnet sich hingegen dadurch aus, dass *zunächst* allen Steuerpflichtigen ein *einheitliches, einkommensunabhängiges* Kindergeld gewährt wird, das *am Ende* des Veranlagungszeitraums mit der Freibetragswirkung verglichen und gegebenenfalls im Zuge der Freibetragsregelung verrechnet wird. Sowohl aus steuerrechtlicher als auch aus ökonomischer Sicht lassen sich gegen dieses Vorgehen zwei grundlegende Einwände vorbringen: Zunächst werden diejenigen Familien, die den Freibetragsabzug nach § 32 Abs. 6 EStG in Anspruch nehmen von dem Förderanteil des Kindergeldes vollends ausgeschlossen; zudem müssen die gleichen Betroffenen einen Teil der steuerlich freizustellenden Unterhaltsaufwendungen für ihre Kinder (mit Zinsverlust) vorfinanzieren. Dies soll im Folgenden belegt werden.

Wie bereits erwähnt, dient die Einkommensteuer in erster Linie der Erzielung staatlicher Einnahmen; das Einkommensteuergesetz stellt demzufolge vor allem ein Besteuerungsinstrument dar. Grundsätzlich sind sozialpolitisch motivierte Bestimmungen innerhalb des EStG kritisch zu beurteilen – insbesondere deswegen, weil nicht-fiskalisch motivierte Regelungen das Ziel der Besteuerung nach der Leistungsfähigkeit beeinträchtigen. Das Kindergeld stellt für den Großteil der betroffenen Steuerpflichtigen eine zumindest anteilige Transferzahlung dar[338]. Der Förderanteil, der dadurch entsteht, dass das gezahlte Kindergeld die steuerliche Freibetragswirkung übersteigt, betrug im Jahr 2002 etwa 36,6 % des gesamten Volumens des Familienleistungsausgleichs[339]. Dieser Anteil, der einem Betrag von etwa 13 Mrd. Euro entspricht, resultiert *nicht* aus der verfassungsrechtlich wie ökonomisch gebotenen steuerlichen Berücksichtigung von Unterhaltsverpflichtungen gegenüber Kindern. Die entsprechenden Zahlungen stellen demzufolge *keine steuerliche Entlastung* von Familien im Sinne des Leistungs-

---

337 Prinzipiell könnte das Ziel einer (horizontal wie vertikal) sachgerechten Familienbesteuerung auch durch eine reine „Kindergeld"-Lösung erreicht werden. Da die entsprechenden Zahlungen in diesem Fall exakt der steuerlichen Entlastungswirkung der Freibetragsregelung zu entsprechen hätten, müsste das „Kindergeld" mit zunehmendem Einkommen *steigen* [ebenso HENMAN (2002), S. 37 f.].

338 Im Jahr 2002 wurden für ca. 12 % der zu berücksichtigenden Kinder letztlich Freibeträge nach § 32 Abs. 6 EStG gewährt, während für etwa 88 % Kindergeld gezahlt wurde [vgl. BUNDESMINISTERIUM DER FINANZEN (2002d), S. 39].

339 Eigene Berechnung. Datengrundlage: BUNDESMINISTERIUM DER FINANZEN (2002d), S. 39.

fähigkeitsprinzips dar, sondern sie bewirken vielmehr eine Förderung nach rein sozialpolitischen Motiven. Mit anderen Worten: Der Förderanteil des Kindergeldes ist ein Transfertatbestand, der lediglich im Rahmen des Familienleistungsausgleichs abgewickelt wird[340]. Aufgrund dieser Vermischung von einkommensteuer- und sozialrechtlichen Sachverhalten kommt der Förderanteil des Kindergeldes lediglich einkommensschwächeren Familien zugute – denn hinreichend niedrige Grenzsteuersätze bedingen es, dass die Kindergeldzahlungen die (rechnerische) Steuerersparnis aus der Freibetragsgewährung übersteigen.

Neben der Ungleichverteilung des kindergeldlichen Förderanteils ist auf eine weitere Problematik des derzeitigen Familienleistungsausgleichs hinzuweisen. Wie erwähnt, wird das Kindergeld monatlich im Laufe des jeweiligen Veranlagungszeitraums gezahlt. Am Ende des Jahres wird sodann im Rahmen der „Günstigerprüfung" ermittelt, ob die Kindergeldzahlungen zur steuerlichen Freistellung der Unterhaltsaufwendungen ausreichen. Sollte dies nicht der Fall sein, so werden im Rahmen der Einkommensteuerveranlagung die Freibeträge nach § 32 Abs. 6 EStG von der Bemessungsgrundlage abgezogen. In all diesen Fällen werden demnach Unterhaltsaufwendungen für Kinder, die nach ständiger Rechtsprechung des Bundesverfassungsgerichts von der Besteuerung *frei*zustellen sind, innerhalb des Veranlagungszeitraums teilweise besteuert und erst mit der Einkommensteuerveranlagung (mit Zinsverlust für die Betroffenen) zurückerstattet. Dies gilt freilich *nicht*, falls das gezahlte Kindergeld die steuerliche Wirkung der Freibetragsregelung (über-)kompensiert. Auch in dieser Hinsicht kann demnach von einer steuerrechtlichen wie ökonomischen Ungleichbehandlung von Familien in Abhängigkeit ihres Einkommens bzw. ihres Grenzsteuersatzes gesprochen werden.

Derartige Probleme ließen sich vermeiden, wenn einkommensteuerrechtliche (Besteuerung nach der Leistungsfähigkeit) und sozialrechtliche (Familienförderung) Ziele *unabhängig* voneinander verfolgt würden. Hierzu empfiehlt es sich, Kinderfreibeträge und Kindergeld nebeneinander und nicht miteinander verknüpft zu gewähren. Zunächst wären bei einer solchen Lösung die *Unterhaltsaufwendungen für Kinder steuerlich freizustellen.* Wie gezeigt wurde, kann dies durch Freibeträge in Form eines *Abzugs von der Bemessungsgrundlage* geschehen. Das *Kindergeld* wäre in einem solchen Modell – im Gegensatz zum derzeitigen System – als *hundertprozentige Transferzahlung* auszugestalten. Hierzu könnte das *Förder*volumen des Familienleistungsausgleichs (zurzeit ca. 13 Mrd. Euro[341]) verwendet werden. Da es sich bei einem derart ausgestalte-

---

[340] Insoweit ist es aus ökonomischer Perspektive unzutreffend, wenn das Kindergeld in § 31 S. 3 EStG pauschal als „Steuervergütung" bezeichnet wird.

[341] Vgl. S. 177 dieser Arbeit.

ten Kindergeld um eine rein sozialpolitisch motivierte Zahlung handelte, hinge die konkrete Höhe der Kindergeldzahlung von den jeweiligen politischen Zielvorstellungen ab. So wären einheitliche Kindergeldbeträge zu gewähren, falls eine einkommensunabhängige Förderung angestrebt wird. Verteilungspolitische Aspekte könnten hingegen stärker berücksichtigt werden, wenn die Zahlungen degressiv nach der Einkommenshöhe der Betroffenen gestaffelt würden[342].

Das geschilderte Verfahren ermöglicht die strikte und systematisch einwandfreie Trennung von *steuerlichem Familienleistungsausgleich* einerseits und *sozialpolitischer Familienförderung* andererseits. Ob hierbei das Kindergeld weiterhin im Einkommensteuergesetz geregelt werden sollte, ist weniger eine ökonomische als eine steuerrechtliche Frage. Da das Kindergeld in dem vorgeschlagenen System nicht mit Besteuerungsvorgängen in Verbindung steht, entspräche es einer steuersystematisch sauberen Lösung, das Kindergeld außerhalb des Einkommensteuergesetzes in einem autonomen Regelwerk festzuschreiben. Infolgedessen hätten sich nicht mehr die Finanzverwaltungen bzw. die Finanzgerichtsbarkeit, sondern nur noch die Familienkassen und die Sozialgerichte mit kindergeldlichen Streitfällen zu beschäftigen. Dieser Umstand ist jedoch eher als vorteilhaft, denn als problematisch zu werten, denn die genannten Zuständigkeiten wechselten erst mit der Integration des Kindergeldes in das Einkommensteuergesetz im Jahr 1996; insofern dürften die Familienkassen und die Sozialgerichte über eine weitaus größere Anwendungs- bzw. Rechtsprechungserfahrung als die Finanzverwaltung und die Finanzgerichtsbarkeit verfügen. Dies könnte sich dämpfend auf das **Auftreten ertragsteuerlicher Streitpotenziale** auswirken[343].

Daneben ist darauf hinzuweisen, dass durch die Trennung von Kindergeld und steuerlichen Freibeträgen sämtliche Verfahrensstreitfragen wegfallen würden, die aus der Günstigerprüfung resultieren. Eine weitergehende Reduzierung von steuerrechtlichen Konflikten einerseits sowie sozialrechtlichen Streitfragen andererseits könnte zudem erreicht werden, indem bei der konkreten Ausgestaltung

---

342 In diesem Zusammenhang ist auf die in der politischen Debatte häufig zu vernehmende Forderung „jedes Kind müsse dem Staat gleich viel wert sein" hinzuweisen. Hierbei bleibt jedoch regelmäßig offen, was unter dem Begriff „gleich" zu verstehen ist.

343 So weist etwa FELIX [vgl. dies. (2001), S. 832] auf deutlich zu erkennende Unterschiede zwischen finanz- und sozialgerichtlicher Rechtsprechung hin: Erstgenannte Institutionen würden demnach – im Gegensatz zu den Sozialgerichten – eher zugunsten der Kindergeldberechtigten entscheiden. Dies sei vor allem darauf zurückzuführen, dass die *steuerliche Berücksichtigung von Aufwendungen für Kinder* („steuerrechtliches Kindergeld") – entgegen dem „sozialrechtlichen Kindergeld" (Familien*förderung*) – verfassungsrechtlich zwingend vorgegeben ist. Dieser Befund wurde von den Finanzbehörden im Rahmen der Expertengespräche bestätigt. Einer einheitlichen und kontinuierlichen Anwendung des Kindergeldrechts dürften derartige Rechtsprechungsdivergenzen nicht zuträglich sein.

von Kindergeld bzw. Kinderfreibetrag im Zuge eines Systemwechsels die nachfolgenden Vorschläge zu den einzelnen Detailregelungen umgesetzt würden.

3.3.3 Untersuchung von Detailregelungen

3.3.3.1 Berücksichtigung volljähriger Kinder

§ 32 Abs. 4 EStG:

Satz 1: Ein Kind, das das 18. Lebensjahr vollendet hat, wird berücksichtigt, wenn es

1. noch nicht das 21. Lebensjahr vollendet hat und arbeitslos im Sinne des Dritten Buches Sozialgesetzbuch ist oder

2. noch nicht das 27. Lebensjahr vollendet hat und

a) für einen Beruf ausgebildet wird oder

b) sich in einer Übergangszeit von höchstens vier Monaten befindet, die zwischen zwei Ausbildungsabschnitten oder zwischen einem Ausbildungsabschnitt und der Ableistung des gesetzlichen Wehr- oder Zivildienstes, einer vom Wehr- oder Zivildienst befreienden Tätigkeit als Entwicklungshelfer oder als Dienstleistender im Ausland ... oder der Ableistung eines freiwilligen Dienstes ..., oder

c) eine Berufsausbildung mangels Ausbildungsplatzes nicht beginnen oder fortsetzen kann oder

d) ein freiwilliges soziales Jahr ..., ein freiwilliges ökologisches Jahr ... oder einen Freiwilligendienst ... oder einen anderen Dienst im Ausland im Sinne von § 14b des Zivildienstgesetzes leistet oder

3. wegen körperlicher, geistiger oder seelischer Behinderung außerstande ist, sich selbst zu unterhalten; Voraussetzung ist, dass die Behinderung vor Vollendung des 27. Lebensjahres eingetreten ist.

Satz 2: Nach Satz 1 Nr. 1 und 2 wird ein Kind nur berücksichtigt, wenn es Einkünfte und Bezüge, die zur Bestreitung des Unterhalts oder der Berufsausbildung bestimmt oder geeignet sind, von nicht mehr als 7.188 Euro im Kalenderjahr hat.

Ergänzend zu der zuvor durchgeführten Analyse der grundsätzlichen Ausgestaltung des derzeitigen Familienbesteuerungssystems an sich gilt es im Folgenden, einzelne konfliktträchtige Detailregelungen des Familienleistungsausgleichs zu untersuchen. Ziel hierbei ist es, weniger streitanfällige Ausgestaltungen der jeweiligen Bestimmungen vorzuschlagen. Dabei bietet es sich an, die entsprechenden Handlungsempfehlungen sowohl im Falle einer Beibehaltung des aktuellen Familienleistungsausgleichs als auch im Rahmen eines Systemwechsels zu berücksichtigen, da in beiden Konstellationen der ökonomische Kern der Streitursachen unverändert bleibt, nämlich der Anreiz der Steuerpflichtigen zur Erwirkung bzw. zur Abwehr der Nichtgewährung von kinderbezogenen staatlichen Leistungen.

Wie die Ergebnisse der Rechtsprechungsanalyse zeigen, resultieren im Rahmen des Familienleistungsausgleichs die schwerwiegendsten Konfliktpotenziale aus der steuerlichen Berücksichtigung von **Kindern, die das 18. Lebensjahr vollendet haben (§ 32 Abs. 4 EStG)**[344]. Für diese Kinder werden Kindergeldzahlungen bzw. Freibeträge nur gewährt, falls bestimmte Tatbestandsvoraussetzungen vorliegen (Arbeitslosigkeit, Berufsausbildung, freiwilliges soziales/ökologisches Jahr, Freiwilligendienst oder Behinderung); zudem dürfen bestimmte Altersgrenzen nicht überschritten sein (das 21. Lebensjahr bei Arbeitslosigkeit, ansonsten das 27. Lebensjahr[345]). Außerdem dürfen die eigenen Einkünfte und Bezüge des Kindes nicht den sog. „Jahresgrenzbetrag" nach § 32 Abs. 4 S. 2 EStG übersteigen (zurzeit 7.188 Euro).

Die Rechtsstreitigkeiten konzentrieren sich hierbei auf zwei zentrale Fragestellungen: Zum einen kommt es zu beträchtlichen Anwendungsproblemen im Zusammenhang mit dem Tatbestand der Berufsausbildung[346] (Begriffsauslegung, Übergangszeiten zwischen zwei Ausbildungsabschnitten bzw. im Zusammenhang mit Wehr- und Zivildienst sowie Nichtantritt/Unterbrechung der Ausbildung); zum anderen ergeben sich erhebliche Probleme bei der Feststellung der eigenen „Einkünfte und Bezüge" des Kindes sowie im Rahmen der daran anknüpfenden Prüfung, ob der Jahresgrenzbetrag überschritten ist. Die Streitanfälligkeit des letztgenannten Punkts (Grenzbetragsprüfung) dürfte u. a. darauf zurückzuführen sein, dass im Zuge der Änderung des Familienleistungsausgleichs im Jahr 1996 eine Neuregelung der sog. „berücksichtigungsschädlichen" Einkünfte des Kindes stattfand[347]. So wurde einerseits der entsprechende Einkünftebegriff erheblich erweitert, sodass nun faktisch alle Leistungen, die dem Kind zufließen, als „Einkünfte und Bezüge" Berücksichtigung finden. Andererseits wurde der kindergeldschädliche Grenzbetrag von einem Monats- auf einen Jahresbetrag umgestellt. Dies hat zur Folge, dass bei Überschreitung des Grenzbe-

---

[344] Vgl. S. 63 ff. dieser Arbeit.

[345] Behinderte Kinder, die außer Stande sind sich selbst zu unterhalten und deren Behinderung vor dem 27. Lebensjahr eingetreten ist, werden zeitlich unbegrenzt berücksichtigt (vgl. § 32 Abs. 4 S. 3 EStG).

[346] Strittig ist in diesem Zusammenhang insbesondere, inwieweit etwaige Bildungsmaßnahmen (z. B. Auslandsaufenthalt als Aux-pair) für das Erreichen des Berufsziels (z. B. Fremdsprachenkorrespondentin) notwendig sind und insofern Ausbildungszeiten vorliegen. Diesbezüglich kam es in der Vergangenheit mehrfach zu unterschiedlichen Auffassungen zwischen Finanzverwaltung und Rechtsprechung [vgl. hierzu auch MENGELE (1999), S. 1160 f.].

[347] Vgl. etwa FELIX (1998), S. 983.

trags der Kindergeld-/Freibetragsanspruch für das gesamte Jahr und nicht nur monatsweise entfällt[348].

Zur Verringerung ertragsteuerlicher Streitpotenziale in den geschilderten Bereichen kommen insbesondere zwei Maßnahmen in Betracht. Eine unmittelbare Beseitigung von Rechtsstreitigkeiten könnte durch den Wegfall der steuerlichen Berücksichtigung von Kindern über 18 Jahre erfolgen. Im Falle der Beibehaltung dieser Bestimmung ist danach zu fragen, inwiefern die besonders streitanfälligen Regelungen zur Berufsausbildung sowie zum Jahresgrenzbetrag weniger konfliktträchtig ausgestaltet werden könnten.

Aufgrund ökonomischer sowie steuerrechtlicher Überlegungen ist die generelle **Nichtberücksichtigung von Kindern über 18 Jahre** kritisch zu werten. Die hierzu notwendige Annahme, dass Kinder de facto keine wirtschaftliche Belastung mehr für ihre Eltern darstellen, sobald sie das 18. Lebensjahr vollendet haben, kann nicht überzeugen. Gerade in den vom Gesetz genannten Fällen (Arbeitslosigkeit, Berufsausbildung, Behinderung) werden Kinder auch nach Vollendung des 18. Lebensjahres faktisch auf die finanzielle Unterstützung ihrer Eltern angewiesen sein. Hingewiesen sei etwa auf die in den letzten Jahrzehnten stetig steigenden Ausbildungszeiten, was insbesondere aus der zunehmenden Anzahl von Kindern und Jugendlichen, die höhere Schulabschlüsse anstreben (Abitur, Studium etc.), resultieren dürfte. Entsprechend dem „subjektiven Nettoprinzip" sind derartige Aufwendungen der Eltern von der Besteuerung frei zu stellen. Ein genereller Wegfall der steuerlichen Berücksichtigung von über-18-jährigen Kindern ist daher abzulehnen.

Ein Abzug von der steuerlichen Bemessungsgrundlage der Eltern erscheint demgegenüber nicht begründet, falls die Kinder in der Lage sind, sich aufgrund eigener Einkünfte selbst zu unterhalten. Daher kann die **Grenzbetragsregelung** zumindest insoweit als sachgemäß bezeichnet werden, als eine Berücksichtigung der kindeseigenen Einkünfte und Bezüge erfolgt. Allerdings ergeben sich – wie bereits dargelegt – erhebliche Schwierigkeiten bei der Anwendung der Bestimmung. Aus ökonomischer Sicht dürfte dies vor allem auf **zwei Ursachen** zurückzuführen sein.

Zunächst resultieren aus ***Grenzbetrags*-Lösungen** (sozusagen „Fallbeilregelungen"[349]) prinzipiell starke Anreize der Betroffenen, einzelne Einkommensteile

---

[348] Allerdings ermäßigt sich der Jahresgrenzbetrag nach § 32 Abs. 4 S. 7 EStG für jeden Kalendermonat, in dem die Voraussetzungen für eine Berücksichtigung nicht vorliegen. Die entsprechenden Einkünfte und Bezüge des Kindes werden auf den Grenzbetrag nicht angerechnet (sog. „Kürzungsmonate" nach § 32 Abs. 4 S. 8 EStG). Demnach kann der Jahresgrenzbetrag, trotz einer per Gesetzestext absolut fixierten Höhe, betragsmäßig variieren.

[349] ULMER (2000), S. 596.

nicht als „Einkünfte und Bezüge" des Kindes auszuweisen, da ein Überschreiten der Einkunftsgrenze zum gänzlichen Wegfall staatlicher Leistungen bzw. steuerlicher Abzüge führt. Dies gilt umso mehr für Steuerpflichtige, deren Kinder Einkünfte in der Nähe des berücksichtigungsschädlichen Betrags beziehen. Zudem entstehen hierdurch wirtschaftliche Benachteiligungs- respektive Begünstigungseffekte, wenn die zu berücksichtigenden Einkünfte knapp über bzw. nur geringfügig unter dem Grenzbetrag liegen. Eine erhebliche Reduzierung steuerrechtlicher Konfliktpotenziale im Familienleistungsausgleich sowie eine ökonomisch zweckmäßigere Einkunftsberücksichtigung könnte etwa dadurch erfolgen, indem von einer Grenzbetrags-Regelung abgesehen und stattdessen eine gleitende Einkunftsanrechnung erfolgte. In erster Linie ist hierbei an eine degressive Ausgestaltung der steuerlichen Freibeträge nach der jeweiligen Einkunftshöhe zu denken. So könnte beispielsweise eine volle Freibetragsgewährung für Eltern vorgesehen werden, deren Kinder über keine Einkünfte und Bezüge verfügen; dieser Betrag müsste dann bis zu einer Obergrenze (z. B. dem jetzigen Grenzbetrag) nach Maßgabe der erzielten Einkünfte (etwa linear) abnehmen.

Neben der Grenzbetrags-Regelung kann die **weite Begriffsdefinition der kindeseigenen „Einkünfte und Bezüge"** zu steuerrechtlichen Konflikten führen. Hierdurch steigt tendenziell die Motivation der Steuerpflichtigen, die entsprechenden Einkünfte und Bezüge des Kindes niedriger als die Finanzbehörden anzusetzen – insbesondere deswegen, weil eine Überschreitung des Grenzbetrags zum (rückwirkenden) Wegfall des Kindergeld-/Freibetragsanspruchs *für das ganze Jahr* führen kann. Eine erhebliche Reduzierung steuerrechtlicher Streitpotenziale könnte insofern dadurch erreicht werden, dass anstatt einer Jahres- wieder eine Monatsbetrachtung erfolgte. Demzufolge hätten höhere Einkünfte und Bezüge des Kindes innerhalb einzelner Monate nicht die Versagung der Zahlungen/Freibeträge für das ganze Jahr als Konsequenz[350]. Zudem könnte eine Konfliktentschärfung erzielt werden, wenn – entsprechend der Regelung bis zum Jahr 1996 – lediglich die dem Kind aus dem Ausbildungsverhältnis oder aus anderen Erwerbstätigkeiten zufließenden Einkünfte als „berücksichtigungsschädlich" angesetzt würden[351]. Dies würde einer relativ exakten, recht praktikablen

---

[350] Die Einführung des Jahresgrenzbetrags sollte ursprünglich der Entlastung der Verwaltung dienen, da aufgrund einer Monatsbetrachtung Kindergeldzahlungen – eventuell mehrmals im Jahr – eingestellt bzw. gezahltes Kindergeld zurückgefordert werden musste. Da ertragsteuerliche Konflikte eine erhebliche Belastung der Rechtsbehelfsstellen der Finanzämter sowie der Finanzgerichtsbarkeit nach sich ziehen, muss bezweifelt werden, ob die Neuregelung tatsächlich zu einer (Netto-)Entlastung geführt hat.

[351] Vgl. Felix (2001), S. 833.

und somit wohl weniger konfliktanfälligen Begriffsbestimmung der kindeseigenen Einkünfte zugute kommen[352].

Zur Vermeidung von Steuerrechtskonflikten bei der Auslegung des Terminus „**Berufsausbildung**" erscheint vor allem eine Orientierung der Verwaltungsauffassung an der ständigen Rechtsprechung hilfreich. In diesem Zusammenhang ist in erster Linie darauf hinzuweisen, dass die Finanzgerichtsbarkeit dazu neigt, den Begriff Berufsausbildung wesentlich weiter als die vor dem Systemwechsel zuständige Sozialgerichtsbarkeit auszulegen[353]. Dies sollte im Falle unterschiedlicher Auffassungen zwischen Finanzbehörden und Steuerpflichtigen berücksichtigt werden. Insofern erscheint es ratsam, den Rechtsanwendern – etwa in Form von Verwaltungsanweisungen – recht weit gefasste Interpretationsrichtlinien an die Hand zu geben.

3.3.3.2 Berücksichtigung minderjähriger Kinder

§ 32 Abs. 1 EStG:

Kinder sind

1. im ersten Grad mit dem Steuerpflichtigen verwandte Kinder,

2. Pflegekinder (Personen, mit denen der Steuerpflichtige durch ein familienähnliches, auf längere Dauer berechnetes Band verbunden ist, sofern er sie in seinen Haushalt aufgenommen hat und das Obhuts- und Pflegeverhältnis zu den Eltern nicht mehr besteht und der Steuerpflichtige sie mindestens zu einem nicht unwesentlichen Teil auf seine Kosten unterhält).

§ 63 Abs. 1 EStG:

Als Kinder werden berücksichtigt

1. Kinder im Sinne des § 32 Abs. 1,

2. vom Berechtigten in seinen Haushalt aufgenommene Kinder seines Ehegatten,

3. vom Berechtigten in seinen Haushalt aufgenommene Enkel. § 32 Abs. 3 bis 5 gilt entsprechend. Kinder, die weder einen Wohnsitz noch ihren gewöhnlichen Aufenthalt im Inland, in einem Mitgliedstaat der Europäischen Union oder in einem Staat, auf den das Abkommen über den Europäischen Wirtschaftsraum Anwendung findet, haben, werden nicht berücksichtigt, es sei denn, sie leben im Haushalt eines Berechtigten im Sinne des § 62 Abs. 1 Nr. 2 Buchstabe a. Kinder im Sinne von § 2 Abs. 4 Satz 2 des Bundeskindergeldgesetzes werden nicht berücksichtigt.

---

352 Aufgrund der wesentlich engeren Auslegung des Begriffs „kindeseigene Einkünfte" erschiene es hierbei sachgemäß, den Jahresgrenzbetrag entsprechend zu ermäßigen.

353 Vgl. hierzu etwa MENGELE (1999), S. 1160 f. Zu grundlegenden Rechtsprechungsdivergenzen zwischen Finanz- und Sozialgerichtsbarkeit vgl. S. 179 dieser Arbeit, Fußnote 343.

Aufwendungen für Kinder, die noch nicht das 18. Lebensjahr vollendet haben, finden – entgegen den Bestimmungen des § 32 Abs. 4 EStG – unabhängig von den kindeseigenen Einkünften und Bezügen steuerliche Berücksichtigung. In Ergänzung zu § 32 Abs. 4 EStG sind daher die Regelungen des **§ 32 Abs. 1 i. V. m. § 63 EStG** zu betrachten. Diese Bestimmungen enthalten den **allgemeinen einkommensteuerrechtlichen Kinderbegriff**[354]. Zwar weist § 32 Abs. 1 EStG im Verhältnis zu § 32 Abs. 4 EStG ein recht geringes Konfliktpotenzial auf; jedoch stellt § 63 EStG die streitanfälligste Bestimmung innerhalb des Kindergeldbereichs (§§ 62 bis 78 EStG) dar. Als steuerlich zu berücksichtigende Kinder kommen nach den genannten Bestimmungen leibliche Kinder, Adoptivkinder sowie vom Berechtigten in den Haushalt aufgenommene Kinder und Enkel in Frage, unter bestimmten Voraussetzungen zudem sog. „Pflegekinder"[355].

Etwaige **Handlungsoptionen zur Vermeidung von Rechtskonflikten**, die aus dem allgemeinen Kinderbegriff des Einkommensteuergesetzes resultieren, sind nur schwer ersichtlich. Dies hat mehrere Gründe: Zunächst kann der Begriff „Kinder" in § 32 Abs. 1 bzw. in § 63 EStG aus (sozial-)rechtlicher Sicht als sachgemäß bezeichnet werden, da er sich an den familienrechtlichen Vorschriften der §§ 1589 bis 1772 des Bürgerlichen Gesetzbuches (BGB) orientiert[356]. Die o. g. Fallgruppen für steuerlich zu berücksichtigende Kinder erscheinen auch aus ökonomischer Perspektive plausibel. Insofern sollte die Regelung im Grundsatz beibehalten werden[357].

Allerdings ist auf das sog. „Territorialprinzip" nach § 63 Abs. 1 Nr. 3 S. 2 EStG hinzuweisen. Demnach werden Kinder prinzipiell nur dann steuerlich berücksichtigt, wenn sie ihren Wohnsitz oder ihren gewöhnlichen Aufenthalt im Inland, in einem anderen EU-Staat oder in einem sog. „EWR-Staat"[358] haben. In diesem Zusammenhang kann es etwa zu Anwendungsschwierigkeiten kommen, falls Auslandsaufenthalte in Nicht-EU/-EWR-Staaten den Schluss nahe legen, dass sie nicht nur vorübergehender Natur sind und daher nicht mehr von einem

---

354 § 63 Abs. 1 Nr. 1 EStG verweist diesbezüglich direkt auf § 32 Abs. 1 EStG.

355 Der Begriff des „Pflegekinds" entstammt nicht dem Zivilrecht (BGB), sondern stellt einen einkommensteuerrechtlichen Typusbegriff dar. Näheres hierzu findet sich etwa bei KIRCHHOF (2001), S. 1397 f.

356 Vgl. etwa KANZLER (1997), S. 57 ff.

357 Die Handlungsoption einer steuerlichen Nichtberücksichtigung von Kindern unter 18 Jahren scheidet bereits aufgrund der weiter oben negierten Möglichkeit eines Wegfalls der Kindergeld-/Freibetragsberechtigung von Über-18-Jährigen aus (vgl. S. 182 dieser Arbeit). Die Unterhaltsleistungen von Eltern minderjähriger Kinder sind grundsätzlich noch umfassender als im Falle Volljähriger zu beurteilen.

358 Hierbei handelt es sich um Staaten, die nicht der Europäischen Union angehören, auf die jedoch das Abkommen über den Europäischen Wirtschaftsraum anzuwenden ist (z. B. Schweiz).

Wohnsitz bzw. einem gewöhnlichen Aufenthalt im Inland ausgegangen werden kann (z. B. Ausbildung im Ausland). Aufgrund ökonomischer Aspekte erscheint dabei die Regelung des § 63 Abs. 1 Nr. 3 S. 2 EStG zweckmäßig, insbesondere vor dem Hintergrund des Ziels der freien Mobilität für Arbeitnehmer innerhalb der Europäischen Union[359]. Den angesprochenen Abgrenzungsproblemen könnte wohl am ehesten durch eine zeitliche Beschränkung für die steuerliche Berücksichtigung begegnet werden. So wäre es denkbar, dass ab einer bestimmten Dauer des Aufenthalts in einem berücksichtigungsschädlichen Staat – z. B. ab einem Jahr – kein Kindergeld mehr gezahlt wird. Zweifelsohne lassen sich gegen ein solches Verfahren schwerwiegende Einwände vorbringen, so z. B. im Falle eines von vornherein zeitlich begrenzten Auslandsaufenthalts, dessen Dauer jedoch (nur geringfügig) über die gesetzlich festgelegte Grenze hinausreicht. Ein vereinfachendes, typisierendes Abgrenzungskriterium ist daher zwar prinzipiell möglich, gleichwohl wirft es verfassungsrechtliche Bedenken auf, sodass seine Einführung nicht uneingeschränkt empfohlen werden kann.

3.3.3.3 Weitere konfliktträchtige Kindergeldbestimmungen

Neben den bislang diskutierten Regelungen des Familienleistungsausgleichs, die vor allem die grundsätzliche Berücksichtigung von Aufwendungen für Kinder betreffen, konnten im Rahmen der Rechtsprechungsanalyse weitere konfliktträchtige Detailbestimmungen des Kindergeldbereichs (§§ 62 bis 78 EStG) identifiziert werden. Hierbei handelt es sich um die Vorschriften des § 62 EStG (Anspruchsberechtigte), § 70 EStG (Festsetzung und Zahlung des Kindergeldes), § 64 EStG (Zusammentreffen mehrerer Ansprüche) sowie § 66 EStG (Höhe des Kindergeldes, Zahlungszeitraum).

Wie bereits mehrfach erwähnt, kennzeichnet die genannten Bestimmungen, dass sie weniger für sich genommen, als vielmehr in ihrer Summe ein nicht zu vernachlässigendes Streitpotenzial entfachen. Dies deutet auf eine insgesamt hohe Konfliktträchtigkeit des Kindergeldbereichs hin, was u. a. darauf zurückzuführen sein dürfte, dass das geltende Kindergeldrecht steuer- und sozialrechtliche Ziele miteinander verknüpft[360]. Hierdurch erhält eine sozialpolitische Komponente Einzug in den Familienleistungsausgleich, der nach seiner Grundkonzeption lediglich der Besteuerung nach der persönlichen bzw. familiären Leistungsfähigkeit dienen soll. Insofern spricht auch dieser Befund für eine systematische Trennung von Familien*besteuerung*s- und Familien*förderung*smaßnahmen.

[359] Vgl. Art. 39 bis 42 EGV.

[360] Vgl. hierzu auch S. 175 ff. dieser Arbeit.

Gleichwohl sollen die o. g. Bestimmungen im Folgenden einer ökonomischen wie steuerrechtlichen Analyse unterzogen werden.

§ 62 EStG regelt den Kreis der Anspruchsberechtigten für Kindergeldzahlungen. Nach Abs. 1 der Vorschrift kommen hierfür Eltern in Frage, die entweder ihren Wohnsitz bzw. ihren gewöhnlichen Aufenthalt im Inland haben oder – falls dies nicht der Fall ist – als unbeschränkt steuerpflichtig nach § 1 Abs. 2, 3 EStG gelten. § 62 Abs. 2 EStG enthält entsprechende Bestimmungen für Ausländer (Anspruchsvoraussetzung: Aufenthaltsberechtigung, Aufenthaltserlaubnis)[361].

Die Probleme bei Anwendung der Norm dürften mittlerweile durch die Rechtsprechung der Finanzgerichte und des BFH größtenteils geklärt sein. So war es etwa in mehreren Verfahren strittig, ob eine sog. „Aufenthaltsbewilligung" oder eine „Aufenthaltsbefugnis" zur Gewährung von Kindergeld ausreiche[362]; daneben galt es als fraglich, wie das Bestehen eines „Abschiebungshindernisses" zu beurteilen sei[363]. Aufgrund der weitgehenden Klärung derartiger Rechtsfragen durch die Finanzgerichtsbarkeit sowie vor dem Hintergrund des Umstandes, dass die Regelung i. V. m. dem o. g. „Territorialprinzip" nach § 63 Abs. 1 Nr. 3 S. 2 EStG[364] als konsistent bezeichnet werden kann, sollte sie in ihrer derzeitigen Form beibehalten werden.

Die Festsetzung und Zahlung des Kindergelds wird durch **§ 70 EStG** geregelt. Zuständig hierfür sind grundsätzlich die Familienkassen[365]. Wie die Analyse der finanzgerichtlichen Rechtsprechung ergab, sind vor allem Korrekturen von Kindergeld-Festsetzungen für die Konfliktanfälligkeit von § 70 EStG verantwortlich. Diese kommen nach Abs. 2 der Bestimmung im Falle der nachträglichen Änderung festsetzungserheblicher persönlicher Verhältnisse (z. B. Haushaltswechsel des Kindes oder Beendigung der Ausbildung) sowie wegen § 70 Abs. 3 EStG aufgrund materieller Rechtsfehler bzw. der Zugrundelegung unrichtiger oder

---

361 Als Ausländer gelten nicht Steuerpflichtige aus einem EU-/EWR-Staat. Ausländer, welche die Voraussetzungen des § 62 Abs. 2 EStG nicht erfüllen, erhalten zwar kein Kindergeld, jedoch den Kinderfreibetrag nach § 32 Abs. 6 EStG. In diesen Fällen besteht *ausnahmsweise* die Möglichkeit der Eintragung eines entsprechenden Freibetrags auf der Lohnsteuerkarte [vgl. HILLMOTH (1998), S. 421].

362 Nach ständiger Rechtsprechung des BFH ist dies nicht der Fall [vgl. etwa HILLMOTH (1998), S. 421 sowie KIRCHHOF (2001), S. 1867 f.].

363 Vgl. HILLMOTH (1998), S. 421 sowie KIRCHHOF (2001), S. 1867 f.

364 Vgl. hierzu S. 185 f. dieser Arbeit.

365 Die Voraussetzungen für die Kindergeld-/Freibetragsgewährung werden zunächst sowohl vom Finanzamt als auch von der Familienkasse (unabhängig voneinander) geprüft. Im Falle von Unstimmigkeiten bei der Einkommensteuerveranlagung des Steuerpflichtigen hat das Finanzamt die Familienkasse hiervon zu unterrichten. Lässt sich dabei keine Übereinstimmung herbeiführen, so sind die jeweils vorgesetzten Behörden einzuschalten (Oberfinanzdirektion bzw. Bundesamt für Finanzen) [vgl. BRABAND/MENGELE (1998), S. 1742].

unvollständiger Sachverhalte in Betracht. Die entsprechenden Korrekturen können sowohl zu Gunsten als auch zu Ungunsten des Berechtigten ausfallen. Freilich ist die Einlegung eines Einspruchs aus Sicht der Steuerpflichtigen nur dann ökonomisch rational, falls sich der Änderungsbeschluss der Familienkasse nachteilig für sie auswirkt. In diesem Zusammenhang ist ein weiteres Mal auf die Verknüpfung von steuer- und sozialrechtlichen Elementen innerhalb des derzeitigen Familienleistungsausgleichs hinzuweisen. Eine für die Kindergeldempfänger wirtschaftlich nachteilige Entscheidung der Familienkasse wird tendenziell umso streitanfälliger sein, je härter sie die Steuerzahler in finanzieller Hinsicht trifft. Die „sozialpolitische Brisanz" des Familienleistungsausgleichs dürfte demnach mit der stärkeren Gewichtung von Förderelementen zunehmen. Die Konfliktträchtigkeit des § 70 EStG stellt insofern ein weiteres Argument für die strikte Trennung von Familienbesteuerung und Familienförderung dar.

Daneben sind die obigen Ausführungen zum Grenzbetrag nach § 32 Abs. 4 S. 2 EStG zu beachten[366]. Der Umstand, dass hierbei eine Jahresbetrachtung und nicht mehr – wie vor der Neuregelung im Jahr 1996 – eine Monatsbetrachtung vorgenommen wird, dürfte das Konfliktpotenzial der Korrektur von Kindergeldfestsetzungen tendenziell erhöhen (evtl. Wegfall des Kindergelds für das ganze Jahr und nicht nur monatsweise). Die Konfliktträchtigkeit des § 70 EStG liefert somit einen weiteren Grund für die Wiedereinführung einer Monatsbetrachtung. Ansonsten kann die materiell-rechtliche Ausgestaltung des § 70 EStG als sachgemäß bezeichnet werden.

Das Zusammentreffen mehrerer Kindergeldansprüche regelt **§ 64 EStG**. Prinzipiell gilt gemäß Abs. 1 der Vorschrift, dass Kindergeld immer nur an einen Berechtigten ausgezahlt wird („Grundsatz der Einmalgewährung"[367]). In Anbetracht prozessökonomischer Anforderungen (Vereinfachung des steuerlichen Massenverfahrens) erscheint diese Regelung adäquat. Gleichwohl führen Fragen der Haushaltszugehörigkeit des jeweiligen Kindes immer wieder zu Rechtsstreitigkeiten (§ 64 Abs. 2 EStG). Vor allem geht es hierbei um solche Tatbestände, in denen der Haushaltswechsel der Familienkasse erst nachträglich bekannt wird, das Kindergeld also eine Zeit lang an einen Nichtberechtigten gezahlt wurde. In derartigen Fällen ist das Kindergeld korrekterweise an den neuen Berechtigten nachzuzahlen und vom Empfänger der Zahlungen zurückzufordern. Dies gilt selbst dann, falls die Weiterleitung der Zahlungen erfolgte, dies aber nicht nachgewiesen werden kann[368]. Diese Bestimmungen sind im Grundsatz zu befürworten, vor allem mit Blick auf die immensen Kontrollprobleme, die der Finanzver-

---

[366] Vgl. S. 180 ff. dieser Arbeit.

[367] KIRCHHOF (2001), S. 1871.

[368] Vgl. ebd., S. 1872.

waltung ansonsten entstünden. Die Regelungen sollten demnach unverändert bestehen bleiben.

Auf die Streitanfälligkeit des **§ 66 EStG** (Höhe des Kindergeldes und Zahlungszeitraum) muss an dieser Stelle nicht detailliert eingegangen werden, da die steuerrechtlichen Konflikte vor allem aus der rückwirkenden Kindergeldzahlung für nur sechs Monate (§ 66 Abs. 3 EStG a. F.) resultierten[369]. Diese Bestimmung ist seit dem Veranlagungszeitraum 1998 weggefallen.

3.4 Fazit

Unterhaltsaufwendungen für Kinder stellen für Eltern wirtschaftliche Belastungen dar, die nach dem subjektiven Nettoprinzip, das dem Grundsatz der Besteuerung nach der Leistungsfähigkeit folgt, steuerlich freizustellen sind. Nicht mehr und nicht weniger ist aufgrund ökonomischer Überlegungen sowie durch die ständige Rechtsprechung des Bundesverfassungsgerichts geboten. Wie gezeigt wurde, kann das Ziel einer leistungsäquivalenten Familien*besteuerung* am sachgerechtesten dadurch erreicht werden, dass der steuerliche Familienleistungsausgleich in Form eines Freibetragsabzugs von der Bemessungsgrundlage erfolgt. Systematisch scharf zu trennen hiervon sind Maßnahmen der Familien*förderung*. Sie dienen *nicht* der *Egalisierung* steuerlich ungerechtfertigter Belastungswirkungen, sondern vielmehr der *Erhöhung* familiärer Leistungsfähigkeit durch gezielte Transferzahlungen. Diese unterschiedlichen Zielvorstellungen basieren auf divergierenden Begründungssträngen: Während die steuerliche Freistellung von Unterhaltsaufwendungen aufgrund ökonomischer und steuerrechtlicher Gestaltungsprinzipien *zwingend* erforderlich ist, stellen Familienförderungsmaßnahmen im Grunde *frei disponierbare* Zuwendungen des Staates dar, die auf sozialpolitische Zielvorstellungen zurückzuführen sind. Eine strikte Trennung von Familienbesteuerung und Familienförderung erscheint somit geboten.

Der Familienleistungsausgleich unterlag im Laufe der letzten Jahrzehnte mannigfachen Strukturänderungen sowie zahlreichen Modifikationen im Detail. Dabei gab es durchaus Phasen, in denen er der hier vertretenen Ausgestaltung einer ökonomisch sachgerechten sowie steuersystematisch eindeutigen Trennung von Familienbesteuerung und Familienförderung im Wesentlichen entsprach[370]. Zu

---

369 Diese Bestimmung wurde im Schrifttum vor allem deshalb kritisiert, weil die Antragstellung auf Gewährung des Kinderfreibetrags im Rahmen der Einkommensteuerveranlagung für einen wesentlich längeren Zeitraum möglich ist [vgl. hierzu etwa CZISZ (1998), S. 999 f.].

370 So etwa in den Veranlagungszeiträumen 1954 bis 1974 sowie 1986 bis 1995 [vgl. KANZLER (1997), S. 148 ff.].

dieser **Struktur des Familienleistungsausgleichs** sollte wieder zurückgekehrt werden. Steuerrechtliche und sozialpolitische Ziele sind grundsätzlich *unabhängig* voneinander zu verfolgen. Daher wird empfohlen, das Kindergeld aus dem Einkommensteuergesetz auszugliedern, es in einem eigenständigen Normenwerk zu regeln und zu einem reinen Transferinstrument umzugestalten. Innerhalb des Einkommensteuerrechts wären weiterhin Freibeträge in Form von Abzügen von der Bemessungsgrundlage zu gewähren.

Durch die Trennung von Besteuerungs- und Förderungsrecht würde dem (einkommensteuerlichen) Familienleistungsausgleich ein erheblicher Teil seiner „sozialen Brisanz" entzogen, da sozialpolitische Maßnahmen nunmehr losgelöst von der Familienbesteuerung erfolgten. Zudem hätte ein Systemwechsel zur Folge, dass ausschließlich die Familienkassen und die Sozialgerichtsbarkeit für die Abwicklung von Rechtsstreitigkeiten verantwortlich wären. Diese Institutionen können auf eine langjährige Rechtsanwendungs- und Rechtsprechungserfahrung zurückblicken, was auf eine deutliche Verringerung von Streitpotenzialen hoffen lässt. Ferner würde die (teils) konfliktträchtige Günstigerprüfung auf der Ebene der Finanzverwaltung entfallen.

Die Handlungsempfehlungen im Hinblick auf Detailregelungen des Familienleistungsausgleichs bzw. des Kindergelds sind in Abhängigkeit vom künftigen System zu interpretieren. Im Rahmen des **derzeitigen Systems** (Verknüpfung von Freibeträgen und Kindergeld) könnten rechtliche Konflikte und steuerliche Benachteiligungs- bzw. Begünstigungseffekte vor allem durch den Ersatz der gegenwärtigen Grenzbetragsregelung durch eine gleitende Einkünfteanrechnung, etwa in Form einer degressiv ausgestalteten Freibetragsgewährung, vermieden werden. Zudem wäre es zu empfehlen, die Jahresbetrachtung aufzugeben und zu einer Monatsbetrachtung zurückzukehren. Zwar bedeutete dies zunächst einen höheren Bearbeitungsaufwand für die jeweilige Behörde, jedoch ermöglichte die monatsweise Prüfung eine wesentlich exaktere und somit ökonomisch sachgerechtere Ermittlung kindeseigener Einkünfte. Ferner sollte in Betracht gezogen werden, als Bemessungsgrundlage für die Kindergeldgewährung einen engeren und exakteren Begriff als den der „Einkünfte und Bezüge" zu wählen. Zu denken wäre hierbei etwa an eine Regelung, wie sie bis zum Jahr 1996 bestand: Als Einkünfte des Kindes kämen dementsprechend nur Bezüge aus Ausbildungsverhältnissen oder anderen Erwerbstätigkeiten in Betracht.

Die genannten Empfehlungen gelten grundsätzlich auch im Falle eines **Systemwechsels** (Trennung von Freibeträgen und Kindergeld). Allerdings beziehen sie sich dann lediglich auf den steuerrechtlichen Familienleistungsausgleich. Die Ausgestaltung des Kindergeldrechts könnte zum Großteil nach sozialpolitischen Zielvorstellungen erfolgen. Hierbei wäre etwa eine einkommensunabhängige Familienförderung in Form eines einheitlichen Kindergelds für alle Familien denkbar. Allerdings kommen auch andere Ausgestaltungen in Betracht, z. B. degressive Staffelung der Zahlungen nach der Einkommenshöhe der Eltern.

Die Analyse weiterer konfliktträchtiger Regelungen des Kindergeldbereichs ergab, dass die entsprechenden Bestimmungen sowohl ökonomisch als auch steuerrechtlich überzeugen können. Insofern erscheint eine Modifikation nicht angebracht.

4 Einkünfte aus Gewerbebetrieb und Gewerbesteuerpflicht

4.1 Ökonomische und steuerrechtliche Analyse

§ 15 EStG:

Absatz 1: Einkünfte aus Gewerbebetrieb sind

1. Einkünfte aus gewerblichen Unternehmen...

2. die Gewinnanteile der Gesellschafter einer Offenen Handelsgesellschaft, einer Kommanditgesellschaft und einer anderen Gesellschaft, bei der der Gesellschafter als Unternehmer (Mitunternehmer) des Betriebs anzusehen ist, und die Vergütungen, die der Gesellschafter von der Gesellschaft für seine Tätigkeit im Dienst der Gesellschaft oder für die Hingabe von Darlehen oder für die Überlassung von Wirtschaftsgütern bezogen hat...

3. die Gewinnanteile der persönlich haftenden Gesellschafter einer Kommanditgesellschaft auf Aktien, soweit sie nicht auf Anteile am Grundkapital entfallen, und die Vergütungen, die der persönlich haftende Gesellschafter von der Gesellschaft für seine Tätigkeit im Dienst der Gesellschaft oder für die Hingabe von Darlehen oder für die Überlassung von Wirtschaftsgütern bezogen hat...

Absatz 2: Eine selbständige nachhaltige Betätigung, die mit der Absicht, Gewinn zu erzielen, unternommen wird und sich als Beteiligung am allgemeinen wirtschaftlichen Verkehr darstellt, ist Gewerbebetrieb, wenn die Betätigung weder als Ausübung von Land- und Forstwirtschaft noch als Ausübung eines freien Berufs noch als eine andere selbständige Arbeit anzusehen ist.

Sowohl die Untersuchung von BFH-Entscheidungen als auch die Analyse der finanzgerichtlichen Rechtsprechung erbrachten das Resultat einer sehr hohen Streitbefangenheit von § 15 EStG (Einkünfte aus Gewerbebetrieb). In **steuerrechtlicher Hinsicht** definiert die Vorschrift vor allem, in welchen Fällen gewerbliche Einkünfte i. S. d. § 2 Abs. 1 Nr. 2 EStG vorliegen[371]. Nach § 15 Abs. 1 EStG kommen als solche in Betracht:

- *Einkünfte aus gewerblichen Einzelunternehmen* (§ 15 Abs. 1 S. 1 Nr. 1 i. V. m. § 15 Abs. 2 EStG).
- *Einkünfte aus (gewerblicher[372]) Mitunternehmerschaft* (§ 15 Abs. 1 S. 1 Nr. 2 i. V. m. § 15 Abs. 3 EStG).
- *Einkünfte von persönlich haftenden Gesellschaftern einer KG auf Aktien* (§ 15 Abs. 1 S. 1 Nr. 3 EStG).
- *Nachträgliche Einkünfte* i. S. d. § 15 Abs. 1 Nr. 2, 3 i. V. m. § 24 Nr. 2 EStG (§ 15 Abs. 1 S. 2 EStG).

Eine nähere Definition des Gewerbebetriebs enthält § 15 Abs. 2 EStG. Demnach kennzeichnen folgende **Positivmerkmale** ein gewerbliches Unternehmen:

- Ausübung einer *wirtschaftlichen Tätigkeit*, die
- *selbständig* (i. S. d. Handelns auf eigene Rechnung und Gefahr) und
- *nachhaltig* ausgeübt wird; daneben muss eine
- *Teilnahme am allgemeinen Wirtschaftsverkehr* sowie eine
- *Gewinnerzielungsabsicht* (Abgrenzung zu nichtsteuerbaren Einkünften) vorliegen.

Zudem wird der Gewerbebetrieb in § 15 Abs. 2 EStG **negativ** gegenüber den folgenden Tätigkeiten abgegrenzt:

- *Land- und Forstwirtschaft* (§ 13 EStG).
- *Selbständige Arbeit* (§ 18 EStG).
- *Private Vermögensverwaltung*[373] i. S. d. § 20 (Einkünfte aus Kapitalvermögen) sowie § 21 (Einkünfte aus Vermietung und Verpachtung) EStG.

---

371 Zu den folgenden grundlegenden Ausführungen vgl. etwa TIPKE/LANG (2002), S. 360 ff. oder KIRCHHOF (2001), S. 826 ff.

372 Freilich können Mitunternehmerschaften auch die Merkmale der Freiberuflichkeit aufweisen. Probleme ergeben sich insbesondere dann, falls die einzelnen Gesellschafter einer Personengesellschaft jeweils unterschiedlich bezüglich ihrer ausgeübten Tätigkeit zu beurteilen sind (gewerblich Tätige *und* Freiberufler). In derartigen Fällen sind nach der sog. „Abfärbe-" oder „Infektionstheorie" (§ 15 Abs. 3 Nr. 1 EStG) grundsätzlich die Einkünfte *aller* Gesellschafter als gewerblich zu deklarieren [vgl. hierzu etwa KIRCHHOF (2001), S. 847 f. u. S. 873 ff.].

373 Hierfür existiert keine positive Grundlage in § 15 Abs. 2 EStG. Allerdings ergibt sich die Abgrenzung aus § 14 AO (Wirtschaftlicher Geschäftsbetrieb). Daneben ist zu berücksichtigen, dass im Falle einer Nichtabgrenzung Einkünfte i. S. d. §§ 20, 21 EStG steuerrechtlich niemals in Be-

Die Abgrenzung von Einkünften aus Gewerbebetrieb zu den anderen Einkunftsarten ist sowohl **steuersystematisch** als auch **ökonomisch** von hoher Bedeutung. Zunächst hängt es von der Zuordnung ab, welche Methode der Einkunftsermittlung anzuwenden ist (Gewinnermittlung vs. Überschussermittlung bzw. Durchschnittssatzbesteuerung nach § 13a EStG). Daneben werden, abhängig von der Zuordnung der Einkünfte zu einer bestimmten Einkunftsart, bestimmte Steuerbefreiungen gewährt (z. B. § 3 EStG), diverse Freibeträge und Freigrenzen eingeräumt (z. B. § 13 Abs. 3, § 14a, § 16 Abs. 4, § 17 Abs. 3, § 18 Abs. 3, § 20 Abs. 4, § 23 Abs. 3 oder § 24a EStG) sowie etwaige Veräußerungseinkünfte unterschiedlich besteuert (prinzipielle Erfassung betrieblicher Veräußerungseinkünfte vs. grundsätzliche Nichterfassung privater Veräußerungsgewinne). Ferner sind diverse Erwerbsaufwendungen pauschaliert abzuziehen (insbesondere § 9a EStG) und bestimmte Einkünfte steuerermäßigt zu erfassen (z. B. §§ 34 ff. EStG).

Neben den genannten Abgrenzungsfolgen gilt für die Einkünfte aus Gewerbebetrieb eine steuerliche Besonderheit: Sie unterliegen zurzeit[374] als einzige Einkunftsart des Einkommensteuergesetzes der Gewerbe(ertrag)steuer[375].

4.2 Empirisch ermittelte Konfliktursachen

Die Streitanfälligkeit des einkommensteuerrechtlichen Regelungsbereichs „Einkünfte aus Gewerbebetrieb" (§§ 15 bis 17 EStG) konnte im Rahmen der Streitpotenzialanalyse vor allem durch Probleme bei der Abgrenzung zu den anderen Einkunftsarten (§ 15 Abs. 1 Nr. 1 i. V. m. § 15 Abs. 2 EStG) sowie durch Rechtsfragen im Hinblick auf gewerbliche Einkünfte von Mitunternehmern (§ 15 Abs. 1 Nr. 2 i. V. m. § 15 Abs. 3 EStG) erklärt werden. Sowohl die Analyse der BFH-Entscheidungen als auch die Untersuchung der Finanzgerichtsrechtsprechung lieferten diese Resultate.

---

tracht kämen, da sie i. d. R. die genannten Positivmerkmale eines Gewerbebetriebs erfüllen [vgl. KIRCHHOF (2001), S. 828].

374 Die Bundesregierung plant seit längerem, die Gewerbeertragsteuer zu reformieren [vgl. hierzu S. 203 ff. dieser Arbeit].

375 Die hieraus resultierende steuerliche Sonderbelastung der Einkünfte aus Gewerbebetrieb wird in zweierlei Hinsicht abgeschwächt. Zunächst ist die gezahlte Gewerbesteuer im Rahmen der Einkommensteuer als *Betriebsausgabe* abziehbar; zudem ermäßigt sich die Einkommensteuerschuld um das 1,8fache des Gewerbsteuermessbetrags (*Pauschalanrechnung* nach § 35 EStG). Allerdings muss ebenso berücksichtigt werden, dass auf die Gewerbesteuer grundsätzlich vierteljährliche Vorauszahlungen zu entrichten sind. Hierdurch können sich – selbst im Falle einer hundertprozentigen Rückerstattungen der Steuerzahlungen – Zinsverluste für die Steuerpflichtigen ergeben [zur Entstehung, Festsetzung und Erhebung der Gewerbesteuer vgl. TIPKE/LANG (2002), S. 493 f.].

Zur Analyse der konkreten Streitgegenstände der Einkünfteabgrenzung lassen sich die entsprechenden BFH-Verfahren (Bundessteuerblatt) danach kategorisieren, gegenüber welcher anderen Einkunftsart die gewerblichen Einkünfte jeweils abzugrenzen waren. Durch dieses Vorgehen offenbaren sich erhebliche Streitpotenziale bei der Differenzierung von Gewerbeeinkünften und Einkünften aus Vermietung und Verpachtung einerseits (16 von insgesamt 47 erfassten Verfahren) sowie Einkünften aus selbständiger Arbeit andererseits (15 Verfahren). Zusammengenommen erklären diese beiden Problembereiche etwa zwei Drittel der entsprechenden steuerrechtlichen Konflikte. Daneben geht es in jeweils vier Verfahren um die Abgrenzung der Einkünfte aus Gewerbebetrieb zum nichtgewerblichen Grundstückshandel sowie zur privaten Verwaltung von Kapitalvermögen. Die Abgrenzung der gewerblichen Einkünfte zum land- und forstwirtschaftlichen Erwerbsbereich liegt zwei BFH-Entscheidungen zugrunde[376].

Wie bereits dargelegt, sind in enger Verbindung zu der angesprochenen Abgrenzungsproblematik die Konfliktpotenziale des § 2 GewStG (Steuergegenstand) zu sehen. In der überwiegenden Zahl der entsprechenden Verfahren aus dem Bundessteuerblatt geht es um Fragen der Gewerbesteuerpflicht. Dabei werden grundsätzlich die gleichen Streitgegenstände wie bei den BFH-Entscheidungen zu § 15 EStG tangiert (Abgrenzung gewerblicher Einkünfte zu Einkünften aus Vermietung und Verpachtung, aus selbständiger Tätigkeit etc.). Daneben ist darauf hinzuweisen, dass die Verfahren zu § 15 EStG (Einkünfteabgrenzung) meist auf § 2 GewStG verweisen und umgekehrt. Auch dies verdeutlicht die steuersystematische Verknüpfung der beiden Normen.

Den BFH-Entscheidungen zu den gewerblichen Einkünften aus Mitunternehmerschaft liegen im Wesentlichen zwei Streitgegenstände zugrunde. In der Mehrzahl der Fälle geht es auch hierbei um die Frage, ob bestimmte Rechtsverhältnisse zwischen Gesellschaften und natürlichen Personen zu gewerblichen Mitunternehmereinkünften führen (z. B. typische vs. atypische stille Gesellschaft). Zudem betreffen einige Verfahren die Gewinnermittlung und -verteilung im Rahmen von Mitunternehmerschaften. Hierbei geht es insbesondere um die Abgrenzung von Gewinnanteilen zu Sondervergütungen der Gesellschafter[377].

---

376 Die restlichen fünf Entscheidungen lassen sich nach dem gewählten Schema nicht eindeutig zuordnen.

377 Auch diese Problematik tangiert die Gewerbeertragsteuer – allerdings nicht in ihrer Gesamthöhe, sondern hinsichtlich der Verteilung auf die (Mit-)Unternehmer. Ursächlich hierfür ist das zweistufige Gewinnermittlungsverfahren beim Vorliegen gewerblicher Mitunternehmerschaft [vgl. hierzu etwa KIRCHHOF (2001), S. 900 ff. sowie TIPKE/LANG (2002), S. 363 ff.].

4.3 Diskussion finanzpolitischer Handlungsoptionen

4.3.1 Vorbemerkungen

Wie die vorstehenden Ausführungen verdeutlichen, besteht die Hauptursache für die hohe Konfliktträchtigkeit des § 15 EStG in der Notwendigkeit der Abgrenzung von Einkünften aus Gewerbebetrieb zu den anderen Einkunftsarten des Einkommensteuergesetzes (insbesondere zu Einkünften aus Vermietung und Verpachtung sowie aus selbständiger Arbeit). Ökonomisch lassen sich die entsprechenden Rechtsstreitigkeiten fast ausschließlich auf das Ziel der Vermeidung der Gewerbesteuerpflicht zurückführen, um somit der steuerlichen Belastungswirkung von Gewerbesteuerzahlungen zu entgehen[378]. Dieser Umstand ist bei der Ableitung finanzpolitischer Handlungsempfehlungen zu berücksichtigen.

Analog zu den bislang analysierten Konfliktbereichen des Einkommensteuergesetzes kommen zur Vermeidung bzw. zur Reduzierung ertragsteuerlicher Streitpotenziale zwei grundsätzliche Ansatzpunkte in Betracht. Zum einen kann auf eine unmittelbare Beseitigung der prinzipiellen Konfliktursachen abgezielt werden. Dieser Untersuchungsschritt muss eine Betrachtung der Gewerbesteuer mit einbeziehen, da die Gewerbesteuerpflicht als essentiell für das Auftreten entsprechender Steuerrechtskonflikte bezeichnet werden kann.

Daneben ist danach zu fragen, inwieweit unabhängig von der Problematik der steuerlichen Zusatzbelastung durch die Gewerbesteuer eine Reduzierung der Streitpotenziale erreichbar erscheint. Hierbei geht es vor allem um die Frage, ob eine zweckmäßigere und praktikablere Methodik zur Abgrenzung von Einkünften aus Gewerbebetrieb zu den anderen Einkunftsarten ersichtlich ist. Diese beiden Strategien zur Vermeidung steuerrechtlicher Konflikte sollen im Folgenden beleuchtet werden.

4.3.2 Grundsätzliche Konfliktvermeidungsstrategien

4.3.2.1 Vorgehensweise

Aufgrund der hohen Streitanfälligkeit der Differenzierung von gewerblichen und anderen Einkünften liegt es nahe, zunächst danach zu fragen, aufgrund welcher Maßnahmen ein **Wegfall der Abgrenzungsnotwendigkeit** erreichbar wäre.

---

[378] Zu den Belastungswirkungen vgl. Fußnote 375.

Hierzu bieten sich im Wesentlichen zwei Handlungsoptionen an:

- **Abschaffung der Gewerbesteuer.**
- **Beibehaltung der Gewerbesteuer unter Ausweitung der Gewerbesteuerpflicht auf selbständig Tätige i. S. d. § 18 EStG** (gegebenenfalls Einbeziehung der Land- und Forstwirte nach § 13 EStG)[379].

Diese beiden Gestaltungsalternativen sind im Folgenden einer ökonomischen, steuer- und verfassungsrechtlichen sowie fiskalischen Analyse zu unterziehen. Daneben gilt es abzuschätzen, inwieweit sich die Umsetzung der genannten Alternativen auf das Auftreten ertragsteuerlicher Streitpotenziale auswirken könnte.

4.3.2.2 Abschaffung der Gewerbeertragsteuer

Der überwiegende Teil der steuerrechtlichen Konflikte, die aus der Abgrenzung von Einkünften aus Gewerbebetrieb zu den anderen Einkunftsarten resultieren, könnte durch den Wegfall der Gewerbeertragsteuer unmittelbar beseitigt werden. Aus **ökonomischer Perspektive** wäre eine Abschaffung der Gewerbesteuer zu begrüßen, da sowohl die gesamtwirtschaftlichen Wirkungen der Gewerbeertragsteuer an sich als auch die konkrete Ausgestaltung einzelner Detailbestimmungen äußerst kritisch zu beurteilen sind. Dies soll im Weiteren belegt werden.

Die Gewerbesteuer kann im deutschsprachigen Raum auf eine fast 200-jährige Tradition zurückblicken; ihre konkrete Ausgestaltung wandelte sich im Zeitablauf jedoch erheblich[380]. In Preußen wurde sie erstmals im Jahre 1810 in Form einer Gebühr für die jährliche Erteilung des sog. „Gewerbescheins" eingeführt. Die Gewerbe-„Steuer" stellte insofern eine Abgabe der Gewerbetreibenden für die vom Staat gewährten Vorteile dar (Einführung der Gewerbefreiheit). Der Gebührencharakter der Gewerbe-„Steuer" wurde im Jahr 1820 durch die Auflösung des Zusammenhangs zwischen Gewerbescheinerteilung und „Steuer"-Zahlung aufgehoben. Besteuert wurden in der Folgezeit die fiktiven Reinerträge des Gewerbebetriebs, die aufgrund äußerer, objektiver Merkmale fingiert wurden. Im Zuge der „Miquelschen Finanzreform" von 1891 bis 1893 setzte sich in Preußen sodann ein System der Personalbesteuerung durch. Zentrales Element

---

379 In einem solchen Fall blieben freilich all diejenigen Streitpotenziale bestehen, die aus der Abgrenzung gewerblicher Einkünfte zu den Überschusseinkünften resultieren („private Vermögensverwaltung", insbesondere Einkünfte aus Vermietung und Verpachtung sowie aus Kapitalvermögen).

380 Zur historischen Entwicklung der Gewerbesteuer vgl. etwa COURAGE (1995), S. 1 ff.

war eine progressiv ausgestaltete Einkommensteuer, die sowohl für natürliche als auch für juristische Personen galt. Dies ermöglichte die Umgestaltung der Gewerbesteuerermittlung auf tatsächliche Erträge und Kapitalbestände. Ergänzt wurde diese Besteuerungsgrundlage im Jahr 1936 durch die sog. „Lohnsumme". Dieses dreigliedrige Gewerbesteuersystem blieb im Prinzip bis in die 80er Jahre des letzten Jahrhunderts erhalten, wobei im Jahr 1969 die sog. „Gewerbesteuerumlage" eingeführt wurde. Durch diese wurden der Bund und die Länder an dem Gewerbesteueraufkommen, das bis dahin ausschließlich den Gemeinden zustand, beteiligt. Zum Erhebungszeitraum 1980 wurde sodann die Lohnsummensteuer abgeschafft und mit dem Veranlagungszeitraum 1998 entfiel die Gewerbekapitalsteuer. Folglich existiert in Deutschland derzeit nur noch ein „Standbein" der Gewerbesteuer, nämlich die Gewerbeertragsteuer.

Die ökonomische Kritik am Gesamtkonzept der Gewerbe(ertrag)steuer sowie an Einzelheiten ihrer Ausgestaltung ist nicht neu, sondern vielmehr seit Jahrzehnten zu vernehmen[381]. Sie richtet sich einerseits gegen die *äquivalenztheoretische Rechtfertigung* der Gewerbesteuer sowie andererseits gegen die *allokativen und stabilisierungspolitischen Wirkungen*, die von ihr ausgehen. Die einzelnen Kritikpunkte sollen im Folgenden näher beleuchtet werden.

Die Gewerbesteuer wird anhand des sog. „**Äquivalenzprinzips**" gerechtfertigt. Dem Grundsatz von „Leistung und Gegenleistung" folgend, stellt sie eine Abgabe gewerblicher Unternehmen für die Inanspruchnahme spezifischer, kostenverursachender Leistungen ihrer jeweiligen Sitz-Gemeinde dar (Nutzen- bzw. Kostenäquivalenz)[382]. Dieser Anknüpfungspunkt kann aus ökonomischer Perspektive in vielfacher Hinsicht kritisiert werden[383]:

- Zunächst erscheint es äußerst fraglich, ob Gewerbetreibende tatsächlich höhere kommunale Leistungen in Anspruch nehmen bzw. Kosten verursachen als andere Gemeindemitglieder (prinzipielle Fraglichkeit der „*Gruppenäquivalenz*"). Im Hinblick auf die steuerliche Befreiung der selbständigen Tätigkeit i. S. d. § 18 EStG ist insbesondere auf die starke Zunahme des Dienstleistungsgewerbes hinzuweisen, das sich dem Betätigungsfeld der Freien Berufe weitgehend angenähert hat und nicht mehr dem Bild des klassischen Gewerbebetriebs entspricht. Daneben ist zu berücksichtigen, dass ein Großteil der kommunalen Leistungserbringung grundsätzlich *allen*

---

381 Vgl. TIPKE (1993), S. 822 ff.

382 Vgl. hierzu etwa HANSMEYER (1988), S. 623 ff., LITTMANN (1980), S. 613 ff. sowie TIPKE (1993), S. 823 ff.

383 Zu den folgenden Kritikpunkten vgl. etwa GOSCH (1998), S. 328 f., HANSMEYER (1988), S. 623 ff., KEß (2000), S. 698 ff., LITTMANN (1988), S. 618 ff., MOHL/BRAND (1998), S. 181 ff., TIPKE (1993), S. 823 ff. sowie WENDT (1987), S. 1258 ff.

Gemeindeeinwohnern und nicht nur dem ansässigen Gewerbe zugute kommt (Infrastruktur, Bildungs-, Kultur- und Freizeiteinrichtungen, Verwaltungsapparat etc.).

- Eine nutzen- bzw. kostenäquivalente Besteuerung des einzelnen Gewerbebetriebs wird zudem dadurch verhindert, dass im Rahmen der Gewerbesteuer recht hohe Freibeträge eingeräumt werden. Als Folge dessen werden faktisch nur einige wenige Mittel- und Großbetriebe zu Gewerbesteuerzahlungen herangezogen (Verletzung der „*Individualäquivalenz*").
- Die äquivalenztheoretische Rechtfertigung der Gewerbesteuer wird ferner durch die Beteiligung des Bundes und der Länder am Gewerbesteueraufkommen („Gewerbesteuerumlage") in Frage gestellt. Folgt man nämlich der Argumentation, dass die Gewerbesteuerzahlungen als ein Ausgleich für spezifische kommunale Leistungen anzusehen sind, so müsste das Aufkommen alleine den Gemeinden zustehen. Zudem müsste das Gewerbesteueraufkommen in etwa den Leistungen der Gemeinde für die Gewerbetreibenden entsprechen; dass dies tatsächlich der Fall ist, ist empirisch bislang nicht belegt worden.
- Die Anknüpfung der Gewerbesteuer an ertragsabhängigen Komponenten widerspricht grundsätzlich der Zielsetzung einer nutzen-/kostenäquivalenten Belastung. So kann es vorkommen, dass die Verursacher hoher kommunaler Lasten keine Gewerbesteuer zahlen, falls sie keine entsprechenden Gewinne erzielen.

Wie die Ausführungen verdeutlichen, kann die derzeitige Ausgestaltung der Gewerbesteuer nicht anhand des Äquivalenzprinzips begründet werden. Auch das Leistungsfähigkeitsprinzip kann nicht zur Rechtfertigung herangezogen werden, da es sich bei der Gewerbesteuer nicht um eine Personal- bzw. Subjektsteuer, sondern um eine Objektsteuer handelt; nach herrschender Meinung bezieht sich der Leistungsfähigkeitsbegriff jedoch nur auf natürliche Personen[384].

Die Begründungsmisere der Gewerbesteuer wird durch ökonomische Bedenken hinsichtlich ihrer **gesamtwirtschaftlichen Wirkungen** verschärft. Diese sind in erster Linie auf den *Objektsteuercharakter* der Gewerbesteuer zurückzuführen. Steuerobjekt der Gewerbeertragsteuer ist der Gewerbebetrieb. Als Bemessungsgrundlage fungieren gewerbliche Erträge, ohne dass dabei Rücksicht auf die steuerliche Leistungsfähigkeit des jeweils Steuerpflichtigen genommen wird. Somit knüpft die Gewerbesteuer am gleichen Besteuerungstatbestand wie die Einkommen- und die Körperschaftsteuer an, dem unternehmerischen Perio-

---

[384] Vgl. etwa HANSMEYER (1988), S. 623. Zum Unterschied zwischen Subjekt- und Objektsteuern vgl. etwa TIPKE/LANG (2002), S. 183.

dengewinn. Dies kann zu Mehrfachbelastungen der Steuerpflichtigen führen. Abgeschwächt werden diese Belastungseffekte in zweierlei Hinsicht: Zum einen können Gewerbesteuerzahlungen als Betriebsausgabe im Rahmen der Einkommensteuerveranlagung abgesetzt werden; zum anderen ist nach § 35 EStG das 1,8fache des Gewerbesteuermessbetrags von der Einkommensteuerschuld abziehbar. Allerdings können hieraus weitere Besteuerungsungleichheiten resultieren, da die einkommensteuerliche Kompensation von Gewerbesteuerzahlungen einerseits vom Hebesatz der Gemeinde, andererseits vom Einkommensteuertarif des Steuerpflichtigen abhängt[385]. Insofern bleibt der Charakter der Gewerbesteuer als Sonderabgabe auch nach Einführung der Anrechnungsmöglichkeit nach § 35 EStG zumindest partiell erhalten[386].

In **allokativer Hinsicht** kann die Zusatzbelastung der gewerblichen Unternehmungen zu Verzerrungen im Inland (Freistellung der land- und forstwirtschaftlichen Betriebe sowie der selbständigen Tätigkeit) sowie zu Wettbewerbsnachteilen gegenüber dem Ausland führen. Zudem streut das Pro-Kopf-Aufkommen der Gewerbesteuer zwischen den Gemeinden recht stark, wodurch sich steuerinduzierte Benachteiligungen strukturschwacher Regionen ergeben können. Ferner bewirkt die nur hälftige Hinzurechnung der Dauerschuldzinsen nach § 8 Nr. 1 GewStG eine Besserstellung der Fremd- gegenüber der Eigenkapitalfinanzierung.

Neben allokativen Schwächen weist die Gewerbesteuer gravierende **stabilisierungspolitische Mängel** auf. Diesbezüglich ist insbesondere auf ihre hohe Aufkommenselastizität[387] hinzuweisen. Sie ist vor allem darauf zurückzuführen, dass die Gewerbesteuer am gewerblichen Periodengewinn anknüpft, der erfahrungsgemäß wesentlich stärker schwankt als die restlichen Wertschöpfungsgrößen. Die hieraus resultierende starke Konjunkturreagibilität der Gewerbesteuereinnahmen verleitet die Kommunen zu einem prozyklischen Ausgabenverhalten, was wiederum gesamtwirtschaftlichen Stabilisierungszielen zuwider läuft.

---

[385] Bei einer Belastung mit Einkommensteuer und Solidaritätszuschlag von insgesamt 50 % wiegt die Einkommensteuerersparnis die Gewerbesteuerbelastung bei einem Gemeinde-Hebesatz von 360 % in etwa auf. Bei höheren Hebesätzen verbleibt eine gewerbesteuerliche Teilbelastung; im Falle niedrigerer Hebesätze kann es hingegen zu Überkompensationen kommen. Hierdurch kann ein Interesse der Steuerpflichtigen an einer Verlagerung von Einkünften in den – bislang meist vermiedenen – gewerblichen Bereich entstehen (z. B. gewerblicher vs. privater Grundstückshandel). Auch lohnt es sich in solchen Fällen, gewerbesteuerliche Hinzurechungen *anzustreben* bzw. Kürzungen zu *vermeiden* [vgl. etwa FÖRSTER (2000), S. 866 ff. sowie WENDT (2000), S. 1176 ff.].

[386] Die Anrechnungsmöglichkeit der Gewerbesteuer auf die Einkommensteuer wurde mit dem Steuersenkungsgesetz vom 23.10.2000 eingeführt.

[387] Die Aufkommenselastizität einer Steuer ist im Allgemeinen definiert durch die relative Änderung des Steueraufkommens im Verhältnis zur relativen Änderung der Steuer-Bemessungsgrundlage.

Auch in **verfassungsrechtlicher Hinsicht** gilt die Gewerbesteuer seit langem als umstritten. Vor allem wird gegen sie eingewandt, dass die Freistellung der Land- und Forstwirtschaft sowie der selbständigen Tätigkeit und die hiermit verbundene (potenzielle) steuerliche Zusatzbelastung gewerblicher Einkünfte einen Verstoß gegen den allgemeinen Gleichheitssatz nach Art. 3 Abs. 1 GG darstelle[388]. Gleichwohl beurteilt das Bundesverfassungsgericht die Gewerbesteuer als mit dem Grundgesetz vereinbar[389]. Allerdings sind diesbezüglich Änderungen in der Argumentationsweise des Gerichts zu konstatieren: Stellte das Bundesverfassungsgericht anfangs noch auf strukturelle Unterschiede zwischen Gewerbetreibenden einerseits sowie Land- und Forstwirten bzw. Selbständigen andererseits ab (divergierender Einsatz der Produktionsfaktoren Boden, Arbeit, Kapital), so rechtfertigt es heute die Freistellung der Freiberufler von der Gewerbesteuer vor allem mit deren Stellung und Bedeutung im Sozialgefüge sowie mit längeren Ausbildungszeiten. Die Überzeugungskraft derartiger Argumente erscheint allerdings zweifelhaft, insbesondere vor dem Hintergrund des allgemein gestiegenen Bildungsniveaus, das qualifizierte Ausbildungsgänge in fast allen Wirtschaftsbereichen unentbehrlich macht. Zudem ist es fraglich, warum aus einer besonderen „Stellung und Bedeutung im Sozialgefüge" eine geringere Steuerbelastung resultieren sollte und anhand welcher Kriterien eine solche Differenzierung erfolgen kann. Zweifelsohne führen derartige Argumentationslinien geradewegs zu der mit mannigfachen Problemen behafteten Abgrenzung von Einkünften aus Gewerbebetrieb zu anderen Einkunftsarten.

Neben verfassungsrechtlichen Bedenken, die mit der Beibehaltung der Gewerbesteuer verbunden sind, ist auf grundgesetzliche Restriktionen im Falle der Abschaffung hinzuweisen. So steht das Aufkommen der Realsteuern (Grund- und Gewerbesteuer) nach Art. 106 Abs. 6 S. 1 GG den Gemeinden zu. Zudem bestimmt Art. 106 Abs. 6 S. 2 GG, dass die Kommunen über ein sog. „Hebesatzrecht" verfügen sollen. In enger Verbindung hierzu ist Art. 28 Abs. 2 GG zu sehen, der den Kommunen das Recht der finanziellen Eigenverantwortung in Form einer mit Hebesatzrecht ausgestatteten Steuerquelle einräumt. Ob sich aus den genannten Normen ein grundgesetzlicher Bestandsschutz der Gewerbesteuer an sich ergibt, ist in der rechtswissenschaftlichen Literatur umstritten[390]. Weitgehend unumstritten und durch die Rechtsprechung des Bundesverfassungsgerichts

---

388 Vgl. etwa BONK (1999), S. 443 ff., GOSCH (1998), S. 327 ff., KEß (2000), S. 698 ff., MOHL/BRAND (1998), S. 181 ff., SEER (1998), S. 1022 ff. sowie WENDT (1987), S. 1257 ff.

389 Zuletzt mit Beschluss vom 17.11.1998, dem ein Vorlagebeschluss des Finanzgerichts Niedersachsen zugrunde lag. Dieser wurde vom Bundesverfassungsgericht mit dem Hinweis auf seine ständige Rechtsprechung als unzulässig verworfen. In der rechtswissenschaftlichen Literatur wurde diese Entscheidung teils heftig kritisiert [vgl. etwa KEß (2000), S. 699].

390 Vgl. hierzu etwa BONK (1999), S. 443 ff. sowie KEß (2000), S. 701 f.

gefestigt ist hingegen die Auffassung, dass den Kommunen im Falle der Abschaffung der Gewerbesteuer eine aufgaben- und ausgabenadäquate sowie autonom gestaltbare Finanzierungsquelle zugestanden werden muss[391].

Diese verfassungsrechtlichen Vorgaben für den Fall des Ersatzes der Gewerbesteuer erscheinen vor dem Hintergrund **fiskalischer Argumente** plausibel. Die Gewerbeertragsteuer hat eine hohe finanzielle Bedeutung für die Gemeinden. Wie bereits ausgeführt, beträgt der Anteil des Gewerbesteueraufkommens an den gesamten Steuereinnahmen der Kommunen mehr als ein Drittel[392]. Zudem stellt die Gewerbesteuer die einzig nennenswerte Einnahmequelle der Gemeinden dar, deren Aufkommen sie unmittelbar selbst beeinflussen können („Hebesatzrecht"). Aufgrund des sog. „Konnexitätsprinzips", das die weitgehende Deckungsgleichheit von Aufgaben- und Ausgabenverantwortung auf der jeweiligen staatlichen Ebene verlangt, muss den Gemeinden daher eine autonom gestaltbare Einnahmequelle zur Verfügung stehen, die eine hinreichende finanzpolitische Selbstverantwortung gewährleistet.

Wie ausführlich dargelegt, lässt sich der überwiegende Teil der steuerrechtlichen Konflikte, die § 15 EStG betreffen, auf die Abgrenzung von Einkünften aus Gewerbebetrieb zu den anderen Einkunftsarten zurückführen. Zur **Vermeidung bzw. Reduzierung ertragsteuerlicher Streitpotenziale** stellt die Abschaffung der Gewerbesteuer daher die „First-Best-Lösung" dar. Hierdurch könnten sämtliche Streitigkeiten beseitigt werden, die aus der genannten Differenzierungsproblematik resultieren. Allerdings stellt sich in diesem Zusammenhang die Frage, welche **alternativen Einnahmequellen als Ersatz für die Gewerbesteuer** in Betracht kommen. Im wirtschafts- und rechtswissenschaftlichen Schrifttum existiert eine Vielzahl entsprechender Vorschläge, wobei die nachstehend genannten Konzepte die wohl größte Beachtung finden:

- Einführung einer Wertschöpfungsteuer[393].
- Kommunaler Zuschlag auf die Einkommen- und Körperschaftsteuer[394].

---

391 Vgl. etwa BONK (1999), S. 443 ff. sowie KEß (2000), S. 701 f.

392 Vgl. S. 19 dieser Arbeit.

393 Dieser Vorschlag geht zurück auf den Wissenschaftlichen Beirat beim Bundesministerium der Finanzen, dem sich der Sachverständigenrat zu Begutachtung der gesamtwirtschaftlichen Entwicklung angeschlossen hat [vgl. WISSENSCHAFTLICHER BEIRAT BEIM BUNDESMINISTERIUM DER FINANZEN (1982), S. 52 ff.].

394 Diese Konzeption vertritt etwa der Bundesverband der Deutschen Industrie [vgl. BDI (2001), S. 18 ff.)].

- Erhöhung des gemeindlichen Umsatzsteueranteils[395].

Diese Reformoptionen können nach ökonomischen, steuer- und verfassungsrechtlichen sowie fiskalischen Gestaltungsprinzipien bewertet werden[396]. Dabei schneidet die Gewerbeertragsteuer im Vergleich zu jeder der angegebenen Alternativen am schlechtesten ab, was vor allem auf ihre negativen Allokationswirkungen, ihre hohe Konjunkturreagibilität sowie ihre mangelnde Fähigkeit, einen regionalen Interessenausgleich[397] zu bewirken, zurückzuführen ist. Gegen den Ersatz der Gewerbesteuer durch eine Erhöhung des kommunalen Umsatzsteueranteils spricht in erster Linie, dass dies den Wegfall der Hebesatzregelung und somit der verfassungsrechtlich garantierten Finanzautonomie der Gemeinden bedeuten würde (Art. 28 Abs. 2 i. V. m. Art. 106 Abs. 6 GG)[398]. Eine Hebesatzregelung könnte hingegen sowohl bei der Wertschöpfungsteuer als auch bei einem Einkommen- und Körperschaftsteuerzuschlag implementiert werden. Zudem weisen diese beiden Vorschläge wegen ihrer breiten Bemessungsgrundlagen die geringsten allokativen Verzerrungswirkungen auf.

Das Ziel eines regionalen Interessenausgleichs könnte durch einen Zuschlag auf die Einkommen- und Körperschaftsteuer am besten erfüllt werden, da nicht nur einzelne, sondern alle Gemeinde-Gruppen zur Finanzierung kommunaler Ausgaben herangezogen würden. Allerdings weist die Wertschöpfungsteuer bezüglich der Konjunkturreagibilität Vorteile gegenüber der Zuschlagslösung auf, weil die Einkommen- und insbesondere die Körperschaftsteuer hohe Gewinnanteile in ihren Bemessungsgrundlagen aufweisen[399]. Bezüglich der Vermeidung ertragsteuerlicher Streitpotenziale stellt der Einkommen- und Körperschaftsteuerzuschlag die wirkungsvollste Lösung dar, da hierbei nicht nur die Abgrenzung zwischen gewerblichen und nichtgewerblichen Einkünften, sondern auch zwischen unternehmerischen und nichtunternehmerischen Einkünften – zumindest mit Blick auf die Gewerbesteuerpflicht – obsolet würde. Bei der Wertschöpfungsteuer würde sich hingegen weiterhin das Problem der Differenzierung

---

[395] Vgl. hierzu etwa WISSENSCHAFTLICHER BEIRAT BEIM BUNDESMINISTERIUM DER FINANZEN (1982), S. 54 ff.

[396] Vgl. hierzu ausführlich BROER (2001), S. 713 ff.

[397] Gemeint ist hiermit die Besteuerung einzelner kommunaler Gruppen (Unternehmen, Wohnbevölkerung, Pendler etc.) gemäß ihrer Inanspruchnahme gemeindlicher Leistungen, um somit einen Ausgleich zwischen den jeweiligen Gruppeninteressen anhand kompensierender Steuerzahlungen zu erreichen [vgl. insbesondere WISSENSCHAFTLICHER BEIRAT (1982), S. 32 ff.].

[398] Prinzipiell wäre eine Hebesatzlösung zwar möglich, allerdings liefe eine solche Regelung den Harmonisierungsbestrebungen hinsichtlich der nationalen Mehrwertsteuersysteme auf EU-Ebene zuwider [vgl. hierzu auch BROER (2001), S. 715].

[399] Erfahrungsgemäß schwanken Residualgrößen wie der Gewinn über den Konjunkturzyklus wesentlich stärker als die restlichen Wertschöpfungskomponenten (Löhne, Zinsen, Mieten und Pachten).

zwischen Gewinn- und Überschusseinkünften stellen (speziell unternehmerische vs. private Vermögensverwaltung).

Zur Verringerung steuerrechtlicher Konflikte wäre demnach die Zuschlagslösung als am besten geeigneter Ersatz für die Gewerbesteuer zu beurteilen. Zudem würde die breite Bemessungsgrundlage der Einkommen- und Körperschaftsteuer dem Ziel eines umfänglichen Interessenausgleichs zugute kommen. Nachteilig fällt allerdings die im Vergleich zur Wertschöpfungsteuer höhere Konjunkturreagibilität der Zuschlagslösung ins Gewicht. Welcher der beiden Alternativen insgesamt der Vorzug zu geben ist, lässt sich nicht eindeutig ermitteln. Sicher ist hingegen, dass sowohl die Zuschlagslösung als auch die Wertschöpfungsteuer ökonomisch vorteilhafter, verfassungsrechtlich unbedenklicher sowie weniger konfliktträchtig sind als die derzeitige steuerliche Ausgestaltung in Form einer Sonderbelastung gewerblicher Einkünfte mit der Gewerbeertragsteuer.

4.3.2.3 Ausweitung der Gewerbesteuerpflicht

Neben der zuvor diskutierten Möglichkeit einer Abschaffung der Gewerbesteuer könnte eine **Verminderung ertragsteuerlicher Streitpotenziale** auch durch die Ausweitung der Gewerbesteuerpflicht auf Selbständige i. S. d. § 18 EStG sowie gegebenenfalls auf Land- und Forstwirte gemäß § 13 EStG erfolgen. Hierdurch würden zumindest diejenigen Abgrenzungsschwierigkeiten hinfällig, die sich aus der Differenzierung im Gewinneinkünftebereich ergeben (Einkünfte aus Gewerbebetrieb vs. Einkünfte aus selbständiger Arbeit und aus Land- und Forstwirtschaft). Im Gegensatz zur Alternative des Ersatzes der Gewerbesteuer durch ein Zuschlagsrecht auf die Einkommen- und Körperschaftsteuer wäre jedoch weiterhin eine Unterscheidung zwischen Gewinn- und Überschusseinkünften notwendig, da Einkünfte aus der privaten Vermögensverwaltung (Einkünfte aus Vermietung und Verpachtung und aus Kapitalvermögen) in einem solchen Fall nicht der Gewerbesteuer unterliegen dürften. Zum Zwecke der Verringerung steuerrechtlicher Konflikte stellt daher die Ausweitung der Gewerbesteuerpflicht eine „Second-Best-Lösung" dar.

Der Möglichkeit einer Ausweitung der Gewerbesteuerpflicht kommt insbesondere deswegen eine besondere Bedeutung zu, weil die Bundesregierung derzeit bestrebt ist, das Gemeindefinanzsystem zu reformieren. Hierzu wurde eigens eine „Kommission zur Reform der Gemeindefinanzen" eingesetzt[400], die im

---

[400] Vgl. HTTP://WWW.BUNDESFINANZMINISTERIUM.DE/AKTUELLES/PRESSEMITTEILUNGEN-.395.11985/.HTM, aufgerufen am 15.5.2003 sowie ferner F.A.Z. (2002), S. 13 und TIPKE/LANG (2002), S. 478, Fußnote 20.

Spätsommer 2003 entsprechende Vorschläge vorgelegt hat. Presseberichten ist mittlerweile zu entnehmen, dass sowohl die Bundesregierung als auch die SPD-Führung eine „Revitalisierung" der Gewerbesteuer anstreben[401]. Geplant ist demnach, den Kreis der Steuerpflichtigen auf die Freien Berufe auszudehnen[402]; zudem sollte zunächst die Bemessungsgrundlage der Gewerbesteuer um ertragsunabhängige Elemente wie Zinsen, Pachten, Leasingraten und Mietzahlungen erweitert werden. Mittlerweile wurde dieses Vorhaben revidiert: So sollen künftig zwar die Freien Berufe der Gewerbesteuerpflicht unterliegen („Gemeindewirtschaftsteuer"), eine stärkere Einbeziehung ertragsunabhängiger Wertschöpfungskomponenten wird jedoch scheinbar nicht mehr angestrebt[403].

In Anbetracht der schwerwiegenden **ökonomischen Einwände** gegen die Gewerbesteuer stellen Revitalisierungsbemühungen die ungünstigste Alternative im Rahmen einer Reform des Gemeindefinanzsystems dar. So könnte zwar das Gewerbesteueraufkommen durch die Einbeziehung ertragsunabhängiger Elemente verstetigt und somit die Konjunkturreagibilität der Gewerbesteuer abgeschwächt werden; allerdings birgt die Besteuerung ertragsunabhängiger Wertschöpfungskomponenten die Gefahr der Substanzbesteuerung in gewinnschwachen/-losen Perioden. Daneben erscheint es äußerst fraglich, ob die starke Streuung des Gewerbesteueraufkommens durch die Einbeziehung der Freien Berufe in hinreichendem Maße gemildert werden kann[404]. Ferner bliebe der prinzipielle Sonderbelastungscharakter der Gewerbesteuer bestehen, was sich negativ auf die internationale Wettbewerbsfähigkeit deutscher Unternehmen auswirken kann[405].

Aus **verfassungsrechtlicher Perspektive** weist die Einbeziehung der Freien Berufe in die Gewerbesteuer einen ambivalenten Charakter auf. Einerseits würde eine Ausweitung der Gewerbesteuerpflicht wesentlich geringeren grundgesetz-

---

[401] Vgl. etwa F.A.Z. (2003b), S. 11, ders. (2003c), S. 11 sowie ders. (2003d), S. 13.

[402] Eine Einbeziehung der Land- und Forstwirte in die Gewerbesteuerpflicht wird anscheinend nicht angestrebt.

[403] Vgl. hierzu sowie zu weiteren Details der geplanten „Gemeindewirtschaftsteuer" PRESSEMITTEILUNG DER BUNDESREGIERUNG VOM 15. AUGUST 2003 („Gemeindefinanzreform stärkt die Kommunalfinanzen und fördert die Wachstumskräfte").

[404] Hiervon wäre wohl nur dann auszugehen, falls sich Freiberufler wesentlich gleichmäßiger über die jeweiligen Regionen als Gewerbetreibende ansiedelten und zudem faktisch Gewerbesteuer zahlten. Aufgrund der recht hohen Freibeträge wird ein Großteil der Freiberufler – ebenso wie der überwiegende Teil der Gewerbetreibenden – wohl keine Gewerbesteuer zahlen. Dies läuft dem gewünschten Effekt einer Verringerung der Gewerbesteueraufkommensstreuung tendenziell zuwider.

[405] Nach den aktuellen Plänen der Bundesregierung soll der Betriebsausgabenabzug von Gewerbesteuerzahlungen künftig entfallen (vgl. PRESSEMITTEILUNG DER BUNDESREGIERUNG VOM 15. AUGUST 2003). Dies würde den Sonderbelastungscharakter der Gewerbeertragsteuer tendenziell erhöhen.

lichen Restriktionen unterliegen als die Abschaffung der Gewerbesteuer. So wäre im letztgenannten Fall wohl eine Änderung des Art. 106 GG erforderlich („Das Aufkommen der Grundsteuer und Gewerbesteuer steht den Gemeinden ... zu")[406]. Zudem weist das Bundesverfassungsgericht im Rahmen seiner ständigen Rechtsprechung darauf hin, dass es grundsätzlich dem Gesetzgeber frei stehe, einzelne Berufsgruppen steuerlich zu belasten, andere dagegen von der Besteuerung frei zu stellen – freilich unter Beachtung des Willkürverbots[407]. Andererseits erscheint es jedoch fraglich, ob es unter Gleichbehandlungsaspekten zulässig ist, *nicht*gewerblich Tätige mit einer Steuer für *Gewerbe*betriebe zu belasten. Ob das Bundesverfassungsgericht eine derartige Ausgestaltung der Gewerbesteuer billigen würde, kann zumindest bezweifelt werden[408].

Die **fiskalischen Erwägungen**, die für eine Ausweitung der Gewerbesteuerpflicht – gegebenenfalls i. V. m. einer Verbreiterung der Bemessungsgrundlage (ertragsunabhängige Elemente) – sprechen könnten, sind in der Verstetigung des Gewerbesteueraufkommens, der Reduzierung der hohen regionalen Streuung sowie der prinzipiellen Erhöhung der Gewerbesteuereinnahmen zu sehen. Die beiden erstgenannten Effekte wurden bereits weiter oben angesprochen, weswegen hier nicht mehr auf sie einzugehen ist. Eine Erhöhung des Gewerbesteueraufkommens scheint durch die Einbeziehung der Freien Berufe zwar so gut wie sicher zu sein. Allerdings ist diesbezüglich ein weiteres Mal auf die Freibetragsregelung hinzuweisen. Diese kann aufgrund vieler Befreiungen einer spürbaren Steigerung des Gewerbesteueraufkommens entgegenstehen. Zudem ist an dieser Stelle hervorzuheben, dass aus den derzeitigen Anrechnungsmöglichkeiten der Gewerbesteuerzahlungen im Rahmen der Einkommensteuerveranlagung de facto ein Zuweisungssystem resultiert[409], da eine Erhöhung des Gewerbesteueraufkommens stets zu Lasten der Einkommensteuereinnahmen geht. Vor diesem Hintergrund stellt die im vorstehenden Abschnitt vorgeschlagene Abschaffung der Gewerbesteuer i. V. m. der Institutionalisierung eines Zuschlagsrechts der Gemeinden auf die Einkommen- und Körperschaftsteuer eine prinzipiell wirkungsäquivalente sowie steuersystematisch überzeugende Alternative zum derzeitigen Gewerbesteuersystem dar.

---

406 Ebenso BONK (1999), S. 448.

407 Vgl. etwa KEß (2000), S. 699.

408 Ob diesem Einwand lediglich durch eine andere Benennung der Gewerbeertragsteuer („Gemeindewirtschaftsteuer") begegnet werden kann, muss indes bezweifelt werden: So war das Bundesverfassungsgericht bislang stets bemüht, einschlägige Argumente *für* eine steuerliche Sonderbelastung von Gewerbebetrieben – und somit *gegen* die Einbeziehung der Freien Berufe in die Gewerbesteuerpflicht – zu liefern [vgl. hierzu S. 200 dieser Arbeit].

409 So auch PEFFEKOVEN [vgl. F.A.Z. (2003e), S. 17].

Festzuhalten bleibt demnach, dass die Ausweitung der Gewerbesteuerpflicht auf die Freien Berufe, gegebenenfalls i. V. m. einer Verbreiterung der gewerbesteuerlichen Bemessungsgrundlage, aus ökonomischer Perspektive abzulehnen ist. Zudem stellt diese Alternative im Hinblick auf die Verminderung ertragsteuerlicher Streitpotenziale allenfalls eine „Second-Best-Lösung" dar, da weiterhin eine Abgrenzung der unternehmerischen zur privaten Vermögensverwaltung erforderlich wäre. Aus diesen Gründen sollte vielmehr die Abschaffung der Gewerbesteuer, verbunden mit der Einführung eines kommunalen Zuschlagsrechts auf die Einkommen- und Körperschaftsteuer, präferiert werden.

4.3.3 Verbesserung von Abgrenzungskriterien

Sowohl im Fall der unveränderten Beibehaltung des derzeitigen Gewerbesteuersystems als auch bei Modifikation der jetzigen Ausgestaltung ist danach zu fragen, inwieweit durch eine Verbesserung der Abgrenzungskriterien eine weniger konfliktträchtige Einkünftedifferenzierung erfolgen könnte. Wie in den vorstehenden Abschnitten dargelegt, würde die Abgrenzungsnotwendigkeit mit Einbeziehung der Freien Berufe (ggf. der Land- und Forstwirtschaft) in die Gewerbesteuer zumindest teilweise entfallen. Bei einem Wegfall der Gewerbesteuer würde die Differenzierungsproblematik größtenteils obsolet.

Da zurzeit lediglich die Einkünfte aus Gewerbebetrieb der Gewerbesteuer unterliegen, sind diese einerseits gegenüber den anderen Gewinneinkünften (Einkünfte aus Land- und Forstwirtschaft und aus Selbständiger Arbeit) sowie andererseits gegenüber den Überschusseinkünften (Einkünfte aus nichtselbständiger Arbeit, aus Vermietung und Verpachtung, aus Kapitalvermögen sowie sonstige Einkünfte) abzugrenzen. Weil die Legaldefinition des Gewerbebetriebs nach § 15 EStG recht allgemein gehalten ist und daher zur Abgrenzung alleine nicht ausreicht, wurden im Zuge der Rechtsprechung detailliertere Differenzierungskriterien geschaffen[410]. Grundsätzlich wird hierbei auf das *Gesamtbild der Betätigung* sowie die *allgemeine Verkehrsauffassung* abgestellt. Die Differenzierung im Bereich der Gewinneinkünfte erfolgt dabei vor allem mit Blick auf *historisch gewachsene Berufsbilder* (Land-, Forstwirt, Händler, Kaufmann, Arzt, Notar, Rechtsanwalt, sog. „Katalogberufe"[411]). Die Abgrenzung gegenüber dem Überschusseinkunftsbereich orientiert sich prinzipiell am *Typus des Unternehmers* (Hauptmerkmale: Unternehmerrisiko und Unternehmerinitiative).

---

[410] Zu den folgenden Ausführungen vgl. etwa TIPKE/LANG (2002), S. 358 ff.

[411] Vgl. § 18 Abs. 1 Nr. 1 S. 2 EStG.

Im Einzelnen grenzt die Rechtsprechung die Einkünfte aus Gewerbebetrieb zu den anderen Einkünften wie folgt ab:

- **Abgrenzung gegenüber Einkünften aus Land- und Forstwirtschaft:**

  Hauptkriterium: (nahezu ausschließliche) Urproduktion i. S. einer natürlichen Bodenbewirtschaftung und der damit verbundenen Verwertung von Erzeugnissen pflanzlicher und tierischer Art.

  Einkunftsschädigend: nicht unerhebliche Nebentätigkeit(en) gewerblicher Art (z. B. gewerbliche Tierhaltung und/oder Tierzucht, Vermietung von Ferienwohnungen).

- **Abgrenzung gegenüber Einkünften aus selbständiger Arbeit:**

  Hauptkriterien: Qualität und Dauer der Ausbildung, Anteil der geistigen Leistung bei der Tätigkeitsausübung, Umfang des persönlichen Einsatzes, Stellung und Bedeutung des Berufs im Sozialgefüge.

- **Abgrenzung gegenüber Einkünften aus nichtselbständiger Arbeit:**

  Hauptkriterien: Bestehen eines Dienstverhältnisses mit Weisungsgebundenheit und/oder organisatorischer Eingliederung, kein Vermögensrisiko bei Ausübung der Tätigkeit.

- **Abgrenzung gegenüber privater Vermögensverwaltung:**

  - o ***Einkünfte aus Kapitalvermögen***
  - o ***Einkünfte aus Vermietung und Verpachtung***
  - o ***sonstige Einkünfte (private Veräußerungsgeschäfte i. S. d. § 23 EStG):***

  Hauptkriterium: Regelmäßige und längerfristige Erhaltung von bzw. Einkunftserzielung aus Vermögen.

  Einkunftsschädigend: Umschichtung von Vermögen i. S. d. Verwertung von Vermögenssubstanz (Grundstücks- bzw. Wertpapierhandel), „Drei-Objekt-Grenze" bei Einkünften aus Vermietung und Verpachtung[412].

---

[412] Die „Drei-Objekt-Grenze" stellt eine vom BFH entwickelte, stark typisierende Zuordnungscharakteristik dar. Demnach liegen Einkünfte aus Gewerbebetrieb grundsätzlich nur dann vor, falls mehr als drei Objekte (Grundstücke jeder Art) innerhalb eines Zeitraums von fünf Jahren veräußert werden; ausschlaggebend sind die Anschaffungs- und Veräußerungszeitpunkte. Daneben geht der BFH von Einkünften aus Vermietung und Verpachtung aus, wenn bebaute Grundstücke mehr als zehn Jahre vermietet oder zu eigenen Wohnzwecken genutzt werden [vgl. auch TIPKE/LANG (2002), S. 394 f.].

Wie die Ergebnisse der Rechtsprechungsanalyse auf der Ebene des BFH sowie der Finanzgerichte zeigen, ergeben sich die schwerwiegendsten Abgrenzungsprobleme gegenüber Einkünften aus selbständiger Arbeit (insbesondere freiberufliche Tätigkeiten) sowie im Verhältnis zur privaten Vermögensverwaltung (insbesondere Einkünfte aus Vermietung und Verpachtung). Die Differenzierung zwischen Gewerbebetrieben und Land- und Forstwirten sowie nichtselbständig Tätigen bereitet hingegen kaum Probleme. Es stellt sich daher die Frage, auf welche Ursachen die Konfliktkumulierungen zurückzuführen sind.

Die **Gründe für die hohe Konfliktträchtigkeit** der Differenzierung zwischen den genannten Einkunftsarten dürften vornehmlich im ökonomischen Bereich liegen. Im Kern geht es darum, etwaige Gestaltungsspielräume auszunutzen, um der Gewerbesteuerpflicht zu entgehen. Diese ergeben sich insbesondere dadurch, dass sowohl die freiberufliche Tätigkeit als auch die private Vermögensverwaltung grundsätzlich die Voraussetzungen erfüllen, nach denen gemäß der Legaldefinition des § 15 Abs. 2 EStG ein Gewerbebetrieb vorliegt[413]. Eine Einkunftsabgrenzung wird lediglich in *negativer* Hinsicht durch § 15 Abs. 2 EStG (keine Land- und Forstwirtschaft, keine selbständige Tätigkeit) bzw. durch § 14 AO (keine private Vermögensverwaltung) vorgenommen. Für die Einkünftedifferenzierung sind daher die entsprechenden Vorschriften der §§ 18 (Einkünfte aus selbständiger Arbeit), 20 (Einkünfte aus Kapitalvermögen) und 21 EStG (Einkünfte aus Vermietung und Verpachtung) zu beachten.

§ 18 EStG unterscheidet drei Gruppen von selbständiger Arbeit. Hierzu zählen die freiberufliche Betätigung, die Tätigkeit der Einnehmer staatlicher Lotterien sowie sonstige selbständige Arbeit (im Wesentlichen nebenberufliche, vorübergehende aber nachhaltige Tätigkeiten, z. B. Aufsichtsratmitgliedschaft). Die weitaus bedeutendste Fallgruppe stellen die **Freiberufler** dar. Laut § 18 Abs. 1 Nr. 1 EStG lassen sich hierunter die folgenden Tätigkeiten subsumieren:

- Wissenschaftliche, künstlerische, schriftstellerische, unterrichtende oder erzieherische Berufe.
- Die sog. „Katalogberufe" (Ärzte, Rechtsanwälte, Notare, Wirtschaftsprüfer, Steuerberater, Ingenieure, Architekten, Journalisten, Dolmetscher etc.).
- Betätigungen, die den Katalogberufen in Tätigkeit oder Ausbildung ähnlich sind.

Abgrenzungsprobleme ergeben sich hierbei vor allem in zweierlei Hinsicht: Zum einen können freiberufliche Tätigkeiten gewerblichen Berufen sehr stark

---

413 Selbständigkeit im Handeln, Nachhaltigkeit der Betätigung, Beteiligung am allgemeinen Wirtschaftsverkehr und Gewinnerzielungsabsicht (vgl. § 15 Abs. 2 EStG).

ähneln; zum anderen kann es fraglich sein, wie gemischte Tätigkeiten zu beurteilen sind. Beide Problematiken sind aus ökonomischer Sicht vor allem darauf zurückzuführen, dass sich die wirtschaftliche Realität nicht nur vielschichtig darstellt, sondern dass sie zudem dynamische Elemente aufweist. So kommt es im Zeitablauf zur Schaffung neuer Berufsfelder, die sich einer bestimmten Tätigkeitssparte nicht immer zweifelsfrei zuordnen lassen[414]. Die hieraus resultierenden Rechtsfragen sind im Zuge der Rechtsprechung zu klären, da sie sich aufgrund ihrer Nichtvorhersehbarkeit wohl kaum in Form gesetzgeberischer Maßnahmen regeln lassen. Eine Verfeinerung der Kriterien zur Abgrenzung von gewerblichen und selbständigen Einkünften scheitert somit in erster Linie an ökonomischen Gegebenheiten.

Aus den **§§ 20 und 21 EStG** (Einkünfte aus Kapitalvermögen bzw. aus Vermietung und Verpachtung) ergeben sich die Hauptmerkmale zur Differenzierung gegenüber Einkünften aus Gewerbebetrieb. Dabei bestimmt § 20 EStG anhand einer enumerativen Aufzählung, was genau unter Kapitaleinkünften zu verstehen ist[415]. In analoger Weise bestimmt § 21 EStG, in welchen Fällen Einkünfte aus Vermietung und Verpachtung vorliegen[416]. Die Probleme bei der Differenzierung zu Einkünften aus Gewerbebetrieb lassen sich auf sehr ähnliche Ursachen wie beim Vorliegen von Einkünften aus selbständiger Arbeit zurückführen: Im Hinblick auf die Legaldefinition des § 15 Abs. 2 EStG gleichen Kapital- sowie Vermietungs- und Verpachtungseinkünfte denen gewerblicher Art sehr stark, da auch sie eine selbständige, nachhaltige Beteiligung am allgemeinen Wirtschaftsverkehr voraussetzen. Dieser Umstand machte es erforderlich, dass im Zuge der Rechtsprechung die bereits o. g. zusätzlichen Abgrenzungsmerkmale entwickelt

---

414 In diesem Zusammenhang ist insbesondere auf den gewerblichen Dienstleistungssektor hinzuweisen, der teilweise sehr große Ähnlichkeiten zu freiberuflichen Tätigkeiten aufweist. In vielen Fällen ist daher eine nach dem Tätigkeitsbild eindeutige Zuordnung zu einer Einkunftsart kaum mehr möglich. Dies provoziert Rechtsstreitigkeiten, von denen etwa die EDV-Branche besonders betroffen war. Die entsprechenden Entscheidungen weisen teils nicht nachvollziehbare Ergebnisse auf (nach ständiger Rechtsprechung des BFH soll etwa ein Entwickler von Anwendungssoftware gewerbesteuerpflichtig, ein Programmierer von Systemsoftware hingegen freiberuflich tätig sein, da nur Letztgenannter wie ein Ingenieur arbeite).

415 So etwa Gewinnanteile aus Beteiligungen an Kapitalgesellschaften, Zinsen aus Hypotheken, Grundschulden und Lebensversicherungen sowie Erträge aus rückzahlbaren Kapitalforderungen (vgl. § 20 EStG).

416 So etwa Einkünfte, die aufgrund der Vermietung bzw. der Verpachtung von unbeweglichen (Grundstücke, Gebäude etc.) und bestimmten beweglichen (z. B. Mobiliar) Vermögensgegenständen sowie durch die zeitlich begrenzte Überlassung von Rechten (z. B. Lizenzen) entstehen (vgl. § 21 EStG).

wurden[417]. Diese Differenzierungsgrundsätze können zwar im Grunde als ökonomisch sachgemäß bezeichnet werden, allerdings stellen sie keine hinreichenden Bedingungen für bzw. gegen das Vorliegen gewerblicher Einkünfte dar[418]. Eine Abgrenzung von gewerblicher und privater Vermögensverwaltung erscheint aus ähnlichen Gründen wie den o. g. (Differenziertheit und Dynamik des Wirtschaftslebens) nur durch Betrachtung und unter Würdigung konkreter Einzelfallumstände sachgemäß. Typisierungsbestimmungen, wie etwa die „Drei-Objekt-Grenze", erfassen immer nur Teilaspekte (namentlich Anzahl der veräußerten Objekte und die jeweiligen Zeiträume) des abgrenzungsrelevanten Gesamtzusammenhangs. Einer ökonomisch sachgerechten Abgrenzung von gewerblicher zu privater Vermögensverwaltung können sie daher nur bedingt dienen. Einmal mehr wird aus dieser Differenzierungsproblematik ersichtlich, warum eine Abschaffung der Gewerbesteuer zur Vermeidung ertragsteuerlicher Streitpotenziale geboten erscheint.

4.4 Fazit

Aus der Abgrenzung von Einkünften aus Gewerbebetrieb zu den anderen Einkunftsarten resultiert ein hohes Ausmaß ertragsteuerlicher Streitpotenziale. Zur Reduzierung entsprechender Konflikte wurden mehrere Möglichkeiten aus ökonomischer, steuer- und verfassungsrechtlicher sowie fiskalischer Perspektive analysiert. Dabei konnten die folgenden Ergebnisse gewonnen werden:

Eine erhebliche Verringerung steuerrechtlicher Konflikte könnte durch den **Wegfall der Gewerbeertragsteuer** erreicht werden. Da die Gewerbesteuer erhebliche Mängel in allokativer und stabilisierungspolitischer Hinsicht aufweist, wäre eine Abschaffung aus ökonomischer Perspektive zu begrüßen. Zudem bestehen verfassungsrechtliche Bedenken gegen die derzeitige unterschiedliche steuerliche Belastung von Gewerbebetrieben einerseits sowie Land- und Forstwirten bzw. Selbständigen andererseits. Ein adäquater Ersatz der Gewerbesteuer könnte insbesondere in Form der Einräumung eines kommunalen Zuschlags-

---

[417] Bei regelmäßiger, längerfristiger Erhaltung von bzw. Einkunftserzielung aus Vermögen liegt i. d. R. eine *private Vermögensverwaltung* vor; tritt hingegen die Vermögensumschichtung in Form der Verwertung von Vermögenssubstanz in den Vordergrund, so sind regelmäßig *gewerbliche Einkünfte* anzunehmen. Für Einkünfte aus Vermietung und Verpachtung gilt zudem die sog. „Drei-Objekt-Grenze" (vgl. hierzu auch S. 207 dieser Arbeit, Fußnote 412).

[418] Dies verdeutlicht vor allem die umfangreiche Rechtsprechung des BFH zur sog. „Drei-Objekt-Grenze". So ist es regelmäßig fraglich, was genau unter einem „Objekt" zu verstehen ist (z. B. Veräußerung einzelner Wohnungen in Mehrfamilienhäusern, Verkauf von Büro- oder Hotelgebäuden etc.). Zudem erscheint es aus ökonomischer Perspektive bedenklich, alleine das Kriterium „Anzahl der veräußerten Gebäude in einem bestimmten Zeitraum" als Merkmal zur Differenzierung von gewerblicher und privater Vermögensverwaltung heranzuziehen.

rechts auf die Einkommen- und die Körperschaftsteuer geschaffen werden. Hierdurch wäre es gewährleistet, dass die Gemeinden weiterhin über eine dem derzeitigen Hebesatzrecht entsprechende Finanzautonomie verfügten. Zudem würden an der kommunalen Ausgabenfinanzierung nicht nur Gewerbebetriebe, sondern alle gemeindlichen Gruppen beteiligt, was dem regionalen Interessenausgleich zugute käme. Durch die Einbeziehung aller Einkunftsarten würde ferner die starke Konjunkturreagibilität der Gewerbesteuer erheblich abgeschwächt.

Gegen eine **Revitalisierung der Gewerbesteuer** – wie sie offenbar von der Bundesregierung derzeit angestrebt wird – sprechen in erster Linie die aus ökonomischer Perspektive erhobenen Einwände gegen die Gewerbeertragsteuer. Zudem erscheint es fraglich, ob durch die Ausweitung der Gewerbesteuerpflicht eine spürbare Aufkommenssteigerung erreicht werden kann (Freibeträge, Anrechnungsmöglichkeiten innerhalb der Einkommensteuer). Eine Ausweitung der Bemessungsgrundlage auf ertragsunabhängige Elemente ist aufgrund der Gefahr einer Substanzbesteuerung abzulehnen. Im Hinblick auf das Ziel einer Verringerung ertragsteuerlicher Konfliktpotenziale stellen Revitalisierungsmaßnahmen lediglich „Second-Best-Lösungen“ dar, da weiterhin eine Differenzierung von Gewinn- und Überschusseinkünften erforderlich wäre (vor allem unternehmerische vs. private Vermögensverwaltung).

Eine **Verfeinerung der Kriterien** zur Abgrenzung von gewerblichen zu anderen Einkunftsarten scheitert in erster Linie an ökonomischen Gegebenheiten. Grundsätzlich können typisierende Merkmale nicht darüber entscheiden, welche Einkunftsart im Einzelfall vorliegt. Hierzu ist vielmehr eine Betrachtung und Würdigung der konkreten individuellen Umstände erforderlich. Insoweit erscheint eine erhebliche Reduzierung steuerrechtlicher Konflikte nur durch grundlegende Reformmaßnahmen – wie den Ersatz der Gewerbesteuer durch alternative Modelle – erreichbar.

5 Konfliktträchtige Detailbestimmungen der Gewerbesteuer

5.1 Ökonomische und steuerrechtliche Analyse

Die im vorstehenden Kapitel diskutierte Problematik der Abgrenzung von Einkünften aus Gewerbebetrieb zu den anderen einkommensteuerrechtlichen Einkunftsarten machte es erforderlich, eine Analyse der Gewerbesteuer durchzuführen. Hierbei wurden jedoch keine Konfliktpotenziale untersucht, die sich aus gewerbesteuerrechtlichen Detailbestimmungen ergeben. Insbesondere vor dem Hintergrund der derzeitigen Reformbestrebungen seitens der Bundesregierung erscheint dies geboten, da offenbar geplant ist, die Gewerbesteuerpflicht auf die Freien Berufe auszudehnen und – entgegen dem ursprünglichen Vorhaben einer stärkeren Besteuerung ertragsunabhängiger Wertschöpfungskomponenten – den Großteil dieser Elemente überhaupt nicht mehr bei der Ermittlung der gewerbesteuerlichen Bemessungsgrundlage zu berücksichtigen[419].

Abb. 30: Darstellung der Gewerbesteuer-Ermittlung in vereinfachter Form

Ausgangsgröße: einkommen-/körperschaftsteuerlicher Gewinn bzw. Verlust

\+ *Hinzurechnungen*:
50 % der Dauerschuldzinsen
Betriebliche Renten und dauernde Lasten
Gewinnanteile stiller Gesellschafter
Gewinnanteile persönlich haftender Gesellschafter einer KGaA
50 % der Miet- und Pachtzinsen für Anlagegüter
Verlustanteile aus Mitunternehmergemeinschaften
Ausschüttungsbedingte Teilwertabschreibungen

\- *Kürzungen*:
Grundbesitzabzüge
Gewinnanteile aus Gesellschaftsbeteiligungen
Gewerbeertrags-Anteile ausländischer Betriebsstätten
Miet- und Pachtzinsen
Gewinnanteile aus Mitunternehmerschaften
Spenden i. S. d. § 10b Abs. 1 EStG

\- Gewerbeverlustabzug nach § 10a GewStG
\- Freibetrag nach § 11 GewStG

= *Gewerbeertrag*
x Gewerbesteuermesszahl

= *Steuermessbetrag* [1)]
x Hebesatz

= zu zahlende Gewerbesteuer

[1)] Verteilen sich die Betriebsstätten eines Gewerbebetriebs auf mehrere Gemeinden oder erstreckt sich eine Betriebsstätte über mehrere Kommunen, so ist der Steuermessbetrag im Verhältnis der jeweils angefallenen Arbeitslöhne zu zerlegen (vgl. §§ 29 ff. GewStG).

Eigene Darstellung

---

[419] Vgl. hierzu sowie zu weiteren Details der „Gemeindewirtschaftsteuer" PRESSEMITTEILUNG DER BUNDESREGIERUNG VOM 15. AUGUST 2003 („Gemeindefinanzreform stärkt die Kommunalfinanzen und fördert die Wachstumskräfte").

Die Gewerbeertragsteuer stellt eine Abgabe auf den gewerblichen Ist-Ertrag dar[420]. **Gewerbesteuerpflichtig** sind nach § 2 Abs. 1 GewStG im Inland betriebene Gewerbebetriebe i. S. d. § 15 Abs. 2 EStG („Gewerbebetrieb *kraft Betätigung*"). § 2 Abs. 2 GewStG bestimmt zudem, dass insbesondere Kapitalgesellschaften *kraft Rechtsform* als Gewerbebetrieb zu beurteilen sind. Nach § 2 Abs. 3 GewStG gelten auch sonstige (privatrechtliche) juristische Personen und nichtrechtsfähige Vereine als Gewerbebetrieb, soweit sie einen *wirtschaftlichen Geschäftsbetrieb* i. S. d. § 14 AO unterhalten.

Als **Bemessungsgrundlage** der Gewerbeertragsteuer fungiert der sog. „Gewerbesteuermessbetrag". Dieser errechnet sich, indem der einkommen- bzw. körperschaftsteuerliche Gewinn um diverse allgemeine (z. B. Veräußerungsgewinne nach § 16 EStG) sowie spezielle Hinzurechnungen (§ 8 GewStG) und Kürzungen (§ 9 GewStG) modifiziert wird. Der hierdurch ermittelte „Gewerbeertrag" ist sodann um bestimmte, rechtsformabhängige Freibeträge zu kürzen (§ 11 GewStG). Auf den verbleibenden Betrag wird die sog. „Steuermesszahl" i. H. v. grundsätzlich 5 % angewandt[421]. Die Gewerbesteuerschuld bestimmt sich durch Anwendung des kommunalen Hebesatzes auf den Gewerbesteuermessbetrag. Abbildung 30 enthält das komplette Berechnungsschema.

5.2 Empirisch ermittelte Konfliktursachen

Als besonders konfliktträchtige Regelungen des Gewerbesteuergesetzes konnten § 2 GewStG (Steuergegenstand) sowie die §§ 8 und 9 GewStG (Hinzurechnungen und Kürzungen) identifiziert werden. Da die erstgenannte Vorschrift das Steuerobjekt der Gewerbeertragsteuer (Gewerbebetrieb) bestimmt und daher in sehr enger Verbindung zu § 15 EStG (Einkünfte aus Gewerbebetrieb) steht, kann im Wesentlichen auf die Ausführungen des Kapitels 4 (Einkünfte aus Gewerbebetrieb und Gewerbesteuerpflicht) verwiesen werden.

Für die Hinzurechnungsbestimmungen nach § 8 GewStG konnten im Rahmen der Streitpotenzialanalyse vor allem die jeweils hälftige Berücksichtigung von Dauerschuldzinsen (Ziffer 1) sowie von Miet- und Pachtzinsen (Ziffer 7) als streitanfällig ermittelt werden. Was die Streitgegenstände der Dauerschuldzinsproblematik betrifft, so geht es in den erfassten BFH-Verfahren (Bundessteuerblatt) grundsätzlich um die Frage, ob bestimmte Verpflichtungen als Dauerschulden anzusehen und die entsprechenden Zinszahlungen als Dauerschuldent-

---

420 Zu den folgenden Ausführungen vgl. etwa ANDEL (1998), S. 384 ff., ROSE (2001), S. 167 ff. sowie TIPKE/LANG (2002), S. 478 ff.

421 Für natürliche Personen und Personengesellschaften gilt eine vom Gewerbeertrag abhängige Messzahl (vgl. § 11 Abs. 2 GewStG).

gelte qualifizierbar sind. Konkret betraf diese Problematik etwa Bereitstellungszinsen für Bankdarlehen, Leasingraten, Termingelder in Fremdwährung, Vorfälligkeitsentschädigungen oder Wechseldiskontkredite. In analoger Weise betreffen die Verfahren zu den Miet- und Pachtzinsen die Problematik, ob die jeweiligen Zahlungen bei der Ermittlung des Gewerbesteuermessbetrags (hälftig) hinzugerechnet werden müssen.

Bei den Kürzungsvorschriften (§ 9 GewStG) konnten in erster Linie die Grundbesitzabzüge (Ziffer 1) sowie die Gewinnanteile (Ziffern 2, 2a) als streitverursachend identifiziert werden. Für die Grundbesitzabzüge ist insbesondere auf die sog. „erweiterte Kürzung" nach § 9 Nr. 1 S. 2 ff. GewStG hinzuweisen, die in mehreren Verfahren der zugrunde liegende Streitgegenstand war.

5.3 Diskussion finanzpolitischer Handlungsoptionen

5.3.1 Vorbemerkungen

Zur Beseitigung bzw. Verringerung von Konfliktpotenzialen, die aus den zuvor genannten Hinzurechnungs- und Kürzungsbestimmungen des Gewerbesteuergesetzes resultieren, kommen *drei wesentliche Ansatzpunkte* in Betracht.

Zunächst ist – trivialerweise – zu konstatieren, dass im Falle des in Kapitel 4 vorgeschlagenen Ersatzes der Gewerbeertragsteuer durch ein Zuschlagsrecht auf die Einkommen- und Körperschaftsteuer sämtliche gewerbesteuerlichen Konfliktfelder wegfallen würden. Insofern stellt die hohe Konfliktträchtigkeit gewerbesteuerlicher Detailbestimmungen – neben der Abgrenzungsproblematik „gewerbliche vs. andere Einkünfte" – einen weiteren gewichtigen Grund für eine Abschaffung der Gewerbeertragsteuer dar[422]. Diese Handlungsoption wurde im vierten Kapitel der Arbeit ausführlich diskutiert und muss daher im Weiteren nicht untersucht werden.

Daneben könnte eine Reduzierung gewerbesteuerlicher Streitpotenziale dadurch erreicht werden, dass einzelne Regelungen der §§ 8 und 9 GewStG entweder gänzlich gestrichen oder weniger konfliktträchtig ausgestaltet würden. Inwieweit derartige Maßnahmen Aussicht auf Erfolg versprechen sowie aufgrund ökonomischer, rechtlicher und fiskalischer Gestaltungsprinzipien umsetzbar erscheinen, soll im Folgenden beleuchtet werden.

---

422 Freilich ist es in einem solchen Fall denkbar, dass eine Streitpotenzial-Verlagerung von gewerbesteuerlichen auf einkommen- und körperschaftsteuerliche Bestimmungen eintritt. Derartige Effekte können allerdings kaum prognostiziert werden, da ihre Eintrittswahrscheinlichkeit nicht nur von gesetzestechnischen, sondern auch von gesellschaftlichen, gesamt- und einzelwirtschaftlichen Faktoren abhängt [vgl. hierzu auch WOLFF (1990), S. 25 ff.].

5.3.2 Streitanfällige Hinzurechnungsbestimmungen

> *§ 8 GewStG:*
>
> Dem Gewinn aus Gewerbebetrieb (§ 7) werden folgende Beträge wieder hinzugerechnet, soweit sie bei der Ermittlung des Gewinns abgesetzt worden sind...
>
> *§ 8 Nr. 1 GewStG:*
>
> Die Hälfte der Entgelte für Schulden, die wirtschaftlich mit der Gründung oder dem Erwerb des Betriebs (Teilbetriebs) oder eines Anteils am Betrieb oder mit einer Erweiterung oder Verbesserung des Betriebs zusammenhängen oder der nicht nur vorübergehenden Verstärkung des Betriebskapitals dienen...
>
> *§ 8 Nr. 7 GewStG:*
>
> Die Hälfte der Miet- und Pachtzinsen für die Benutzung der nicht in Grundbesitz bestehenden Wirtschaftsgüter des Anlagevermögens, die im Eigentum eines anderen stehen...

Wie die Analyse von Entscheidungen des BFH und der Finanzgerichte ergab, verursachen die hälftige Berücksichtigung von **Dauerschuldentgelten** (§ 8 Nr. 1 GewStG) sowie die ebenfalls hälftige Erfassung von **Miet- und Pachtzinsen** (§ 8 Nr. 7 GewStG) die weitaus meisten Konflikte innerhalb des gewerbesteuerlichen Hinzurechnungsbereichs (§ 8 GewStG).

Aus **ökonomischer Perspektive** resultieren beide Vorschriften aus dem Objektcharakter der Gewerbesteuer sowie aus der damit verbundenen Notwendigkeit, eine Objektivierung der gewerbebetrieblichen Ertragskraft, unabhängig von der steuerlichen Leistungsfähigkeit des jeweiligen Steuersubjekts, vorzunehmen. Bezogen auf die Hinzurechnung von Dauerschuldzinsen bedeutet dies, dass die Gewerbesteuerbelastung nicht davon abhängen soll, ob der betriebliche Ertrag mit Eigen- oder Fremdkapital erwirtschaftet wurde[423]. In Analogie dazu finden Miet- und Pachtzinsen deshalb steuerliche Berücksichtigung, weil es für die Höhe der Gewerbesteuer nicht darauf ankommen darf, ob Unternehmen mit eigenen oder fremden Wirtschaftsgütern Erträge erzielen[424]. Plädiert man daher für die Beibehaltung der Gewerbesteuer und akzeptiert man infolgedessen den grundlegenden Charakter von Objektsteuern, so stellen die genannten Vorschriften steuersystematisch notwendige Korrekturschritte im Rahmen der Ermittlung des Gewerbeertrags dar. Ein **Wegfall der Hinzurechnungsbestimmungen** er-

---

423 Vgl. etwa TIPKE/LANG (2002), S. 487.

424 Vgl. ebd., S. 489.

scheint vor diesem Hintergrund ökonomisch wie steuerrechtlich nicht vertretbar[425].

Allerdings kann hinterfragt werden, wie die **konkreten Ausgestaltungen** der Regelungen zu beurteilen sind. Aus *ökonomischer Sicht* ist in erster Linie die jeweils nur hälftige Berücksichtigung von Dauerschuldentgelten bzw. von Miet- und Pachtzinsen zu kritisieren. Steuersystematisch sachgemäß wäre die jeweils volle Hinzurechnung, da ansonsten eine partielle Diskriminierung der Eigen- gegenüber der Fremdkapitalfinanzierung bzw. des Haltens eigener Wirtschaftsgüter gegenüber der Miete und Pacht bestehen bleibt. Zudem kann beanstandet werden, dass als Dauerschulden lediglich langfristige Verbindlichkeiten angesehen werden[426]. Zur gänzlichen Gleichstellung von Eigen- und Fremdkapitalfinanzierung müssten sämtliche betrieblichen Kreditmittel hinzurechnungspflichtig sein. Hierbei gilt es allerdings zu beachten, dass sich das Konfliktpotenzial der entsprechenden Regelungen im Zuge der vollen Hinzurechnung von Dauerschuld- sowie Miet- und Pachtzinsen wohl tendenziell erhöhen statt verringern wird. Insofern kann von einem Zielkonflikt zwischen „steuersystematischer Zweckmäßigkeit" und „Konfliktpotenzial-Verringerung" gesprochen werden[427].

Gerade aus der zuletzt angesprochenen Frage, welche Schuldverhältnisse als Dauerschulden anzusehen und ob die zu zahlenden Entgelte demnach hinzurechnungspflichtig sind, ergeben sich aus *steuerrechtlicher Perspektive* erhebliche Abgrenzungsprobleme. Nach § 8 Nr. 1 GewStG kommen als Dauerschulden grundsätzlich solche Verbindlichkeiten in Betracht, die

- entweder mit der Gründung bzw. dem (anteiligen) Erwerb des Betriebs oder
- mit der qualitativen und/oder der quantitativen Erweiterung des Unternehmens in Verbindung stehen oder
- der nicht nur vorübergehenden Stärkung des Betriebskapitals dienen.

Insbesondere der letztgenannte Punkt beschäftigt(e) die Rechtsprechung intensiv. Von einer Dauerschuld ist demnach auszugehen, falls mit den entsprechenden Kreditmitteln Anlagevermögen finanziert wurde; im Falle der Finanzierung von Umlaufvermögen liegt hingegen eine nicht-hinzurechnungspflichtige „lau-

---

425 Zu dem von der Bundesregierung derzeit geplanten Wegfall von Hinzurechnungsbestimmungen vgl. S. 220 dieser Arbeit, Fußnote 435.

426 Vgl. nächster Absatz.

427 Mit Blick auf die ökonomische Zweckmäßigkeit einer vollen Hinzurechnung der genannten Wertschöpfungskomponenten ist zudem darauf hinzuweisen, dass hierdurch die Gefahr einer Substanzbesteuerung *zunimmt*. Dies ist allerdings ein *grundsätzliches* Problem der Gewerbesteuer, das auf ihren Objektsteuercharakter zurückzuführen ist. Einmal mehr werden hierdurch die ökonomischen Schwächen der Gewerbeertragsteuer deutlich.

fende Schuld“ vor[428]. Neben dem Kreditverwendungszweck spielt das Zeitelement eine gewichtige Rolle. Bei einer Laufzeit von bis zu zwölf Monaten wird eine „laufende Schuld“, im Falle einer darüber hinaus gehenden Laufzeit eine „Dauerschuld“ angenommen[429]. Aufgrund ihres typisierenden Charakters sind die genannten Differenzierungskriterien administrativ wohl recht leicht zu handhaben, gleichwohl provozieren sie regelmäßig Rechtsstreitigkeiten, etwa im Fall revolvierender Kredite, bei Kontokorrent-Schulden oder infolge der Ausübung sog. „Swap-Geschäfte“[430]. Wie die Rechtsprechungspraxis des BFH und der Finanzgerichte zeigt, ergeben sich immer wieder neue Einzelfragen aus dieser Differenzierungsnotwendigkeit. Zur Verringerung gewerbesteuerlicher Streitpotenziale wird daher empfohlen, nicht nur langfristige, sondern sämtliche Unternehmensverbindlichkeiten als Dauerschulden zu deklarieren. Zudem sollten aufgrund ökonomischer Erwägungen sowohl Dauerschuldentgelte als auch Miet- und Pachtzinsen nicht nur hälftig, sondern vielmehr zu 100 % im Rahmen der Gewerbeertragsermittlung hinzugerechnet werden[431].

---

428 Vgl. TIPKE/LANG (2002), S. 487.

429 Der Finanzierungszweck ist im Vergleich zur Laufzeit das gewichtigere Abgrenzungsmerkmal [vgl. hierzu etwa ROSE (2001), S. 172 ff. sowie TIPKE/LANG (2002), S. 486 ff.].

430 „Swap-Geschäfte“ sind vertraglich vereinbarte Devisen- oder Zins-Tauschgeschäfte. Sie werden etwa zur Absicherung von Warentermingeschäften oder zur Ausnutzung regionaler Preisdifferenzen (Arbitrage) abgeschlossen.

431 Zu der Problematik der hierdurch zunehmenden Gefahr einer Substanzbesteuerung vgl. Fußnote 427.

5.3.3 Konfliktträchtige Kürzungsvorschriften

§ 9 GewStG:

Die Summe des Gewinns und der Hinzurechnungen wird gekürzt um...

§ 9 Nr. 1 GewStG:

Satz 1: 1,2 vom Hundert des Einheitswerts des zum Betriebsvermögen des Unternehmers gehörenden Grundbesitzes; maßgebend ist der Einheitswert, ...

Satz 2: An Stelle der Kürzung nach Satz 1 tritt auf Antrag bei Unternehmen, die ausschließlich eigenen Grundbesitz oder neben eigenem Grundbesitz eigenes Kapitalvermögen verwalten und nutzen oder daneben Wohnungsbauten betreuen oder Einfamilienhäuser, Zweifamilienhäuser oder Eigentumswohnungen ... errichten und veräußern, die Kürzung um den Teil des Gewerbeertrags, der auf die Verwaltung und Nutzung des eigenen Grundbesitzes entfällt...

§ 9 Nr. 2 GewStG:

Die Anteile am Gewinn einer in- oder ausländischen offenen Handelsgesellschaft, einer Kommanditgesellschaft oder einer anderen Gesellschaft, bei der die Gesellschafter als Unternehmer (Mitunternehmer) des Gewerbebetriebs anzusehen sind, wenn die Gewinnanteile bei der Ermittlung des Gewinns (§ 7) angesetzt worden sind.

§ 9 Nr. 2a GewStG:

Die Gewinne aus Anteilen an einer nicht steuerbefreiten inländischen Kapitalgesellschaft im Sinne des § 2 Abs. 2, einer Kreditanstalt des öffentlichen Rechts, einer Erwerbs- und Wirtschaftsgenossenschaft oder einer Unternehmensbeteiligungsgesellschaft im Sinne des § 3 Nr. 23, wenn die Beteiligung zu Beginn des Erhebungszeitraums mindestens ein Zehntel des Grund- oder Stammkapitals beträgt und die Gewinnanteile bei Ermittlung des Gewinns (§ 7) angesetzt worden sind...

Als besonders streitanfällige Kürzungsbestimmungen konnten im Rahmen der Rechtsprechungsanalyse die Regelungen des § 9 Nr. 1 GewStG (Grundbesitzabzüge) sowie des § 9 Nr. 2, 2a GewStG (Gewinnanteile an Personen- bzw. Kapitalgesellschaften) identifiziert werden.

Die erstgenannte Vorschrift bestimmt, dass bei der Ermittlung des Gewerbeertrags der unternehmerische Gewinn um 1,2 % des nach dem Bewertungsgesetz festgesetzten Einheitswertes der Betriebsgrundstücke zu kürzen ist („Normalkürzung"). „Grundstücksunternehmen"[432] können nach § 9 Nr. 1 S. 2 bis 5 GewStG auf Antrag sog. „erweiterte Kürzungen" (auch „Spezialkürzungen") geltend

[432] Hierunter fallen nach § 9 Nr. 1 S. 2 GewStG insbesondere Unternehmen, die ausschließlich eigenen Grundbesitz oder neben diesem eigenes Kapitalvermögen verwalten und nutzen.

machen. In einem solchen Fall wird anstelle der pauschalen Normalkürzung ein individueller Abzug nach Maßgabe der auf die Grundbesitznutzung entfallenen Gewerbeerträge berücksichtigt.

Die Vorschriften des § 9 Nr. 2, 2a GewStG beziehen sich auf Gewinnanteile des Gewerbebetriebs, die aus dessen Beteiligung an einer Personen- bzw. Kapitalgesellschaft resultieren. Um in solchen Fällen Doppelbesteuerungen zu verhindern, sind die zugeflossenen Erträge bei der Ermittlung des Gewerbeertrags abzuziehen.

Wie ersichtlich, dienen die genannten Kürzungsvorschriften in erster Linie dazu, steuerliche Mehrfachbelastungen auszuschließen. So werden betriebliche Grundstücke (§ 9 Nr. 1 GewStG) bereits mit Grundsteuer belastet; Gewinnanteile i. S. d. § 9 Nr. 2, 2a GewStG unterliegen beim ausschüttenden Unternehmen der Gewerbeertragsteuer. Aus ökonomischer sowie aus steuersystematischer Sicht sind die Bestimmungen daher im Grundsatz als gleichermaßen sachgemäß wie notwendig einzustufen. Ein Wegfall der Bestimmungen ist demzufolge abzulehnen[433].

Neben der Möglichkeit einer Abschaffung kann danach gefragt werden, inwieweit weniger konfliktträchtige Ausgestaltungen der genannten Regelungen möglich erscheinen. Da die Streitanfälligkeit des § 9 Nr. 1 GewStG (Grundbesitzabzüge) insbesondere aus der Differenzierung zwischen Normal- und Spezialkürzungen resultiert und es in den entsprechenden Verfahren daher vor allem um die Zulässigkeit einer Inanspruchnahme sog. „erweiterter Kürzungen" geht, wäre an einen Wegfall dieser Vorschrift zu denken. Unter dem Aspekt der Steuergerechtigkeit ist diese Option jedoch kritisch zu beurteilen: Der Zweck der „erweiterten Kürzung" ist die Vermeidung der Gewerbesteuerpflicht bei Unternehmen, die eine (generell gewerbesteuerfreie) vermögensverwaltende Tätigkeit ausüben und somit lediglich aufgrund ihrer Rechtsform gewerbesteuerpflichtig wären. Insofern kann ein Wegfall der Vorschrift nicht in Betracht kommen.

Die Konfliktträchtigkeit des § 9 Nr. 2, 2a GewStG (Gewinnanteile) resultiert aus recht unterschiedlichen, sehr detaillierten steuerrechtlichen Fragestellungen. Eine gewisse Streitkumulierung ist jedoch auf Ziffer 2a (Beteiligung an einer inländischen Kapitalgesellschaft) der Vorschrift festzustellen. Dies könnte darauf zurückzuführen sein, dass nach Ziffer 2 des § 9 GewStG Gewinnanteile aus Beteiligungen an *Personengesellschaften* grundsätzlich voll kürzungsfähig, Beteiligungen an *Kapitalgesellschaften* hingegen nur unter bestimmten Bedingun-

---

433 Zu dem von der Bundesregierung derzeit angestrebten Wegfall von Kürzungsvorschriften vgl. S. 220 dieser Arbeit, Fußnote 435.

gen abziehbar sind (Ziffer 2a)[434]. Hierdurch kann es unter Umständen zu steuerlichen Mehrfachbelastungen des Gewerbeertrags kommen. Sowohl aufgrund ökonomischer Gesichtspunkte als auch zwecks Verringerung steuerrechtlicher Konflikte sollte daher davon abgesehen werden, Unternehmensbeteiligungen lediglich ab einer Beteiligungsquote i. H. v. 10 % gewerbesteuerrechtlich anzuerkennen. Die Nichtberücksichtigung von Beteiligungen an ausländischen Kapitalgesellschaften erscheint freilich sachgemäß, da die entsprechenden Gewinnausschüttungen nicht bereits mit Gewerbesteuer belastet sind. Diese Regelung sollte folglich beibehalten werden. Gleiches gilt für die Voraussetzung, dass die Beteiligung seit Beginn des Erhebungszeitraums (Kalenderjahr) bestehen muss, da ein Wegfall dieser Bestimmung erhebliche steuerliche Gestaltungs- und Missbrauchsspielräume mit sich bringen würde.

5.4 Fazit

Die gewerbesteuerlichen Hinzurechnungs- und Kürzungsbestimmungen der §§ 8 und 9 GewStG resultieren aus dem Objektcharakter der Gewerbeertragsteuer. Sie dienen der zu Besteuerungszwecken notwendigen Objektivierung des betrieblichen Gewinns und stellen insofern unverzichtbare Korrekturbestandteile bei der Ermittlung des Gewerbeertrags dar, da ansonsten allokative Verzerrungen entstehen könnten (Hinzurechnungen) bzw. die Gefahr steuerlicher Mehrfachbelastungen bestünde (Kürzungen). Bekennt man sich daher zur Existenz der Gewerbesteuer und stellt man demzufolge ihren Realsteuercharakter nicht in Frage, so kann ein **Wegfall** der als konfliktträchtig identifizierten Regelungen nicht in Betracht kommen[435].

---

[434] Hierfür kommen nur Beteiligungen an nicht steuerbefreiten inländischen Kapitalgesellschaften, an Kreditanstalten des öffentlichen Rechts oder an Erwerbs- und Wirtschaftsgenossenschaften in Frage. Zudem muss die Beteiligung mindestens 10 % des Grund- bzw. des Stammkapitals der Tochtergesellschaft betragen und von Beginn des Kalenderjahres an bestehen (vgl. § 9 Nr. 2a GewStG).

[435] Insofern ist der von der Bundesregierung derzeit geplante Wegfall eines Großteils der Hinzurechungs- und Kürzungsvorschriften kritisch zu beurteilen (vgl. PRESSEMITTEILUNG DER BUNDESREGIERUNG VOM 15. AUGUST 2003). Hierdurch würde der „Objektsteuercharakter" der Gewerbeertragsteuer erheblich beeinträchtigt. Zudem näherte sich die Bemessungsgrundlage der Gewerbesteuer derjenigen der Einkommen- bzw. der Körperschaftsteuer an, weshalb das o. g. „Sonderbelastungs-Argument" (vgl. S. 193 dieser Arbeit, Fußnote 375 sowie S. 198 f. dieser Arbeit) an Gewicht gewinnen würde. Verstärkt würde dieser Umstand ferner durch die zurzeit geplante Versagung des Betriebsausgabenabzugs von Gewerbesteuerzahlungen.

Gleichwohl bieten sich folgende Möglichkeiten zur Modifikation dieser Bestimmungen an, durch deren Umsetzung sowohl eine Verringerung steuerrechtlicher Konflikte als auch eine bessere Berücksichtigung ökonomischer und steuerrechtlicher Gestaltungsprinzipien erreicht werden könnte:

- § 8 Nr. 1 GewStG (Hinzurechnung von Dauerschuldentgelten): *volle*[436] statt nur hälftige Hinzurechnung *sämtlicher* Fremdkapitalzinsen (keine Differenzierung zwischen kurz- und langfristigem Fremdkapitalbestand).
- § 8 Nr. 7 GewStG (Hinzurechnung von Miet- und Pachtzinsen): volle[437] statt nur hälftige Hinzurechnung von Miet- und Pachtzinsen.
- § 9 Nr. 1 GewStG (Kürzung von Grundbesitz): keine Handlungsoptionen ersichtlich. Die „erweiterte Kürzung" nach § 9 Nr. 1 S. 2 bis 5 GewStG ist zum Zweck der Gewerbesteuerbefreiung von vermögensverwaltenden Unternehmen beizubehalten.
- § 9 Nr. 2, 2a GewStG (Kürzung von Gewinnanteilen): Wegfall der Beteiligungsgrenze i. H. v. zehn Prozent in § 9 Nr. 2a GewStG.

6 Verdeckte Gewinnausschüttung

6.1 Ökonomische und steuerrechtliche Analyse

> *§ 8 Abs. 3 KStG:*
>
> *Satz 1:* Für die Ermittlung des Einkommens ist es ohne Bedeutung, ob das Einkommen verteilt wird.
>
> *Satz 2:* Auch verdeckte Gewinnausschüttungen sowie Ausschüttungen jeder Art auf Genussrechte, mit denen das Recht auf Beteiligung am Gewinn und am Liquidationserlös der Kapitalgesellschaft verbunden ist, mindern das Einkommen nicht.

Nach den Ergebnissen der Analyse von Entscheidungen des BFH und der Finanzgerichte zu urteilen, weist die verdeckte Gewinnausschüttung nach § 8 Abs. 3 S. 2 KStG das bei weitem höchste Konfliktpotenzial im Körperschaftsteuerrecht auf. Diese Resultate wurden in den Expertengesprächen bestätigt; die

---

[436] Im Hinblick auf die volle statt der hälftigen Hinzurechung besteht ein Zielkonflikt zwischen ökonomischer Zweckmäßigkeit und Konfliktpotenzial-Verringerung (vgl. hierzu S. 216 dieser Arbeit).

[437] Vgl. Fußnote 436.

Gesprächspartner in den Finanzbehörden konstatierten nahezu ausnahmslos eine sehr hohe Streitanfälligkeit der verdeckten Gewinnausschüttung.

Aus **steuerrechtlicher Perspektive** wird durch § 8 Abs. 3 S. 2 KStG in erster Linie sichergestellt, dass schuldrechtliche Vereinbarungen zwischen Körperschaft und Anteilseigner (Einkommenserzielungssphäre) von gesellschaftsrechtlichen Gewinnverteilungstatbeständen (Einkommensverwendungssphäre) abgegrenzt werden[438]. Diese Differenzierung ist steuerrechtlich in mehrfacher Hinsicht von Bedeutung und kann sowohl die Gesellschafts- als auch die Gesellschafterebene betreffen:

- Auf *Ebene der Körperschaft* mindern Tatbestände, die der Einkommenserzielungssphäre zuzuordnen sind, unmittelbar das körperschaftsteuerliche Einkommen (Betriebsausgabe). Dies hat zum einen Auswirkungen auf die zu zahlende Körperschaftsteuer[439], zum anderen ergeben sich hierdurch Rückwirkungen auf die Gewerbesteuerschuld des Unternehmens. Im Gegensatz dazu tangieren ausschüttungsrelevante Sachverhalte das Einkommen der Körperschaft nicht (§ 8 Abs. 3 KStG).
- Auf der *Ebene des Anteilseigners* führen Entgelte aufgrund schuldrechtlicher Vereinbarungen – abhängig von dem zugrunde liegenden Vertragsverhältnis – zu Einkünften aus nichtselbständiger Arbeit, aus Kapitalvermögen, aus Vermietung und Verpachtung oder gegebenenfalls zu sonstigen Einkünften. Hingegen stellen (offene wie verdeckte) Gewinnausschüttungen stets Einkünfte aus Kapitalvermögen dar[440].

Aus **ökonomischer Sicht** stellen sich die Motive für eine Einkommensverlagerung vom Einkunftsverwendungs- in den Einkunftserzielungsbereich recht eindeutig dar. Zunächst geht es hierbei um die Vermeidung gesellschaftlicher Körperschaft-[441] und Gewerbesteuerzahlungen. Daneben kann sich eine Einkunftsverschiebung auch für den Anteilseigner steuerlich auszahlen. Die Vorteilhaftigkeit einer Leistungsvergütung im Vergleich zur Gewinnausschüttung hängt dabei im Wesentlichen vom persönlichen Einkommensteuersatz des Gesellschafters ab. Wie gezeigt werden kann, entsprechen sich einkommensteuerliche Ausschüttungs- und Leistungsentgeltbelastung aufgrund des „Halbeinkünfteverfahrens" nur bei einem persönlichen Grenzsteuersatz i. H. v. 40 %. Für geringere Steuer-

---

438 Zu den folgenden Ausführungen vgl. etwa AHMANN (1999), S. 233 ff., FROTSCHER (1998), S. 23 ff., SCHUHMANN (2000), S. 77 ff., SENGER (1997), S. 1830 ff., TIPKE/LANG (2002), S. 457 ff., ROSE (2001), S. 147 ff., WASSERMEYER (2002), S. 2668 ff. sowie WEBER-GRELLET (1998b), S. 357 ff.

439 Inkl. Solidaritätszuschlag.

440 Vgl. § 20 Abs. 1 Nr. 1 EStG i. V. m. § 8 Abs. 3 S. 2 KStG.

441 Inkl. Solidaritätszuschlag.

sätze gilt, dass Gewinnausschüttungen zu höheren Definitivbelastungen als Leistungsvergütungen führen; im Falle eines persönlichen Grenzsteuersatzes von über 40 % weisen hingegen Ausschüttungen die geringere Steuerbelastung auf[442].

6.2 Empirisch ermittelte Konfliktursachen

Grundsätzlich zeichnet sich der Tatbestand der verdeckten Gewinnausschüttung dadurch aus, dass die jeweils strittigen Sachverhalte sehr unterschiedlich ausfallen. Dieser Umstand ist darauf zurückzuführen, dass sich verdeckte Gewinnausschüttungen grundsätzlich auf jede Art von schuldrechtlichen Vertragsbeziehungen zwischen Körperschaft und Anteilseigner beziehen können (z. B. Dienst-, Kredit- oder Miet- bzw. Pachtverhältnisse)[443]. Wie eine Untersuchung der den analysierten Verfahren zugrunde liegenden Streitgegenstände zeigt, können jedoch Konzentrationen auf bestimmte Rechtsfragen festgestellt werden. So geht es in zwölf von 34 erfassten BFH-Verfahren (Bundessteuerblatt) um (Zusatz-)Leistungen der Gesellschaft an einen Gesellschafter-Geschäftsführer in Form von Gehaltszahlungen, Tantiemen oder Übernachtungs- und Reisekostenerstattungen. Des Weiteren betreffen acht Entscheidungen die Frage, ob seitens der Gesellschaft gewährte Pensionszusagen an Geschäftsführer bzw. nahe Angehörige als verdeckte Gewinnausschüttung zu qualifizieren und ob die entsprechenden Pensionsrückstellungen auf Ebene der Gesellschaft steuerlich zu berücksichtigen sind. Die restlichen Verfahren betreffen recht unterschiedliche Streitfragen. So geht es etwa um Darlehensverhältnisse zwischen Gesellschaft und Gesellschafter oder um überhöhte Kaufpreise im Rahmen der Veräußerung von Vermögensgegenständen des Anteilseigners an die Körperschaft.

6.3 Diskussion finanzpolitischer Handlungsoptionen

6.3.1 Vorbemerkungen

Entsprechend der Vorgehensweise in den vorstehenden Kapiteln kommen zur Vermeidung bzw. zur Reduzierung körperschaftsteuerlicher Konflikte zwei wesentliche Ansatzpunkte in Betracht. Zunächst soll untersucht werden, inwieweit grundlegende Strategien zur Verringerung des Streitpotenzials, das aus der verdeckten Gewinnausschüttung resultiert, ersichtlich sind. Hierbei sind insbesondere die o. g. ökonomischen Motive zur Einkünfteverlagerung zu beachten.

[442] Vgl. etwa HAMBITZER (2001), S. 231 sowie HEY (2001), S. 1 ff.

[443] Vgl. hierzu auch S. 51 dieser Arbeit.

Daneben ist zu analysieren, ob durch eine Verbesserung der Abgrenzungskriterien (schuldrechtliche Leistungsbeziehungen vs. verdeckte Gewinnausschüttungen) eine Reduzierung steuerrechtlicher Konflikte möglich erscheint. Beide Alternativen werden im Folgenden erläutert.

6.3.2 Grundsätzliche Konfliktvermeidungsstrategien

Grundlegende Ansatzpunkte zur Verringerung körperschaftsteuerlicher Rechtsstreitigkeiten ergeben sich vor allem aus den bereits angesprochenen steuerlichen Belastungsunterschieden zwischen schuldrechtlichen Leistungsverhältnissen einerseits und (offenen wie verdeckten) Gewinnausschüttungen andererseits. Wie dargelegt wurde, sind auf der Ebene der Gesellschaft sowohl die Körperschaft- als auch die Gewerbesteuer betroffen; auf Gesellschafterebene treten in erster Linie einkommensteuerliche Wirkungen auf. Daher sollen im Weiteren die folgenden Handlungsoptionen diskutiert werden:

- Abschaffung der Gewerbesteuer (sowie aus aktuellem Anlass: Ausweitung der Gewerbesteuerpflicht).
- Wegfall des Halbeinkünfteverfahrens und Wiedereinführung des Anrechnungsverfahrens.

Durch die **Abschaffung der Gewerbesteuer** wäre es möglich, die Streitanfälligkeit der verdeckten Gewinnausschüttung zumindest teilweise zu senken. Dies ist darauf zurückzuführen, dass der Anreiz zur Deklarierung von Einkünften als schuldrechtliche Leistungsentgelte zum Teil in der Umgehung von Gewerbesteuerzahlungen liegt („Betriebsausgaben-Effekt" auf Ebene der Körperschaft)[444]. Hingegen würde eine **Ausweitung der Gewerbesteuerpflicht**, wie dem Anschein nach von der Bundesregierung geplant[445], höchstwahrscheinlich zu einer Steigerung des Konfliktniveaus führen, da die Zahl der Steuerpflichtigen und somit der Anreiz zur Gewebesteuervermeidung erhöht würde. Die hohe Konfliktträchtigkeit der verdeckten Gewinnausschüttung stellt daher – neben den in Kapiteln vier und fünf genannten Gründen – ein weiteres Argument für den Wegfall der Gewerbeertragsteuer und somit gegen die Ausweitung der Gewebesteuerpflicht dar.

Neben den Effekten, die sich auf Gesellschaftsebene in Form der Gewerbesteuerersparnis ergeben, sind die Wirkungen auf der Ebene des Anteilseigners zu beachten. Wie bereits ausgeführt, hängt die Vorteilhaftigkeit einer Einkunftsver-

---

[444] Vgl. S. 222 dieser Arbeit.

[445] Vgl. S. 203 f. dieser Arbeit.

lagerung vom Ausschüttungs- in den schuldrechtlichen Bereich in erster Linie vom persönlichen Einkommensteuersatz des Gesellschafters ab[446]. Dieser Effekt tritt infolge des Halbeinkünfteverfahrens auf, da hierbei die steuerliche Ausschüttungsbelastung – mit Ausnahme eines persönlichen Grenzsteuersatzes i. H. v. 40 % – nicht der Belastungswirkung im Falle der Besteuerung nach den persönlichem Steuersatz entspricht. Die einkommensteuerliche Gleichstellung von Gewinnausschüttung und Leistungsentgelt wird hingegen beim Vollanrechnungsverfahren gewährleistet, da hierbei die auf Unternehmensebene abgeführte Körperschaftsteuer auf die persönliche Einkommensteuer des Anteilseigners angerechnet wird und die zugeflossenen Einkünfte nach dem persönlichen Steuersatz belastet werden[447]. Insofern unterliegen Gewinnanteile der gleichen einkommensteuerlichen Belastung wie schuldrechtliche Einkunftsteile. Die Systemumstellung im Veranlagungszeitraum 2001 (Ersatz des Anrechnungs- durch das Halbeinkünfteverfahren) lässt daher eher eine Erhöhung denn eine Reduzierung der Streitanfälligkeit von § 8 Abs. 3 S. 2 EStG erwarten.

Diesen Tendenzen könnte durch die **Wiedereinführung des Vollanrechnungsverfahrens** entgegengewirkt werden. Neben ökonomischen Vorteilen dieses Modells (leistungsfähigkeitsgerechte Besteuerung von Gewinnanteilen nach dem persönlichen Steuersatz) weist das System eine geringe Streitanfälligkeit auf; mit entsprechenden Rechtsfragen hatte sich die Finanzgerichtsbarkeit demzufolge nur selten zu beschäftigen[448]. Die europarechtlichen Einwände gegen das Anrechnungsverfahren (Doppelbelastung von Dividenden ausländischer Anteilseigner an inländischen Unternehmen bzw. inländischer Anteilseigener an ausländischen Gesellschaften) werden durch das Halbeinkünfteverfahren zwar abgeschwächt, nicht jedoch beseitigt[449]. Bei Wiedereinführung des zwar tendenziell aufwendigeren, jedoch ökonomisch vorteilhaften Anrechnungsverfahrens könnte die im Ausland angefallene Körperschaftsteuer etwa pauschal angerechnet werden. Fiskalische Argumente lassen sich hiergegen kaum vorbringen, da im Rahmen des derzeitigen Halbeinkünfteverfahrens aus dem Ausland zugeflossene Dividenden nur hälftig besteuert werden und insofern auch auf Steuereinnahmen verzichtet wird. Zudem profitieren ausländische Anteilseigner vom Halbeinkünfteverfahren nur insoweit, als der Steuersatz auf ausgeschüttete Gewinne im Zuge des Systemwechsels von 30 % auf 25 % gesenkt wurde; die definitive Steuerbelastung hängt weiterhin vom Besteuerungsverfahren des jeweiligen Heimatlands ab. Dies ist allerdings kein spezifisches Problem des Anrech-

---

446 Vgl. S. 222 f. dieser Arbeit.

447 Grundsätzliches zum Anrechnugsverfahren findet sich etwa bei ANDEL (1998), S. 345 f., HAMBITZER (2001), S. 228 ff., ROSE (2001), S. 140 f. sowie TIPKE/LANG (2002), S. 441 f.

448 Vgl. TIPKE/LANG (2002), S. 444.

449 Vgl. hierzu ebd., S. 444 ff.

nungsverfahrens, sondern vielmehr darauf zurückzuführen, dass die einzelnen Steuersysteme in der EU unterschiedliche Ausgestaltungen und somit Belastungswirkungen aufweisen. Das Halbeinkünfteverfahren weist daher nur sehr bedingt eine bessere „Europatauglichkeit" als das Anrechnungsverfahren auf. Eine Wiedereinführung des Vollanrechnungsverfahrens sollte insofern in Betracht gezogen werden[450].

6.3.3 Verbesserung von Abgrenzungskriterien

Neben den zuvor diskutierten Strategien grundsätzlicher Art kommen weitere Ansatzpunkte zur Verringerung steuerrechtlicher Konflikte in Frage. Hierzu zählt in erster Linie eine Verbesserung der Kriterien zur Abgrenzung von schuldrechtlichen Leistungsverhältnissen zu verdeckten Gewinnausschüttungen.

Der Begriff „verdeckte Gewinnausschüttung" ist nicht gesetzlich definiert[451]. Die Klärung der Frage, welche Tatbestände im Einzelnen eine verdeckte Gewinnausschüttung darstellen, erfolgt(e) fast ausschließlich im Rahmen der höchstrichterlichen Rechtsprechung[452].

Der Bundesfinanzhof definiert dabei eine verdeckte Gewinnausschüttung anhand von vier Merkmalen[453]:

(1) Vermögensminderung bzw. verhinderte Vermögensmehrung auf der Ebene der Gesellschaft.

(2) Auswirkung auf das Einkommen der Körperschaft.

(3) Kein Zusammenhang mit einer offenen Gewinnausschüttung.

(4) Veranlassung des Vorgangs durch das Gesellschaftsverhältnis (*nicht* durch betriebliche Umstände bedingt).

---

450 Allerdings ist darauf hinzuweisen, dass eine Wiedereinführung des Vollanrechnungsverfahrens – wie auch die damalige Einführung des Halbeinkünfteverfahrens – mit Umstellungsproblemen verbunden wäre (z. B. bilanzielle Umgliederungsmaßnahmen auf der Ebene der Körperschaften, Änderung der steuerlichen Berücksichtigung von Ausschüttungen auf Seiten der Anteilseigner). Zudem dürfte ein Systemwechsel – nach nunmehr lediglich zweieinhalbjähriger Gültigkeit des Halbeinkünfteverfahrens – wohl erhebliche Kritik hervorrufen, insbesondere seitens der betroffenen Unternehmen. Ferner würde das Ziel einer möglichst stetigen Gesetzgebung beeinträchtigt.

451 § 8 Abs. 2 S. 3 KStG bestimmt lediglich, dass verdeckte Gewinnausschüttungen das körperschaftsteuerpflichtige Einkommen der Gesellschaft nicht mindern dürfen.

452 Zu den folgenden Ausführungen vgl. etwa AHMANN (1999), S. 233 ff., BINZ/SORG (2001), S. 1457 ff., FROTSCHER (1998), S. 23 ff., SCHIFFERS (1998), S. 885 ff., SCHUHMANN (2000), S. 77 ff., SENGER (1997), S. 1830 ff., TIPKE/LANG (2002), S. 457 ff., ROSE (2001), S. 147 ff., WASSERMEYER (2002), S. 2668 ff. sowie WEBER-GRELLET (1998b), S. 357 ff.

453 In Anlehnung an SCHIFFERS (1998), S. 885.

Wie die Analyse von Entscheidungen des BFH und der Finanzgerichte zeigt, ergeben sich aus den ersten drei Tatbestandsmerkmalen kaum Auslegungsschwierigkeiten. Das Hauptkonfliktpotenzial liegt vielmehr in der **Prüfung der gesellschaftlichen Veranlassung**. Hierbei ist nach ständiger Rechtsprechung des BFH ein sog. „Fremd-“ oder „Drittvergleich“ vorzunehmen. Demnach sprechen folgende Indizien für einen gesellschaftlichen bzw. gegen einen betrieblichen Zusammenhang und legen somit die Vermutung einer verdeckten Gewinnausschüttung nahe[454]:

(1) Der begünstigte Anteilseigener ist ein beherrschender Gesellschafter[455] und es fehlt an einer klaren, im Voraus getroffenen, zivilrechtlich wirksamen und tatsächlich durchgeführten Vereinbarung („*formeller Fremdvergleich*“).

(2) Die Körperschaft wendet ihrem Gesellschafter (oder einer ihm nahe stehenden Person) einen Vermögensvorteil zu, den sie bei Anwendung der Sorgfalt eines ordentlichen und gewissenhaften Geschäftsleiters einem Nichtgesellschafter verwehrt hätte („*materieller Fremdvergleich*“).

(3) Ein Dritter hätte sich an Stelle des Gesellschafters nicht auf die Vertragsvereinbarung eingelassen („*erweiterter materieller Fremdvergleich*“)[456].

Diese allgemeinen Verdachtsmomente für das Vorliegen einer verdeckten Gewinnausschüttung versucht die Rechtsprechung – insbesondere in jüngerer Zeit – durch eine möglichst konkrete *Objektivierung des Fremdvergleichs* zu verfeinern. Hierbei werden für einzelne Vertragsverhältnisse typische Fallgestaltungen skizziert, die i. d. R. für eine verdeckte Gewinnausschüttung sprechen sollen. Die diesbezüglichen Rechtsprechungsergebnisse sind aufgrund ihrer Fülle allerdings

---

[454] Vgl. etwa BINZ/SORG (2001), S. 1457, GOSCH (1997), S. 2 f., TIPKE/LANG (2002), S. 458 ff. sowie WEBER-GRELLET (1998b), S. 358.

[455] Nach ständiger Rechtsprechung des BFH gilt ein Gesellschafter als „beherrschend“, wenn er alleine (oder im Zusammenwirken mit anderen Gesellschaftern) über eine Stimmenmehrheit verfügt und somit dazu im Stande ist, den Abschluss von Rechtsgeschäften faktisch zu erzwingen [vgl. etwa WEBER-GRELLET (1998b), S. 360].

[456] Dieses im Schrifttum teils heftig kritisierte Fremdvergleichsmerkmal geht zurück auf die sog. „Nur-Pensionen“-Entscheidung des BFH aus dem Jahr 1995 [vgl. BSTBL. TEIL II (1996), S. 204 ff.]. Das Vorliegen einer verdeckten Gewinnausschüttung ist demnach nicht nur aus der Sicht der Gesellschaft bzw. des Gesellschafters, sondern auch aus dem Blickwinkel eines (unabhängigen oder fremden) Dritten zu beurteilen. Prinzipiell wird hierbei auf das Kriterium der „Unüblichkeit“ von Rechtsgeschäften abgestellt [vgl. hierzu ausführlich FROTSCHER (1998), S. 23 u. S. 27 sowie GOSCH (1997), S. 2 f.].

kaum systematisch darstellbar. Daher sollen nachstehend lediglich einige Beispiele für verdeckte Gewinnausschüttungen angeführt werden[457]:

- Gesellschafter erhalten für ihre Tätigkeit ein unangemessen hohes Gehalt.
- Gewinnabhängige Vergütungen (Tantiemen) dürfen grundsätzlich höchstens 25 % der Gesamtbezüge des Gesellschafters und höchstens 50 % des Jahresüberschusses der Gesellschaft betragen.
- Überstunden-Vergütungen an einen Gesellschafter-Geschäftsführer sind generell unangebracht und daher nicht als Leistungsentgelt zu betrachten.
- Pensionszusagen an beherrschende Gesellschafter-Geschäftsführer sind prinzipiell nur dann steuerlich anzuerkennen, falls zwischen Vertragsvereinbarung und Pensionsbeginn mindestens zehn Jahre liegen.
- Zinslose oder außergewöhnlich niedrigverzinsliche Darlehensvergabe der Gesellschaft an den Gesellschafter.
- Warenlieferungen zwischen Gesellschaft und Gesellschafter zu niedrigen bzw. zu hohen Preisen.
- Miet- bzw. Verpachtungsvorgänge zwischen Gesellschaft und Gesellschafter zu unangemessenen Preisen.

Wie die Aufzählung erkennen lässt, existiert eine Vielzahl von Entscheidungen der Finanzgerichtsbarkeit zur verdeckten Gewinnausschüttung. Freilich ist dieser Umstand zum Teil darauf zurückzuführen, dass die verdeckte Gewinnausschüttung einen unbestimmten Rechtsbegriff darstellt. Hieraus resultiert(e) eine Vielzahl ungeklärter Rechtsfragen, deren Beantwortung überwiegend im Rahmen der Rechtsprechung erfolgen muss(te). Auf der anderen Seite ist jedoch auch festzustellen, dass in der wirtschaftlichen Realität immer neue Fallgestaltungen zu Tage treten, die im Rahmen der Rechtsprechung – zumeist vor dem Hintergrund konkreter Einzelfallumstände – beantwortet werden müssen[458]. Dieser Umstand wirft die grundsätzliche Frage auf, inwieweit der hohen Konfliktträchtigkeit der verdeckten Gewinnausschüttung überhaupt durch eine Verfeinerung der abstrakten Begriffsdefinition (gegebenenfalls flankiert durch typische Fallbeispiele) begegnet werden kann. Zwar sind sowohl die vom BFH entwickelten Definitions-Merkmale als auch die genannten Fallgestaltungen im Grunde als sachgemäß zu beurteilen – gleichwohl weist das Rechtsinstitut der verdeckten Gewinnausschüttung auch nach jahrzehntelanger Rechtsprechung augenscheinlich keine

---

457 Vgl. hierzu etwa GOSCH (1997), S. 4 ff., PIESKE-KONTNY (2001), S. 75 ff., SCHUHMANN (2000), S. 78 ff., SCHWEDHELM (2003), S. 605 ff. sowie TIPKE/LANG (2002), S. 461 f.].

458 So auch FROTSCHER (1998), S. 23.

hinreichend sichere Grundlage auf. Eine spürbare Verringerung des Verfahrensanfalls ist jedenfalls nicht feststellbar.

Aus ökonomischer Perspektive kann die hohe Konfliktträchtigkeit der verdeckten Gewinnausschüttung im Wesentlichen auf zwei Ursachen zurückgeführt werden. Zum einen weisen die wirtschaftlichen Gesellschafts- und Gesellschafterinteressen im Regelfall eine ausgeprägte Zielkonformität auf. Zum anderen ist eine eindeutige Abgrenzung zwischen Leistungsentgelt und Gewinnanteil des Gesellschafters im Allgemeinen kaum möglich[459]. Die vom BFH aufgestellten Fremdvergleichs-Kriterien sowie die entsprechenden Fallbeispiele können insofern lediglich indizielle Hinweise für das Vorliegen einer verdeckten Gewinnausschüttung liefern. Mit anderen Worten: Sie stellen zwar notwendige, nicht jedoch hinreichende Bedingungen für ein gesellschaftlich (und somit nicht betrieblich) veranlasstes Vertragsverhältnis dar. Im Rahmen des Drittvergleichs ist daher eine Berücksichtigung und Würdigung der konkreten Einzelfallumstände unabdingbar. Vor diesem Hintergrund erscheint eine Verfeinerung der einzelnen Abgrenzungskriterien zur Reduzierung ertragsteuerlicher Streitpotenziale nur bedingt zielführend. Wesentlich mehr Aussicht auf Erfolg versprechen hingegen die im vorstehenden Abschnitt genannten grundlegenden Konfliktvermeidungsstrategien (Wegfall der Gewerbeertragsteuer, Wiedereinführung des Vollanrechnungsverfahrens). Diese Handlungsoptionen setzen am ökonomischen Kern des Anreizes zur Einkommensverlagerung aus dem Einkunftsverwendungs- in den Einkunftserzielungsbereich an, nämlich der Vermeidung von Gewerbe- bzw. Körperschaftsteuerzahlungen auf Gesellschaftsebene sowie der Ausnutzung einkommensteuerlicher Vorteile infolge des Halbeinkünfteverfahrens auf Gesellschafterebene.

6.4 Fazit

Die verdeckte Gewinnausschüttung i. S. d. § 8 Abs. 3 S. 2 KStG weist das bei weitem höchste Konfliktpotenzial im Körperschaftsteuerrecht auf. Dieser Befund ist in erster Linie auf den wirtschaftlichen Anreiz zur Umgehung von Gewerbe- bzw. Körperschaftsteuerzahlungen sowie auf die Ausnutzung einkommensteuerlicher Vorteile, die aus dem Halbeinkünfteverfahren resultieren, zurückzuführen. Eine Reduzierung entsprechender Steuerrechtskonflikte könnte daher zum einen durch den **Wegfall der Gewerbeertragsteuer** erreicht werden, zum anderen ist

---

[459] Diesen Umstand berücksichtigt auch die Finanzgerichtsbarkeit. So sind nach ständiger Rechtsprechung des BFH etwa „Nur-Gewinn-" bzw. „Nur-Umsatz-Tantiemen" zwar grundsätzlich als verdeckte Gewinnausschüttungen zu beurteilen; beim Vorliegen „besonderer Gründe" (z. B. Gründungsphase des Unternehmens) können diese jedoch steuerlich anerkannt werden [vgl. etwa SCHWEDHELM (2003), S. 605).

hierzu an eine **Wiedereinführung des Vollanrechnungsverfahrens** zu denken. Eine Verfeinerung der Kriterien zur Identifizierung von verdeckten Gewinnausschüttungen wird in erster Linie durch ökonomische Gegebenheiten erheblich erschwert (Konformität von Gesellschafts- und Gesellschafterinteressen, Vielfalt an Fallgestaltungen von verdeckten Gewinnausschüttungen). Insofern erscheint eine spürbare Verringerung steuerrechtlicher Streitpotenziale, die aus der verdeckten Gewinnausschüttung resultieren, in erster Linie durch grundlegende Reform-Maßnahmen erreichbar, wie sie hier vorgeschlagen wurden.

Siebenter Teil: Zusammenfassung der Ergebnisse und Schlussfolgerungen für grundlegende Strategien zur Konfliktvermeidung im Ertragsteuerrecht

In der vorliegenden Studie wurde das deutsche Ertragsteuerrecht (im Sinne des Einkommensteuer-, Körperschaftsteuer- und Gewerbesteuergesetzes) auf das Vorliegen erheblicher Streitpotenziale hin untersucht. Diese galt es in einem **ersten Schritt** empirisch zu ermitteln. Anhand einer Analyse von Entscheidungen des Bundesfinanzhofs und der Finanzgerichte sowie der Durchführung von Expertenbefragungen in Finanzbehörden konnten für die einzelnen Normenwerke die folgenden besonders konfliktträchtigen Regelungsbereiche identifiziert werden:

Im ***Einkommensteuergesetz*** weisen vor allem der Betriebsvermögensvergleich (§ 4 Abs. 1 EStG), die Bestimmungen zu den Betriebsausgaben (§ 4 Abs. 4 ff. EStG) und zu den Werbungskosten (§ 9 EStG), die Vorschriften zu den Einkünften aus Gewerbebetrieb (§ 15 EStG) sowie der Familienleistungsausgleich (§§ 31, 32 EStG) i. V. m. den Regelungen zum Kindergeld (§§ 62 bis 78 EStG) beträchtliche Streitpotenziale auf. Für das ***Körperschaftsteuerrecht*** konnte in erster Linie der Tatbestand der verdeckten Gewinnausschüttung (§ 8 Abs. 3 S. 2 KStG) als konfliktverursachend identifiziert werden. Innerhalb des ***Gewerbesteuergesetzes*** verursachen insbesondere Fragen nach dem Steuergegenstand (§ 2 GewStG) rechtliche Konflikte; aufgrund steuersystematischer Parallelen ist diese Regelung in enger Verbindung zu § 15 EStG (Einkünfte aus Gewerbebetrieb) zu sehen. Weitere gewerbesteuerliche Streitpotenziale ergeben sich aus den Hinzurechnungs- und Kürzungsbestimmungen i. S. d. §§ 8, 9 GewStG. Als besonders konfliktträchtig sind diesbezüglich § 8 Nr. 1 GewStG (Dauerschuldzinsen), § 8 Nr. 7 GewStG (Miet- und Pachtzinsen), § 9 Nr. 1 GewStG (Grundbesitzabzüge) sowie ferner § 9 Nr. 2, 2a GewStG (Gewinnanteile) zu nennen.

Im **zweiten Untersuchungsschritt** wurden die mit Hilfe der quantitativen Analyse ermittelten Streitpotenziale einer qualitativen Betrachtung unterzogen. Hierbei spielten insbesondere steuersystematische, verfassungsrechtliche sowie fiskalische Aspekte eine gewichtige Rolle. Als zentrales Ergebnis dieses Analyseschritts kann festgehalten werden, dass alle empirisch identifizierten Konfliktbereiche von hoher ökonomischer und steuerrechtlicher Bedeutung sind; eine vertiefende Untersuchung erschien daher ausnahmslos angebracht.

Die detaillierte Analyse der streitbefangenen Regelungen stellte den **dritten Untersuchungsschritt** der Arbeit dar. Ziel hierbei war in erster Linie die Ableitung finanzpolitischer Handlungsempfehlungen, durch deren Umsetzung entweder eine Beseitigung oder zumindest eine spürbare Reduzierung entsprechender

Konfliktpotenziale ermöglicht würde. In diesem Zusammenhang galt es insbesondere zu beachten, dass die jeweiligen Handlungsoptionen sowohl steuersystematischen als auch verfassungsrechtlichen Gestaltungsprinzipien genügen müssen. Zudem war sicherzustellen, dass weder das fiskalische Ziel der Generierung staatlicher Einnahmen gefährdet wird, noch negative gesamtwirtschaftliche Effekte infolge einer (stark) steigenden Steuer- und Abgabenbelastung entstehen. Durch dieses Vorgehen konnten für die einzelnen Konfliktbereiche sowohl grundlegende als auch auf Detailregelungen bezogene **Handlungsempfehlungen** abgeleitet werden. Die essentiellen Ergebnisse lassen sich wie folgt zusammenfassen:

Obgleich der ***Betriebsvermögensvergleich*** ein hohes Konfliktpotenzial aufweist, ist es empfehlenswert, die grundlegende Struktur des derzeitigen „Kombinationsmodells" aus handels- und steuerrechtlichen Vorschriften beizubehalten. Eine signifikante Verringerung steuerrechtlicher Konflikte erscheint weder durch die Institutionalisierung eines eigenständigen Steuerbilanzrechts noch durch den Ersatz des Betriebsvermögensvergleichs durch eine andere Gewinnermittlungsmethode erreichbar. Hingegen könnten gezielte Maßnahmen auf der Ebene der Finanzverwaltung (Beratungsangebote etc.) zu einer weiteren Verbesserung der finanzbehördlichen Schnittstellenfunktion beitragen, was sich dämpfend auf das Auftreten steuerrechtlicher Konflikte auswirken dürfte.

Zu einer Verringerung ertragsteuerlicher Streitpotenziale im ***Betriebsausgaben- und Werbungskostenbereich*** könnten vor allem weitreichende Pauschalierungen, teilweise in Verbindung mit Typisierungen, beitragen. Die hieraus in einzelnen Fallkonstellationen resultierenden Durchbrechungen des objektiven Nettoprinzips erscheinen aus ökonomischer Sicht prinzipiell vertretbar; insbesondere deswegen, weil die Abgrenzung der Erwerbs- zur Privatsphäre die Finanzbehörden vor besonders große Anwendungsprobleme stellt und sich durch die vorgeschlagenen Änderungen das steuerliche Massenverfahren erheblich vereinfachen ließe.

Für den ***Familienleistungsausgleich und die Ausgestaltung des Kindergeldrechts*** ist es grundsätzlich zu empfehlen, steuerrechtliche und sozialpolitische Ziele getrennt voneinander zu verfolgen. Durch eine strikte Abgrenzung wird insbesondere verhindert, dass durch die Vermengung von Besteuerungs- und Förderungsmaßnahmen sozialrechtliche Problematiken in das Einkommensteuergesetz „importiert" werden. Diesbezüglich ist es prinzipiell als sachgemäß zu beurteilen, dass sich die steuerrechtlichen Institutionen (Finanzbehörden, Finanzgerichtsbarkeit) mit Besteuerungs-Streitfragen, sozialrechtliche Einrichtungen (Familienkassen, Sozialgerichtsbarkeit) hingegen mit sozialpolitischen Konflikten befassen.

Die schwerwiegendste Konfliktursache im Bereich der ***Einkünfte aus Gewerbebetrieb***, die i. V. m. den Problemen des § 2 GewStG (Steuergegenstand) zu sehen ist, könnte unmittelbar durch eine Abschaffung der Gewerbesteuer – bei gleichzeitiger Implementierung eines Hebesatzrechts der Kommunen auf die Einkommen- und Körperschaftsteuer – beseitigt werden, da der überwiegende Anteil von Rechtsstreitigkeiten auf das Ziel der Vermeidung von Gewerbesteuerzahlungen zurückzuführen ist. Zudem würden hierdurch sämtliche ***Konfliktpotenziale der Gewerbesteuer*** (Hinzurechnungen und Kürzungen) sowie eine gewichtige Ursache für die hohe Streitanfälligkeit des Tatbestands der ***verdeckten Gewinnausschüttung*** beseitigt. Insofern könnten mit dem Wegfall der Gewerbesteuer „mehrere Fliegen mit einer Klappe" geschlagen werden.

Aus diesen Überlegungen lassen sich im Wesentlichen drei **grundlegende Strategien zur Vermeidung ertragsteuerlicher Konfliktpotenziale** ableiten:

- Im Fall (weitgehend) gleicher Einzelfallumstände: Verwendung von Pauschalierungen sowie ferner gruppenspezifischer Typisierungen (insbesondere Arbeitnehmerbereich).
- Bei (weitgehend) unterschiedlichen Einzelfall-Konstellationen: Verbesserung der finanzbehördlichen „Schnittstellenfunktion" durch gezielte Maßnahmen auf der Ebene der Finanzverwaltung (z. B. Beratungsangebote).
- Grundsätzliche Vermeidung von Grenzbetrags-Ausgestaltungen („Fallbeil-Regelungen"), da hierdurch erhebliche Anreize zur Inkaufnahme von Rechtskonflikten auf Seiten der Betroffenen entstehen dürften (z. B. Jahresgrenzbetrag im Familienleistungsausgleich). Stattdessen empfiehlt sich die Verwendung von „fließenden Grenzen" (z. B. degressiv verlaufende Abzüge).

Im Hinblick auf die in dieser Arbeit verwendete Methodik ist abschließend darauf hinzuweisen, dass im Zuge der Ermittlung ertragsteuerlicher Konfliktpotenziale und somit auch bei der Ableitung finanzpolitischer Handlungsempfehlungen nahezu ausschließlich auf *gesetzestechnische Modifikationen* abgestellt wurde. Weitere Faktoren, die geeignet erscheinen, das im Ertragsteuerrecht bestehende Konfliktniveau zu beeinflussen, konnten im Rahmen der Untersuchung nur am Rande berücksichtigt werden (etwa in den Expertengesprächen). Diese Bestimmungsgründe können zwar nicht quantitativ belegt werden, gleichwohl resultieren entsprechende Einsichten – unter anderem – aus der Befragung von Fachleuten, die täglich mit der Problematik steuerrechtlicher Streitpotenziale konfrontiert sind. Daher erscheint es gleichermaßen zulässig wie angebracht, auf einige Erkenntnisse hinzuweisen.

Ein grundsätzlicher, sehr wesentlicher Ansatzpunkt zur Reduzierung steuerrechtlicher Konflikte ist in der **Schaffung von bzw. Stärkung des Vertrauen(s) der Steuerzahler in das Besteuerungssystem** zu sehen. Gestützt wird dieser Befund insbesondere durch die Aussagen der befragten Finanzbehörden: In vielen Fällen käme es demnach zu Streitigkeiten mit den Steuerpflichtigen, weil diese sich „ungerecht behandelt" fühlten. Die Ursachen hierfür sind sicherlich vielfältig und wohl nicht nur auf *einer* Ebene der am Besteuerungsvorgang Beteiligten zu suchen (Gesetzgeber, Finanzverwaltung, Finanzgerichtsbarkeit, Steuerpflichtige). Allerdings kommt der Legislative eine zentrale Bedeutung im Besteuerungssystem zu, da sie als „aktive Kraft" – in Zusammenarbeit bzw. in Interaktion mit den Finanzbehörden respektive der Finanzgerichtsbarkeit – die wesentlichen Rahmenbedingungen des Steuererhebungsvorgangs setzt. Die Steuerpflichtigen hingegen sehen sich wohl eher in der „passiven" Rolle des „Financiers von Staatsausgaben". Zur Verringerung steuerrechtlicher Konfliktpotenziale muss es daher vorderstes Ziel der „agierenden" Institutionen sein, den Steuerzahlern sowohl die (gesamtgesellschaftliche) Sinn- und Vorteilhaftigkeit der Besteuerung vor Augen zu führen als auch das Gefühl zu vermitteln, „gerecht" behandelt bzw. besteuert zu werden.

Zur Erreichung der genannten Ziele können prinzipiell alle am Besteuerungsprozess beteiligten Institutionen beitragen. Der **Gesetzgeber** kann dabei in erster Linie auf ***allgemeine, grundlegende Maßnahmen*** zur Vertrauensschaffung bzw. -stärkung zurückgreifen. Ihm obliegt es insoweit vor allem, möglichst einfache und transparente sowie steuersystematisch konsistente Gesetze zu erlassen, um somit dem Eindruck einer „willkürlichen" oder „ungerechten" Besteuerung auf Seiten der Betroffenen entgegenzuwirken. Daneben sollten Steuererhebungsnormen eine hohe Praktikabilität aufweisen, was insbesondere dem Ziel eines (überregional) einheitlichen Besteuerungsvollzugs durch die Finanzbehörden zugute kommt. Von entscheidender Bedeutung dürfte in diesem Zusammenhang auch sein, dass sowohl der Gesetzgebungsprozess (Legislative) als auch der Gesetzfindungs- und -vorbereitungsprozess (Legislative und Exekutive) hinreichend stetig verlaufen und von wohldurchdachten Konzeptionen getragen sind[460]. Eine als „gerecht" empfundene Besteuerung setzt zudem voraus, dass Freibeträge und Freigrenzen sowie Tarifbereiche nicht „realitätsfern", sondern vielmehr „marktpreis-" bzw. „inflationsgerecht" festgelegt, bestenfalls sogar dynamisiert werden (insbesondere zur Vermeidung der sog. „kalten Progres-

---

460 Als „Negativbeispiele" können etwa die aktuellen Vorschläge (August/September 2003) zur „Entfernungspauschale" oder zur „Gemeindefinanzreform" genannt werden. Der zeitliche Abstand, mit dem bei diesen Gesetzesvorhaben wesentliche – zum Teil den ursprünglichen Plänen diametral entgegenstehende – Änderungen vorgenommen wurden, scheint kaum noch zu unterbieten zu sein.

sion"[461]). Zum Zweck größtmöglicher Besteuerungs-Transparenz und -Konsistenz ist es speziell zu empfehlen, nicht-fiskalische Zielsetzungen (z. B. distributionspolitische oder ökologische Ziele) außerhalb der Steuergesetze – etwa in Form direkter Transferzahlungen – zu verfolgen.

Die Möglichkeiten zur Reduzierung steuerrechtlicher Konflikte auf der Ebene der ***Finanzbehörden*** wurden bereits oben angesprochen (Verbesserung der „Schnittstellenfunktion"). Aufgrund persönlicher Kontakte zwischen Finanzämtern und Steuerpflichtigen kommen ***spezielle, einzelfallbezogene Maßnahmen*** zur Intensivierung des Vertrauensverhältnisses „Steuerzahler – Fiskus" in Betracht. Primäres Ziel muss es hierbei sein, den Betroffenen noch mehr das Gefühl zu vermitteln, dass sich ihrer Probleme und Belange angenommen wird. Hierdurch könnte wohl ein Großteil steuerlicher Streitigkeiten auf einvernehmliche Art und Weise – sozusagen „im Dialog" mit den Besteuerten – bereits in der Entstehungsphase beigelegt werden. Allerdings ist zugleich darauf zu achten, dass derartige Bemühungen nicht durch konträre Verhaltensweisen konterkariert werden. So sollten etwa auf oberer Verwaltungsebene sog. „Nichtanwendungserlasse" nur in Ausnahmesituationen, lediglich über einen kurzen Zeitraum und alleine zum Zweck der Klärung unsicherer Rechtslagen Verwendung finden. Ansonsten besteht die Gefahr, dass die Steuerpflichtigen den Eindruck gewinnen, die Finanzbehörden setzten sich (etwa aus fiskalischen Gründen) über höchstrichterliche Entscheidungen hinweg, wodurch das Vertrauen der Steuerzahler in das Besteuerungsverfahren – und somit letztlich in das gesamte Steuersystem – stark beeinträchtigt werden kann.

Auf der Ebene der ***Finanzgerichtsbarkeit*** schließlich sind erhebliche Rechtsprechungs-Divergenzen festzustellen – sowohl zwischen einzelnen Finanzgerichten als auch zwischen den Finanzgerichten einerseits und dem Bundesfinanzhof andererseits. Dem Ziel der Herstellung bzw. der Wahrung von Rechtssicherheit ist dieser Umstand wohl nicht gerade zuträglich. Gleichwohl resultiert er insbesondere aus dem generell mehrstufigen Aufbau des deutschen Rechtsprechungssystems sowie ferner aus der weitgehenden Autonomie der jeweiligen Staatsgewalten. Insofern sind (nicht-strukturelle) Maßnahmen zur Stärkung des Vertrauens der Steuerpflichtigen in das Besteuerungssystem auf der Ebene der Finanzgerichtsbarkeit nur schwer ersichtlich[462]. Kompetenzverlagerungen bzw.

---

[461] Der Begriff „kalte Progression" bezeichnet die durch inflationäre Entwicklungen bedingte nominale „Aufblähung" der steuerlichen Bemessungsgrundlage, wodurch Freibeträge etc. real entwertet und die Tarifbereiche real verkürzt werden. Hieraus wiederum resultiert eine Erhöhung der Grenz- und somit auch der Durchschnittssteuerbelastung [vgl. etwa ANDEL (1998), S. 333].

[462] Allerdings ist in diesem Zusammenhang auf die Ausführungen zu den entsprechenden Möglichkeiten des Gesetzgebers hinzuweisen: Den angesprochenen Rechtsprechungsdivergenzen kann wohl am effektivsten durch (sprachlich wie inhaltlich) einfache und eindeutige sowie steuersystematisch konsistente Gesetze entgegengewirkt werden.

-vermischungen zwischen einzelnen Rechtsanwendungs- und Rechtsprechungsinstanzen (Beispiel: Familienleistungsausgleich) sollten vor diesem Hintergrund allerdings grundsätzlich vermieden werden.

Neben den angesprochenen allgemeinen, nicht nur gesetzestechnisch bedingten Ursachen für das vorherrschende steuerrechtliche Konfliktniveau ist etwa auf gesellschaftliche Determinanten (z. B. soziale Verhaltensweisen), wirtschaftliche Einflussfaktoren (z. B. Höhe der Abgabenquote) sowie weitere Bestimmungsgründe auf der Ebene des Rechtssystems (z. B. Prozesskosten) oder der Finanzverwaltung (z. B. Einnahme pro-fiskalischer Haltungen) hinzuweisen[463]. Unter Umständen kann auch diesen Faktoren eine erhebliche Bedeutung für die Erklärung steuerrechtlicher Konflikte zukommen. So wird etwa der einzelwirtschaftliche Einspruchs- bzw. Klage-Anreiz tendenziell mit der Höhe des jeweils zugrunde liegenden Streitwerts zunehmen. Auch erscheint es plausibel anzunehmen, dass das ertragsteuerliche Konfliktniveau nicht unwesentlich von der definitiven Steuer- bzw. Abgabenbelastung abhängt. Es ist daher zu empfehlen, den Einfluss derartiger Bestimmungsgründe auf das Auftreten von Steuerrechtskonflikten systematisch zu untersuchen. Entsprechende Ergebnisse könnten, insbesondere in Verbindung mit den Resultaten der vorliegenden Studie, weitere Hinweise auf Möglichkeiten zur Verringerung ertragsteuerlicher Streitpotenziale liefern.

---

[463] Vgl. hierzu etwa WOLFF (1990), S. 25 ff.

Anhang

FRAGENKATALOG ZUR DURCHFÜHRUNG VON EXPERTENGESPRÄCHEN IN FINANZBEHÖRDEN

A. Konfliktträchtigkeit nach Gesetzen

1. Können Sie (quantitative) Angaben darüber machen, inwieweit die einzelnen Ertragsteuergesetze (EStG, KStG, GewStG) in Ihrem Zuständigkeitsbereich zu Konflikten zwischen Finanzbehörden und Steuerpflichtigen (Einsprüche, Klagen, Rechtsmitteleinlegung) führen?

2. Können Sie (quantitative) Aussagen zu den folgenden Fragestellungen treffen? Falls möglich, differenzieren Sie bitte nach den Ertragsteuergesetzen:

   a. *Anzahl der Einsprüche* (absolut/Anteil an allen Veranlagungsfällen).

   b. *„Erfolgsquote" der Einsprüche seitens der Steuerpflichtigen.*

   c. *Anzahl bzw. Anteil der anschließenden Klagen.*

   d. *„Erfolgsquote" der Klagen seitens der Steuerpflichtigen.*

   e. *Höhe der Streitwerte* (durchschnittlich/Spannweite).

   f. *Arbeitsaufwand der Finanzbehörde* bei Bearbeitung von Einsprüchen und Klagen.

3. Ist es möglich, *innerhalb* der einzelnen Ertragsteuergesetze *konkrete Regelungen* zu identifizieren, die *besonders* konfliktanfällig sind?

   a. Einkommensteuergesetz.

   b. Körperschaftsteuergesetz.

   c. Gewerbesteuergesetz.

4. Welche Gründe sind für die Entstehung der jeweiligen Konflikte Ihrer Meinung nach ausschlaggebend?

5. Können Sie sich Maßnahmen vorstellen, die zu einer Verminderung oder Beseitigung der Streitpotenziale beitragen können?

B. Konkrete Fragen zu ausgewählten Regelungsbereichen

1. Durch die im Rahmen des Forschungsprojekts durchgeführte Rechtsprechungsanalyse (BFH und Finanzgerichte) lassen sich in erster Linie *drei grundlegende Konfliktbereiche* identifizieren:

   - *Abgrenzung der Berufs- zur Privatsphäre* (Betriebsausgaben, Werbungskosten).
   - *Vermeidung bzw. Reduzierung von Gewerbesteuerzahlungen* (Abgrenzung von Einkünften aus Gewerbebetrieb zu anderen Einkunftsarten, teilweise verdeckte Gewinnausschüttung, Steuergegenstand des GewStG sowie Hinzurechungs- und Kürzungsbestimmungen des GewStG).
   - *Familienleistungsausgleich i. V. m. Regelungen zum Kindergeld* (insbesondere Kinder zwischen dem 18. und 27. Lebensjahr sowie Auslegungsschwierigkeiten bei Fragen der Berufsausbildung).

   a. Können Sie diese Ergebnisse bestätigen bzw. vor dem Hintergrund Ihrer eigenen Erfahrungen ergänzen (falls möglich anhand quantitativen Datenmaterials)?

   b. Wo liegen Ihrer Erfahrung nach die jeweils konkreten Konfliktursachen?

   c. Welche Maßnahmen wären Ihrer Meinung nach zur Vermeidung bzw. Verringerung der Streitpotenziale geeignet?

2. Besteht Ihrer Erfahrung nach ein Zusammenhang zwischen der *Höhe von Streitwerten bei Einspruchs-/Klageverfahren* einerseits und der *Konfliktträchtigkeit der entsprechenden Regelungen* andererseits?

3. Können Sie *Häufungen von Streitfällen* auf bestimmte Personen(-kreise) oder Unternehmensformen feststellen?

4. Existiert Ihrer Erfahrung nach ein Zusammenhang zwischen der *Veröffentlichung steuerrechtlicher Urteile etc.* in den Medien einerseits und einer *temporären Zunahme der Konfliktanfälligkeit* der entsprechenden Regelungen andererseits?

5. Wie beurteilen Sie die *Konfliktträchtigkeit von Verwaltungsvorschriften*? Sind Ihnen Fälle bekannt, bei denen es durch die Anwendung von Verwaltungsvorschriften zu steuerrechtlichen Konflikten kam?

SONDERTEIL DES FRAGENKATALOGS ZUR BEFRAGUNG VON OBERFINANZDIREKTIONEN

C. Verwaltungsvorschriften

1. Können Sie (quantitative) Angaben über die *Anzahl der bei Ihnen eingehenden bzw. der von Ihnen erlassenen Verwaltungsvorschriften* machen (etwa pro Jahr, pro Monat)?

2. Wie verteilen sich die Verwaltungsvorschriften auf die einzelnen Ertragsteuergesetze bzw. auf konkrete Regelungen innerhalb der jeweiligen Normenwerke? Können Sie Schwerpunkte benennen?

3. Wie beurteilen Sie den Aufwand, der durch die Arbeiten im Zusammenhang mit dem Erlass bzw. der Ausführung von Verwaltungsvorschriften entsteht?

4. Können Sie (quantitative) Aussagen über *Anlässe, Gründe und/oder Zielsetzungen von Verwaltungsvorschriften* treffen (z. B. im Hinblick auf Gerichtsurteile, Anfragen der Finanzämter)?

5. Wie beurteilen Sie die Eignung von Verwaltungsvorschriften im Hinblick auf das *Ziel der Verringerung/Beseitigung der Konfliktträchtigkeit von ertragsteuerlichen Regelungen*? Sind Ihnen *konkrete Fälle* bekannt, bei denen Verwaltungsvorschriften zur Verringerung und/oder zur Entstehung/Verstärkung steuerrechtlicher Konflikte beitrugen?

Literaturverzeichnis

AHMANN, KARIN-RENATE (1999): Ist eine verdeckte Gewinnausschüttung eine verdeckte Gewinnausschüttung?, in: Deutsche Steuer-Zeitung, 87. Jahrgang, S. 233-237.

ALBERT, UWE (1999): Auswärtstätigkeiten im Lohnsteuerrecht, in: Finanz-Rundschau, 81. Jahrgang, S. 1228-1241.

ALBERT, UWE/HEITMANN, JOACHIM (1993): Überlegungen zu einer Neuregelung der lohnsteuerlichen Behandlung von Auswärtstätigkeiten, in: Finanz-Rundschau, 76. Jahrgang, S. 285-293.

ANDEL, NORBERT (1998): Finanzwissenschaft, 4. Auflage, Tübingen.

APITZ, WILFRIED (2001): Praxisfragen der neuen Entfernungspauschale, in: Finanz-Rundschau, 83. Jahrgang, S. 461-465.

BAUER, MATTHIAS/EGGERS, JÖRG (2000): Nochmals: Neuregelung des Schuldzinsenabzugs gemäß § 4 Abs. 4a EStG, in: Steuern und Bilanzen, 3. Jahrgang, S. 703-706.

BAYERISCHER STÄDTETAG (2003): Reform der Gewerbesteuer – Anforderungen und Auswirkungen: Ein Modell des Bayerischen Städtetags, München, verfügbar unter: HTTP://WWW.BAY-STAEDTETAG.DE/RGEWSTN.PDF, aufgerufen am 30.5.2003.

BINZ, MARK/SORG, MARTIN H. (2001): Die verdeckte Gewinnausschüttung nach der Unternehmenssteuerreform, in: Deutsches Steuerrecht, 39. Jahrgang, S. 1457-1462.

BIRK, DIETER (2001): Steuerrecht, 4. Auflage, Heidelberg.

BONK, HEINZ JOACHIM (1999): Verfassungsrechtliche Aspekte der Gewerbesteuer im Rahmen einer Unternehmenssteuerreform, in: Finanz-Rundschau, 81. Jahrgang, S. 443-448.

BRABAND, HARALD/MENGELE, MARTINA (1998): Aktuelle Fragen zum Kindergeld, in: Deutsches Steuerrecht, 36. Jahrgang, S. 1737-1742.

BROER, MICHAEL (2001): Ersatzvorschläge für die Gewerbesteuer – Darstellung und Vergleich einiger häufig genannter Ansätze, in: Wirtschaftsdienst, 81. Jahrgang, S. 713-721.

BROUDRÉ, ANNA (1998a): Aufwendungen für ein häusliches Arbeitszimmer, in: Neue Wirtschaftsbriefe, Fach 3, S. 10403-10432.

BROUDRÉ, ANNA (1998b): Steuerliche Behandlung der Aufwendungen für ein häusliches Arbeitszimmer, in: Deutsches Steuerrecht, 36. Jahrgang, S. 625-632.

BROUDRÉ, ANNA (2000): Das häusliche Arbeitszimmer im Steuerrecht – verfassungsrechtliche Aspekte – zugleich kritische Anmerkung zum Urteil des BVerfG vom 7.12.1999, in: Finanz-Rundschau, 82. Jahrgang, S. 121-176.

BRÜMMERHOF, DIETER (2001): Finanzwissenschaft, 8. Auflage, München.

BUNDESFINANZHOF [Hrsg.] (2003): Jahresbericht 2002, München.

BUNDESGESETZBLATT, TEIL I (1973): Steueränderungsgesetz 1973, S. 676 ff., Bonn.

BUNDESGESETZBLATT, TEIL I (1995): Jahressteuergesetz 1996, S. 1250 ff., Bonn.

BUNDESGESETZBLATT, TEIL I (1996): Jahressteuergesetz 1997, S. 2049 ff., Bonn.

BUNDESGESETZBLATT, TEIL I (2000): Gesetz zur Einführung einer Entfernungspauschale vom 21. Dezember 2000, S. 1918 ff., Bonn.

BUNDESMINISTERIUM DER FINANZEN (1998): BMF-Schreiben vom 16.8.1998, Einkommensteuerrechtliche Behandlung der Aufwendungen für ein häusliches Arbeitszimmer nach § 4 Abs. 5 S. 1 Nr. 6b, § 9 Abs. 5 u. § 10 Abs. 1 Nr. 7 EStG, in: BStBl. Teil I (1998), S. 863-867, Bonn.

BUNDESMINISTERIUM DER FINANZEN [Hrsg.] (2000a): Innenansichten, Steuern & Zölle, Steuern von A bis Z, Berlin.

BUNDESMINISTERIUM DER FINANZEN [Hrsg.] (2000b): BMF-Schreiben vom 22.5.2000, Neuregelung des Schuldzinsenabzugs gemäß § 4 Abs. 4a EStG, Bonn.

BUNDESMINISTERIUM DER FINANZEN [Hrsg.] (2001): BMF-Schreiben vom 11. Dezember 2001: Einführungsschreiben zu den Entfernungspauschalen ab 2001, HTTP://WWW.BUNDESFINANZMINISTERIUM.DE/ANLAGE9295/BMF-SCHREIBEN-VOM-11.-DEZEMBER-2001-IV-C-5-S-2351-300/01.PDF, aufgerufen am 27.4.2003.

BUNDESMINISTERIUM DER FINANZEN [Hrsg.] (2002a): Bundeshaushalt 2003, Tabellen und Übersichten, August 2002, Berlin.

BUNDESMINISTERIUM DER FINANZEN [Hrsg.] (2002b): Finanzbericht 2003, Stand und voraussichtliche Entwicklung der Finanzwirtschaft im gesamtwirtschaftlichen Zusammenhang, Berlin.

BUNDESMINISTERIUM DER FINANZEN [Hrsg.] (2002c): Monatsbericht des BMF, Dezember 2002, Berlin.

BUNDESMINISTERIUM DER FINANZEN [Hrsg.] (2002d): Datensammlung zur Steuerpolitik, Berlin.

BUNDESSTEUERBLATT, TEIL I (1973): Steueränderungsgesetz 1973, S. 554 ff., Bonn.

BUNDESSTEUERBLATT, TEIL I (1994): Entscheidung des VI. BFH-Senats vom 26.4.1994 zum Verpflegungsmehraufwand, AZ VI R 118/89, S. 529 ff., Bonn.

BUNDESSTEUERBLATT, TEIL I (1995): Jahressteuergesetz 1996, S. 438 ff., Bonn.

BUNDESSTEUERBLATT, TEIL I (1996): Jahressteuergesetz 1997, S. 1523 ff., Bonn.

BUNDESSTEUERBLATT, TEIL I (2000): Gesetz zur Einführung einer Entfernungspauschale vom 21. Dezember 2000, S. 36 ff., Bonn.

BUNDESSTEUERBLATT, TEIL II (1979): BVerfG-Entscheidung vom 13.3.1979 (Abzugsverbot privater Schuldzinsen), S. 322 ff., Bonn.

BUNDESSTEUERBLATT, TEIL II: Entscheidungen des Bundesfinanzhofs, Jahrgänge 41 bis 51 (1991 bis 2001), Hrsg.: Bundesministerium der Finanzen, Bonn.

BUNDESTAGSDRUCKSACHE 14/23 (1998): Entwurf eines Steuerentlastungsgesetzes 1999/2000/2002, Berlin.

BUNDESTAGSDRUCKSACHE 14/6140 (2001): Entwurf eines Gesetzes zur Änderung des Finanzverwaltungsgesetzes und anderer Gesetze, Berlin.

BUNDESTAGSDRUCKSACHE 14/6144 (2001): Entwurf eines Gesetzes zur Änderung des Grundgesetzes (Artikel 108), Berlin.

BUNDESTAGSDRUCKSACHE 14/6470 (2001): Beschlussempfehlung und Bericht des Finanzausschusses (7. Ausschuss) zu dem Gesetzentwurf der Bundesregierung – Drucksache 14/6144 – Entwurf eines Gesetzes zur Änderung des Grundgesetzes (Artikel 108) sowie zu dem Gesetzentwurf der Bundesregierung – Drucksache 14/6140 – Entwurf eines Gesetzes zur Änderung des Finanzverwaltungsgesetzes und anderer Gesetze, Berlin.

BUNDESVERBAND DER DEUTSCHEN INDUSTRIE E.V. [BDI] [Hrsg.] (2001): Verfassungskonforme Reform der Gewerbesteuer – Konzept einer kommunalen Einkommen- und Gewinnsteuer, Köln.

BUNDESVERFASSUNGSGERICHT (1979): Entscheidung vom 13.3.1979 (Abzugsverbot privater Schuldzinsen), in: Entscheidungen des Bundesverfassungsgerichts [BVerfGE], S. 386 ff., Tübingen.

BUNDESVERFASSUNGSGERICHT (1999): Verfassungsbeschwerde bezüglich der beschränkten Absetzbarkeit von Aufwendungen für ein häusliches Arbeitszimmer nach § 4 Abs. 5 Nr. 6b i. V. m. § 9 Abs. 5 EStG, Entscheidung vom 7. 12. 1999, in: Entscheidungen des Bundesverfassungsgerichts [BVerfGE], 101, S. 297 ff.

CLEMM, HERMANN (1999): Steuerbilanz in der Krise?, in: KIRCHHOF, PAUL/JAKOB, WOLFGANG/BEERMANN, ALBERT [Hrsg.]: Steuerrechtsprechung, Steuergesetz, Steuerreform. Festschrift für Klaus Offerhaus, S. 631-645, Köln.

COURAGE, CHRISTOPH (1995): Möglichkeiten für eine Gewerbesteuerreform, Aachen.

CZISZ, KONRAD (1998): Problemfälle beim Familienleistungsausgleich, in: Deutsches Steuerrecht, 36. Jahrgang, S. 996-1001.

DARMSTÄDTER ENTWURF ZUR STEUERVEREINFACHUNG (2002): Steuern – einfach gemacht, Darmstädter Entwurf für eine pragmatische Politik der Steuervereinfachung, HTTP://WWW.FINANZAMTDARMSTADT.DE/TUDFAD.PDF, aufgerufen am 18.4.2003.

DAUMKE, MICHAEL (2000): Grundriß des deutschen Steuerrechts, 4. Auflage, Bielefeld.

DIE WELT (2003): Bund kürzt Pendlerpauschale nicht für alle, 18.8.2003, S. 11.

DÖLLERER, GEORG (1971): Maßgeblichkeit der Handelsbilanz in Gefahr, in: Betriebs-Berater, 26. Jahrgang, S. 1333-1335.

DRENSECK, WALTER (1998): Schuldzinsenabzug nach Funktionswechsel eines Wirtschaftsguts infolge einer Betriebsaufgabe, in: Deutsches Steuerrecht, 36. Jahrgang, S. 1326-1328.

DZIADKOWSKI, DIETER (2001): Die Diskussion über das Verhältnis von Handels- und Steuerbilanz – Alter Wein in neuen Schläuchen?, in: Deutsche Steuer-Zeitung, 89. Jahrgang, S. 9-16.

EGGESIECKER, FRITZ/ELLERBECK, EIKE (2000): Stellungnahme zum Einführungsschreiben betr. die Neuregelung des Schuldzinsenabzugs nach § 4 Abs. 4a EStG, in: Finanz-Rundschau, 82. Jahrgang, S. 689-694.

EINKOMMENSTEUERKOMMISSION (1964): Untersuchungen zum Einkommensteuerrecht – Bericht der Einkommensteuerkommission, Schriftenreihe des Bundesministeriums der Finanzen, Heft 7, Bonn.

ELSER, THOMAS/NEININGER, MONIKA (1999): Abgrenzbarkeit privat veranlasster Schuldzinsen aus ökonomischer Sicht, in: Der Betrieb, 52. Jahrgang, S. 172-177.

ENTSCHEIDUNGEN DER FINANZGERICHTE [EFG], Jahrgänge 1997 bis 2001, Bonn.

FELIX, DAGMAR (1998): Rechtsprobleme bei der Anwendung des § 32 Abs. 4 S. 2 ff. EStG, in: Finanz-Rundschau, 80. Jahrgang, S. 983-993, Köln.

FELIX, DAGMAR (2001): Eigene Einkünfte des Kindes im Kindergeldrecht, in: Finanz-Rundschau, 83. Jahrgang, S. 832-836.

FINANZGERICHTE (2001): Geschäftsbericht der Finanzgerichte, in: Entscheidungen der Finanzgerichte, S. 742 ff., Bonn.

FISCHER, THOMAS (2001): Überlegungen für eine sachgerechte, konzeptionelle Weiterentwicklung des Familienleistungsausgleichs, in: Sozialer Fortschritt, 50. Jahrgang, S. 85-90.

FÖRSTER, URSULA (2000): Problembereiche der Anrechnung der Gewerbesteuer auf die Einkommensteuer gem. § 35 EStG 2001, in: Finanz-Rundschau, 82. Jahrgang, S. 866-870.

FRANKFURTER ALLGEMEINE ZEITUNG [F.A.Z.] (2002): Eichel kündigt Überarbeitung der Gewerbesteuer an, 24.5.2002, Nr. 118, S. 13.

FRANKFURTER ALLGEMEINE ZEITUNG [F.A.Z.] (2003a): Doppelte Haushaltsführung unbegrenzt – Steuervorteil darf nicht auf zwei Jahre eingeschränkt werden, 9.4.2003, Nr. 84, S. 13.

FRANKFURTER ALLGEMEINE ZEITUNG [F.A.Z.] (2003b): Große Gemeindefinanzreform gescheitert, 13.3.2003, Nr. 61, S. 11.

FRANKFURTER ALLGEMEINE ZEITUNG [F.A.Z.] (2003c): Gewerbesteuer soll ausgeweitet werden, 20.5.2003, Nr. 116, S. 11.

FRANKFURTER ALLGEMEINE ZEITUNG [F.A.Z.] (2003d): Eichel kommt Kommunen entgegen, 23.5.2003, Nr. 119, S. 13.

FRANKFURTER ALLGEMEINE ZEITUNG [F.A.Z.] (2003e): Die Wirtschaft verlangt Aufklärung über Gewerbsteuerplan, 24.4.2003, Nr. 70, S. 17.

FRANKFURTER ALLGEMEINE ZEITUNG [F.A.Z.] (2003f): Bundesrat lehnt pauschale Gewinnregel für Kleinbetriebe ab, 21.6.2003, Nr. 141, S. 11.

FRANKFURTER ALLGEMEINE ZEITUNG [F.A.Z.] (2003g): Pendlerpauschale soll halbiert werden, 19.8.2003, Nr. 191, S. 11.

FRANKFURTER ALLGEMEINE ZEITUNG [F.A.Z.] (2003h): Eichel streicht Eigenheimzulage, 27.6.2003, Nr. 146, S. 11.

FROTSCHER, GERRIT (1998), Tendenzen im Recht der verdeckten Gewinnausschüttung, in: GmbH-Rundschau, 89. Jahrgang, S. 23-33.

GOSCH, DIETMAR (1997): Der BFH und der Fremdvergleich, in: Deutsche Steuer-Zeitung, 85. Jahrgang, S. 1-10.

GOSCH, DIETMAR (1998): Einige aktuelle und zugleich grundsätzliche Bemerkungen zur Gewerbesteuer, in: Deutsche Steuer-Zeitung, 86. Jahrgang, S. 327-334.

GOYDKE, UWE (1997): Änderungen im steuerlichen Reisekostenrecht durch das Jahressteuergesetz 1997, in: Deutsche Steuer-Zeitung, 85. Jahrgang, S. 65-67.

GROH, MANFRED (2001): Der missverstandene Schuldzinsenabzug, in: Deutsches Steuerrecht, 39. Jahrgang, S. 105-108.

GRÖPL, CHRISTOPH (2001): Grundgesetz, Bundesverfassungsgericht und „Kinderleistungsausgleich“ – Zur Berücksichtigung von Kindern im Einkommensteuerrecht nach den „Familien-Beschlüssen“ des Bundesverfassungsgerichts v. 10.11.1998 und dem In-Kraft-Treten des Gesetzes zur Familienförderung v. 22.12.1999, in: Steuer und Wirtschaft, 78. Jahrgang, S. 150-167.

GROßE, FRANK (2002): Einsatzwechseltätigkeit und doppelte Haushaltsführung – Verbesserung des Werbungskostenabzugs durch die aktuelle Rechtsprechung, in: Deutsches Steuerrecht, 40. Jahrgang, S. 577-579.

HAMBITZER, ROLF (2001): Die verdeckte Gewinnausschüttung im Spiegel der Unternehmenssteuerreform, in: Die steuerliche Betriebsprüfung, Jahrgang 2001, S. 227-234.

HANSMEYER, KARL-HANS (1988): Gewerbesteuer, in: Handbuch der Wirtschaftswissenschaft, 3. Band, S. 617-633, Stuttgart u. a.

HARDER-BUSCHNER, CHRISTINE/GOYDKE, UWE (2001): Die Entfernungspauschale, in: Neue Wirtschaftsbriefe, Fach 6, S. 4217-4232.

HENMAN, BARBARA (2002): Familienpolitik im deutschen Steuer- und Transfersystem, Köln.

HENNRICHS, JOACHIM (1999): Der steuerrechtliche sog. Maßgeblichkeitsgrundsatz gem. § 5 EStG. Stand und Perspektiven, in: Steuer und Wirtschaft, 76. Jahrgang, S. 138-153.

HEY, JOHANNA (2001): Bedeutung und Besteuerungsfolgen der verdeckten Gewinnausschüttung nach der Unternehmenssteuerreform, in: GmbH-Rundschau, 92. Jahrgang, S. 1-7.

HILLMOTH, BERNHARD (1998): Aktuelle Rechtsprechung zu Kindergeld und Kinderfreibetrag, in: Die Information über Steuer und Wirtschaft, 52. Jahrgang, S. 417-422.

HIRSCH, ERIC (1988): Die Einordnung des § 9 Abs. 1 Satz 3 Nr. 7 EStG in das System der Überschussrechnung, in: Deutsches Steuerrecht, 26. Jahrgang, S. 197-200.

HOFFMANN, WOLF-DIETER (2000): Die Unmaßgeblichkeit der GoB für die Steuerbilanz, in: Steuern und Bilanzen, 3. Jahrgang, S. 1039-1040

HOMBURG, STEFAN (1995): Zur Steuerfreiheit des Existenzminimums: Grundfreibetrag oder Abzug von der Bemessungsgrundlage?, in: Finanzarchiv, 52. Jahrgang, S. 182-195.

JACOBS, OTTO H. (2002): Internationale Unternehmensbesteuerung – deutsche Investitionen im Ausland, ausländische Investitionen im Inland, 5. Auflage, München.

JESSE, LENHARD (2002): Einspruch und Klage im Steuerrecht: mit Musterformularen und praktischen Beispielen, 2. Auflage, München.

JONAS, MARTIN (1993): Überlegungen zum einkommensteuerlichen Schuldzinsenabzug, in: Der Betrieb, 46. Jahrgang, S. 2304-2306.

KANZLER, HANS-JOACHIM (1997): Familienleistungsausgleich – Kindergeld und Kinderfreibeträge, Köln.

KANZLER, HANS-JOACHIM (2001): Die Zukunft der Familienbesteuerung – Familienbesteuerung der Zukunft, in: Finanz-Rundschau, 83. Jahrgang, S. 921-940.

KEẞ, THOMAS (2000): Unternehmenssteuerreform: Ohne Reform der Gewerbesteuer?, in: Finanz-Rundschau, 82. Jahrgang, S. 695-704.

KIRCHHOF, PAUL (2001): Einkommensteuergesetz, Kompaktkommentar, Heidelberg.

KLEIN, FRITZ (1996): Aktuelle Probleme des Steuersystems. Werden wir zu einer Konsolidierung des Steuerrechts in der Bundesrepublik Deutschland kommen?, Juristische Studiengesellschaft Karlsruhe, Schriftenreihe, Heft 224, Heidelberg.

KÖGEL, CORINA (1997): Beschränkung der doppelten Haushaltsführung durch das JStG 1996 – partiell verfassungswidrig?, in: Finanz-Rundschau, 79. Jahrgang, S. 433-438.

KOHLRUST-SCHULZ, MAREN (1998): Der Werbungskosten-Pauschbetrag bei den Einkünften aus Vermietung und Verpachtung – Das BMF-Schreiben vom 23.9.1997, in: Finanz-Rundschau, 80. Jahrgang, S. 293-299.

KORT, MICHAEL (2001): Der Maßgeblichkeitsgrundsatz das § 5 Abs. 1 EStG – ein Plädoyer für dessen Aufgabe, in: Finanz-Rundschau, 83. Jahrgang, S. 53-112.

KOTTKE, KLAUS (1998): Zum sofortigen Werbungskostenabzug bei Umwidmung bisher privat benutzter Wirtschaftsgüter, in: Der Betrieb, 51. Jahrgang, S. 1255-1257.

KRAUS-GRÜNEWALD, MARION (1997): Steuerbilanzen – Besteuerung nach der Leistungsfähigkeit contra Vorsichtsprinzip?, in: Handelsbilanzen und Steuerbilanzen. Festschrift für Heinrich Beisse, S. 285-297, Düsseldorf.

LIESENFELD, CHRISTIANE/ROLAND, FRANK (1999): Reform der Familienbesteuerung: Das Aus für den Kindergrundfreibetrag, in: Wirtschaftsdienst, 79. Jahrgang, S. 372-375.

LITTMANN, KONRAD (1980): Gewerbesteuern, in: Handbuch der Finanzwissenschaft, 2. Band: Öffentliche Unternehmungen, Grundlegung der Lehre von den öffentlichen Einnahmen, die Lehre von den Steuern, nichtsteuerliche öffentliche Einnahmen, S. 607-632, Tübingen.

LOHNSTEUERRICHTLINIEN (2002): Allgemeinen Verwaltungsvorschrift zum Steuerabzug vom Arbeitslohn 2002, Berlin.

MENGELE, MARTINA (1999): Praxisprobleme des steuerlichen Kindergelds – Verwaltungsauffassung und neue Entwicklungen bei der Rechtsprechung, in: Finanz-Rundschau, 81. Jahrgang, S. 1160-1166.

MENGES, PATRICK (2000): Die Problematik der Zuordnung von Schuldzinsen im Einkommensteuerrecht, Osnabrück u. a.

MEYER, BERND/BALL, JOCHEN (1999): Neues zum betrieblichen Schuldzinsenabzug entnommener oder veräußerter Wirtschaftsgüter, in: Deutsches Steuerrecht, 37. Jahrgang, S. 781-788.

MOHL, HELMUT/BRAND, THOMAS (1998): Zur Verfassungsmäßigkeit der Gewerbesteuer, in: Kommunale Steuer-Zeitschrift, 47. Jahrgang, S. 181-185.

MORSCH, ANKE (2001): Der Werbungskostenabzug für Fahrten zwischen Wohnung und Arbeitsstätte – Zur Neuregelung durch die Einführung einer Entfernungspauschale, in: Deutsches Steuerrecht, 39. Jahrgang, S. 245-248.

MOXTER, ADOLF (2000): Missverständnisse um das Maßgeblichkeitsprinzip, in: Deutsche Steuer-Zeitung, 88. Jahrgang, S. 157-161.

MUSGRAVE, RICHARD A. (1994): Die öffentlichen Finanzen in Theorie und Praxis, Band Nr. 1, 6. Auflage, Tübingen.

PACH-HANSSENHEIMB, FERDINAND (1996): Überlegungen zur Vorteilhaftigkeit des neuen Pauschbetrags für Werbungskosten bei Vermietung und Verpachtung, in: Deutsches Steuerrecht, 34. Jahrgang, S. 614-616.

PASCH, HELMUT/HÖRETH, ULRIKE/RENN, SUSANNE (2001): Die neue Entfernungspauschale – ein steuerrechtlicher Missgriff, in: Deutsche Steuer-Zeitung, 95. Jahrgang, S. 305-312.

PAUS, BERNHARD (1999): Das häusliche Arbeitszimmer: Enttäuschende Verwaltungsanweisung zu einem misslungenen Gesetz, in: Die steuerliche Betriebsprüfung, Jahrgang 1999, S. 210-214 (Teil I) und S. 241-245 (Teil II).

PEFFEKOVEN, ROLF (1996): Einführung in die Grundbegriffe der Finanzwissenschaft, 3. Auflage, Darmstadt.

PEZZER, HEINZ-JÜRGEN (1991): Bilanzierungsprinzipien als sachgerechte Maßstäbe der Besteuerung, in: DORALT, WERNER [Hrsg.]: Probleme des Steuerbilanzrechts, S. 3-27, Köln.

PIESKE-KONTNY, DETLEF (2001), Neuere Anweisungen der Finanzverwaltung zur verdeckten Gewinnausschüttung, in: Die steuerliche Betriebsprüfung, Jahrgang 2001, S. 75-78.

PRESSEMITTEILUNG DER BUNDERREGIERUNG VOM 15. AUGUST 2003: Gemeindefinanzreform stärkt die Kommunalfinanzen und fördert die Wachstumskräfte, verfügbar unter HTTP://WWW.BUNDESFINANZMINISTERIUM.DE/AKTUELLES/PRESSEMITTEILUNGEN-.395.19756/PRESSEMITTEILUNG/GEMEINDEFINANZ REFORM-STAERKT-D...HTM, aufgerufen am 4.9.2003.

PRINZ, ULRICH (1999/2000): Steuerlicher Schuldzinsenabzug – Labyrinth oder Steuerfalle, in: Steuerberater-Jahrbuch, S. 293-326, Köln.

RAMB, JÖRG (2001): Die neue Entfernungspauschale – Darstellung der Neu- im Vergleich zur Altregelung mit Fallbeispielen, in: Steuer & Studium, S. 350-357.

RISTHAUS, ANNE (1997): Die Pauschalierung von Werbungskosten bei den Einkünften aus Vermietung und Verpachtung – Grundlegende Betrachtung und Darstellung von Zweifelsfragen im Zusammenhang mit der Neuregelung des § 9a Satz 1 Nr. 2 EStG, in: Betriebs-Berater, 52. Jahrgang, S. 494-505.

ROSE, GERD (2001): Die Ertragsteuern: Einkommensteuer, Körperschaftsteuer, Gewerbesteuer, 16. Auflage, Wiesbaden.

ROSE, MANFRED (2002): Reform der Einkommensbesteuerung in Deutschland, Schriften des Betriebs-Beraters, Band 122, Heidelberg.

ROSENSCHON, ASTRID (2001): Familienförderung in Deutschland: Eine Bestandsaufnahme, Kieler Diskussionsbeiträge, Kiel.

SACHVERSTÄNDIGENRAT ZUR BEGUTACHTUNG DER GESAMTWIRTSCHAFTLICHEN ENTWICKLUNG (2001): Jahresgutachten 2001/2002: Für Stetigkeit – gegen Aktionismus, Stuttgart.

SAMMLUNG DER ENTSCHEIDUNGEN DES BUNDESFINANZHOFS [BFH NV] (2001), 17. Jahrgang, Hrsg. (u. a.): WOLFF-DIEPENBROCK, JOHANNES, Haufe Verlag.

SCHIELE, NORBERT (2000): Unternehmensbesteuerung und Handelsbilanz. Eine ökonomische Analyse der Verknüpfung von Handelsbilanz und Steuerbemessungsgrundlage, Berlin.

SCHIFFERS, JOACHIM (1998): Konsequenzen verdeckter Gewinnausschüttungen nach dem Systemwechsel bei der Besteuerung von Kapitalgesellschaften, in: GmbH-Rundschau, 89. Jahrgang, S. 885-892.

SCHMIDT-TROJE, JÜRGEN/SCHAUMBURG, HEIDE (2001): Der Steuerrechtsschutz, Ratgeber für das finanzgerichtliche Verfahren, 2. Auflage, Bonn.

SCHÖNWALD, STEFAN (2000): Aufwendungen für ein häusliches Arbeitszimmer, in: Steuer & Studium, S. 119-123.

SCHUHMANN, HELMUT (2000): Die verdeckte Gewinnausschüttung – ein „Dauerbrenner", in: Die steuerliche Betriebsprüfung, Jahrgang 2000, S. 77-83.

SCHWARZ, HANSJÜRGEN (2001): Wie führe ich einen Finanzgerichtsprozess? Vorverfahren – Klageerhebung – Prozess – Revision, 5. Auflage, Bielefeld.

SCHWEDHELM, ROLF (2003): Unternehmensbesteuerung: Körperschaftsteuerliche Zweifelsfragen, in: Betriebs-Berater, 58. Jahrgang, S. 605-610.

SEER, ROMAN (1998): Gewerbesteuer im Visier des Verfassungsrechts – Anmerkungen zu dem Vorlagebeschluss des FG Niedersachsen vom 24.6.1998, in: Finanz-Rundschau, 80. Jahrgang, S. 1022-1024.

SENGER, HANS GÜNTER (1997): Das Rechtsinstitut der verdeckten Gewinnausschüttung – Notwendigkeit einer grundlegenden Reform, in: Deutsches Steuerrecht, 35. Jahrgang, S. 1830-1841.

SIGLOCH, JOCHEN (2000), Ein Valet dem Maßgeblichkeitsprinzip?, in: Betriebswirtschaftliche Forschung und Praxis, S. 157-182.

SÖFFING, GÜNTER (1999): Schuldzinsenabzug – Ein Beispiel für die permanente Verkomplizierung unseres Steuerrechts, in: KIRCHHOF, PAUL/JAKOB, WOLFGANG/BEERMANN, ALBERT [Hrsg.]: Steuerrechtsprechung, Steuergesetz, Steuerreform. Festschrift für Klaus Offerhaus, S. 581-596, Köln.

SÖHN, HARTMUT (1980): Bürgerliche Kleidung, typische Berufskleidung und Werbungskosten, in: Finanz-Rundschau, 62. Jahrgang, S. 301-308.

SÖHN, HARTMUT (1983): Werbungskosten wegen doppelter Haushaltsführung und allgemeiner Werbungskostenbegriff, in: Steuer und Wirtschaft, 60. Jahrgang, S. 193-205.

SÖHN, HARTMUT (1984): Werbungskosten wegen doppelter Haushaltsführung bei Wegverlegung des Familienwohnsitzes?, in: Finanz-Rundschau, 66. Jahrgang, S. 25-30.

SÖHN, HARTMUT (1997): Fahrten zwischen Wohnung und Betriebsstätte – Zweifelsfragen zur Neufassung des § 4 Abs. 5 Satz 1 Nr. 6 EStG, in: Finanz-Rundschau, 79. Jahrgang, S. 245-246.

SÖHN, HARTMUT (2001): Entfernungspauschale ohne Aufwendungen?, in: Finanz-Rundschau, 84. Jahrgang, S. 950-952.

STARKE, PETER (1997): Verpflegungsmehraufwendungen ab 1997, in: Finanz-Rundschau, 80. Jahrgang, S. 258-259.

STATISTISCHES BUNDESAMT [Hrsg.] (1999): Finanzen und Steuern, Fachserie 14, Reihe 7.1, Lohn- und Einkommensteuer 1995, Wiesbaden.

STATISTISCHES BUNDESAMT [Hrsg.] (2000a): Finanzen und Steuern, Fachserie 14, Reihe 10.2, Gewerbesteuer 1995, Wiesbaden.

STATISTISCHES BUNDESAMT [Hrsg.] (2000b): Finanzen und Steuern, Fachserie 14, Reihe 7.2, Körperschaftsteuer 1995, Wiesbaden.

STATISTISCHES BUNDESAMT [Hrsg.] (2002): Statistisches Jahrbuch für die Bundesrepublik Deutschland, Wiesbaden.

STEGMAIER, WOLFGANG (1992): Ursachen für die Überlastung der Finanzgerichte und Vorschläge zu ihrer Beseitigung, München.

STEUERREFORMKOMMISSION (1971): Gutachten der Steuerreformkommission, Schriftenreihe des Bundesministeriums der Finanzen, Heft 17, Bonn.

TIPKE, KLAUS (1993): Die Steuerrechtsordnung, Band II: Steuerrechtfertigungstheorie, Anwendung auf alle Steuerarten, sachgerechtes Steuersystem, Köln.

TIPKE, KLAUS/LANG, JOACHIM (2002): Steuerrecht, 17. Auflage, Köln.

UELNER, ADALBERT (1995): Zur Konzeption des einkommensteuerrechtlichen Familienleistungsausgleichs, in: Deutsche Steuer-Zeitung, 89. Jahrgang, S. 321-326.

ULMER, MATHIAS (2000): Verfassungsmäßigkeit der „Fallbeilregelung" des § 32 Abs. 4 Satz 2 EStG, in: Deutsche Steuer-Zeitung, 88. Jahrgang, S. 596-598.

VERHANDLUNGEN DES SIEBENUNDFÜNFZIGSTEN DEUTSCHEN JURISTENTAGES (1988), Band II (Sitzungsberichte), Hrsg.: STÄNDIGE DEPUTATION DES DEUTSCHEN JURISTENTAGES, München.

VON BORNHAUPT, JOACHIM (1994): Vor einer Einschränkung der Pauschbeträge für Verpflegungsmehraufwand bei eintägiger Abwesenheit?, in: Betriebs-Berater, 49. Jahrgang, S. 1051-1056.

VON BORNHAUPT, KURT (1999): Arbeitsmittel beim Arbeitnehmer, in: Neue Wirtschaftsbriefe, Fach 6, S. 4001-4008.

VON BORNHAUPT, KURT (2000): Zweifelsfragen bei Arbeitsmitteln, in: Finanz-Rundschau, 82. Jahrgang, S. 971-976.

WAGNER, FRANZ WOLFGANG (1998): Aufgabe der Maßgeblichkeit bei einer Internationalisierung der Rechungslegung?, in: Der Betrieb, 51. Jahrgang, S. 2073-2077.

WASSERMEYER, FRANZ (2002): Neues zur Definition der verdeckten Gewinnausschüttung, in: Der Betrieb, 45. Jahrgang, S. 2668-2671.

WEBER-GRELLET, HEINRICH (1998a): Bestand und Reform des Bilanzsteuerrechts, in: Deutsches Steuerrecht, 36. Jahrgang, S. 1343-1349.

WEBER-GRELLET, HEINRICH (1998b): Entwicklungen im Bereich der verdeckten Gewinnausschüttung, in: Deutsche Steuer-Zeitung, 86. Jahrgang, S. 357-368.

WEBER-GRELLET, HEINRICH (1999): Der Maßgeblichkeitsgrundsatz im Lichte aktueller Entwicklungen, in: Betriebs-Berater, 54. Jahrgang, S. 2659-2666.

WENDT, MICHAEL (2000): StSenkG: Pauschale Gewerbesteueranrechnung bei Einzelunternehmen, Mitunternehmerschaft und Organschaft, in: Finanz-Rundschau, 82. Jahrgang, S. 1173-1182.

WENDT, RUDOLF (1987): Zur Vereinbarkeit der Gewerbesteuer mit dem Gleichheitssatz und dem Prinzip der Besteuerung nach der Leistungsfähigkeit, in: Betriebs-Berater, 42. Jahrgang, S. 1257-1265.

WESSELBAUM-NEUGEBAUER, CLAUDIA (2001): Die verkehrsmittelunabhängige Entfernungspauschale: Kritische Darstellung und Kommentierung, in: Deutsche Steuer-Zeitung, 89. Jahrgang, S. 533-539.

WISSENSCHAFTLICHER BEIRAT BEIM BUNDESMINISTERIUM DER FINANZEN (1967): Gutachten zur Reform der direkten Steuern in der Bundesrepublik Deutschland, Schriftenreihe des Bundesministeriums der Finanzen, Heft 9, Bonn.

WISSENSCHAFTLICHER BEIRAT BEIM BUNDESMINISTERIUM DER FINANZEN (1982): Gutachten zur Reform der Gemeindesteuern, Bonn.

WISSENSCHAFTLICHER BEIRAT BEIM BUNDESMINISTERIUM DER FINANZEN (1990): Gutachten zur Reform der Unternehmensbesteuerung, Bonn.

WÖHE, GÜNTER (1995): Grundzüge der Betriebswirtschaftlichen Steuerlehre, 4. Auflage, München.

WOLFF, HEIMFRIED u. a. (1990): Mögliche Entwicklungen im Zusammenspiel von außer- und innergerichtlichen Konfliktregelungen, Untersuchung im Auftrag des Bundesministeriums der Justiz, Band 1, Speyerer Forschungsberichte 88, Speyer.

ZIELKE, RAINER (1999): Doppelte Haushaltsführung bei internationaler Entsendung – Neuere Tendenzen in der Rechtsprechung, in: Internationale Wirtschaftsbriefe, Fach 3, Gruppe 6, S. 451-462.

Studien zur Wirtschaftspolitik

Herausgeber:
Forschungsinstitut für Wirtschaftspolitik an der Universität Mainz e.V.
55099 Mainz

Band 1 bis 34 im Selbstverlag, Band 35 bis 44 im Verlag Minerva Publikation, München, Band 45 bis 63 im Selbstverlag. Die Bände 45 bis 63 sind noch über das Institut zu beziehen.

Band 77 Konflikte im Steuerrecht. Empirische Analyse von Streitpotenzialen im Einkommen-, Körperschaft- und Gewerbesteuerrecht mit Vorschlägen zur Konfliktreduzierung von *Bernhard G. Funck* (2004)

Band 76 Erfolgsfaktoren des Stadtmarketing. Eine theoretische und empirische Analyse mit wirtschaftspolitischen Schlußfolgerungen von *Urban Mauer* (2003)

Band 75 Regionalentwicklung durch Konversionspolitik von *Bernd Werner* (2002)

Band 74 Die Umsatzbesteuerung des elektronischen Handels mit digitalen Produkten von *Anja Altmann* (2002)

Band 73 Wirtschaftsräumliche Dezentralisierungstendenzen und ihre Ursachen. Eine Untersuchung unter besonderer Berücksichtigung der wirtschaftlichen Entwicklung ländlicher Räume in der Bundesrepublik Deutschland von *Ralf Stahl* (2002)

Band 72 Strukturwandel im Einzelhandel: Herausforderung für die Raumordnungspolitik von *Stefan Linz* (2002)

Band 71 Nachhaltige Entwicklung. Grenzen monetärer Operationalisierung und konzeptionelle Folgerungen von *Andreas A. Busch* (2001)

Band 70 Entwicklungs- und Beschäftigungsperspektiven für den mittelständischen Einzelhandel. Analyse rechtlicher Rahmensetzungen und wirtschaftspolitische Schlußfolgerungen von *Margarete Keßler* (2001)

Band 69 Abbau der Langzeitarbeitslosigkeit. Auswertung praktischer Erfahrungen von Einrichtungen außerhalb der öffentlichen Arbeitsvermittlung von *Christine M. Helbig* (2001)

Band 68 Verbesserung der Motivation und Wissensvermittlung zur Selbständigkeit. Möglichkeiten der Förderung von unternehmerischem Interesse und unternehmerischem Handeln bei Jugendlichen von *Vera Döring* (2001)

Band 67 Der Dienstleistungsstandort Rheinland-Pfalz. Bestandsanalyse, Perspektiven und wirtschaftspolitische Handlungsempfehlungen von *Claus Bauer* (2001)

Band 66 Mittlere Kommunen als Dienstleistungsstandorte. Empirische Bestandsanalyse, Entwicklungspotentiale und wirtschaftspolitische Handlungsmöglichkeiten von *Alexander Klein* (2001)

Band 65 Die Liberalisierung vergleichender Werbung in Deutschland. Erste empirische Befunde und wettbewerbspolitische Beurteilung von *Dorothea Varlam* (2000)

Band 64 Risikokapital und Neuer Markt. Die Aktie als Instrument der Risikokapitalbeschaffung für junge Wachstumsunternehmen von *Susanne Knips* (2000)

Band 63 Hindernisse für Teilzeitarbeit und flexible Arbeitsorganisation in der Bundesrepublik Deutschland von *Kerstin Altendorf* (1999)

Band 62 Wandel des Verhaltens von Frauen und Männern in Führungspositionen – Ökonomische Analyse empirischer Daten und eigener Befragungsergebnisse von *Birgit Mohneck* (1998)

Band 61 Die Bedeutung der Lohnnebenkosten für die Entwicklung der Arbeitskosten in Deutschland – Empirische Befunde und wirtschaftspolitische Handlungsempfehlungen von *Oliver Fink* (1998)

Band 60 Mittelstandsentwicklung im Transformationsprozeß der Reformstaaten Polen, Ungarn und Tschechien – Bestandsaufnahme, Finanzierungsprobleme und wirtschaftspolitischer Handlungsbedarf von *Arina Freitag* (1998)

Band 59 Lage und Perspektiven der Textil- und Bekleidungsindustrie von *Roman Riesch* (1998)

Band 58 Transfomation der Wirtschaftsordnung und politisches System – Anspruch und Wirklichkeit der Wirtschaftsreformen in Ungarn 1968 – 1996 von *Martin Hock* (1998)

Band 57 Die Glasindustrie in der Bundesrepublik Deutschland von *Peter Willett* (1998)

Band 56 Die Rolle des Mittelstandes beim Aufbau der Marktwirtschaft in der Tschechischen Republik – Eine empirische Analyse im Vergleich mit entwickelten Industrieländern unter besonderer Berücksichtigung des sektoralen Strukturwandels von *Christian Franckenstein* (1997)

Band 55 Aufbau von Altersversorgungssystemen im Transformationsprozeß der Reformstaaten Polen, Ungarn und Tschechien von *Eberhard Boller* (1997)

Band 54 Indikatoren der Systemtransformation – Kritische Analyse unter besonderer Berücksichtigung der Privatisierung in 26 Staaten von *Gunther Quidde* (1997)

Band 53 Arbeitsmarktpolitik in der Systemtransformation – Kritische Analyse für Polen, die Tschechische Republik und Ungarn von *Eckhard Schulte* (1997)

Band 52 Umweltpolitik im Transformationsprozeß der Reformstaaten Tschechien, Polen und Ungarn von *Bettina Naß* (1996)

Band 51 Die Zukunft der deutschen Textil- und Bekleidungsindustrie – Auswirkungen der Integration des Welttextilabkommens in die allgemeinen GATT-Regeln von *Kay M. Rathke* (1996)

Band 50 Lohnpolitik in der Systemtransformation – Kritische Analyse für Polen, die Tschechische Republik und Ungarn von *Mario Müller* (1996)

Band 49 Innerstädtische Standortprobleme von Einzelhandelsbetrieben – Situationsalalyse und wirtschaftspolitischer Handlungsbedarf von *Gabriele Speth* (1994)

Band 48 Die Schaffung wettbewerblicher Strutkuren im Transformationsprozeß – Eine vergleichende Analyse für die Visegrád-Staaten von *Jörg Henzler* (1994)

Band 47 Duales System, Rücknahmepflicht und Pfandregelung – Eine vergleichende Untersuchung unter besonderer Berücksichtigung des Einzelhandels von *Andrea Philipp* (1993)

Band 46 Gesamtwirtschaftliche Wirkungen staatlicher Ausfuhrgewährleistungen – Das Beispiel der Hermes-Deckungen von *Bernd Halfen* (1991)

Band 45 Das Zonenrandgebiet nach der deutschen Einigung – Wirtschaftliche Entwicklung und regionalpolitische Implikationen von *Michael Offer* (1991)

Band 44 Marktwirtschaftliche Innovationspolitik durch Outputorientierung staatlicher Förderung von *Dieter Kern* (1991)

Band 43 Tarifpolitik in strukturschwachen Branchen – Eine empirische Untersuchung der Druckerei- und der Textilindustrie in der Bundesrepublik Deutschland von *Andrea Beyer* (1991)

Band 42 Quantitative und qualitative Beschäftigungswirkungen neuer Technologien – Eine Analyse für Rheinland-Pfalz von *Florian Cantzler* (1991)

Band 41 Die deutsche Rundfunkordnung nach der Zulassung privater Anbieter – Absehbare Entwicklungen und medienpolitischer Handlungsbedarf von *Lukas Weber* (1990)

Band 40 Realisierungschancen einer Privatisierung öffentlicher Dienstleistungen von *Michaela Metzger* (1990)

Band 39 Die Bankdienste der Deutschen Bundespost in ordnungspolitischer Sicht von *Stefan Beckers* (1990)

Band 38 Der Markt für Übertragungseinrichtungen der Telekommunikation – Struktur, Entwicklung, Perspektiven von *Wolfgang Kopp* (1990)

Band 37 Eigenbeteiligung in der ambulanten Gesundheitsvorsorge – Möglichkeiten gesundheitsökonomischer Ausgestaltung von *Stefan Piffl* (1990)

Band 36 Deregulierung im Verkehr als politische Aufgabe von *Walter Hamm* (1989)

Band 35 Strukturwandel ohne Staatshilfe – Das Beispiel der Holzverarbeitenden Industrie in der Bundesrepublik Deutschland (1976-1985) von *Berthold Morschhäuser* (1988)

Band 34 Mitanbieterschaft der Deutschen Bundespost auf Endgerätemärkten von *Harry Rendel* (1988)

Band 33 Staatliche Eingriffe in den Mietwohnungsmarkt – Erfolgskontrolle und Reformvorschläge von *Waltraud Eucker-Herresthal* (1986)

Band 32 Die Gebührenpolitik der Deutschen Bundespost im Kleingut- und Fernmeldebereich – Analyse und kritische Würdigung ihrer Marktgerechtigkeit von *Jörg Rohde* (1986)

Band 31 Wettbewerb und Strukturwandel bei internationaler Marktverflechtung – Das Beispiel der Papier erzeugenden Industrie der Bundesrepublik Deutschland 1970-1983 von *Bernhard Neef* (1985)

Band 30 Die gruppenspezifische Be- und Entlastung von Klein-, Mittel- und Großunternehmen durch staatliche Abgaben und Transferzahlungen von *Gerhard Kern* (1984)

Band 29 Auswirkungen der 1977 neugefaßten Baunutzungsverordnung auf die Ansiedlung von Handelsbetrieben und die räumliche Struktur des Handels von *Kurt Hoffmann* (1984)

Band 28 Markttransparenz in der Lebensversicherung – Analyse bisheriger Erfahrungen und Empfehlungen für die Weiterentwicklung sektorspezifischer Regelungen aus wettbewerbs- und verbraucherpolitischer Sicht von *Michael Stöffler* (1983)

Band 27 Wettbewerbsregeln für den Luftverkehr in der EG von *Michael Hammes* (1982)

Band 26 Wettbewerbliche Wirkungen publizierter Jahresabschlüsse von *Klaus Höflich* (1981)

Band 25 Staatliche Ausbildungsplatzpolitik – Angebots- und Nachfrageanalyse, Überlegungen zum ordnungspolitischen Rahmen, Vorschläge zum Abbau eines Lehrstellenmangels von *Martin Weiblen* (1981)

Band 24 Währungszuschläge in der Seeschiffahrt und ihre Auswirkungen auf die Exportwirtschaft von *Helmut Reitze* (1981)

Band 23 Prämienanpassungsklauseln in der privaten Versicherungswirtschaft – Eine Analyse ihrer gesamtwirtschaftlichen Wirkungen von *Waltraud Eucker* (1980)

Band 22 Auslandsinvestitionspolitik und Außenhandelspolitik im Konflikt – Eine wirtschaftspolitische Studie auf Branchenebene von *Wolfgang Koch* (1980)

Band 21 Die Wettbewerbsverhältnisse auf dem Markt für Papier und Pappe in der Bundesrepublik Deutschland von *Paul Bernhard Mohr* (1977)

Band 20 Schwierigkeiten internationaler Vergleiche von Preisen und Kosten im Post- und Fernmeldebereich von *Bodo Fuchs* (1976)

Band 19 Branchenbezogene Investitionsplanung als Alternative zur unternehmerischen Kapazitätspolitik von *Ulrich Rosenkranz* (1975)

Band 18 Preis- und wettbewerbspolitische Problematik staatlicher Gebührenordnungen für freie Berufe von *Michael Knümann* (1975)

Band 17 Frankostationspreise der deutschen Zementindustrie in wettbewerbspolitischer Sicht von *Rolf Dieter Kretzer* (1969)

Band 16 Kann man mit "armen" Ländern Handel treiben? von *Hans Haupt* (1969)

Band 15 Subventionswirkungen: Ein Beitrag zur Systematisierung und wirtschaftspolitischen Beurteilung von Hilfen aus dem Staatshaushalt von *Rolf Schorn* (1967)

Band 14 Die deutsche Notenbank als Instrument sowjetzonaler Wirtschaftspolitik von *Hans-Joachim Schroeter* (1967)

Band 13 Spannen und Wettbewerb auf den Absatzwegen landwirtschaftlicher Erzeugnisse von *Horst Dohm* (1967)

Band 12 Der Wettbewerb zwischen der Deutschen Bundesbahn und den Luftfahrtunternehmen im innerdeutschen Eisenbahn- und Flugreiseverkehr von *Gerd Müller* (1967)

Band 11 Sachliche Lohnbestimmung – Das Ordnungsproblem auf dem Arbeitsmarkt von *Hans Georg Kloos* (1966)

Band 10 Staatliche Einkaufsmethoden in den Vereinigten Staaten von Amerika von *Sigurd Dülz* (1958)

Band 9 Vom Teilauftrag zum Vollauftrag von *Erich Welter* (1958)

Band 8 Rheinland-Pfalz: Eine Analyse seiner wirtschaftlichen Struktur von *Werner Bosch* (1957)

Band 7 Öffentliche Beteiligung an wirtschaftlichen Unternehmen. Ein Verzeichnis der Beteiligungen der öffentlichen Hand in der Bundesrepublik (1957)

Band 6 Die amerikanische Post als Auftraggeber von *Margaret Berry* (1956)

Band 5 Eifel – Hunsrück – Oberwesterwald: Analyse der Wirtschaftsstruktur, Möglichkeiten der wirtschaftlichen Intensivierung von *Werner Bosch* (1955)

Band 4 Einige Gedanken zum Thema der Preis-Kosten-Schere im Verkehrswesen von *Werner Fricke* (1954)

Band 3 Die Carl-Zeiss-Stiftung im Lichte der Wettbewerbsordnung von *Helmut Troeger* (1954)

Band 2 Mainz – Wiesbaden und das Mainmündungsgebiet – Eine Betrachtung über die wirtschaftliche Struktur und die Möglichkeiten einer engeren Zusammenarbeit von *Werner Bosch* (1954)

Band 1 Kreditorganisation und industrielle Kapitalversorgung von *Max Bliesener* (1953)

www.peterlang.de

Peter Lang · Europäischer Verlag der Wissenschaften

Carmen Werner

Einkommensteuerrechtliche Zurechnungen bei mittelbaren Beteiligungen an Personengesellschaften

Frankfurt am Main, Berlin, Bern, Bruxelles, New York, Oxford, Wien, 2003.
161 S., 5 Abb.
Schriften zum Wirtschaftsrecht, Steuerrecht und Zivilprozeßrecht.
Herausgegeben von Jürgen Costede. Bd. 12
ISBN 3-631-51798-X · br. € 34.00*

Die Arbeit befasst sich mit einer für die Praxis bedeutsamen Thematik des Steuerrechts für verbundene Personengesellschaften. Die einkommensteuerrechtliche Behandlung im Fall mittelbarer Beteiligungen an Personengesellschaften ist lange Zeit kontrovers erörtert worden. Auch nach der gesetzlichen Regelung in § 15 Absatz 1 Satz 1 Nr. 2 Satz 2 EStG ist eine Fülle von Zweifelsfragen offen geblieben. Ausgehend von der gesetzlichen Grundlage werden unter Heranziehung von Beispielsfällen Zurechnungen von Wirtschaftsgütern und Sondervergütungen bei der Gewinnermittlung – insbesondere bei einer doppelstöckigen Personengesellschaft – diskutiert.

Aus dem Inhalt: Gesellschaftsformen von mittelbaren Beteiligungen · Einkommensteuerrechtliche Tatbestandsvoraussetzungen für Zurechnungen · Zurechnungen von Wirtschaftsgütern, Sondervergütungen, bei der Gewinnermittlung

Frankfurt am Main · Berlin · Bern · Bruxelles · New York · Oxford · Wien
Auslieferung: Verlag Peter Lang AG
Moosstr. 1, CH-2542 Pieterlen
Telefax 00 41 (0) 32 / 376 17 27

*inklusive der in Deutschland gültigen Mehrwertsteuer
Preisänderungen vorbehalten

Homepage http://www.peterlang.de